퀵 토익
실전모의고사

퀵토익
실전모의고사

2판 1쇄 인쇄 2021년 7월 9일
2판 1쇄 발행 2021년 7월 19일

지은이   퀵토익 연구소
펴낸이   임충배
영업/마케팅   양경자
편집   김민수
디자인   정은진
펴낸곳   도서출판 삼육오(PUB.365)
제작   (주)피앤엠123

출판신고 2014년 4월 3일
등록번호 제406-2014-000035호

경기도 파주시 산남로 183-25
TEL (031)946-3196 FAX (031)946-3171
홈페이지 www.pub365.co.kr

ISBN 979-11-90101-51-6 13740

토익
실전모의고사

실전모의고사
3회분

토익의 변화!

현재 한국에는 토익이 약 430회 이상 실시되었다. 이 과정에서 2006년 5월과 2016년 5월에 2번의 형식의 변화가 있었다. 2016년 5월 29일 개정된 토익이 처음 시행되었고 오늘날까지 시행되고 있다.

기출문제!

ETS는 토익의 문제를 Item Pool(문제은행)방식으로 관리한다. 이 과정에서 한 번 사용한 문제는 절대 다시 사용하지 않는다. 그래서, 기출문제를 공부하는 것은 오히려 나오지 않을 문제만을 골라 공부하는 것이다. 다만, 기출문제는 출제 경향과 유형을 파악할 수 있는 기본적 자료로서의 가치만 있을 뿐이다.

토익 적중!

퀵토익 연구소는 ETS가 어떤 방식으로 토익의 문제를 출제하고 관리하는 지를 알아냈다. 그리고 이를 바탕으로 향후 어떤 문제가 출제될 지를 예측할 수 있게 되었다. 여기에 준비된 문제 하나하나는 퀵토익 연구소 예측의 결과물이다. 본 내용을 공부하고 시험을 보는 토익커는 여기서 배운 내용이 실제 시험에서의 정답으로 연결되는 기적을 경험하게 될 것이다.

이 땅의 모든 토익커들이 본 〈퀵토익 실전모의고사〉로 학습해 토익 시험을 보다 정확히 이해할 수 있기를, 또한 최단 시간에 최고의 점수를 획득할 수 있기를 바란다.

퀵토익 연구소

목차

---

* 특별 부록

　토익 OMR Card 일반형 3장, 토익 OMR Card 변형형 3장

　고사장의 다양한 상황에 대비한 총 4종류의 L/C mp3 무료 제공
　➡ 정상, 스피커 불량, 외부 소음, 스피커 불량 및 외부 소음

　Part 7 독해 읽기 능력 향상을 위한 SPEED READING 속독 프로그램 무료 제공
　➡ 홈페이지(www.pub365.co.kr) > SPEED READING

이 책의 특징

PART 1

1 원어민 국적을 각 나라 국기로 표시

2 정답인 선택지를 기준으로 오답에 대한 선택지 분석

3 절대 암기 정답 핵심 표현을 TIP!으로 제공

    * 실제 시험에 출제될 수 있는 핵심 표현만 따로 지적했다. 이 부분은 출제의 가능성이 매우 높으니 반드시 암기할 것을 부탁드린다.

PART 2

4 원어민 국적을 각 나라 국기로 표시

5 질문을 의미에 기준으로 하여 상위 개념부터 차근차근 하위 개념으로 정확하게 분석

6 정답인 선택지를 기준으로 오답에 대한 선택지 분석

7 절대 암기 정답 핵심 표현을 TIP!으로 제공

    * 실제 시험에 출제될 수 있는 핵심 표현만 따로 지적했다. 이 부분은 출제의 가능성이 매우 높으니 반드시 암기할 것을 부탁드린다.

PART 5, 6

8 정답의 근거가 되는 해당 문장의 위치 및 스크립트를 명확히 제시

9 시험에 반드시 나오는 본문의 주요 어휘 정리

10 지문에서 묻고자 하는 Testing Point를 상위 개념부터 차근차근 하위 개념으로 정확하게 분석

    * 출제자의 의도까지 짐작할 수 있다.

11 절대 암기 문법을 TIP!으로 제공

    * 실제 시험에 출제될 수 있는 핵심 표현만 따로 지적했다. 이 부분은 출제의 가능성이 매우 높으니 반드시 암기할 것을 부탁드린다.

1

(A) A man is putting his glasses on.
(B) They are facing one another.
(C) A woman is removing her a book from the shelf.
(D) They are looking at the reading materials.

(A) 한 남자가 안경을 착용하고 있다.
(B) 그들은 서로 마주 보고 있다.
(C) 한 여자가 책장에서 책을 꺼내고 있다.
(D) 그들은 읽을거리를 보고 있다.

EXP. (B) 의미 혼동 : looking → facing
     (C) 의미 혼동 : reading materials → book

TIP! ~ looking at the reading materials의 형태로 출제될 수 있다.

11 Which store had the highest sales figures last year?
(A) Nearly every year
(B) No, that is not my favorite store.
(C) I'll check and let you know.

어느 상점이 지난해 최고 판매량을 올렸죠?
(A) 거의 매년
(B) 아니오, 제가 선호하는 상점이 아니에요.
(C) 제가 확인해서 알려드릴게요.

[의문사 > which > 의문형용사] which가 명사와 결합한 의문형용사이다.
(A) 소리 혼동 : year
(B) 소리 혼동 : store
(C) 확인해서 알려준다고 답했다.

TIP! "which + 명사"로 시작하는 의문문에 I'll check and let you know가 정답으로 출제될 수 있다.

---

important that we avoid raising tuition to pay for the construction of the facility. *The total funding amount needed is $8.6 million.*

Donors' names will be inscribed on a marble tablet which will be set into the walls for the front entranceway of the center, and which will be uncovered at a public dedication ceremony.

McMaster 대학이 캐나다에 있는 많은 주에서 온 학생들이 그들의 학문적 성취를 자랑하는 최고의 대학입니다. McMaster 대학은 국가의 자금보다는 개인의 기부에 더 많이 의존합니다.

계획된 센터는 그 센터가 반드시 수영장과 운동시설을 갖추어야 한다고 생각하는 학생들과 교직원에 의해 처음 제안되었습니다.

우리는 유학생들을 유치하기 위해서 ___를 건립하기를 바랍니다. 경쟁력 있는 학교로 남기 위해 이 시설___을 위한 비용을 지불하기 위해 수업료를 인상하지 않는 것이 중요합니다. 134 총공사비는 860만 달러가 필요합니다.

기부자의 성명은 대리석판에 새겨서 그 센터의 입구 정면 벽면에 매달어질 것이고, 이것은 센터 헌정식 때에 공개될 것입니다.

VOCA institution (교육) 기관 | province 지역, 지방 | scholastic 학문적인 | inscribe 새기다

131 (A) 관계사 〉 관계대명사 〉 사물 〉 주격 / 목적격
(B) 관계사 〉 관계대명사 〉 사람 〉 주격
(C) 관계사 〉 관계대명사 〉 사람 〉 목적격
(D) 관계사 〉 관계대명사 〉 사람 / 사물 〉 소유격

[문법 > 관계사 > 관계대명사 > 격] 관계대명사 격의 구별을 묻는 문법 문제이다. 서술어와 서술어를 연결하는 동시에 명사와 명사를 연결할 때는 관계대명사의 소유격을 사용한다.

TIP! 서술어와 서술어를 연결하는 동시에 명사와 명사를 연결할 때는 관계대명사의 소유격 "whose"를 사용한다. "whose"는 선행사를 구별하지 않는다. 즉, "whose"의 선행사는 사람 / 사물 모두 가능하다.

12 각 고사장의 방송실 상황 및 주변 소음 환경을 고려한
총 4가지 Type의 원어민 mp3 음성 제공

* Type 1. 미국, 영국, 캐나다, 호주 남녀 원어민 총 8명이
참여하여 실제 시험과 동일한 방식의 깨끗한 음성
제공
* Type 2. 수험장 스피커 불량인 상황의 음성 제공
* Type 3. 여름철 매미 소리와 함께 기침 소리, 자동차 소리
등 주변 소음이 들어간 상황의 음성 제공
* Type 4. 비 오는 날 천둥과 함께 유난히 기침 소리도 많
고, 다양한 주변 소음까지... 게다가 수험장 스피
커 상태도 안 좋은 최악의 상황

56-58 🔵🍁🇺🇸 **13**

PART 3, 4, 7

W: 56 This report is filled with spelling errors. In
addition, the summary I asked for has been left out,
Mr. Thompson.
M1: Let me see. That isn't the newest version of the
report. Chadwick, you revised it too, right?
14 : Yes, I revised the marks you made and added a
fifth page with a summary.
W: 56 Then, print the current version right now so I
can look it over. 57 I need it for the meeting with the
client this morning.
M2: Ms. Dunbar, I am sure I printed the new version
yesterday and placed it on your desk.
W: Let's see. I can't believe it. Here it is. 58 It was
between the files. I'll read it through, and let you
know if there are any need of corrections.

13 Part 3, 4 원어민 국적을 각 나라 국기로 표시

14 정답의 근거가 되는 문장에 대해 각 문항별로 별색 표기

15 내용의 흐름을 Story Line으로 요약 제시
* 흐름이 동일한 것이 출제될 가능성이 매우 높다!

16 질문을 의미에 기준으로 하여 상위 개념부터
차근차근 하위 개념으로 정확하게 분석
* 이 부분은 출제의 가능성이 매우 높으니 반드시 암기할 것을
부탁드린다.

17 지문 읽기 시간 부족했던 Part 7 완벽 해결
* 홈페이지(www.pub365.co.kr) 온라인 속독 프로그램인
SPEED READING을 이용하여 Part 7 지문 읽는 속도를
높이자!

여: 이 보고서는 맞춤법이 엉망입니다. Thompson 씨 게다가 제가
요구한 요약이 빠져 있습니다.
남1: 어디 보자, 이것은 업데이트된 보고서가 아니네요. Chadwick 씨,
당신이 이것을 수정했습니까? 맞지요?
남2: 예, 당신이 표시한 곳을 수정했고 5페이지에 요약을 첨가했습니다.
여: 그럼 제가 지금 살펴볼 수 있도록 현재 버전을 지금 당장
출력해주세요. 제가 오늘 오전에 고객 미팅을 위해서 필요합니다.
남2: Dunbar 씨, 제가 확실히 어제 새로운 버전을 출력해서 당신의
책상 위에 올려놓았습니다.
여: 가만있자, 믿을 수가 없네요. 여기 있네요. 그 서류가 파일 사이에
있었습니다. 제가 지금 서류를 읽어 보고 혹시 수정할 곳이 있으면
알려드리겠습니다.

15 ④ fill 채우다 | revise 고치다, 수정하다 | correction 수정
Story Line 사무실에서 문서에 대한 대화. 문서가 어디 있는지, 수정이
되었는지를 확인하고 있다.

56 여자는 Thompson 씨에게 무엇하기를 요청했는가?
(A) 그녀의 컴퓨터를 수리할 것을
(B) 그의 서류를 수집할 것을
(C) 그의 문서를 수정할 것을
16 Chadwick 씨와 함께 일할 것을

EXP. [개별 사실 > what] 여자가 Mr. Thompson에게 하도록 요청한
것을 묻고 있다.

17

Annual Radiothon (연간 모금방송 프로그램)   ▶START ▶STOP ◀전체목록

On Thursday, November 5, Margolis Broadcasting Co., Inc., will be holding
its annual radiothon. As always the proceeds from this event will benefit
Rosewell Rescue Mission. The radiothon will be broadcast from Margolis' WABF
Studios and will feature celebrity appearances, and a celebrity auction. Pro
golfer Bernie Berkwell and actor Jim Dorfmann have agreed confirmed to
appear. WABF Program Director Mike Shepherd, who volunteers tirelessly at
the Rosewell Rescue Mission, is anchoring this event. Donations for the
celebrity auction will be gladly received and put to this great cause. Proceeds
will help feed the homeless of Rosewell and will also benefit the new Women
and Family Shelter. The WABF Radiothon will begin at 8:00 A.M. and continue
until 8:00 P.M. The auction will begin at 5:00 P.M. and continue until 7:00 P.M.
Please join us for this great cause.

11월 5일, Margolis 방송국은 연간 모금방송 프로그램을 열 것입니다. 항상 그랬던 행사 수익금은 Rosewell 영
세민 구제 단체에 돌아갈 것입니다. 모금방송 프로그램은 Margolis의 WABF 스튜디오에서 방송될 것이고 유명
인사의 출연과 경매가 있을 예정입니다. 프로 골퍼 Bernie Berkwell과 배우 Jim Dorfmann이 출연하기로 확정
지었습니다. Rosewell에 참되없이 봉사를 하는 충성하는 WABF 프로그램 책임자 Mike Shepherd가 이번 행사를 사회
볼 것입니다. 경매를 위한 기부는 흔쾌히 받아들일 것이고 이 훌륭한 행사에 쓰여질 것입니다. 수익금은 Rosewell
의 노숙자들의 식량구입에 도움을 줄 것이고 또한 새로운 여성과 가족을 쉼터에도 혜택을 줄 것입니다.
WABF 모금방송 프로그램은 오전 8시에 시작하여 오후 8시까지 계속될 것입니다. 경매는 오후5시부터 오후7시
까지 진행될 것입니다. 이 훌륭한 행사에 동참해주 시기 바랍니다.

TOEIC 시험에 관하여

1 개발배경

TOEIC은 영어가 모국어가 아닌 사람들을 대상으로 커뮤니케이션 능력에 중점을 두고 일상생활 또는 국제업무 등에 필요한 실용영어 능력을 평가하는 글로벌 평가 시험이다.

TOEIC은 1979년 미국 ETS에 의해 개발된 이래 전 세계 160개 이상의 국가, 14,000여 개의 기관 및 업체에서 승진 또는 해외파견 인원선발 등의 목적으로 널리 활용되고 있으며 우리나라에는 1982년 도입되어 전 세계적으로 해마다 약 700만 건 이상 시행되고 있다.

2 개발기관

1947년 설립된 ETS는 세계 최대의 교육평가기관으로 TOEIC, TOEIC Speaking and Writing Tests, TOEIC Bridge, TOEFL, GRE, SAT 등을 개발하였으며 매년 전세계 180여 개 국가 약 5,000만 여명이 ETS의 시험에 응시하고 있다.

ETS에는 3,000명 이상의 직원들이 근무하고 있으며 이들 중 1,100여명은 교육학, 심리학, 통계학, 심리측정학, 컴퓨터공학, 사회학, 인문학 등을 전공한 평가 전문인력들로써 ETS는 이들을 통해 전세계 개인, 교육가, 그리고 정부기관의 타당한 평가를 돕고 세계 최고의 연구 및 서비스를 제공하고 있다.

3 시험구성

구성	파트	파트별 문항수		시간	배점
Listening Comprehension	1	사진묘사	6	45분	495점
	2	질의응답	25		
	3	짧은대화	39		
	4	설명문	30		
Reading Comprehension	5	단문공란 메우기 (문법/어휘)	30	75분	495점
	6	장문 공란 메우기	16		
	7 독해	단일지문	29		
		복수지문	25		
Total	7 Parts	200문항		120분	990점

4 출제기준

· 어휘/문법/관용어 중에서 미국 영어에만 쓰이는 특정한 것은 피한다.
· 특정 문화에만 해당되거나 일부 문화권의 응시자에게는 생소할 수 있는 상황은 피한다.
· 여러 나라 사람의 이름을 고르게 등장시킨다
· 특정 직업 분야에만 해당되는 상황은 피한다.
· 다양한 문화와 성에 대한 편견이 없도록 한다.
· 듣기 평가에서는 다양한 국가 (미국, 영국, 캐나다, 호주, 뉴질랜드)의 발음 및 악센트가 출제된다.

5 출제범위

· 전문적인 비즈니스 : 계약, 협상, 마케팅, 세일즈, 비즈니스 계획, 회의
· 제조 : 공장 관리, 조립라인, 품질관리
· 금융과 예산 : 은행, 투자, 세금, 회계, 청구
· 개발 : 연구, 제품개발
· 사무실 : 임원회의, 위원회의, 편지, 메모, 전화, 팩스, E-mail, 사무 장비와 가구
· 인사 : 구인, 채용, 퇴직, 급여, 승진, 취업 지원과 자기소개
· 주택/기업, 부동산 : 건축, 설계서, 구입과 임대, 전기와 가스 서비스
· 여행 : 기차, 비행기, 택시, 버스, 배, 유람선, 티켓, 일정, 역과 공항 안내, 자동차 렌트, 호텔, 예약, 연기와 취소

출처 - TOEIC 공식 사이트(https://exam.toeic.co.kr)

Part 1 기출 분석 및 시험 공략법

① Part 1에는 6문항이 출제된다. TOEIC 시험 8회분의 출제 문항 통계를 냈을 때 1인이 등장하는 사진, 2인 이상이 등장하는 사진, 사람이 등장하지 않는 사진 등 3가지로 분류할 때 아래의 표와 비슷한 비율로 출제되었다.

TOEIC 시험 8회분의 Part 1 문항 통계

	1회	2회	3회	4회	5회	6회	7회	8회	평균
1인	1	3	2	1	3	3	3	2	2.3
2인	4	2	4	4	2	2	2	3	2.9
사물	1	1	0	1	1	1	1	1	0.9

기본 점수를 높이기 위해서는 인물이 등장하는 사진을 중점적으로 공략하되, Part 1 만점을 위해서는 사물에 대해서도 명확히 학습해야 한다.

② 토익의 주제인 일상생활과 비즈니스 분야로 분류할 때 역시 아래의 표와 비슷한 비율로 출제되었다.

TOEIC 시험 8회분의 Part 1 문항 통계

	1회	2회	3회	4회	5회	6회	7회	8회	평균
일상생활	5	6	4	3	4	5	5	4	4.5
비즈니스	1	0	3	3	2	1	1	2	1.6

기본 점수를 높이기 위해서는 일상에 대한 문제를 중점적으로 공략하되, 고득점을 목표로 두고 있다면 비즈니스 상황에 대한 내용까지 공략하여야 한다.

Part 2 기출 분석 및 시험 공략법

① Part 2에는 25문항이 출제된다. Direction 시간은 약 30초 정도였다.

② Part 2는 의문사로 시작하는 의문사 의문문, Be동사와 조동사로 시작하는 일반 의문문, 기타 의문문(평서문, 부가 의문문, 부정 의문문, 간접 의문문, 선택 의문문, 청유 의문문) 등 3가지로 분류할 때 아래와 비슷한 비율로 출제되었다.

TOEIC 시험 8회분의 Part 2 문항 통계

	1회	2회	3회	4회	5회	6회	7회	8회	평균
의문사	10	11	10	13	13	10	12	9	11.0
일반	9	6	6	5	6	9	7	7	6.9
기타	6	8	9	7	6	6	6	9	7.1

기본 점수를 높이기 위해서는 의문사로 시작하는 의문문에 대해 중점적으로 공략하면 Part 2의 50% 이상은 맞출 수 있다. 하지만 고득점을 위해서는 비중이 비슷한 일반 의문문 및 기타 의문문까지 학습하여야 하며, 학습 순서는 의문사 의문문, 기타 의문문, 일반 의문문 순으로 진행하는 것이 좋다.

③ 토익의 주제인 일상생활과 비즈니스 분야로 분류할 때 역시 아래와 비슷한 비율로 출제되었다.

TOEIC 시험 8회분의 Part 2 문항 통계

	1회	2회	3회	4회	5회	6회	7회	8회	평균
일상생활	8	8	9	10	8	8	8	8	8.4
비즈니스	17	17	16	15	17	17	17	17	16.6

일상생활과 비즈니스의 문제 출제 비율은 거의 2배가 된다. 즉, 기본 점수를 위해서는 비즈니스 상황을 먼저 공략하는 것이 바람직하며, 그다음 일상생활 주제에 맞는 문제를 중점적으로 풀어보는 순으로 학습하자.

① Part 3에는 39문항이 출제된다. 각 대화는 1 set당 3문항이며 총 13 set다.

② TOEIC 시험 8회분의 출제 문항 통계를 냈을 때, 2명의 화자가 최소 3번에서 최대 8번까지 발화했다. 4번 발화하는 것이 가장 많았다. 3번 발화하는 대화가 1~5 set 정도, 4번 발화하는 대화가 2~7 set 정도, 5번 발화하는 대화가 1~2 set 정도, 6번 발화하는 대화가 1~2 set 정도, 7번 발화하는 대화가 0~2 set 정도, 8번 발화하는 대화가 0~1 set, 9번 발화하는 대화가 0~1 set 정도 출제되었다.

③ 3명의 화자가 등장하는 대화가 1~2 set 출제되었다. 3명의 화자가 최소 5번에서 최대 8번 발화했다.

TOEIC 시험 8회분의 Part 3 문항 통계

		1회	2회	3회	4회	5회	6회	7회	8회	평균
2명	3회	3	4	1	1	2	2	5	3	2.6
	4회	6	2	6	7	4	5	5	4	4.9
	5회	1	2	2	2	2	2		2	1.6
	6회	1	2	1	1	2	1	1	1	1.3
	7회			1	1	1	1	1	2	0.9
	8회		1	1						0.3
	9회		1							0.1
3명	5번	2		1	1	1		1		0.8
	6번					1			1	0.3
	7번		1				1			0.3
	8번						1			0.1

화자 2명일 경우 11.6회, 3명 1.4회로 8배 이상 차이가 발생했다. 기본 점수를 높이고자 한다면 화자 2명 중에서도 4회, 3회를 집중적으로 공략하여야 하며, 그다음으로 5, 6회까지 학습하면 중간 이상 점수를 확보할 수 있다. Part 3 고득점을 위해서라면 3명 5번 발화를 중점적으로 하되, 그 이외 다수 발화도 신경을 써야 한다.

④ 3명의 화자가 등장하는 대화는 2명의 화자가 등장하는 대화의 중간에 위치했다. 2명의 화자가 등장하는 대화 set의 발화 횟수와 맞춰 3명의 화자가 등장하는 대화 set이 위치했다. 즉, 3명의 화자가 6번 발화하는 경우 2명의 화자가 6번 발화는 대화 set에 비슷하게 53번 대화 정도에, 3명의 화자가 8번 또는 9번 발화하면 59번 또는 62번 정도에 위치하는 것이다.

⑤ 3명의 화자가 등장하는 대화에서 질문에 복수 주어가 등장했다. 즉, the men, the women이 주어인 질문이 등장했던 것이다. 두 명 화자의 공통점을 묻는 질문이다.

⑥ Intention Question, 불완전하거나 완전한 문장의 문맥적 의미를 묻는 문제가 출제된다. 불완전한 문장을 Fragment라 한다. 통계상 2문항 또는 3문항 정도 출제되었다.

TOEIC 시험 8회분의 Part 3 문항 통계

	1회	2회	3회	4회	5회	6회	7회	8회	평균
Intention	3	3	2	3	2	2	2	2	2.4

TOEIC 시험 8회분의 Part 3에 출제된 표현들

1회 ▷ that's a good question ▷ I've been really busy with the inventory ▷ Cajun cafe	2회 ▷ I work until 3 o'clock in Tuesday ▷ I volunteered last year ▷ Didn't Hiroshi work on this project
3회 ▷ I really can't say ▷ I think we can do better	4회 ▷ It's easy to miss ▷ I am interviewing someone in here in five minutes ▷ I get paid early once a month
5회 ▷ Mr. Lehmann's in a meeting with clients right now? ▷ That's a big increase from last year	6회 ▷ And who can do that ▷ There's a policy against that
7회 ▷ look at all these cars ▷ Tell me about it	8회 ▷ Dena, this is your area of expertise ▷ most reports have an executive summary in the beginning

총 19개의 Intention Question이 출제되었다. 이 중 2개는 3명의 화자가 등장하는 대화에서 출제되었다.

⑦ Graphic Question. 도표, 그래프, 지도 등의 시각적 요소를 보고 푸는 문제가 출제된다. 대화 set로는 2 set 내지 3 set이며 실질적으로 각 set에서 1문항 정도가 Graphic을 보고 푸는 문제였다. 그러므로 2문항에서 3문항 정도 출제된다.

또한 Graphic이 포함된 대화 set은 마지막에 위치했다. 즉, 2 set면 65번, 68번으로 시작하는 대화에, 3 set면 62번, 65번, 68번으로 시작하는 대화 set에 위치했다. Graphic Question의 Pause 시간은 12초였다.

1회 ⇨ building directory ⇨ floor plan (chart) ⇨ list	2회 ⇨ map ⇨ invoice	3회 ⇨ chart ⇨ room schedule ⇨ list
4회 ⇨ chart ⇨ sign	5회 ⇨ packing slip (전표) ⇨ flight schedule ⇨ chart	6회 ⇨ seat map ⇨ schedule ⇨ pie chart (원 그래프)
7회 ⇨ seating chart ⇨ invoice ⇨ train schedule	8회 ⇨ receipt ⇨ weather forecast ⇨ table	

총 23개의 Graphic Question이 출제되었다. 일반적인 표에 해당하는 Table에 속하는 것이 12개로 가장 많이 출제되었고, 간략한 지도에 해당하는 것이 4번 출제되었으며, Invoice가 2번 출제되었다. 나머지 유형들은 1번씩 출제되었다. 3명의 화자가 등장할 때는 Graphic Question이 출제되지 않았다.

⑧ 1개의 대화 set에 Intention Question과 Graphic Question이 동시에 출제되지는 않았다.

Part 4 기출 분석 및 시험 공략법

① Part 4에는 30문항이 출제되며, 1 set당 3문항이다.

TOEIC 시험 8회분의 Part 4 문항 통계

	1회	2회	3회	4회	5회	6회	7회	8회	평균
Advertisement				1		1	1		0.4
Announcement	2	2	1	3		3	2	2	1.9
Information		1	1				1		0.4
Excerpt	2	3	3	1	2	2	1	4	2.3
Telephone Message	3	2	2	2	3	1	3	2	2.3
Recorded Message						1			0.1
Broadcast			1	1	1		1		0.5
Introduction	1	1		1	1			2	0.8
Talk	1		1	1	3	2	1		1.1
News report	1	1	1						0.4

위의 통계를 근거로, 회의 중 발췌에 해당하는 "Excerpt from a meeting"과 "Telephone Message"가 18번으로 가장 많이 출제되었고, "Announcement" 15번, "Talk"가 9번, "Introduction"이 6번, "Advertisement"가 3번, "Information"이 3번, "News Report"가 3번, "Recorded Message"가 1번 출제되었다.

② Intention Question, 불완전하거나 완전한 문장의 문맥적 의미를 묻는 문제가 출제된다. 불완전한 문장을 Fragment라 한다. 통계상 2문항 또는 3문항 정도 출제되었다.

	1회	2회	3회	4회	5회	6회	7회	8회	평균
Intention	3	2	3	2	3	3	3	3	2.8

1회 ⇨ the store's already been open for these months ⇨ five thousand unit a lot ⇨ I know what you're thinking	2회 ⇨ I know it's a long trip ⇨ this isn't formal inspection
3회 ⇨ Can you believe me? ⇨ another conference is scheduled to begin here at 1:00? ⇨ This will be a big event	4회 ⇨ It'll only take a minutes ⇨ We already have a lot volunteers signed up for this event
5회 ⇨ it isn't what I was expecting ⇨ who knows when that will be ⇨ this is a very popular building	6회 ⇨ the grand opening is in two months ⇨ the user's manual currently about 20 pages long ⇨ this might take some tine
7회 ⇨ it's blocking the road from a factory ⇨ many people have that problem ⇨ Hartford Sweet Shop's ice cream is delicious	8회 ⇨ You can't miss it ⇨ I'll let Dr.Castillo tell you all about it ⇨ I'll have access card by tomorrow

③ Graphic Question이 출제된다. 도표, 그래프, 지도 등의 시각적 요소를 보고 푸는 문제가 출제된다. 담화 세트로는 2 set 내지 3 set이며 실질적으로 각 set에서 1문항 정도가 Graphic을 보고 푸는 문제였다. 그러므로 2문항에서 3문항 정도 출제된다. 또한, Graphic이 포함된 담화 set은 마지막에 위치했다. 즉, 2 sets면 95번, 98번으로 시작하는 담화에, 3 sets면 92번, 95번, 98번으로 시작하는 담화 set에 위치했다. Graphic Question의 Pause 시간은 12초였다.

	1회	2회	3회	4회	5회	6회	7회	8회	평균
Graphic	2	2	2	3	2	2	2	2	2.1

1회 ⇨ expense report ⇨ graph (막대)	2회 ⇨ map ⇨ floor plan (map) ⇨ Tuesday schedule	3회 ⇨ chart ⇨ map	4회 ⇨ time schedule ⇨ survey
5회 ⇨ coupon ⇨ flowchart	6회 ⇨ order form ⇨ graph (막대)	7회 ⇨ schedule ⇨ weather forecast	8회 ⇨ seating chart ⇨ graph (막대)

총 17개의 Graphic Question이 출제되었다. 일반적인 표에 해당하는 Table에 속하는 것이 6개로 가장 많이 출제되었고, 간략한 지도에 해당하는 것이 4번 출제되었으며, 막대 그래프가 2번 출제되었다. 나머지 유형들은 1번씩 출제되었다. 담화 set에 Intention Question과 Graphic Question이 동시에 출제되지는 않았다.

Part 5 기출 분석 및 시험 공략법

① Part 5에는 30문항이 출제된다. 통계상 문법 문제와 어휘 문제의 수는 대략 아래와 같았다.

- 문법 문제 : 18~23 문항, 평균 20.5 문항
- 어휘 문제 : 8~13 문항, 평균 9.5 문항

② 문법 문항을 구체적으로 살펴보면 아래와 같다.

TOEIC 시험 8회분의 Part 5 문법 문항 통계

	1회	2회	3회	4회	5회	6회	7회	8회	평균
품사	3	5	7	6	7	6	5	7	5.8
절 vs. 구			1	1	2	2			0.8
대등접속사		1					2		0.4
종속접속사		2	2	1	1	1	1	1	1.1
관계사	1		1	1	1	1	1	1	0.9
동사의 형태	4	5	4	3	4	5	4	3	4.0
인칭대명사	1	1	2	2	1	1	1	2	1.4
전치사	5	3	2	3	2	3	2	5	3.1
비교		1					1		0.3
한정사	1	1		1		2	1		0.8
개별 어법	1	2	1	1	1	1	3	1	1.4
도치									0.0
생략									0.0
기타	2	1		1	1			1	0.8
계	18	22	20	20	20	22	21	21	20.5

가장 많은 문법 문항은 품사의 구별을 묻는 문제로 평균 5.8문항, 그다음으로는 동사의 형태 4.0문항이었다. 상기 출제되는 문법 문항별 평균을 보면서 시험을 준비하도록 하자. 도치 및 생략과 관련된 문제는 출제되지 않았다.

③ 어휘 문제를 구체적으로 살펴보면 아래와 같다.

TOEIC 시험 8회분의 Part 5 어휘 문항 통계

	1회	2회	3회	4회	5회	6회	7회	8회	평균
명사	7	3	3	3	3	3	3	3	3.5
동사	2	4	3	3	2	2	3	3	2.8
형용사	1		2	3	3	2	2	1	2.0
부사	3	1	2	1	2	1	1	1	1.5
계	13	8	10	10	10	8	9	8	9.5

명사 및 동사의 쓰임에 대해서는 명확히 알고 넘어가야 기본 점수를 넘어 고득점할 수 있을 것이다.

Part 6 기출 분석 및 시험 공략법

① Part 6에는 16문항이 출제되며 1 set당 4문항이 있다. 먼저 3문항은 문법 어휘 문제였고 Sentence Choice 유형은 각 set당 1문항이 출제되었다.

TOEIC 시험 8회분의 Part 6 문법 문항 통계

	1회	2회	3회	4회	5회	6회	7회	8회	평균
문장 선택	4	4	4	4	4	4	4	4	4

② 문법 문제를 구체적으로 살펴보면 아래와 같다.

TOEIC 시험 8회분의 Part 6 문법 문항 통계

	1회	2회	3회	4회	5회	6회	7회	8회	평균
품사	2	2	1		1	1	1	1	1.1
절 vs. 구					1				0.1
종속접속사	1				1				0.3
관계사							1		1	0.3
동사의 형태	1	4	4	4	2	2	4	3	3.0
인칭대명사		1		1		1	1		0.5
전치사			2		1	1		1	0.6
비교	1			1					0.3
개별 어법							1	1	0.3
기타							1		0.1
계	5	7	7	6	6	6	8	7	6.5

가장 많은 문법 문항은 동사의 형태를 묻는 문제로 전체 평균 6.5문항 중 3.0문항을 차지한다. 그다음으로는 품사의 구별을 묻는 문제로 평균 매회 1문항 이상 출제되었으니 놓치지 않도록 하자. 또한 대등접속사, 한정어, 도치 및 생략과 관련된 문제는 출제되지 않았다.

③ 어휘 문제를 구체적으로 살펴보면 아래와 같다.

	1회	2회	3회	4회	5회	6회	7회	8회	평균
명사	1	1	2	4	2	2	1		1.6
동사	3		1	1	2	1	2	2	1.5
형용사	2	2	1			1			0.8
부사	1	2	1	1	2	2	1	2	1.5
계	7	5	5	6	6	6	4	4	5.4

명사, 동사, 형용사의 문제가 골고루 출제되었다. 그에 반하여 형용사에 대한 문제는 다소 출제 횟수가 적었지만 놓쳐서는 안 될 부분이다.

Part 7 기출 분석 및 시험 공략법

① Part 7에는 54문항이 출제된다.

② 단일지문이 29문항이었고 지문당 2, 3, 4문항으로 총 10 set로 출제되었다. 이중지문은 2 set, 10문항이었다. 삼중지문은 3 set, 15문항이었다. 3개 지문을 모두 읽어 답하는 통합형 문제는 출제되지 않았다. 3개의 지문 중 2개 지문을 읽어 답하는 통합형 문제는 출제되었다.

TOEIC 시험 8회분의 Part 7의 삼중지문 구성

	Q.186~190	Q.191~195	Q.196~200
1회	e-mail ⇨ report ⇨ e-mail	web-page ⇨ receipt ⇨ customer review	web-page ⇨ online form ⇨ e-mail
2회	web-page ⇨ e-mail ⇨ e-mail	e-mail ⇨ web-page ⇨ article	form ⇨ e-mail ⇨ letter
3회	advertisement ⇨ e-mail ⇨ web-site feedback	schedule ⇨ e-mail ⇨ review	article ⇨ newspaper editorial ⇨ e-mail
4회	e-mail ⇨ log sheet ⇨ e-mail	advertisement ⇨ e-mail ⇨ text message	advertisement ⇨ online form ⇨ review
5회	web-page ⇨ e-mail ⇨ form	e-mail ⇨ menu ⇨ comment card	e-mail ⇨ flyer ⇨ text message
6회	announcement ⇨ instructions ⇨ e-mail	schedule ⇨ e-mail ⇨ letter	e-mail ⇨ attachment ⇨ e-mail
7회	e-mail ⇨ program information	coupon ⇨ memo ⇨ receipt	notice ⇨ e-mail ⇨ form
8회	article ⇨ information ⇨ form	web-page ⇨ list ⇨ article	article ⇨ advertisement ⇨ customer review

③ 단일지문에 Text Message Chain 또는 Online Chat Discussion이 등장한다. 2명의 writer가 등장하는 2문항짜리 1 set, 3명 이상의 writer가 등장하는 4문항짜리 1 set이 출제되었다.

* 세트 (문항)

	1회	2회	3회	4회	5회	6회	7회	8회
Text	1 (2)	1 (2)	1 (2) 1 (4)	1 (2) 1 (4)	1 (2) 1 (4)	1 (2)	1 (2)	1 (4)
Online	1 (4)	1 (4)				1 (4)	1 (2)	1 (2)

④ Part 3과 Part 4에 도입된 문제와 같은 유형의 Intention Question 문제도 출제되었다. Text Message Chain 또는 Online Chat Discussion에만 등장했으며, 각 set당 1문항으로 총 2문항 정도가 출제되었다.

	1회	2회	3회	4회	5회	6회	7회	8회	평균
Intention	2	2	2	2	2	2	2	2	2

1회 ▷ why wait ▷ of course	2회 ▷ is that it? ▷ I hope we've kept backup files
3회 ▷ of course ▷ that works	4회 ▷ Certainly ▷ You're in luck
5회 ▷ I'm not at my desk ▷ We'll be working late the next few days	6회 ▷ That's true ▷ NNC Systems is a big client
7회 ▷ Yes, please do ▷ I can't believe it	8회 ▷ That's a new one ▷ We're working on it

⑤ Sentence Location이 등장한다. 주어진 문장의 위치를 묻는 문제이다. 단일지문에만 등장하고 해당 지문의 마지막 문제로 출제되었다. 3문항짜리 지문 또는 4문항짜리 지문에서만 출제되었고 각 지문당 1문항으로, 전체 2문항 또는 3문항 정도가 출제되었다.

	1회	2회	3회	4회	5회	6회	7회	8회	평균
단락 처음					1				0.1
단락 중간	2	2	1	1		2	1		1.1
단락 마지막			1	1	1		1	2	0.8

⑥ Part 7은 지문만 읽는 데에도 많은 시간이 소요된다. 홈페이지(www.pub365.co.kr) 및 QR코드 링크(책날개)로 제공하는 SPEED READING 온라인 학습 프로그램을 통해 틈틈이 속독 훈련을 해서 문제 풀 수 있는 충분한 시간을 확보하자.

토익 점수 환산표

Listening Test	맞은 개수	환산 점수
	96~100	485~495
	91~95	440~490
	86~90	400~445
	81~85	360~410
	76~80	330~375
	71~75	300~345
	66~70	270~315
	61~65	245~285
	56~60	220~260
	51~55	195~235
	46~50	165~205
	41~45	140~180
	36~40	115~150
	31~35	95~130
	26~30	80~115
	21~25	60~95
	16~20	40~65
	11~15	25~45
	6~10	15~30
	1~5	5~15
	0	5

Reading Test	맞은 개수	환산 점수
	96~100	465~495
	91~95	415~470
	86~90	380~425
	81~85	350~390
	76~80	320~365
	71~75	290~335
	66~70	260~305
	61~65	230~275
	56~60	200~245
	51~55	170~215
	46~50	145~185
	41~45	115~155
	36~40	95~130
	31~35	70~105
	26~30	55~90
	21~25	40~70
	16~20	30~55
	11~15	20~45
	6~10	15~30
	1~5	5~15
	0	5

* 절대적인 기준은 아니며 참고로 활용할 수 있다.

토익 시험 진행 안내

❶ 시험 시간 : 120분(2시간)

항목	소요 시간	오전 시험	오후 시험
답안지 작성에 관한 오리엔테이션	15분	9:30 ~ 9:45	14:30 ~ 14:45
수험자 휴식시간	5분	9:45 ~ 9:50	14:45 ~ 14:50
신분증 확인(감독교사)	15분	9:50 ~ 10:05	14:50 ~ 14:05
문제지 배부, 파본확인	5분	10:05 ~ 10:10	15:05 ~ 15:10
듣기평가(L/C)	45분	10:10 ~ 10:55	15:10 ~ 15:55
읽기평가(R/C)	75분	10:55 ~ 12:10	15:55 ~ 15:10

❷ 준비물

　　» 신분증 : 규정 신분증만 가능 (주민등록증, 운전면허증, 기간 만료 전의 여권, 공무원증 등)
　　» 필기구 : 연필, 지우개 (볼펜이나 사인펜은 사용 금지)

❸ 시험 응시 준수 사항

　　» 시험 시작 10분 전 입실. 09:50(오전)/14:50(오후) 이후에는 입실 불가
　　» 종료 30분 전과 10분 전에 시험 종료 공지함
　　» 휴대전화의 전원은 미리 꺼둘 것

❹ OMR 답안지 표기 요령

　　» 반드시 지정된 필기구로 표기
　※ 성명, 주민등록번호 등을 틀리게 표기하였을 경우 채점 및 성적 확인이 불가능하므로 주의하시기 바랍니다.

OMR 답안지 표기 Sample				
O	Ⓐ	Ⓑ	●	Ⓓ
X	Ⓐ	Ⓥ	Ⓒ	Ⓓ
X	Ⓐ	Ⓑ	Ⓒ	Ⓧ
X	Ⓐ	Ⓑ	Ⓒ	Ⓓ
X	Ⓐ	Ⓑ	Ⓒ	Ⓓ

* 봉투형 모의고사 별매 - 퀵토익 만점 마무리 실전모의고사

퀵
토익
실전모의고사

지금부터 Actual Test를 진행합니다.
실제 시험과 동일한 방식으로 진행됨을 말씀드리며,
방송 음성은 QR코드로 청취할 수 있습니다.

준비되면 바로 시작하세요!

LISTENING TEST

In the Listening test, you will be asked to demonstrate how well you understand spoken English. The entire Listening test will last approximately 45 minutes. There are four parts, and directions are given for each part. You must mark your answers on the separate answer sheet. Do not write your answers in your test book.

PART 1

Directions: For each question in this part, you will hear four statements about a picture in your test book. When you hear the statements, you must select the one statement that best describes what you see in the picture. Then find the number of the question on your answer sheet and mark your answer. The statements will not be printed in your test book and will be spoken only one time.

Statment (A), "Some people are paddling through the water," is the best description of the picture, so you should select answer (A) and mark it on your answer sheet.

1.

2.

Test 01

Test 02

Test 03

Answer 01

Answer 02

Answer 03

GO ON TO THE NEXT PAGE

3.

4.

5.

6.

Test 01

Test 02

Test 03

Answer 01

Answer 02

Answer 03

GO ON TO THE NEXT PAGE

PART 2

Directions: You will hear a question or statement and three responses spoken in English. They will not be printed in your test book and will be spoken only one time. Select the best response to the question or statement and mark the letter (A), (B), or (C) on your answer sheet.

7. Mark your answer on your answer sheet.

8. Mark your answer on your answer sheet.

9. Mark your answer on your answer sheet.

10. Mark your answer on your answer sheet.

11. Mark your answer on your answer sheet.

12. Mark your answer on your answer sheet.

13. Mark your answer on your answer sheet.

14. Mark your answer on your answer sheet.

15. Mark your answer on your answer sheet.

16. Mark your answer on your answer sheet.

17. Mark your answer on your answer sheet.

18. Mark your answer on your answer sheet.

19. Mark your answer on your answer sheet.

20. Mark your answer on your answer sheet.

21. Mark your answer on your answer sheet.

22. Mark your answer on your answer sheet.

23. Mark your answer on your answer sheet.

24. Mark your answer on your answer sheet.

25. Mark your answer on your answer sheet.

26. Mark your answer on your answer sheet.

27. Mark your answer on your answer sheet.

28. Mark your answer on your answer sheet.

29. Mark your answer on your answer sheet.

30. Mark your answer on your answer sheet.

31. Mark your answer on your answer sheet.

PART 3

Directions: You will hear some conversations between two or more people. You will be asked to answer three questions about what the speakers say in each conversation. Select the best response to each question and mark the letter (A), (B), (C), or (D) on your answer sheet. The conversations will not be printed in your test book and will be spoken only one time.

32. What are the speakers discussing?
    (A) The delivery department
    (B) Each other's text messages
    (C) The advertising plan
    (D) Cooker line

33. What caused the delay?
    (A) Using the delivery system
    (B) Making improvements
    (C) Beginning the advertisement in advance
    (D) Putting the handles in place

34. What does the man say he is waiting for?
    (A) A cooker
    (B) Replacement parts
    (C) The fans
    (D) A marketing project

35. What is being constructed?
    (A) WWP Broadcasting
    (B) The New South River Bridge
    (C) Local call center
    (D) The International Trade building

36. What difficulty does the man mention?
    (A) The weather caused a halt in the construction.
    (B) It wasn't convenient to go to the construction site.
    (C) The construction procedure was proceeding too fast.
    (D) Too many people expected the bridge to be open to traffic in November.

37. When will the project most likely be finished?
    (A) April
    (B) May
    (C) October
    (D) November

38. What is the conversation mainly about?
    (A) The woman's hotel
    (B) The man's mission
    (C) The major attraction
    (D) The city's bus tour

39. What does the man say is included in the price?
    (A) An accommodation rate
    (B) A bus fare
    (C) All admission fees
    (D) The additional fee

40. According to the man, what should the woman bring tomorrow?
    (A) A leaflet
    (B) A receipt
    (C) A schedule
    (D) A guide map

41. Why is the man calling the woman?
    (A) To place his sign in his store
    (B) To introduce his wife to Ms. Hazzel
    (C) To announce the Goldstein Mall Association
    (D) To inform a local regulation

42. What does the woman say she will do?
    (A) She will call the Goldstein Mall Association.
    (B) She will take notes about the advertisement.
    (C) She will remove the sign board immediately.
    (D) She will recognize the regional rules.

43. What does the man recommend the woman to do?
    (A) To post her goods on the web site
    (B) To advertise in a local magazine
    (C) To read the business articles
    (D) To receive the support from his neighbor

GO ON TO THE NEXT PAGE

44. What is the purpose of man's call?

(A) To introduce World Tour Magazine to Ms. Glenn
(B) To offer a work assignment
(C) To request Ms. Glenn to subscribe
(D) To announce the review of Ms. Glenn's article

45. What does the woman ask the man about?

(A) The due date
(B) The information on the Far East
(C) The tour route
(D) The subject of his article

46. What change does the man mention?

(A) His pride as a freelancer writer
(B) The content of the issue
(C) The experience of Japan and Korea
(D) A higher rate

47. What does the woman want to do?

(A) To buy a new laptop
(B) To hold a used charger
(C) To get a battery replacement
(D) To know manufacturer's phone number

48. Why is the woman surprised?

(A) Because of the expensive price
(B) Because there are no extra batteries
(C) Because of some other brands
(D) Because of the fame of the Xiaomi factory

49. What will the man probably do next?

(A) He will visit the Xiaomi storage room.
(B) He will replace his laptop with the new one.
(C) He will check the store stock.
(D) He will transmit 150 dollars to the manufacturer.

50. What are the speakers discussing?

(A) A summer event
(B) A parking lot
(C) A renovation of Severs Park
(D) A business location

51. What does the man think about Severs Park area?

(A) It has a small floating population.
(B) Its rent is lower than he expected.
(C) Its transportation is convenient.
(D) It already has many shopping malls.

52. What do the women want to do?

(A) They want to open a new shop in Severs Park.
(B) They want to transfer their office to a new location.
(C) They want to increase the rent.
(D) They want to drive their car to summer beach.

53. What are the speakers discussing?

(A) A job as a programmer
(B) The abilities of artificial intelligence
(C) A book written by a previous colleague
(D) A copy machine

54. What does the man mean when he say, "I am so happy for her"?

(A) He received advice from her book.
(B) He wishes his friend good fortune.
(C) He is pleased about his coworker's success.
(D) He considered the book interesting.

55. What does the man indicate about the book?

(A) He think it's unique.
(B) He will buy it.
(C) He has already ordered it.
(D) He will lend it to her.

56. Where will the men go tomorrow morning?

(A) To a theater
(B) To a musical instrument store
(C) To an art museum
(D) To the ticket box

57. Where will Ms. Kate Windsor meet Mr. Bruno Crawford and Mr. Dale Emory?

(A) At a historical site
(B) At a bus stop
(C) At the tourist information center
(D) At a hotel

58. What is Ms. Kate Windsor's job?

(A) A museum curator
(B) A ticket seller
(C) A bus driver
(D) A tour guide

---

59. Where will the speakers most likely be?

(A) At a hotel
(B) At a studio
(C) At a shopping mall
(D) At a hospital

60. What does the woman mean when she say, "That's strange"?

(A) The schedule has changed.
(B) An employee is in the office.
(C) She was surprised that a device was out of order.
(D) She put some equipment in a wrong place.

61. What does the woman suggest to do?

(A) To use someone's phone
(B) To record a presentation
(C) To replace the battery with a new one
(D) To check the chargeable level

Feeding Schedule

Animal	Time
Squirrel	09:00
Zebra	09:30
Goat	10:00
Rabbit	10:30

62. What does the woman say about the guide map?

(A) It contains the route to the exit.
(B) It has no information on feeding times.
(C) It doesn't offer many interesting attractions.
(D) It can be found in the entrance.

63. Look at the graphic. Which animal feeding will the woman see?

(A) Squirrel
(B) Zebra
(C) Goat
(D) Rabbit

64. What does the man say about today's admission fee?

(A) 30 dollars
(B) 9 dollars
(C) Paid by only adults
(D) All tickets are free for today.

Test 01

Test 02

Test 03

Answer 01

Answer 02

Answer 03

GO ON TO THE NEXT PAGE

Position of Products

Aisle 8	Fruits and vegetables
Aisle 9	Fish
Aisle 10	Sauces and spices
Aisle 11	Meat

SHIPPING FARE

AMOUNT	FARE
1,000	$199.00
2,000	$99.00
3,000	$00.00
10,000	$00.00

65. What does the woman ask the man about?

(A) Where a product promotion will be held
(B) Why a sale has finished so early
(C) If the sale is still being held
(D) When the tasting event will start

66. Look at the graphic. Where will the woman go first?

(A) To Aisle 8
(B) To Aisle 9
(C) To Aisle 10
(D) To Aisle 11

67. What does the man offer to do for the woman?

(A) To show a location
(B) To join the membership
(C) To recommend the cooking food
(D) To compare the various price

68. What does the man ask the woman to do?

(A) To compromise with the shipping fare
(B) To order less supplies than last time
(C) To consult with delivery department
(D) To check the inventory

69. What does the woman indicate about the shipping price?

(A) The manufacturer will review the inventory.
(B) The supplier has no items in his warehouse.
(C) Another supplier will offer a good proposal.
(D) A larger order will reduce the shipping cost.

70. Look at the graphic. How many steel cases will the woman order?

(A) 1,000
(B) 2,000
(C) 3,000
(D) 10,000

Test 01
Test 02
Test 03
Answer 01
Answer 02
Answer 03

PART 4

Directions: You will hear some talks given by a single speaker. You will be asked to answer three questions about what the speakers say in each talk. Select the best response to each question and mark the letter (A), (B), (C), or (D) on your answer sheet. The talks will not be printed in your test book and will be spoken only one time.

71. What does the speaker inform listeners of?
    (A) The location of Jeremy hall
    (B) The proximity to South hall
    (C) The distance from Jeremy hall to South hall
    (D) The renovation of the parking area next month

72. What will be available to staff?
    (A) A reimbursement of the transportation fees
    (B) A subway pass
    (C) A complimentary shuttle service
    (D) A request of parking fees

73. What will employees be required to do?
    (A) They must check the company website.
    (B) They must present their ID card to the driver.
    (C) They must ask the company to park outside South hall.
    (D) They must pay their fare to the driver.

74. What is being discussed?
    (A) A great success
    (B) A must-see
    (C) A TV series
    (D) A new theme

75. According to the speaker, what change will occur?
    (A) An introduction program
    (B) A top television station
    (C) A plan to travel Asia
    (D) A wider range of selection

76. What are listeners asked to do?
    (A) To suggest a new concept
    (B) To travel everywhere except Asia
    (C) To watch the program
    (D) To submit destinations

77. Who most likely is the speaker?
    (A) A volunteer of this season
    (B) A manager of last season
    (C) An official of Jacksonville city
    (D) A director of the festival

78. According to the speaker, why are many visitors expected next Friday?
    (A) Because there will be an exciting concert
    (B) Because many volunteers will help the event go well
    (C) Because Jacksonville city will provide the best location
    (D) Because many tickets have already sold out

79. What does the speaker ask for help with?
    (A) Finishing the lines with people
    (B) Confirming at the ticket booth
    (C) Giving a call to Ms. Amy Smith
    (D) Using Mr. Kosby's mobile phone

80. According to the speaker, what happened at the library recently?
    (A) A remodeling
    (B) A welcoming party
    (C) A yearly meeting
    (D) A construction of a wing

81. What is the purpose of the meeting?
    (A) To include the quarterly volunteer
    (B) To welcome the opening of a library
    (C) To construct a new wing
    (D) To assign volunteer work

82. What are the listeners asked to do?
    (A) To complete the schedule
    (B) To send the updated time
    (C) To indicate availability
    (D) To keep a book collection

GO ON TO THE NEXT PAGE

83. What are the listeners going to do this morning?
  - (A) Become models for the Med & Clothing company's advertising campaign
  - (B) Announce a new line of spring clothes
  - (C) Advertise campaign for medicine and clothing
  - (D) Collect the Med & Clothing company's lines

84. What does the speaker say was learnt from a recent survey?
  - (A) Some guests greatly appreciated the Med & Clothing company.
  - (B) Many customers would like to be the actual models.
  - (C) Some applicants complied with a survey.
  - (D) Many people recognized the new spring collection.

85. What will the listeners receive?
  - (A) A coupon worthy of $200
  - (B) A right to take the photo
  - (C) An ownership of a Med & Clothing store
  - (D) A certificate of completion

---

86. Where most likely is the announcement taking place?
  - (A) An office
  - (B) A newspaper company
  - (C) A supermarket
  - (D) An advertising company

87. Which of the following information was wrong?
  - (A) Addington's location
  - (B) Shopping needs
  - (C) Booklet
  - (D) Sale price

88. What is available at the customer service desk?
  - (A) Seasonal fruits
  - (B) Some recipes
  - (C) Thank you cards
  - (D) The store's desserts

89. Who is the advertisement intended for?
  - (A) People who are dismissed at Muscle Brother Gym
  - (B) People who can't train too hard
  - (C) People who will receive the waist surgeries
  - (D) People who want to walk in the gym

90. What does the man mean when he says, "Here's how it works"?
  - (A) He will exercise at Muscle Brother Gym.
  - (B) He will demonstrate a product's recommended usage.
  - (C) He will run too hard.
  - (D) He will manage the low-impact program.

91. According to the speaker, what is true about this advertisement?
  - (A) He experienced weight loss.
  - (B) He contacted the manufacturer of a running machine.
  - (C) He called off his training program.
  - (D) He signed up for his surgery.

---

92. According to the speaker, what will happen tonight?
  - (A) A opening ceremony
  - (B) A management meeting
  - (C) An evening show
  - (D) A coworker's retirement party

93. What does the speaker mention about Ms. Reed?
  - (A) She has supported other employees.
  - (B) She appreciated attending to tonight's banquet.
  - (C) She would like to work in the accounting service department.
  - (D) She spent more time in preparing tonight's banquet.

94. Why does the speaker say "Without further delay"?
  - (A) She didn't offer any mail.
  - (B) She has finished introducing a coworker.
  - (C) She will talk to Ms. Reed on behalf of us.
  - (D) She wants the listeners to bring it back.

INFORMATION	
Group & Leader	Workload
One Mr. Normand	Audio visual set up and operation
Two Mr. Trinand	Cleanup and maintenance
Three Ms. Windell	Beverage cart setup and operation
Four Ms. Ignacio	Chairs and tables setup

Morning Schedule

Guide	Bus	Persons
Baker	Bus 1	31
Nichol	Bus 2	12
Turner	Bus 3	9
David	Bus 4	20

95. Where will the speaker probably work?

(A) At a library
(B) At a hospital
(C) At an auditorium
(D) At a museum

96. According to the talk, what are the listeners asked to do?

(A) To start with a different assignment
(B) To finish by a certain deadline
(C) To meet everyone's needs
(D) To complete their task to promote

97. Look at the graphic. Which group will be the last to leave the premises?

(A) Group One
(B) Group Two
(C) Group Three
(D) Group Four

98. What will the listeners probably do this morning?

(A) Attend a conference
(B) Announce their needs
(C) Wear yellow caps
(D) Provide tours

99. According to the speaker, why did they change David's bus?

(A) The number of people in the group has gotten smaller.
(B) It has scored lower.
(C) It has been out of order.
(D) It has brought attention.

100. Look at the graphic. Which bus will David use?

(A) Bus 1
(B) Bus 2
(C) Bus 3
(D) Bus 4

This is the end of the Listening test. Turn to Part 5 in your text book.

GO ON TO THE NEXT PAGE ➡

READING TEST

In the Reading test, you will read a variety of texts and answer several different types of reading comprehension questions. The entire Reading test will last 75 minutes. There are three parts, and directions are given for each part. You are encouraged to answer as many questions as possible within the time allowed.

You must mark your answers on the separate answer sheet. Do not write your answers in your test book.

PART 5

Directions: A word or phrase is missing in each of the sentences below. Four answer choices are given below each sentence. Select the best answer to complete the sentence. Then mark the letter (A), (B), (C), or (D) on your answer sheet.

101. Section directors are required to help their subordinates with their assignments ------- they have to meet a tight deadline.

   (A) if
   (B) because
   (C) when
   (D) though

102. Mr. Dan Furcal has ------- sold the old-fashioned vacuums, but I have two friends in the business who sell them.

   (A) already
   (B) still
   (C) yet
   (D) never

103. The manager will ------- extra paperwork to a senior reporter due to the promotion of a new line.

   (A) change
   (B) earn
   (C) assign
   (D) acquire

104. To reduce expenses, Ms. Lisa, who is in charge of shipping, has decided that we should ------- the original container into another one.

   (A) transfer
   (B) confer
   (C) infer
   (D) refer

105. The Current Trend Research is considering researching its recent findings in further ------- and is planning to write a follow up report shortly

   (A) deep
   (B) deeply
   (C) deepen
   (D) depth

106. We look forward to finding out more about the company ------- the next shareholder's meeting.

   (A) onto
   (B) into
   (C) during
   (D) upon

107. Whether the executives will step down or not is the most important issue ------- this afternoon.

   (A) to discuss
   (B) to have discussed
   (C) to be discussed
   (D) to have been discussed

108. A gift certificate offered by 21st Century Movie Co. is available at an ------- discount of $ 10.00 per ticket.

   (A) add
   (B) addition
   (C) additional
   (D) additionally

109. As of ------- week, at least one form of identification will be necessary when a client wants a new membership card to be issued.
(A) near
(B) recent
(C) close
(D) next

110. The LCD monitor delivered yesterday was ------- damaged, so we request that you send us another.
(A) accident
(B) accidents
(C) accidental
(D) accidentally

111. Hitel-Com can save you up to 50 percent on international phone calls, while giving you maximum clarity and -------.
(A) dependability
(B) depend
(C) dependable
(D) dependably

112. Tour de Monde Magazine's revised edition for tourists has caused some apprehension ------- the readers due to some misleading information.
(A) only
(B) how
(C) between
(D) among

113. In an effort to reduce expenses, we are looking ------- a creative way to enhance worker productivity.
(A) at
(B) for
(C) into
(D) on

114. Local Business Monthly, a magazine intended for the general public, contains a wealth of descriptive ------- so that everyone can interpret the difficult subjects more easily.
(A) pictures
(B) graphs
(C) bulletins
(D) tables

115. If you need further information, please ------- our Customer Relations department to get the most up to date information or e-mail for a quick response.
(A) send
(B) transmit
(C) contact
(D) carry

116. Ms. Monica Spears, the president of Marconini Electronics, said the new 4G mobile phone is so ------- that the company is struggling to meet demand.
(A) fashionable
(B) popular
(C) common
(D) general

117. To find out more about international shipping ------- , look at the attached guide visit our web-site.
(A) tolls
(B) fares
(C) values
(D) charges

118. Thanks to a revised -------, we at InterCom Inc. can provide you with free returns up to once a month.
(A) policy
(B) homepage
(C) procedure
(D) stage

119. The company has only received ten inquiries by phone since the extensive advertising campaign ran in last month's edition of the ------- magazine.
(A) shop
(B) shopped
(C) shopping
(D) shops

120. Global leaders have responded quite differently to yesterday's announcement from France declaring that they will veto a NATO ------- to support an America-led Iran war.
(A) resolve
(B) resolved
(C) resolving
(D) resolution

Test 01
Test 02
Test 03
Answer 01
Answer 02
Answer 03

GO ON TO THE NEXT PAGE

121. A common mistake made by owners is purchasing expensive hardware without knowing how to use it, and -------, employees are hired to operate certain kinds of business software.

(A) by the way
(B) as a result
(C) in addition
(D) in fact

122. The configuration of the YNG-77 laptop is very stable but the design of its keyboard is -------.

(A) comfort
(B) ideal
(C) intensive
(D) inconvenient

123. To thank our customers for their continued support, two ------- for future purchases will be provided.

(A) coupons
(B) tickets
(C) receipts
(D) invoices

124. The diagnostic process must carefully explore many of ------- problems, not only to provide appropriate diagnoses, but also to identify early signs or risk factors.

(A) this
(B) these
(C) whose
(D) another

125. Korea's civil law ------- all employees to up to 12 weeks off to attend to serious health conditions which they or their immediate family members may have.

(A) enables
(B) entrusts
(C) entitles
(D) enlarges

126. Tuition fees are $50,000, ------- course books and a daily meal plan, but exclusive of other materials and living expenses.

(A) eligible for
(B) responsive to
(C) dependent on
(D) inclusive of

127. The age requirements for hiring flight attendants vary slightly to ------- from different companies.

(A) and
(B) if
(C) which
(D) therefore

128. The shipment you ordered last weekend will be received ------- today or tomorrow.

(A) both
(B) not
(C) either
(D) neither

129. Ms. Lisa Brook has organized the fundraising event and actively ------- large corporate donations to support the family entertainment center.

(A) offered
(B) received
(C) allowed
(D) solicited

130. With providers launching new deals with competitive rates on a regular -------, there are plenty of products to choose from.

(A) way
(B) basis
(C) period
(D) cause

Test 01

Test 02

Test 03

Answer 01

Answer 02

Answer 03

PART 6

Directions: Read the texts that follow. A word, phrase, or sentence is missing in parts of each text. Four answer choices for each question are given below the text. Select the best answer to complete the text. Then mark the letter (A), (B), (C), or (D) on your answer sheet.

Questions 131-134 refer to the following article.

The Best Family Foundation offers free divorce workshops every Monday morning. Sign-ins for the workshops are Monday mornings at 10:00 am in The Best Family Foundation office. -------.
    131.

Note: Anyone who is wishing to start a divorce, a legal separation, or an annulment and is seeking assistance from the consultant must attend this workshop first.

You must also ------- the following:
        132.

* Please purchase a Divorce Packet from the Business Office for $10.00 ------- coming to
        133.
the workshop. This packet includes all the forms you will need on the day of the workshop.

* Please bring a black ink pen. Pencils and blue pens are NOT -------.
                    134.

* There will be no translation service. If you are not fluent in English, you had better to bring your own translator.

* Children are not allowed to attend the workshop, but childcare service is available.

---

131. (A) Please take your seat in advance, in case of full reservation
(B) Take part in the morning workshop, and listen to the lecture
(C) Plan to spend the entire morning there, as the workshop lasts until 12:00 P.M
(D) Go to the consultant to fill the form in

132. (A) do
(B) did
(C) done
(D) doing

133. (A) after
(B) before
(C) during
(D) with

134. (A) acceptable
(B) responsible
(C) dependable
(D) feasible

GO ON TO THE NEXT PAGE

JOB OPPORTUNITY

The Assistance for the Youth is a non-profit organization that provides the unemployed with meaningful work in the area of business. The Assistance for the Youth is now accepting applications for the following position :

FINANCE & ADMINISTRATION MANAGER

------. A qualified financial specialist should apply for the position of accounting director.
135.
An applicant should be able to handle a current accounting system to maintain accurate records, to prepare regular financial annual reports, ------ those required for annual
136.
auditing, and to process payroll for all employees. This individual will also oversee various administrative duties ------ the Assistance for the Youth's operations.
137.

Qualifications:

» 4-year diploma or more than a 6-year degree in Business Administration with focus in finance or equivalent ------ experience
138.

» experience and knowledge of The Assistance for the Youth's programs will be considered an asset

This position is a two-year renewable contractual position.

Salary will be based on qualifications and experience.

---

135. (A) We search for a potential candidate who would like to work independently
    (B) We ask the monetary specialist to accept the open position
    (C) We need an energetic team player for the financial functions
    (D) We prepare regular financial reports and annual auditing statements

136. (A) considering
    (B) including
    (C) excluding
    (D) regarding

137. (A) according to
    (B) owing to
    (C) depending on
    (D) pertaining to

138. (A) work
    (B) works
    (C) working
    (D) worked

Jayson F. Murphy
414 North Central Avenue
Phoenix. Arizona 85012
(602) 375-2599

Dear Ms. Donnie Copper

This e-mail is to be sent in response to inquiries regarding the start date of the

development of our new pharmaceutical product. We are scheduled ------- the
                                                                    139.

manufacturing process immediately after receiving the grant from the Municipal Wellbeing

Fund, which should occur by July 31st.

At the moment, the state is still processing our grant application. As you know, I applied

for this grant over two months ago and was told that the approval process would take only

three weeks. The state appears to have ------- my grant application since that time. -------.
                                         140.   **141.**

In the meantime, notify ------- employees in your departments that there will be an all day
                         142.

meeting on July 4 to remap our manufacturing schedule for the product.

Thank you for your patience and cooperation.

Jayson F. Murphy

139. (A) began
 (B) begun
 (C) beginning
 (D) to begin

140. (A) displaced
 (B) replaced
 (C) misplaced
 (D) placed

141. (A) The state government informed me of its approval before they sent us an e-mail on June 31st
 (B) Today, we must process our grant application to the state before July 31st
 (C) I should tell the state that it will take two weeks to process the approval request
 (D) Fortunately, today the state controller assured me that we will receive approval by the end of the month

142. (A) all
 (B) every
 (C) each
 (D) any

Questions 143-146 refer to the following e-mail.

TO: Stanford Alumni <stanfordalumni@stanfordaeb.org>
FROM: Leon Buffer <leonno1@stanfordaeb.org>
Date : May 1
Subject: Stanford Alumni Employment Bulletin - Advertisement for President

I found the wording of your advertisement with emphasis on leadership, innovation, and change quite intriguing. ------- is my resume in response to your advertisement.
143.

Most recently, I became the President of Wendy Coop, which was in bad shape, but my contribution lead the company to the best ------- in its history. Previously I worked
144.
successfully in a variety of unusual situations, including the startup of a significant division of Goodman and the turnaround of Atlantic Biochemical.

In each of these situations, the problems or opportunities differed widely. ------- they all
145.
demanded the ability to size up the situation, assess the reasonable alternatives, and execute a plan of action. My track record shows that I am able to do this.

With regard to the requirement for manufacturing experience, I have worked 10 years in mining and milling operations, where I gained great insight in the matter of production problems. Additionally, I was the President of Wendy Coop with full responsibility for all operations and financial activities. I am free to travel and open to relocation. -------.
146.

Thank you for your interest.

---

143. (A) Attach
     (B) Attaching
     (C) Attached
     (D) Attachment

144. (A) potentiality
     (B) capability
     (C) performance
     (D) liability

145. (A) However
     (B) Moreover
     (C) Therefore
     (D) Generally

146. (A) I would like to travel abroad anytime and to gained great insight in the matter of production problems
     (B) I was in charge of all operations and financial activities on Wendy 10 years ago
     (C) My career shows that I am able to work in mining and milling operations
     (D) I would welcome the opportunity to meet you and further discuss your requirements

Test 01

Test 02

Test 03

Answer 01

Answer 02

Answer 03

PART 7

Directions: In this part you will read a selection of texts, such as magazine and newspaper articles, e-mails, and instant messages. Each text or set of texts is followed by several questions. Select the best answer for each question and mark the letter (A), (B), (C), or (D) on your answer sheet.

Questions 147-148 refer to the following announcement.

The Lawrence Festival of Edinburgh

Free Chance
Open-air performance in Edinburgh Park

"Lady Chatterley's Lover"

March 3rd-17th : Nightly except Sundays.
March 16th   : 1:00 p.m. matinee, no evening performance.

Monday performances will be signed for the hearing impaired
Refreshments will be served to the hearing impaired at no cost.

Valuable life-related lectures by famous scholars start at 5:00 p.m.;
Performances start at 7:00 p.m.

(331) 534-8356 or www.edinburghfestival.com

---

147. When does the open-air performance end?

(A) March 2nd
(B) March 10th
(C) March 15th
(D) March 17th

148. Whom will the Monday performances be prepared for?

(A) People with a hearing problem
(B) People with a good listening ability
(C) People with a negative attitude
    towards life
(D) People with a mental problem

GO ON TO THE NEXT PAGE ▶

Questions 149-150 refer to the following text message chain.

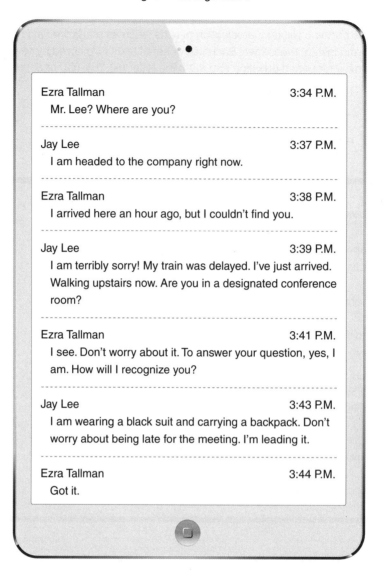

Ezra Tallman	3:34 P.M.
Mr. Lee? Where are you?	

Jay Lee	3:37 P.M.
I am headed to the company right now.	

Ezra Tallman	3:38 P.M.
I arrived here an hour ago, but I couldn't find you.	

Jay Lee	3:39 P.M.
I am terribly sorry! My train was delayed. I've just arrived. Walking upstairs now. Are you in a designated conference room?	

Ezra Tallman	3:41 P.M.
I see. Don't worry about it. To answer your question, yes, I am. How will I recognize you?	

Jay Lee	3:43 P.M.
I am wearing a black suit and carrying a backpack. Don't worry about being late for the meeting. I'm leading it.	

Ezra Tallman	3:44 P.M.
Got it.	

149. What is true about Ms. Ezra Tallman and Mr. Jay Lee?

(A) They used different modes of transportation.
(B) They are waiting for the same client.
(C) They have never met before.
(D) They have once worked in the same company.

150. At 3:44 P.M., why does Ms. Ezra Tallman say "Got it"?

(A) To give the information to Mr. Jay Lee
(B) To emphasize the importance of the conference
(C) To apologize for being late for the meeting
(D) To express the understanding of Mr. Jay Lee's comment

ONNet introduces its NEW DSLite!

DSLite NITRO $100.00 per month (includes internet costs)

BENEFITS:

1. DSLite is always on - Just click on the internet browser icon on your computer,
and start surfing the internet!
2. Up to 10 times faster than previous dial up service!
3. It is possible to talk on the phone and surf the Internet simultaneously - you don't
need to use a second phone line!
4. No busy signals!
5. No more failed and dropped connections!
6. Faster uploads and downloads!
7. Multiple computers on a single DSLite line!

When you join this service, we'll throw in a free keyboard.

Contact Information

Tel: 532-765-5842   E-mail: dslite@onnet.com

---

151. What is being advertised?

(A) A newly published computer manual
(B) A new Internet connection service
(C) A free Internet phone service
(D) A state-of-the-art computer

152. What is NOT a stated advantage of this service?

(A) The speed is far faster than that of existent services.
(B) The service is available at all times.
(C) Users can talk on the phone while web surfing.
(D) One computer is available on a single line.

Test 01
Test 02
Test 03
Answer 01
Answer 02
Answer 03

GO ON TO THE NEXT PAGE

Questions 153-154 refer to the following advertisement.

Great phone!
Great deal!

Find out what you can obtain from us and call now.

§ Free Headset!
So you can receive and make calls without using your hands!

§ Free delivery!
Hey, our company will even pay the shipping costs. What a great deal!

§ Great wireless plans as low as $29.99 a month
You can make and receive a call across campus, across town or across the country.

§ Free installation fee!
You can install the wireless router for free.

§ Easy 2-months trial!
You can try it for up to 2 months at no cost! So if you're not completely satisfied, just return your equipment within the 2-months trial period.

What are you waiting for?
Call now toll-free 2-634-642-8744
Use promotion code 34655 for a discount!

HT&T's 2 months trial applies when you purchase a Digital multi-network phone and activate new service.
In order to receive a full refund, the phone must be in good condition. Return cancellation after the 2-months trial period will cause the imposition of a cancellation fee.
This offer is subject to change and will expire 12-31-15. This offer is only valid when you call the toll-free number. This offer may require credit approval.

---

153. Which of the following is NOT mentioned as an advantage of the promotion?
(A) The customers can try the product up to 2 months.
(B) When returning the phone, it must be in a good condition.
(C) The order must be placed on-line.
(D) The customers will receive a hands-free head-set.

154. When does this promotion plan end?
(A) In ten days
(B) At the end of the year 2015
(C) When the company gives out another notice
(D) It will be valid thru June 2015.

Spectacular Holiday Clothing Show

Hours: Daily 11 A.M.-7 P.M. / Sun 11 A.M.-6 P.M.

Spectacular Holiday Clothing Show will be held by the New York Vintage. More than 30 top dealers will attend to help you to fill your holiday stockings with care. Show highlights include:

- **Long Fur Jackets**: cozy and warm like a puppy and very portable
- **Lingerie Style**: the latest boudoir-inspired styles let you be sophisticated and sexy.
- **Glamorous Gloves**: the most important accessory for ladies

MHSALE Members: Save $15 off the regular admission fee of $30. Click here to buy tickets online now or print and bring this web page to receive a special discount. Don't miss this great 3-day vintage fashion show. All the events will take place at the Bella Building

Payment Type: Cash/ VISA/ MC/ AMEX/

Address: 481 Rubble Street, (The Bella Building), Manhattan, MH 21442, (553) 503-3324

155. According to the advertisement, what are the most important decorations for women?
(A) Fur jackets
(B) Gloves
(C) Boudoir
(D) Holiday stockings

156. How much of a discount can a MHSALE member receive on the admission to this show?
(A) 15%
(B) 30%
(C) 45%
(D) 50%

157. Where will this show take place?
(A) In an grape orchard
(B) In a stadium
(C) In a park
(D) In a building

GO ON TO THE NEXT PAGE

SB Coffee Care Cafe

25 Lafayette Avenue
Chicago, WA 93728
Tel: (308) 332-5324
Fax: (308) 332-0694
E-mail: carecoffee@cafe.com

Chris Russel
Credit Manager
SB Coffee House, Ltd
643 Chatley Road
Jacksonville, IL 997432

Dear Mr. Russel:

I would like to thank you for opening an account with us. As one of the leading
managers in this industry, we can assure you that our services and our products will
not disappoint your needs.

I want to take this opportunity to briefly set forth our terms and conditions for
maintaining an open account with our company. You must pay invoices within 20 days
of receiving it, and a 5% discount is available if your payment is paid within 15 days.
We consider this incentive a great opportunity for our clients to increase their profit
margin and therefore encourage the use of this discount whenever possible. However,
we require that you pay our invoices within the specified time, for our clients to take
advantage of this 5% discount privilege. This discount is valid only for regular-priced
products.

Many times throughout the year we may provide our clients with additional discounts
on our goods. To determine your cost, you should apply your special discount first
and then calculate your 5% discount for an early payment.

As the credit manager, I am pleased to answer any questions you may have about
your new account. I can be reached at the above number. (308) 332-5324. Thank you.

Yours sincerely,

Edwin Conley
Credit manager of SB Coffee Care Cafe

158. Why is this letter written?

(A) To apply to the credit manager
(B) To open a new account
(C) To describe the discount policy
(D) To get a discount

159. What is mentioned about SB Coffee House, Ltd?

(A) Money is payable within 20 days of receiving it.
(B) 2% discount will be given every month.
(C) The prices of the coffee products
(D) The company has been established a year ago.

160. Which of the following is TRUE about this letter?

(A) Edwin Conley's e-mail address is carecoffee@cafe.com.
(B) The credit manager is fussy and will not answer any questions.
(C) The letter is written to Coffee Care Cafe.
(D) Julia Krinard's phone number is tel: (206) 283-8485.

Test 01

Test 02

Test 03

Answer 01

Answer 02

Answer 03

GO ON TO THE NEXT PAGE

ARE YOU ONE OF THOSE CHRONIC SPENDERS?

You've heard about those who rack up $15,000 in credit card debt just because they "had to have" that new pair of boots for fall or the newest smart phone. Most people would think, "What a fool. I'd never be so silly." --- [1] ---.
Well, maybe not. Eventually, you might also have those new things, and you might manage to maintain your bank account in the black and your debt in check. However, keeping your bank account in the black doesn't mean you're not a chronic spender. Most chronic spending is often unconscious spending, so you may not even know you are a chronic spender. --- [2] ---.

There are some relatively simple methods you can use to reduce your chronic spending, if not stop it entirely. "Most people who are spending unconsciously tend to make spending mistakes in a specific, recurring area," Mr. Kim said. To know where you are, he recommends going through your home and taking an inventory of what you own. For example, when you look through your shoes cabinet

and you find 30 pairs of shoes, only four of which you usually wear, you should make a mental note to stop buying shoes for the time being. --- [3] ---.

Another method is to put yourself on a 1-month spending moratorium, Ms. Lee said. Use only cash to buy basic necessities like food and write down every penny you spend. Most people who try this exercise don't just stick to the basics, she said, so it's helpful to see where you make chronic spending. --- [4] ---.

Ms. Lee recommends to try practicing living with a budget smaller than your income. She suggests allocating your earnings in the following way: 70 percent for living purchases and expenses ; 10 percent for charity and 20 percent for savings.
The savings and charity portions of your income "stop those insatiable desires," she said, since your eyes can be open to the world's needs and to your long-term financial security.

---

161. What advice is given to find out where one spends unnecessary money?

(A) Meet shop owners
(B) Go through his/her house
(C) Read books on wise spending
(D) Compare his/her expenditure with others

162. What does Ms. Lee recommend as a way of restricting chronic spending?

(A) Not spending even a penny
(B) Practice living with a lower income
(C) Save up one's whole salary
(D) Budget living expenses carefully

163. In which of the positions marked [1], [2], [3] and [4] does the following sentence best belong?

"Therefore, you must check whether or not you are chronic spender."

(A) [1]
(B) [2]
(C) [3]
(D) [4]

Questions 164-167 refer to the following text message chain.

Test 01

Test 02

Test 03

Answer 01

Answer 02

Answer 03

Text Message _ □ ×

Lindsay Wagner 11:45 A.M.	When will you arrive? I met our customer, Ms. Nunez, in the reception desk a few minutes ago.
Rob Murphy 11:47 A.M.	My bus is stuck in traffic. I haven't moved for 20 minutes.
Lindsay Wagner 11:48 A.M.	No. Our arrangement with Ms. Nunez is scheduled start at 12:00. What should I do? Make her wait?
Rob Murphy 11:50 A.M.	No. She said she only has until 1:00 P.M. today, so please start without me.
Lindsay Wagner 11:52 A.M.	But I don't know how to introduce our new services to her.
Rob Murphy 11:53 A.M.	Sure, you do. You're the one who put the presentation together. You start, and I'll join in when I get there. It'll be fine.
Lindsay Wagner 11:54 A.M.	I'll do my best.
Rob Murphy 11:56 A.M.	The bus just started moving again. Hopefully, I'll get there around 12:30. I'll come straight to the conference room.
Lindsay Wagner 11:58 A.M.	Please do. I'm on my way to greet Ms. Nunez now.

Send

---

164. Why is Rob Murphy' bus stopped?

(A) Because of construction
(B) Because of a car accident
(C) Because of a traffic jam
(D) Because of a traffic checkpoint

165. At 11:53 A.M., what does Rob Murphy mean when he writes, "Sure, you do"?

(A) He wants Lindsay Wagner to introduce Ms. Nunez to him.
(B) He believes Ms. Nunez will place an order.
(C) He guesses the conference will begin on time.
(D) He thinks Lindsay Wagner can give the presentation herself.

166. What is indicated about Ms. Nunez?

(A) Her time is confined.
(B) She is a coworker of Mr. Rob Murphy.
(C) She is satisfied with her company's new services.
(D) Her bus is stuck in traffic.

167. What will Ms. Lindsay Wagner do next?

(A) Greet Rob Murphy
(B) Welcome her client
(C) Get off the bus
(D) Reschedule her arrangement

GO ON TO THE NEXT PAGE

Beta Crane Company
4231 East North Avenue
Texas, IL 22003

June 21, 2015

Sandra Farcon
American Commercial Attach
South West Region
U.S. Embassy Offices, Suite 1022
Millan, Italy

Dear Ashley:

I hope that all businesses are well in Cairo. It's been a while since I last talked with you and Mr. Lim. I think that the time for a well-deserved vacation has finally come, but, unfortunately, I won't be enjoying my vacation time. I'm sure you and Mr. Lim feel the same way, but you know how business can be.

Ashley, Beta has had some recent problems that have come to my immediate attention. We have a shipment of ten cranes that were expected to be shipped on July 1st. I placed the order in March, but we still have not received them. Raymond tried to make arrangements with Melvin Cransey, the supervisor of the ICO bureau of the Saudi Royal Ministry of Construction and Land Management, to help speed up the approval process. Unfortunately, I think we won't get much help from her. With Ramadan coming soon, I think that it will be very hard to process this business, so we have to work fast before employees leave to spend times with their families. The Production Manager is worried about this shipment and there is a total of 30 cranes that have been ordered by AK Equipment. They're expected to receive 10 cranes continuously until September 22.

I want you to help to speed up government approval. I really appreciate everything you've done for Beta in the past. I think you will agree that we need to help the U.S. government retain good relations with this country since business has been very successful in this country.

I'm leaving for Cairo on Monday to have a meeting with some officials to deal with another business. I want to get together with you as quickly as possible when I arrive, so we can hopefully get this matter taken care of. I'll be staying at the Hotel Nikki in Cairo. If you want to talk to me before I leave, I'll be in my office late this evening, or you can reach my cellular phone number: 010-24-332-7556-4535. I look forward to meeting you soon.

Sincerely,
John Delpart

168. What is Delpart asking for Ashley to do?

(A) Help speed up the approval process
(B) Take a vacation
(C) Maintain good relationships
(D) Order more cranes

169. When did Delpart write this letter?

(A) February 1, 2015
(B) July 1, 2015
(C) August 11, 2015
(D) June 21, 2015

170. How many cranes did the AK Equipment order?

(A) 1
(B) 5
(C) 10
(D) 30

171. How could Ms. Ashley contact Mr. Delpart before she leaves for Cairo?

(A) By letter
(B) By e-mail
(C) By phone
(D) By cable

GO ON TO THE NEXT PAGE

Test 01

Test 02

Test 03

Answer 01

Answer 02

Answer 03

We are informing you of the incident which occurred at the following location:

Lake Worth Apartment Complex
Naples FL

This incident has been reported to the proper law enforcement agency, and to our knowledge, the criminal responsible for this incident has not been arrested or identified.

The report as given to us by law enforcement states the following:

In the last two weeks the Maryland Heights and Creve Coeur Police have had complaints of a "PEEPING TOM" in apartment communities. The last report was at Lake Worth Apartment Complex. The following is a description of the "PEEPING TOM":
Black male, approximately 5'7" tall, Middle aged, black hair, tan complexion, and the suspect was last seen wearing jogging shorts without a shirt. --- [1] ---.

We urge that you should take precautions for your protection. While nothing can guarantee that you do not become the victim of a crime, there are a few steps that can reduce your risk of becoming a victim. --- [2] ---.

- When entering the apartment complex, if you notice a suspicious man, drive to the nearest phone and call the police. Thereafter, notify the apartment complex office as soon as possible.

- While at home in your apartment, keep all doors and windows locked.

- Always ask for identification before allowing anyone into your apartment and Never open your apartment door for strange man.

- If you feel threatened at any time , notify the police by calling 112.

- If you should become a victim of crime, report it immediately to the Police Department and then notify the apartment complex office.

--- [3] ---. Remember we care about your safety, but crimes can occur at any time and any place. We do not want you to become a victim, so please always do the reasonable personal security steps. --- [4] ---.

The following phone numbers are provided for your convenience:

Police Department: (413) 787-5462
Management Office: (413) 787-2020

Brian O'neil

Community Manager

172. What would be the best title for this notice?

(A) Peeping person
(B) Crime Alert Notice
(C) Job Openings
(D) Theft report

173. Which of the following crimes did the suspect commit?

(A) Theft
(B) Looking secretly at other people
(C) Arson
(D) Beating the pedestrians

174. How was the suspect described?

(A) White male
(B) Bald
(C) Tanned skin
(D) Young

175. In which of the positions marked [1], [2], [3] and [4] does the following sentence best belong?

"We are hoping for the cooperation of everybody to aid in the arrest of the criminal in our city."

(A) [1]
(B) [2]
(C) [3]
(D) [4]

Test 01

Test 02

Test 03

Answer 01

Answer 02

Answer 03

GO ON TO THE NEXT PAGE

Dear Ms. Williams,

The person identified below is being considered for employment and has signed a statement authorizing this verification and investigation. We would like to hear your opinions and thoughts.

Name of Applicant : Heather Jackson
Social Security Number : 337-789-8686
Dates of Employment : April, 2009 ~ May, 2016
Position Last Held : Executive Secretary
Final Rate of Payment : $40.00 per hour
Is the above information correct?   Yes, _____   No, _____
If not, please make corrections.   _____
What is your opinion as to this person?
   Ability : _____   Effort : _____
   Conduct : _____   Attendance : _____

Reason for leaving your company : _____

Thank you very much for your assistance.

Sincerely.
Steve Anderson
Human Resources Manager, Torr Financial

Dear Mr. Anderson,

I am enclosing the Employment Verification Form you have sent me for Minky Giles.

Name of Applicant : Heather Jackson
Social Security Number : 337-789-8686
Dates of Employment : April, 2009 ~ May, 2016
Position Last Held : Executive Secretary
Final Rate of Payment : $40.00 per hour

Is the above information correct? Yes, _____   No, __X__
If not, please make corrections : Her final rate of payment was $45.00 per hour.

What is your opinion as to this person?
Ability : Excellent secretarial skills   Effort : Hard worker
Conduct : Focused and organized   Attendance : Near perfect

Reason for leaving your company : She had to relocate.

176. When did Heather Jackson start working at her previous company?

(A) April, 2009
(B) May, 2009
(C) March, 2016
(D) May, 2016

177. What was the position Heather Jackson held at her last company?

(A) Financial analyst
(B) Human Resources assistant director
(C) Marketing manager
(D) Executive Secretary

178. What is Steve Anderson's job title?

(A) Internal Investigator
(B) Human Resources Manager
(C) Executive Secretary
(D) Accounting manager

179. What was the final rate of payment for Heather Jackson at her old job?

(A) $40.00 per hour
(B) $45.00 per hour
(C) $40,000 per year
(D) $45,000 per year

180. What was Ms. Williams' opinion of Heather's ability?

(A) She is good at organizing.
(B) She is a hard worker.
(C) She has nearly perfect attendance.
(D) She has excellent secretarial skills.

GO ON TO THE NEXT PAGE

Test 01
Test 02
Test 03
Answer 01
Answer 02
Answer 03

To whom it may concern,

I am writing to tell you how much I was disappointed with your restaurant. On September 25, I ate lunch at The Capriatti. I have eaten there many times before with no problems. However, when I arrived at noon on that day, I sat alone with no service for almost 20 minutes until a waitress, Mary Collins, finally came to take my order. She also forgot to refill my water glass once I had finished it. This normally wouldn't bother me, but it was a very hot day and I was quite thirsty. Finally, once the food arrived at 12:40 I realized that instead of the salad I had requested with my sandwich, I had been served fries, and had to wait even longer for my salad to come. Needless to say, I was late to a conference call scheduled at 1:30. I generally enjoy eating at The Capriatti and the service is usually very good, but this time I was disappointed in my experience there.

Sincerely,
Rene Gibson

Dear Ms. Rene Gibson,

I am deeply sorry about what you recently experienced at The Capriatti. I must admit that September 25 was very hectic due to the convention at the Hilton Hotel across the street. However, this is no excuse for what happened to you. I have talked to Mary on the importance of attending to every customer in a timely manner. I will also make sure that in the future, when I know we are likely to be so busy, backup staff will be on the call to handle the extra work. Enclosed with this letter is a gift certificate for one complimentary lunch at The Capriatti as compensation for your recent unpleasant experience. I apologize for all the inconvenience you experienced due to our negligence and sincerely hope you will continue your patronage of our restaurant.

Sincerely,
Kendrick White, manager

181. Which of the following did the customer NOT complain about in the letter?

(A) The slow service
(B) The poor quality of the food
(C) The mistake with her order
(D) The inattentive waitress

182. What happened to Ms. Rene Gibson because of the delay?

(A) She was unable to finish eating.
(B) She was late for a lunch meeting.
(C) She missed a telephone call.
(D) She had to postpone her convention speech.

183. At what time did Ms. Rene Gibson order her meal?

(A) 12:00
(B) 12:20
(C) 12:40
(D) 1:30

184. What has the manager done to compensate for Ms. Rene Gibson's complaints?

(A) Offered her a free meal
(B) Dismissed Mary from her job
(C) Hired a new chef
(D) Asked the waitress to apologize

185. What was the likely cause of the problem?

(A) The waitress was new.
(B) The restaurant was full.
(C) The cook was inexperienced.
(D) The customer was impatient.

Test 01

Test 02

Test 03

Answer 01

Answer 02

Answer 03

GO ON TO THE NEXT PAGE

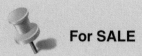

For SALE

TAYLOR log cabin in rural areas. The house has three floors, brick walls, and four bedrooms in a quiet neighborhood. Newly painted, inside and out. Established garden. Friendly neighborhood with shops nearby. 30 minutes by car from the train station. Primary school within easy walking distance. Call Mr. Mark Ashley at 475-755-7467, or e-mail him at markashley@forsale.org.

To : Mr. Mark Ashley

Hello, Mr. Mark Ashley.
We got a phone call from Ms. Dannie Moore who read the advertisement about the property. She said it sounds great, but she had a few questions. First, she wants to know if there is a high school and a middle school nearby, as her son finishes elementary school next year. Second, she asked whether there is enough space to park three cars. Third, she wants to know about the heating system for the winter. She left her mobile phone number, and would like you to call back after 6 P.M. tonight.

From : Ms. Lisa Brook

Test 01

Test 02

Test 03

Answer 01

Answer 02

Answer 03

To	Ms. Dannie Moore
From	Amy Forest
Subject	Re : cabin for sale

Dear Ms. Dannie Moore,

I am so happy to hear the news about the neighborhood. It'll be a great change!

It's got three floors, right? Could you check and make sure that there are three floors before you call her later? If it has three floors, do you think it would be fun for Ginna to have her own room downstairs? It would be good for her to have her own space.

Before I forget, could you also ask her about how the place is heated in the winter? I've heard that this old cabin can get very cold. Maybe it has a fire place, that would be romantic. Also, we need to know how far the nearest middle school is, don't forget Ginna finishes elementary school next year.

Best regards,

Amy Forest

186. According to the advertisement, which of the following is NOT true about TAYLOR cabin?

(A) It is recently painted.
(B) It is located near the convenient shops.
(C) It has friendly neighbors.
(D) It was bought expensively.

187. Who will Mr. Mark Ashley most likely be?

(A) Ms. Lisa Brook's president
(B) A real estate agency
(C) The owner of the cabin
(D) Ginna's father

188. Which of the following doesn't Ms. Lisa Brook ask Mr. Mark Ashley?

(A) To ask if there is a middle school
(B) To check how to operate the heating system in winter
(C) To have enough parking space
(D) To inquire how many floors TAYLOR cabin has

189. In the e-mail, the word "romantic", line 3, paragraph 3, is closest in meaning to?

(A) sentimental
(B) practical
(C) interesting
(D) fantastic

190. What will Mr. Mark Ashley do next?

(A) Contact Ms. Lisa Brook in the evening
(B) Wait for Ms. Lisa Brook's call
(C) Search for a middle school
(D) Expect the sale of his cabin

GO ON TO THE NEXT PAGE

15th Quarterly Small Business Conference Schedule

Time	Topic
09:30 A.M.	Opening Address Mr. Otis Bell - Local Chamber of Commerce
10:00 A.M.	Changes to Taxation Law Mr. Kurt Morgan - Morgan Chartered Accountants
10:30 A.M.	Expansion Strategies Ms. Graham Cook - Goldstar Consulting Co.
11:00 A.M.	Break
11:20 A.M.	Community Liaison and Integration Dr. Jessie Reed - Columbia University
11:40 A.M.	Human Resources Management Mr. Troy Stewart - E & F Ltd.
12:00 P.M.	Lunch
13:00 P.M.	Cash flow and Financial Planning Ms. Lisa Edward - Atlantic Banking Corporation
14:00 P.M.	Open Forum (Questions and Answers)
15:00 P.M.	Closing Address Mr. Otis Bell - Local Chamber of Commerce

To : Mr. Otis Bell
From : Jessie Reed
Date : November 20
Sub : Small Business Conference

I appreciate your invitation for me to speak at the 15th Quarterly Small Business Conference. It was a great honor to participate as a guest speaker at the event last year, and I really want to go this conference. Unfortunately, January is an extremely busy month for me this year as I am required to finalize a new program for implementation in March. As much as I would like to attend, circumstances prevent me from doing so. I sincerely apologize for any inconveniences I have caused, and wish you success for this year's conference.

Yours sincerely,
Jessie Reed

To	Mr. Teddy Hackman
From	Mr. Otis Bell
Date	February 5
Subject	Re : Small Business Conference

Dear Mr. Teddy Hackman,

I am very sorry for late reply to your letter, because I had been busy trying to finalize annual financial reports. Firstly, I would like to thank you for filling in to speak at such short notice at the Small Business Conference. Your exceptional knowledge of the latest industry developments and insight into future trends made your presentation stand out amongst the others. I have received nothing but positive feedback, with particular interest in the online freight tracking system your company recently developed.

Again, thank you for your assistance and I wish you continuing success and prosperity in the year ahead.

Best regards,

Otis Bell

191. According to the schedule, who spoke about mergers and acquisitions of other companies?

(A) Mr. Otis Bell
(B) Mr. Kurt Morgan
(C) Ms. Graham Cook
(D) Dr. Jessie Reed

192. What is the purpose of the first e-mail?

(A) To welcome a coworker
(B) To accept the proposal
(C) To decline an offer
(D) To ask about a schedule

193. What is true about Ms. Jessie Reed?

(A) She invited Mr. Otis Bell to attend in the conference.
(B) She had little work to do in January.
(C) She has to make a new program in March.
(D) She has addressed at the conference before.

194. Why is Mr. Otis Bell's e-mail to Mr. Teddy Hackman delayed?

(A) Because Mr. Otis Bell apologizes to Mr. Teddy Hackman
(B) Because Mr. Otis Bell has to complete his financial report
(C) Because Mr. Otis Bell welcomes Mr. Teddy Hackman's invitation
(D) Because Mr. Otis Bell received the positive reply

195. What will Mr. Teddy Hackman's presentation most likely be about?

(A) Shipping and handling
(B) Quality control
(C) Online banking system
(D) Funding method

Test 01
Test 02
Test 03
Answer 01
Answer 02
Answer 03

GO ON TO THE NEXT PAGE

Hilltop Tents

Model	Size	Color	Price
Hilltop Castle 2	2 people	Red/Yellow	$129
Hilltop Castle 4	4 people	Red/Yellow	$219
Hilltop Castle 6	6 people	Blue/Green	$329
Hilltop Castle 8	8 people	Blue/Green	$419

Description

Made for the harsh weather conditions, Hilltop Castle products are ideal for large families camping in the high mountainous area.

» Two rooms with a center divider

» Two large doors with four zipper sliders

» Cutting-edge weather resistant material

» ultra-lightweight, titanium tents stakes

May 15

We purchased the Hilltop Castle 4 in blue for our family trips. Overall, we are a bit disappointed. First, the tent is not quite big enough for our family of three. Second, we have had some problems with the zippers. A couple of them are permanently stuck in one place, so now we can only use the doors on the side of the tent.

Moreover, I am worried that the tent's stakes are unable to handle high winds, as they are so lightweight. I am sometimes concerned that the tent is in danger of blowing away.

Wesley Holliday

Test 01

Test 02

Test 03

Answer 01

Answer 02

Answer 03

To	Wesley Holliday <wesholl@gmail.com>
From	Lowell Bollman <lowell001@hilltop.org>
Date	20 May
Subject	Re : Apology

We regret to hear about your inconvenience with our product. Unexpectedly you received a defective product, so we will send you a replacement. In addition, as a token of apology for having caused you with this issue, we will send you a larger model without additional charge. However, it is not available in the color you have now. Note that in order for us to send you the replacement, you will need to e-mail us proof of your purchase.

As for your concerns regarding our tent stakes, rest assured that they are entirely sturdy. Though they are made of lightweight material, we have proven their strength and effectiveness in several trials.

Lowell Bollman

Hilltop Tents Customer Satisfaction Center

196. According to the information, which of the following is true NOT about Hilltop tents?

(A) High durability
(B) Maximized use of space
(C) Convenient access
(D) Blocks ultraviolet rays

197. What problem doesn't Ms. Wesley Holliday mention?

(A) The Hilltop Castle 4 is too small for her family.
(B) The Hilltop Castle 4 has a broken zipper.
(C) The Hilltop Castle 4 is not colorful.
(D) The Hilltop Castle 4 is too light for the wind.

198. Which product does Mr. Lowell Bollman offer to Ms. Wesley Holliday?

(A) Hilltop Castle 2
(B) Hilltop Castle 4
(C) Hilltop Castle 6
(D) Hilltop Castle 8

199. What should Ms. Wesley Bollman do to receive a replacement?

(A) She should complete a return form.
(B) She should send a copy of her receipt.
(C) She should prove the flaw of her tent.
(D) She should send the defective tent to the company.

200. In the e-mail, the word "issue", line 3, paragraph 1, is closest in meaning to

(A) matter
(B) conflict
(C) edition
(D) copy

Stop! This is the end of the test. If you finish before time is called, you may go back to Parts 5, 6, and 7 and check your work.

GO ON TO THE NEXT PAGE

퀵
토익
실전모의고사

지금부터 Actual Test를 진행합니다.
실제 시험과 동일한 방식으로 진행됨을 말씀드리며,
방송 음성은 QR코드로 청취할 수 있습니다.

준비되면 바로 시작하세요!

LISTENING TEST

In the Listening test, you will be asked to demonstrate how well you understand spoken English. The entire Listening test will last approximately 45 minutes. There are four parts, and directions are given for each part. You must mark your answers on the separate answer sheet. Do not write your answers in your test book.

PART 1

Directions: For each question in this part, you will hear four statements about a picture in your test book. When you hear the statements, you must select the one statement that best describes what you see in the picture. Then find the number of the question on your answer sheet and mark your answer. The statements will not be printed in your test book and will be spoken only one time.

Statment (A), "Some people are paddling through the water," is the best description of the picture, so you should select answer (A) and mark it on your answer sheet.

1.

2.

GO ON TO THE NEXT PAGE

3.

4.

5.

6.

Test 01

Test 02

Test 03

Answer 01

Answer 02

Answer 03

GO ON TO THE NEXT PAGE ➤

7. Mark your answer on your answer sheet.

8. Mark your answer on your answer sheet.

9. Mark your answer on your answer sheet.

10. Mark your answer on your answer sheet.

11. Mark your answer on your answer sheet.

12. Mark your answer on your answer sheet.

13. Mark your answer on your answer sheet.

14. Mark your answer on your answer sheet.

15. Mark your answer on your answer sheet.

16. Mark your answer on your answer sheet.

17. Mark your answer on your answer sheet.

18. Mark your answer on your answer sheet.

19. Mark your answer on your answer sheet.

20. Mark your answer on your answer sheet.

21. Mark your answer on your answer sheet.

22. Mark your answer on your answer sheet.

23. Mark your answer on your answer sheet.

24. Mark your answer on your answer sheet.

25. Mark your answer on your answer sheet.

26. Mark your answer on your answer sheet.

27. Mark your answer on your answer sheet.

28. Mark your answer on your answer sheet.

29. Mark your answer on your answer sheet.

30. Mark your answer on your answer sheet.

31. Mark your answer on your answer sheet.

Test 01

Test 02

Test 03

Answer 01

Answer 02

Answer 03

PART 3

Directions: You will hear some conversations between two or more people. You will be asked to answer three questions about what the speakers say in each conversation. Select the best response to each question and mark the letter (A), (B), (C), or (D) on your answer sheet. The conversations will not be printed in your test book and will be spoken only one time.

32. What did the man receive in the e-mail?

(A) List of properties
(B) The properties owner's phone number
(C) The e-mail address of Tracy Green
(D) The agreement of a lease

33. What does the man require?

(A) Enough parking space
(B) Less noise
(C) Easy access to public transportation
(D) Convenient amenities

34. What does the woman say she will do next?

(A) Contact the property owner.
(B) Visit Mr. Stan Hall's office.
(C) Request the tenant to open the apartment.
(D) Send the owner a contract.

35. What problem does the man mention?

(A) Negative view about his restaurant
(B) His decreased business
(C) The improper location of the restaurant
(D) Increased waiting time

36. What solution does the woman propose?

(A) Exchanging the seat locations
(B) Relocating the cafeteria
(C) Using the new marketing project
(D) Additional seating

37. What does the man say he will do?

(A) Use the company for renovation.
(B) Consult the business owner.
(C) Call the other restaurant.
(D) Put more tables by the window.

38. What are the speakers discussing?

(A) Consumer complaints
(B) Reviews of the old model
(C) Product design
(D) New idea for the items

39. According to the woman, why were changes made?

(A) To satisfy the customer's needs
(B) To respond to customer feedback
(C) To use the simplified design
(D) To make eco-friendly products

40. What does the man inquire about?

(A) The launching date
(B) The address of the markets
(C) The production process
(D) The discount rate

41. According to the woman, what has recently happened?

(A) She began her new job.
(B) Her company joined with another company.
(C) She became a director.
(D) Her duty was changed in the company.

42. Why does the man say, "You don't say"?

(A) To show a surprise
(B) To agree on the woman's opinion.
(C) To ask the woman not to leave the company.
(D) To express another idea.

43. What problem does the man mention about the new management?

(A) It began the new business.
(B) It provides a safe work environment for him.
(C) It knows all of the workers' thoughts.
(D) It operates the company differently.

GO ON TO THE NEXT PAGE

44. What is the conversation mainly about?

(A) Donating the fund
(B) Increasing the cost
(C) Thanking some contributors
(D) Buying the umbrellas

45. Why does the woman say, "I don't mind"?

(A) To ignore his apology.
(B) To show her interest
(C) To agree to his proposal.
(D) To remind him of his appointment.

46. Where does the man say he will contact?

(A) A shipping department
(B) A postal office
(C) A law firm
(D) A customer satisfaction center

47. Why was the woman surprised?

(A) The new company's business.
(B) The man's retiring
(C) Her new position in this cosmetic company
(D) A brilliant advertising team

48. What does the man say about this cosmetic company?

(A) Its successor is not interested in the new company's business.
(B) It will do well in leading the chemical industry.
(C) It will have many job offers.
(D) It has an excellent advertising department.

49. Why does the woman ask for more time?

(A) To think over the company's job offer
(B) To tell the president in advance
(C) To appreciate her operation
(D) To form a marketing team

50. Why did the man call the woman?

(A) To complain about the warranty
(B) To apologize to her for the late shipment
(C) To inform about a problem with some machines
(D) To buy office equipment

51. What did the company receive last month?

(A) Papers
(B) Photocopiers
(C) Printers
(D) Descriptions

52. What will the woman probably do next?

(A) Call another department
(B) E-mail to her director
(C) Cancel the order
(D) Print color copies

53. What problem does the man mention?

(A) Acquiring the outsourcing company
(B) Purchasing more trucks
(C) Putting an order in place
(D) A lack of larger trucks

54. According to Ms. Whitney, how does she know Mr. Buford Young?

(A) She was Mr. Buford Young's colleague before.
(B) She introduced Mr. Buford Young to Mr. Osawaldo.
(C) She drove Mr. Buford Young to a waiting area.
(D) She hasn't received Mr. Buford Young's e-mail.

55. By when will the speakers most likely receive a response from Mr. Buford Young?

(A) By 9:00 A.M.
(B) By 1:00 A.M.
(C) By 12:00 P.M.
(D) By 6:00 P.M.

56. What will Ms. Roland's job most likely be?

(A) A vendor
(B) A owner of shopping mall
(C) A landlord
(D) A constructor

57. Why does Ms. Roland deny Mr. Fraiser's offer?

(A) Because she is too busy
(B) Because she is out of town
(C) Because she is discussing Mr. Norris
(D) Because she is in Dupont shopping mall

58. Where will Mr. Norris meet Mr. Fraiser?

(A) In Mr. Norris' house
(B) In Mr. Fraiser's office
(C) On Pinetree street
(D) On Dupont shopping mall

59. Why is the woman calling?

(A) To check a grade
(B) To reserve a hotel
(C) To register for a course
(D) To apply for a membership

60. How can the woman get a discount?

(A) By coming on a weekday
(B) By referring beginners
(C) By arriving earlier
(D) By paying in advance

61. What will the woman do next?

(A) Enroll in the new class.
(B) Make a payment.
(C) Change the schedule.
(D) Open the website.

SPECIAL COUPON
for a valued guest

Sep. 1 ~ 7 .... 10% off
Sep. 8 ~ 15 .... 15% off
Sep. 16 ~ 23 .... 20% off
Sep. 24 ~ 30 .... 30% off

Based on check-in day !!!

Hillside Placid Hotel

62. Where does the woman work?

(A) At a restaurant
(B) At a hotel
(C) At a terminal
(D) At a station

63. What does the woman tell the man about?

(A) An extra luggage fee
(B) An estimate
(C) A discount policy
(D) A cancellation policy

64. Look at the graphic. How much will the man receive as a discount?

(A) 10%
(B) 15%
(C) 20%
(D) 30%

Test 01
Test 02
Test 03
Answer 01
Answer 02
Answer 03

GO ON TO THE NEXT PAGE

OFFICE EXTENSIONS	
Boardroom	ext. 035
Marketing	ext. 028
General	ext. 049
Accounting	ext. 030

65. Why is the woman calling?

(A) To pick up her mobile phone message
(B) To find directions to the building
(C) To contact an employee at this office
(D) To ask the receptionist

66. What is the woman looking at now?

(A) The directory
(B) Her mobile phone
(C) The floor guide map
(D) The reception desk

67. Look at the graphic. Which extension number will the woman dial?

(A) Ext. 028
(B) Ext. 030
(C) Ext. 035
(D) Ext. 049

Price Table

Seat Section, Ranked by Luxury Level	Price
Premium Class	$200
First Class	$150
Business class	$120
Economy Class	$90

68. What does the woman ask the man to do?

(A) To schedule a bus
(B) To find a terminal
(C) To fix a regulation
(D) To open a bank account

69. What does the woman say is significant?

(A) Arriving at her house
(B) Booking a hotel
(C) Sending her documents
(D) Participating in a meeting

70. Look at the graphic. Where will the woman be seated on the bus?

(A) Premium Class
(B) First Class
(C) Business class
(D) Economy Class

Directions: You will hear some talks given by a single speaker. You will be asked to answer three questions about what the speakers say in each talk. Select the best response to each question and mark the letter (A), (B), (C), or (D) on your answer sheet. The talks will not be printed in your test book and will be spoken only one time.

71. What event is being planned?
    (A) Lawrence Dingman's birthday party
    (B) A private lesson
    (C) A special occasion
    (D) An anniversary dinner

72. What does the speaker mention about one of guests?
    (A) He will be eighty years old now.
    (B) He can go up and down the stairs.
    (C) He will have to use a wheelchair.
    (D) He will feel comfortable during the party.

73. What will the speaker want to receive?
    (A) A list of ingredients of the menu items
    (B) A cause of allergic reactions
    (C) The location of the stairs
    (D) The number of seats

74. Why are the listeners invited to attend the meeting?
    (A) To listen to many complaints
    (B) To welcome the employees
    (C) To act by themselves
    (D) To learn how to solve a problem

75. What does the man mean when he says "I'll tell you what"?
    (A) He will end the conference.
    (B) He can tell them all the details about the new regulation.
    (C) He is going to give some suggestions.
    (D) He would like to know what is in the boxes.

76. What is Ms. Jessie Ward's job?
    (A) An architect
    (B) An expert in ecology
    (C) A hotel manager
    (D) A receptionist

77. What most likely is the speaker's job?
    (A) A programmer
    (B) A florist
    (C) A reporter
    (D) A gardener

78. What will be discussed today?
    (A) The upcoming annual flower show
    (B) The program of Southworth radio
    (C) The gardening tips
    (D) The shared tricks

79. According to the speaker, what can the listeners do on the Southworth radio's website?
    (A) They can watch the Southworth radio's website
    (B) They can prepare for the flower show.
    (C) They can exchange free tickets for cash.
    (D) They can complete the application form.

80. Who is the Mr. Travis Gale?
    (A) A popular entertainer
    (B) An organizer of the country music events
    (C) A news reporter
    (D) An actor of many performances

81. What will be discussed on the program?
    (A) Electronic tickets
    (B) A drama at all the different venues
    (C) The country music concert
    (D) A rise in the cost for rent

82. What is the concert host considering?
    (A) Identifying the spectators
    (B) Solving customer affairs
    (C) Introducing electronic tickets
    (D) Changing to paper tickets

GO ON TO THE NEXT PAGE

Test 01
Test 02
Test 03
Answer 01
Answer 02
Answer 03

83. What is the purpose of the announcement?

(A) To inform that Federico Corporated is the candidate for the Best Global Manufacturing Association Award
(B) To thank the Best Global Manufacturing Association
(C) To celebrate the award ceremony
(D) To nominate Federico Corporated

84. What does Federico Corporated produce?

(A) Doors for indoor use
(B) Electric power tools
(C) Rechargeable batteries
(D) Convenient energy exchanger

85. What does Federico Corporated plan to do next year?

(A) It will vote for the Best Global Manufacturing Association Award.
(B) It will provide users with the products of other brands.
(C) It will introduce a new line of a power tools.
(D) It will open its branch office in Panama.

86. Who is the announcement intended for?

(A) Conference participants
(B) Doctors using medical technology
(C) Technicians
(D) Keynote speakers

87. What will the listeners do today?

(A) They will hold a meeting.
(B) They will give their speech.
(C) They will be the speakers.
(D) They will select from many relevant conferences.

88. What is said about Dr. Dryden?

(A) He will put off his address.
(B) He will notify the program of his fellow.
(C) He will give medical technology to a speaker.
(D) He will share his idea with a worker.

89. Where will the event take place?

(A) At a convention room
(B) At a stock market
(C) At an exhibition site
(D) At a trade fair

90. What does the high jump feature?

(A) It competes with a stockman.
(B) It includes food and drink.
(C) It begins with a wood chopping event.
(D) It is a event for domestic animals.

91. What does the woman mean, when she says "How exciting!"?

(A) Many competitors will participate in the International Heritage Days Fair.
(B) The International Heritage Days Fair is worth coming to.
(C) The International Heritage Days Fair compromises all different events.
(D) The International Heritage Days Fair is starting on April 15th.

92. What is the talk mainly about?

(A) The member of its municipal planning committee
(B) The discussion regarding the old school
(C) The construction on Rainier road
(D) The next agenda of a school committee

93. According to the speaker, what are residents concerned about?

(A) The school in a shopping center
(B) The decrease in an apartment complex
(C) The inconvenient commute of local people
(D) The increase in the price of rent

94. What does the speaker propose?

(A) To request that the local people change the school
(B) To invite both interested developers to the next meeting
(C) To ask some residents to rent in that area
(D) To conclude the exchange to permit

Footgear Sale

Thu.	Kids' & Women's
Fri.	Men's
Sat.	All shoes
Sun.	Back to normal

95. What is limited about this sale?

(A) What kind of shoes that were selected

(B) What kind of colors the shoes come in

(C) How many pairs get the discount

(D) What kinds of designs were left

96. How much is the discount?

(A) 20%

(B) 25%

(C) 33%

(D) 50%

97. Look at the graphic. Which day will have a change?

(A) Thursday

(B) Friday

(C) Saturday

(D) Sunday

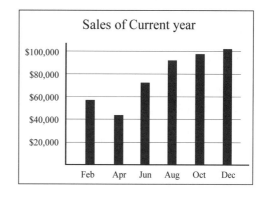

Sales of Current year

98. Who will the woman probably be?

(A) A marketing director

(B) A general manager

(C) An accountant

(D) A lawyer

99. Why does the woman thank the sales department?

(A) They created new ways to sell products.

(B) They presented their outstanding jobs.

(C) They looked at a graph of production.

(D) They drove their vehicles to the station well.

100. Look at the graphic. What does the woman imply about sales next January?

(A) They will be under $40,000.

(B) They will reach $60,000.

(C) They will increase $80,000.

(D) They will exceed $100,000.

This is the end of the Listening test. Turn to Part 5 in your text book.

GO ON TO THE NEXT PAGE

READING TEST

In the Reading test, you will read a variety of texts and answer several different types of reading comprehension questions. The entire Reading test will last 75 minutes. There are three parts, and directions are given for each part. You are encouraged to answer as many questions as possible within the time allowed.

You must mark your answers on the separate answer sheet. Do not write your answers in your test book.

PART 5

Directions: A word or phrase is missing in each of the sentences below. Four answer choices are given below each sentence. Select the best answer to complete the sentence. Then mark the letter (A), (B), (C), or (D) on your answer sheet.

101. Because of the limited seating capacity of the conference room, ------- around one hundred people will be permitted to attend each training session.

(A) among
(B) only
(C) even
(D) between

102. Researchers must submit a written report at least two days ------- the deadline.

(A) after
(B) before
(C) upon
(D) to

103. The ------- entry will be published in the property section of the daily newspaper Telegraph and the video will appear on Telegraph TV.

(A) win
(B) won
(C) winning
(D) wins

104. In order to meet the -------- need, Pierce Accounting Service tracks complex financial systems worldwide and therefore requires the most advanced computer technology.

(A) deficient
(B) satisfactory
(C) full
(D) immediate

105. Because Ms. Courtney Brown's first book about a ------- life was widely recognized and became sold out, Mr. Kevin Tyler's second edition will be revealed soon.

(A) success
(B) successful
(C) successfully
(D) succeed

106. This week, all of the banks will be subjected to ------- testing of their balance sheets.

(A) exclusive
(B) enforced
(C) extensive
(D) combined

107. ------- who wish to apply for job openings in the accounting division should submit a resume to Human Resources by August 31st.

(A) Which
(B) One
(C) Those
(D) They

108. Phillips Co. is a ------- company in the electronic industry, due to its high quality items and superior customer service.

(A) lead
(B) leads
(C) leading
(D) led

109. The finance company is purchasing the advanced computer system, that is, the ------- edition to handle its investment portfolio.
(A) revised
(B) revising
(C) revises
(D) revise

110. Be a coordinator of a campus club and demonstrate leadership and communication skills as well as -------.
(A) responsible
(B) responsibly
(C) responsibility
(D) responsibilities

111. Employers use different forms of aptitude tests to assist ------- employee selection
(A) at
(B) on
(C) in
(D) to

112. Any employees can be qualified for incentives ------- they can finish their assignments on schedule.
(A) just as
(B) as though
(C) in order that
(D) insomuch as

113. After reading The Customer Comes magazine, I was really amazed and I think you ------- a minute to review The Customer Comes magazine.
(A) take
(B) should take
(C) will take
(D) would be taking

114. While your car ------- a part, maybe you can ask your colleague to take you to an auto mechanic.
(A) misses
(B) is missing
(C) has missed
(D) has been missing

115. All workers should notify their immediate supervisor before applying for their vacation two weeks ------- in advance.
(A) much
(B) so
(C) very
(D) well

116. Library books that are checked out for more than 4 weeks will have an additional charge of ------- 10 dollars per item as a late fee.
(A) rough
(B) roughly
(C) roughness
(D) rougher

117. Using mobile devices during flights can interfere with transmission, so please turn them off ------- landing and taking off.
(A) while
(B) upon
(C) during
(D) meanwhile

118. The product will be delivered only ------- bilateral confirmation and agreement to the completion of comprehensive testing.
(A) as soon as
(B) immediately
(C) directly
(D) upon

119. The huge amount of cash has led to the ------- of national investment funds.
(A) emergency
(B) origin
(C) emergence
(D) cause

120. Although it has sought to make the banking system stable, the bonus issue has been a huge ------- for the government.
(A) concentration
(B) distraction
(C) conglomeration
(D) separation

GO ON TO THE NEXT PAGE

Test 01

Test 02

Test 03

Answer 01

Answer 02

Answer 03

121. Our mailing list is available to carefully screened corporations whose ------- and services may interest you.

(A) labor
(B) union
(C) management
(D) products

122. International organizations have strongly criticized the Israeli crimes, ------- no action has been taken to stop these atrocities.

(A) especially
(B) however
(C) consequently
(D) moreover

123. ------- was a remarkable increase in the number of vehicles outside the museum because the newly constructed department store is located nearby.

(A) There
(B) It
(C) They
(D) Those

124. Because of an unexpected high demand for organic goods, we must quickly ------- production.

(A) expand
(B) decrease
(C) permit
(D) forbid

125. Next week, I ------- Ms. Kelly McCarthy about her latest movie after her assistant explains its plot to me.

(A) interview
(B) am interviewing
(C) have interviewed
(D) will be interviewing

126. The ------- applicants should have a master's degree in pharmacy and at least two letters of recommendation.

(A) qualify
(B) qualifies
(C) qualifying
(D) qualified

127. Computer technology is utilized throughout the school and students are instructed in ------- ways to enhance their writing.

(A) effect
(B) effective
(C) effectiveness
(D) effectively

128. As discussed in today's meeting, Tempa's newly elected mayor is taking a ------- fresh approach to improve the City's transit system.

(A) decide
(B) decided
(C) deciding
(D) decidedly

129. Although the environmental organization has a limited -------, it has managed to hold a number of informative workshops and discussion forums.

(A) amount
(B) fund
(C) quantity
(D) quality

130. ------- meet the increasing needs of tourists, a number of hotels should be renovated or newly built.

(A) In order to
(B) Just as
(C) Only if
(D) In addition to

Test 01

Test 02

Test 03

Answer 01

Answer 02

Answer 03

PART 6

Directions: Read the texts that follow. A word, phrase, or sentence is missing in parts of each text. Four answer choices for each question are given below the text. Select the best answer to complete the text. Then mark the letter (A), (B), (C), or (D) on your answer sheet.

Questions 131-134 refer to the following article.

The international economy is not stable, and for many people job-hunting has become a lifestyle. With mergers, takeovers, bankruptcies, and new government legislations, you could become unemployed overnight, even if you own the company.

Make it a ------- to let your network of recruiters, personal friends, and business
          131.
acquaintances know where you are and what you're doing, at all times, especially when you change jobs or addresses. Announce changes even if it's an inter-company move.

------- they land a job, ex-job-hunters tend to forget those who've helped them. They
132.
get busy packing, moving, tying up loose ends, and taking on the duties of the new assignment, but that's a mistake. Remember, your first duty is to maintain your relationships. This doesn't mean that your new assignment isn't important. It means that your friendships and your personal future are also equally important.

The ------- way to handle the thank-you task is to give the letters and mailing list to a
     133.
secretarial service. Let them type and address the letters; and you sign them. -------.
                                                                              134.

Believe me, it's time well spent.

131. (A) priority
(B) preference
(C) rule
(D) pleasure

132. (A) If
(B) Unless
(C) Once
(D) When

133. (A) quick
(B) quicker
(C) quickly
(D) quickest

134. (A) This asks you to work hard with your time and energy
(B) This requires very little time and energy, probably less than two hours
(C) This encourages you to sign them a letter with your address
(D) This prevents you from giving your letter and mailing list to a secretarial service

GO ON TO THE NEXT PAGE

Questions 135-138 refer to the following resume.

Courtney Saint
341 S. Bellefield Ave.
Pittsburgh, PA 15213

OBJECTIVE

A senior management position in which experience in sales and management can increase sales and profitability of major products. -------.
135.

SUMMARY OF SKILLS

» Strong educational background and experience in marketing and sales

» Adaptability when working with diverse groups of people

» Capable of building and maintaining long lasting relationships with customers

» Ambitious and hard-working, with a commitment to excellence

» Willing to relocate or travel as -------
136.

EMPLOYMENT EXPERIENCE

June 2011 - Present

Sales Associate / Receptionist for Lisa's Hair and Tan, Pittsburgh, PA

» Sold hair care and tanning products on a daily basis

» Responsible ------- inventory control, ordering, and bookkeeping
137.

» Utilized exceptional cash management techniques on a daily basis

» Made presentations for customers to promote tanning solution sales

August 2001 - May 2011

Sales Associate for Tracy's Wholesale Clubs, Pittsburgh, PA

» Assisted customers in making decisions by utilizing knowledge of products

» Consistently exceeded individual sales quota for each seven-day period by 30%

» Developed various promotional events to ------- more customers
138.

» Made presentations for customers and sold extended warranties on electronic products

References Available Upon Request

---

135. (A) In addition, I was regarded as the expert in the sales department
(B) Moreover, I am good at working with diverse groups of people
(C) Plus, I have already made many presentations for customers to promote tanning solution sales
(D) Additionally, I have a strong educational background in marketing

136. (A) need
(B) needed
(C) needs
(D) needing

137. (A) for
(B) to
(C) of
(D) on

138. (A) attract
(B) satisfy
(C) impress
(D) move

Cellular Phone Policy

All employees are reminded to obtain approval from their manager prior to using personal cellular phones for business purposes. Personal cellular phone use for business should be limited to only necessary and immediate business needs. It is the responsibility of the managers to ------- the cellular phone usage of all employees.
           139.

All employees who make business calls on their personal cellular phones will be reimbursed at a flat rate of $1.00 per minute regardless of the user's service plans.

-------. Requests should indicate Business calls on a personal cellular phone, number of
140.
minutes at $1.00/minute, and the dates the calls were made. All employees should retain documentation supporting any request for reimbursement but they do NOT need to attach such documentation for requests less than $100. Reimbursement requests for more than $100 will require ------- a log which identifies individual calls by number of minutes, an area
           141.
code, and a phone number or a copy of the mobile phone bill. The mobile phone bill should identify the calls for which reimbursement is requested.

To keep processing and administration costs to a minimum, all employees are encouraged to accumulate at least $100 in business mobile phone charges before ------- requests for
           142.
reimbursement, unless requests are combined with other reimbursement requests that exceed the $100 minimum.

---

139. (A) monitor
(B) control
(C) investigate
(D) hear

140. (A) An Expense Voucher should be repaid at a flat rate of $1.00 per minute
(B) An Expense Voucher should be submitted for mobile phone reimbursement
(C) An Expense Voucher should be confined within prompt business needs
(D) An Expense Voucher should be limited to another reimbursement request

141. (A) not
(B) neither
(C) not only
(D) either

142. (A) submit
(B) submits
(C) submitted
(D) submitting

GO ON TO THE NEXT PAGE

Test 01

Test 02

Test 03

Answer 01

Answer 02

Answer 03

To : Ms. Heather Tyler

From : Mr. Wilson Bradley

Sub : Letter of appreciation

Dear Ms. Heather Tyler

Thank you for your kind letter regarding your ------- treatment by one of our employees. A
143.
copy of your letter has been forwarded to the personnel department and will be included in

the employee's file.

It is rare that a customer takes the time to write a letter of appreciation. I felt moved to

reward your ------- .
144.

Please accept the enclosed certificate, which, when presented, will entitle the bearer to a

ten percent discount on the merchandise being purchased at that time.

This is a small token of our appreciation to customers ------- yourself. Without people
145.
like you, we wouldn't have been able to grow and prosper in this highly competitive

marketplace.

-------.
146.

Wilson Bradley

---

143. (A) except
(B) exception
(C) exceptional
(D) exceptionally

144. (A) initiative
(B) advantage
(C) bluntness
(D) effort

145. (A) insomuch as
(B) such as
(C) same as
(D) so as

146. (A) As a member of our company, I
will accept your treatment of our
employee
(B) We will enable you to raise market
share in this field
(C) It is important to satisfy our
customers in this highly competitive
marketplace
(D) Again, on behalf of our entire
organization, I sincerely thank you
for your kindness

PART 7

Directions: In this part you will read a selection of texts, such as magazine and newspaper articles, e-mails, and instant messages. Each text or set of texts is followed by several questions. Select the best answer for each question and mark the letter (A), (B), (C), or (D) on your answer sheet.

Questions 147-148 refer to the following advertisement.

Why Advertise with Nifty?
The #1 activity of Internet users is using an e-mail service, and Nifty is the premier e-mail application.

How Long do Nifty Users Spend Time on E-mail Services Everyday?

Less than an hour - 35%

2 hours - 25%	3 hours - 9%
4 hours - 21%	More than 4 hours - 10%

Source : Nifty download survey, March 2014

Marketability
   Advertisers can target groups of Nifty users.

Dependability
   - Each advertisement showed for at least a full 100 seconds, guaranteed!
   - No competitive environment
   - Advertisements show up even when the Nifty user is using e-mail offline

Accountability
   - Dedicated Advertisement Server
   - 100% developed and managed by PROCOME
   - Perfect advertiser accountability via certified affidavit
   - Password protected advertiser access to advertisement server web site, for monitoring campaign progress state

147. According to the advertisement, what is the most popular action for internet users?
(A) Advertising their products on Nifty web-site
(B) E-mailing
(C) Buying discounted goods from the internet shopping mall
(D) Taking benefits of using Nifty e-mail

148. What is NOT a benefit of advertising with Nifty?
(A) Guaranteed advertising time
(B) Advertisements still show up for offline users.
(C) Non stop ads rotating even without mouse movement
(D) No competition

GO ON TO THE NEXT PAGE ➤

Text Message	_ □ ×
Todd Mir 10:08	Shawn, I'm supposed to present the advertisement for the Red Hot Vacation people on Friday at 2:00 P.M., but can you cover for me?
Shawn Green 10:09	Why not? What's up? You usually pitch the ideas to the client.
Todd Mir 10:11	Mandy Chemicals called. My Friday meeting with them has to be at 2:30 P.M., not 11:30 A,M.
Shawn Green 10:13	I understand. I'll let you know how the Red Hot Vacation people react.
Todd Mir 10:15	Please do. Howard Nelson at Red Hot Vacation is never shy about providing feedback.
Shawn Green 10:17	He's way better than Karen Mandy. She never reacts during presentations but has a half dozen complaints the next day.

Send

149. What company does Todd Mir and Shawn Green most likely work for?

(A) An advertising company
(B) A chemical company
(C) A resort
(D) A hotel

150. At 10:15 A.M., what does Todd Mir mean when he says, "Please do"?

(A) He wishes the customer will be less influenced.
(B) He is interested in the client's positive reaction.
(C) He wants the client to send feedback to him.
(D) He is approving Mr. Green's offer.

FROM: trademarket@freetrade.com

SENT: July 3, 2015

TO: mrnorman@english.com

Subject: Make your business better with us!

Dear Mr. Norman,

Freetrade.com offers immediate worldwide exposure as well as safe, easy
access to importers and exporters, sales agents, retail dealers, wholesalers,
and service providers for small and medium-sized companies associated with
business trade.

Expose your company's name to the world. Worldwide exposure is necessary
in today's terribly competitive import-export market. List your firm on the
Freetrade.com marketplace and benefit from our web trade services.
Contact http://www.freetrade.com today to list your firm.
Our membership is always available to you at no cost.

Dallas, Texas

Phone: 34-553-3571-664~6,

Fax: 44-5352-332-644

Best regards,

Russel L. Stevens

151. Why did Russel L. Stevens send this
e-mail?

(A) To supply price and policy information
of Freetrade.com
(B) To explain the worldwide issues
(C) To make companies join Freetrade.
com
(D) To cancel the reservation

152. Which of the following doesn't Freetrade.
com offer business advertisement to?

(A) Manufacturers
(B) Retail dealers
(C) Wholesalers
(D) Importers

GO ON TO THE NEXT PAGE

From : Raymond Murphy
To : Melvin Cransey
Subject : Finalized Leasing Agreement

Dear Ms. Cransey :

I celebrate the recent grand opening of your shop!
We are pleased that you selected our company to lease facilities and equipment from
and we hope that your venture will go well.
As requested, a signed copy of the lease agreement has been enclosed in this
mail. The copy will extend your lease an additional five months beyond the original
lease. Please sign and date the document and send it back to me. If you want to
know further details or have any questions or concerns about the enclosed lease
agreement, please don't hesitate to call. You can reach me at (533) 494-9439 or stop
by our office.
If there are any additional services that we can offer now or in the future, please feel
free to call on us. We hope that our company will work with you again in the future.
All of us at Murphy Cat Furniture really enjoyed working with you and your team.
Best of luck on your new venture!
Sincerely,

Raymond Murphy
Vice President, Murphy Cat Furniture

153. What is attached in this e-mail?
   (A) A joint venture
   (B) Fittings rental agreement
   (C) A company acquisition
   (D) Land lease contract

154. Why did Mr. Raymond Murphy write this e-mail?
   (A) To thank Cransey for the satisfactory condition of the facilities
   (B) To protest a violation of the lease agreement
   (C) To confirm a phone number on the contract
   (D) To send the revised lease contract

Notice to Our Clients!

Last updated: December 22, 2014

Bookstore.com knows that you care how your data and personal information is used and shared, and we thank you for trusting that we will deal with it carefully and wisely. You are accepting the regulation described in this Privacy Policy Notice by visiting Bookstore.com.

What personal data and information about clients does Bookstore.com gather?

The information we learn from clients helps us personalize and continually improve your shopping experience at Bookstore.com. Here are the types of data and information we collect :

Information You Give Us :

We obtain and store any data and information you enter on our web page or give us in any other way. Check examples of what we gather. You can choose not to give certain data and information, but then you might not be able to take advantage of our numerous features. We make use of the information that you give us for such purposes as easily communicating with you, responding to your inquiries, customizing your future shopping for you, and improving our store environment.

E-mail Communications :

In order to help us make e-mails more interesting and useful, we receive a confirmation when you open e-mail from Bookstore.com if your computer supports such capabilities. Also, We compare our client list to lists gained from other firms, in an effort to avoid sending needless messages and information to our clients. If you do not hope to receive mail or e-mail from our company, please change your Client Communication Preferences. If you do not change your communication preferences, our mailing system continue sending mail or e-mail to you.

Information from Other Sources :

We might receive data and information related to you from other sources and add it to our customer account information.

155. What is this notice about?

(A) Privacy policy of Bookstore.com
(B) Newly revised return policy
(C) One to one customer service
(D) Special order service for out-of-stock products

156. What is NOT true about the notice?

(A) Bookstore.com keeps personal information of customers for a certain period.
(B) Customers can refuse to provide certain information.
(C) Bookstore.com is gathering information of customers in many ways.
(D) Bookstore.com compares its customer list to ones from other companies.

157. According to the notice, what is the purpose of Bookstore.com for gathering customers' personal information?

(A) To figure out its sales amount for the yearly report.
(B) To personalize and continually improve customers' shopping experience
(C) To arrange information for subcontractors
(D) To attract shoppers with its vast database to Bookstore.com

Dear precious employees,

--- [1] ---. This year has been a difficult time for FLK, Inc. Everybody knows that the cancellation of our four contracts with the France Air Force due to the reduction in defence expenses, hurt us considerably.

--- [2] ---. The choices which we were faced with was whether to let some of our employees go, or to find all other possible methods of cutting back cost while leaving everyone's jobs intact. We chose the latter. Unfortunately, one of the regulations which we were forced to revise this year, was our annual year-end bonus for all employees, because this year's revenue has decreased significantly from last year's.

--- [3] ---. For the second time, since 1980's, we will be unable to show our appreciation for you in this special manner for your hard work, excellent performance, and faithfulness. We are all hoping that 2008 will be a successful year and that we will be able to restore our traditional year-end bonus regulation. --- [4] ---.

158. Where would this memo most likely be found?

(A) In a newspaper
(B) In a vice-president's office
(C) On a company bulletin board
(D) In an annual report.

159. Why has the company been in financial difficulty this year?

(A) Cancellation of contracts
(B) Provided excessive bonuses to the employees
(C) Decline of the company's stock
(D) Unfair dismissal of employees

160. In which of the positions marked [1], [2], [3] and [4] does the following sentence best belong?

"In August, we made a serious decision."

(A) [1]
(B) [2]
(C) [3]
(D) [4]

Private Surfing Lessons Beginning from $100 per person
Duration : 2 hr. 20 min., Location : San Francisco, California

INTRODUCTION

   Los Angeles is famous for a beautiful coastline, white beaches and a big surfing community, so what better place to ride some waves? For people who aren't experienced surfers, you can have expert instructors teach you the fundamental steps of surfing, so you'll be standing on the board in no time!

   Safety and fun are very important things in all lessons, but they also take the next stage and teach their students to see the ocean with a surfer's eye in order for them to surf safely with confidence and enjoy the waves.

DEPARTURE AND RETURN SCHEDULE
   - Departure Dates : Daily – June 11, 2014 to June 30, 2014
   - Indoor Lesson Place : Lessons are held at Queen Avenue, Los Angeles Beach
   - Departure Time : Departure time is reliant on ocean and tide conditions, but is
        normally around 10:00 A.M. Accurate time to be confirmed 48 hours prior to
        lesson
   - Hotel Pickup : We don't provide this service.

ADDITIONAL INCLUSIONS :
   - Surfboard Rental
   - Wetsuit Rental
   - Private Surfing Lesson
   - Lunch costs

EXCLUSIONS :
   - Parking Fees
   - Gratuities (Optional)

161. Who would be most interested in this advertisement?

(A) Residents in San Francisco
(B) A member of the professional surfing community in San Francisco
(C) Instructors teaching surf-riding to beginners
(D) People who have never surfed in the sea

162. When might be possible for students to take the lesson?

(A) At 11:30 A.M. on July 20, 2014
(B) At 5:00 A.M. on June 22, 2014
(C) At 11:00 A.M. on July 1. 2014
(D) At 11:00 A.M. on June 15, 2014

163. Which of the following is true about this private surfing lesson?

(A) Students can surf by themselves without the instructor's help in 30 minutes.
(B) UDS is the most well-known surfing school in California.
(C) Students don't need to prepare wetsuit.
(D) This lesson must be booked at least 72 hours in advance.

GO ON TO THE NEXT PAGE

Questions 164-167 refer to the following online chat discussion.

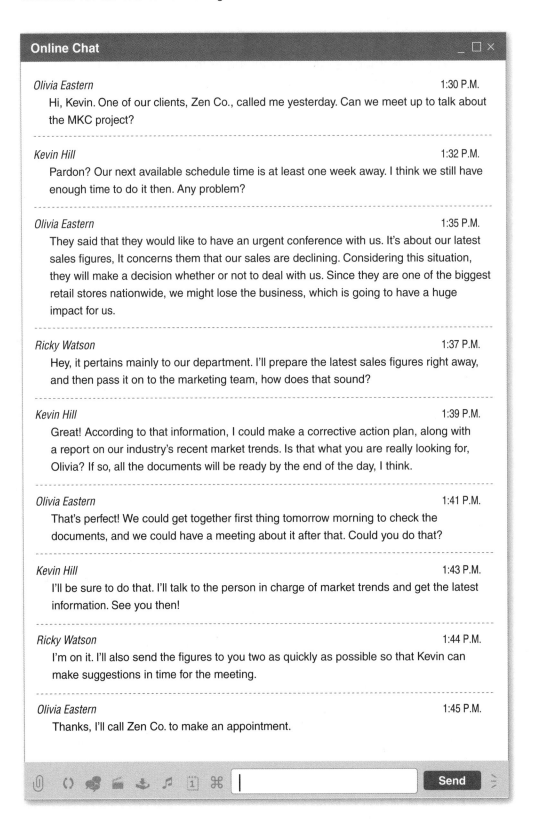

Online Chat   _ □ ×

Olivia Eastern   1:30 P.M.

Hi, Kevin. One of our clients, Zen Co., called me yesterday. Can we meet up to talk about the MKC project?

Kevin Hill   1:32 P.M.

Pardon? Our next available schedule time is at least one week away. I think we still have enough time to do it then. Any problem?

Olivia Eastern   1:35 P.M.

They said that they would like to have an urgent conference with us. It's about our latest sales figures, It concerns them that our sales are declining. Considering this situation, they will make a decision whether or not to deal with us. Since they are one of the biggest retail stores nationwide, we might lose the business, which is going to have a huge impact for us.

Ricky Watson   1:37 P.M.

Hey, it pertains mainly to our department. I'll prepare the latest sales figures right away, and then pass it on to the marketing team, how does that sound?

Kevin Hill   1:39 P.M.

Great! According to that information, I could make a corrective action plan, along with a report on our industry's recent market trends. Is that what you are really looking for, Olivia? If so, all the documents will be ready by the end of the day, I think.

Olivia Eastern   1:41 P.M.

That's perfect! We could get together first thing tomorrow morning to check the documents, and we could have a meeting about it after that. Could you do that?

Kevin Hill   1:43 P.M.

I'll be sure to do that. I'll talk to the person in charge of market trends and get the latest information. See you then!

Ricky Watson   1:44 P.M.

I'm on it. I'll also send the figures to you two as quickly as possible so that Kevin can make suggestions in time for the meeting.

Olivia Eastern   1:45 P.M.

Thanks, I'll call Zen Co. to make an appointment.

⌗ | **Send**

164. What is Zen Co. worried about?

(A) Ms. Olivia Eastern and Mr. Kevin Hill can't meet.
(B) The low sales of Olivia's company.
(C) Mr. Kevin Hill is lack of time.
(D) The urgent meeting won't be held.

165. What is indicated about Mr. Ricky Watson?

(A) He works in the sales department.
(B) He used to manage a retail shop.
(C) He wrote the latest monthly report.
(D) He lost his document recently.

166. At 1:43 P.M., what does Mr. Kevin Hill mean when he writes "I'll be sure to do that"?

(A) He will contact Ms. Olivia Eastern.
(B) He will input some data into his computer.
(C) He will collect the necessary information.
(D) He will see Mr. Ricky Watson.

167. What will do Ms. Olivia Eastern next?

(A) Suggest her idea to Mr. Kevin Hill
(B) Send the sales figures too fast
(C) Encourage Mr. Ricky Watson to check the data
(D) Contact Zen Co.

Test 01

Test 02

Test 03

Answer 01

Answer 02

Answer 03

GO ON TO THE NEXT PAGE

Hiking is a great form of exercise that almost anybody can take part in. All you really need is a love for the outdoors. While the more experienced people can go straight up a mountain, beginners can continue easy flat walking exercises. Almost every park in the state has trails that range from easy exercise to challenging exercise, at little or no cost.

Starting Out

Find a nature preserve or a park. If you have any friends or family members, bring them along! Hiking is an excellent group activity, but numerous people like to hike on their own. Be sure you tell someone where you're going and when you intend to return if you are solo. It is a must in case that you get lost or injured.

Target areas

It is an great endurance-building aerobic exercise and is the best way to burn calories. You just need to maintain a steady pace. Also, it will help build muscle strength, particularly in your hamstrings, calves, gluteus muscles, and quadriceps. Because it is a weight-bearing activity, it will help make your bones strong. And if you carry a backpack, the extra weight of the backpack will help you burn even more calories and lose weight. You don't have to carry the weight to burn more calories if you can't handle it. Be responsible.

The Cool-Down and Warm-Up

Begin at a slow pace. If the trail begins roughly, you may first need to take a few minutes to walk around on easier terrain. It takes 10 to 15 minutes to warm up your muscles, get your heart rate up and break a sweat (a sign that you're ready to proceed).

Cool down by slowing to a walk for five to ten minutes to help your heart rate drop slowly before the end of your exercise.

Be sure to stretch the major muscle groups after you warm up to prevent your body from getting injured and again after exercising to promote flexibility and prevent soreness.

168. What is this information about?

(A) Cycling
(B) Running
(C) Hiking
(D) Diving

169. What can be recommended for beginners?

(A) Going straight up the mountain
(B) Beginning walking on flat tracks
(C) Telling others how long you're going to exercise
(D) Building up muscles

170. What should you do after you're done with this exercise?

(A) Take a deep breath
(B) Stretch your body
(C) Drink a glass of water
(D) Time your heartbeat

171. Which of the following is NOT good way for hiking?

(A) Carrying a backpack while hiking
(B) Gradually walking at a fast pace
(C) Finding any park and practicing walking
(D) Walking a few minutes and timing your heartbeat before hiking

GO ON TO THE NEXT PAGE

Test 01

Test 02

Test 03

Answer 01

Answer 02

Answer 03

2014 Benefit Package Notice

Medical / Dental Insurance
Employees have the opportunity to register for a dental insurance plan and either a PPO (Preferred Provider Option) or an EPO (Exclusive Provider Option) medical plan. --- [1] ---.

Life Insurance: Employees can register in a group term life insurance program. The insurance coverage is equal to one and one half times the annual wage of employees and the County pays for 75% of the premium. --- [2] ---.

Voluntary Group Life insurance: Employees and their life partners can purchase additional life insurance at group prices. Their children may also be included in the coverage. --- [3] ---.

Long-Term Disability Insurance: The County pays the whole premium for long-term disability insurance. Employees should work at least 70% of their work time to be eligible for the benefit. --- [4] ---.

Employee Assistance Program: The Employee Assistance Program provides clients with a complimentary, confidential counseling and referral service program devised to help employees and their families deal with personal issues.

Pretax Benefit Program: This program permits you to use before-tax wage dollars to pay for the County's dental and medical premiums and certain health and dependent care (day care) costs.

Credit Union: All County employees are eligible to join the Toronto Employees Federal Credit Union.

Contact Toronto County Human Resources at 394-530-4022 with questions about benefits.
Phone : General Information 394-530-4063
       Non-Emergency 394-530-4032
       Emergency 119

172. What is this notice about?

(A) To introduce County Human
    Resources
(B) To introduce the payment of the
    employees' annual salary
(C) To introduce the negative effects of
    medicine overdose
(D) To introduce a benefits package

173. Who is able to join the Voluntary Group
Life Insurance?

(A) A companion
(B) A consort
(C) A cousin
(D) A colleague

174. What is NOT true about this notice?

(A) Employees could join either a PPO or
    an EPO.
(B) The County pays all the Long-Term
    Disability Insurance fee.
(C) The County pays three quarters of
    the Life Insurance fee.
(D) The Employee Assistance Program
    charges for a counseling service.

175. In which of the positions marked [1], [2],
[3] and [4] does the following sentence
best belong?

"He/she also has the opportunity to
register his/her family in the group
insurance program."

(A) [1]
(B) [2]
(C) [3]
(D) [4]

GO ON TO THE NEXT PAGE

| To | Joshua Morris |
| From | Dwain Anderson, Human Resources |

Dear Mr. Morris,

Thank you for writing back to me so soon. The starting date that you indicated is satisfactory to our needs. As one of our new recruits, you will be required to attend a group orientation, the schedule of which is attached to this e-mail; this will be your first of four days of training. You have been placed into Group A.

You will be issued an employee manual by our senior training supervisor following the orientation speech by the CEO. Familiarize yourself with all company guidelines by the end of the third day of training, as there will be a test on the final day. Questions regarding the handbook should be addressed to your group leader.

As we discussed, there will be a paid probationary period of one month, after which you will be working solely on commission and will be required to meet a weekly sales quota. In the meantime, let me know if you need anything else to be clarified about the position.

Best regards,
Dwain Anderson

Victoria Corporation

* Orientation Schedule

9:00 am	Kory Gonzales - Orientation address : The past, present, and future of Victoria Corporation, and corporate mission overview.
11:00 am	Michael Collins - Presentation of company policy and employee handbooks. - Introduction of training-group leaders.
12:00 pm	Lunch break
1:00 pm-6:00 pm	Group training

* Training-Group Leaders

Group A : Frank williams, Sales and Marketing Training Supervisor
Group B : Lionel Blackstone, Data Entry Training Supervisor
Group C : Hannah Evans, Chief of Security and Security Training Supervisor

176. Which of the following best describes the e-mail?

    (A) A response to a job advertisement

    (B) An offer of employment to a candidate

    (C) An invitation to a corporate seminar

    (D) An outline of basic company policies

177. Who is Kory Gonzales?

    (A) The human resources manager

    (B) The CEO of Victoria Corporation

    (C) The senior training supervisor

    (D) The founder of the company

178. Who should Mr. Morris ask about the content of the handbook?

    (A) Frank Williams

    (B) Michael Collins

    (C) Dwain Anderson

    (D) Lionel Blackstone

179. What can be inferred about the recipient of the e-mail?

    (A) He will not start working until next month.

    (B) He will be hired as a sales representative.

    (C) He will work in the personnel department.

    (D) He will be issued a security ID badge.

180. What will happen on the final day of the orientation?

    (A) Mr. Morris will start earning a commission.

    (B) Trainees will be asked to take a policy exam.

    (C) Kory Gonzales will make a speech.

    (D) The company guidelines will be revised.

GO ON TO THE NEXT PAGE

To	Food & Meal World
From	Linda Turner
Subject	recipe

Dear Patricia Spencer,

I was eager to send you a thank you-note for everything you did for the party. The food was something that had to be just right, and everything your company did was perfect. The selection, appearance and timing were fantastic! My daughter (the bride) has been raving about the spinach that you served. Do you think you could tell me the recipe so I can give it to her? Perhaps as a wedding present?

Sincere thanks,
Linda Turner

To	Linda Turner
From	Bianca Hamilton
Subject	Re: recipe

Mrs. Linda Turner,

I am writing back to your e-mail on behalf of Patricia Spencer, who has taken a week-long vacation. It was our pleasure to be at such a wonderful reception. The recipe for the spinach, which is a popular side dish served with many different curry dishes, is as follows:

Spicy Spinach

Trim and thoroughly wash 1kg/2lbs fresh spinach. Cook a chopped onion, a crushed garlic clove, a teaspoon of turmeric and two tablespoons of cumin seeds in a little butter or oil. Add the spinach and cover the pan tightly, cooking for 10 minutes. The key is to uncover the pan for the final five minutes and shake often. When the liquid has evaporated, you're done! Enjoy your food!

Congratulations once again to your daughter on her marriage.

From all of us here on Food & Meal World Catering Service,
Bianca Hamilton

181. What is the main purpose of Linda Turner's e-mail?

(A) To complain about the catering
(B) To compliment the food service
(C) To inquire about a party
(D) To invite someone to a wedding

182. Who got married?

(A) Linda Turner
(B) Linda Turner's son
(C) Linda Turner's daughter
(D) Patricia Spencer's daughter

183. What did the bride like the most about the meal?

(A) The appearance
(B) The spinach
(C) The timing
(D) The curry dishes

184. Why did Bianca Hamilton reply to Linda Turner's e-mail?

(A) Because Patricia Spencer was out of the office.
(B) Because she is a friend of Linda Turner's.
(C) Because she is the head chef.
(D) Because she knew the recipe.

185. What is the most important part of the cooking process?

(A) Uncovering the pan
(B) Crushing the garlic
(C) Using 1kg/2lbs of spinach
(D) Adding the cumin seeds

GO ON TO THE NEXT PAGE

Test 01
Test 02
Test 03
Answer 01
Answer 02
Answer 03

Questions 186-190 refer to the following e-mail, table and text message.

To	Hilton Arnold <hiltonaaa@ringusa.net>
From	Donovan Oliver <doliver100@ringusa.net>
Date	10 August 2015
Subject	Re : New dialing rate from the competition

Dear Ms. Hilton Arnold,

As you know, TeleGS is cutting its prices. Here you can see the chart of the pricing options they're planning to offer. We have always undercut the prices. If we don't change our rate structure, we will be at a disadvantage compared to our competitors during the first time. We need to respond with a price-cut of our own, but merely matching their rates won't work. They have cut rates on the traditional time and distance model as low as they can go.

We need a new business model! I have been asked to gather ideas. Should we go to a fixed monthly fee? Should individual calls be charged a unit charge regardless of the time or distance? New technologies are making the old system of hours and distances obsolete, but the direction we go is still unclear. Get back to me, and I'll lay out all the ideas I receive.

Best regards,

Donovan Oliver
General Manager
Ring USA Ltd.

Rate Table of TeleGS

	Time	Distance	Rates
Regular	09:00 A.M. ~ 18:00 P.M. Monday to Friday	Under 100 km	$0.40
		100 km ~ 500 km	$0.55
		500 km ~ 1000 km	$0.70
		Over 1000 km	$0.80
Reduced	06:00 A.M. ~ 09:00 A.M. & 18:00 P.M. ~ 21:00 P.M. Monday to Friday 06:00 A.M. ~ 21:00 P.M. Only Saturday and Sunday	Under 100 km	$0.35
		100 km ~ 500 km	$0.40
		500 km ~ 1000 km	$0.50
		Over 1000 km	$0.60
Super Reduced	21:00 P.M. ~ 06:00 A.M. Daily	Under 100 km	$0.25
		100 km ~ 500 km	$0.30
		500 km ~ 1000 km	$0.35
		Over 1000 km	$0.40

Every three minutes

To : Donovan Oliver

My idea isn't like either of those two ideas. Let's offer unlimited nationwide calling to pre-determined frequent contacts. We could suggest a sliding scale of, say, five dollars a month to the first number. Then, we'd charge a lower additional fee for the second, third and fourth number. These could be cell phones, land lines and Wi-fi. Many people have friends and family who live far away and would save money if they call frequently. I know there will be a lot of different ideas, but I think this is the one our clients will understand and want.

From : Hilton Arnold

186. What does Mr. Donovan Oliver ask Ms. Hilton Arnold to do?

(A) To establish client target
(B) To invent a method to stay competitive
(C) To examine the price of rival companies
(D) To collect all ideas about our prices

187. In the e-mail, the word "obsolete", line 3, paragraph 2, is closest in meaning to

(A) outdated
(B) renewed
(C) lengthy
(D) brief

188. How long is Reduce service on Saturday and Sunday?

(A) 15 hours
(B) 24 hours
(C) 30 hours
(D) 48 hours

189. What can be inferred about Ms. Hilton Arnold?

(A) She would offer free local calls.
(B) She would give many customers the selling phone time by the hour.
(C) She would encourage people to call at the cheapest rate.
(D) She would suggest unlimited calling to a distance phone.

190. Which of the following is NOT included in TeleGS service?

(A) Mobile phone
(B) Land line
(C) Wi-fi
(D) Wire internet

Questions 191-195 refer to the following schedule, survey and review.

Schedule of Tour in Rome

Day 1st	6 March 2016	Welcome to Rome We will gather at our hotel in Rome at 4 P.M. for a short meeting and orientation. Then, we will get acquainted with one another over a "Welcome to Rome" dinner together.
Day 2nd	7 March 2016	The Historic Heart of Rome Your guide will lead a walking tour of the city, including visits to the world's most famous church, Piazza San Pietro. Then, we will take a walk through the Vatican Museums, with free time for lunch on your own. We will end our afternoon at the Colosseum, where after an introduction, you will be free to enjoy the tour of the historical site on your own.
Day 3rd	8 March 2016	Piazza Navona In the morning, we will take the Metro, then walk up Piazza Navona to tour the colorful neighborhood. We'll end our walk at the magnificent views of Rome from three fountains of Fiumi, Nettuno, and Moro. You'll be free for lunch and have time to explore more of the city on your own this afternoon. We'll group again in the evening to enjoy a wine tasting and dinner together before going on a romantic Tevere River cruise
Day 4th	9 March 2016	Tour over After Breakfast Breakfast is provided, but there are no group activities today. We'll head to Leonardo Da Vinch International Airport by shuttle bus.

* Schedule specifics subject to change.

E & F Tour
Tourists Survey Form

We are very much interested in your comments and suggestions regarding our tours. Please take a few moments to answer the following questions. The results of this evaluation will be used to improve our future tours. Did this tour meet your expectations in the following areas?

	Very Bad	Bad	Middle	Good	Very Good
Transportation	○	○	●	○	○
Hotel	○	○	○	○	●
Activities	○	○	●	○	○
Guide	○	○	○	●	○
Meals	○	●	○	○	○
Overall services	○	○	○	●	○

I was very unlucky and wasn't able to attend the reception dinner because I got sick and had to stay in bed. The tour would have been a lot more fun if I had been able to join the dinner and had had a chance to get to know the other participants. I wish the guide had arranged an opportunity to introduce me to the other members. However, overall, I was quite happy about the tour. The hotel we stayed at was especially well above my expectations.

Gerry Benning

191. What can be inferred from the schedule?
   (A) All tourists will have no chance to take a subway
   (B) There can be a possibility of a change.
   (C) All meals will be included in the tour.
   (D) There is no special event on the 4th day of the tour.

192. What is the last activity of this tour?
   (A) A visit to a church
   (B) A visit to a museum
   (C) A wine tasting and dinner
   (D) A river cruise

193. Why does E & F Tour make a survey for the tourists?
   (A) To offer information on the tour
   (B) To answer questions from the customers
   (C) To meet the tourists' needs
   (D) To enhance the quality of the future tour

194. Which of the following was Mr. Gerry Benning most dissatisfied with?
   (A) Transportation
   (B) Accommodation
   (C) Guide
   (D) Meals

195. Which of the following didn't Mr. Gerry Benning participant in?
   (A) An orientation
   (B) The Historic Heart of Rome
   (C) Walking up Piazza Navona
   (D) Enjoying a wine tasting and dinner

GO ON TO THE NEXT PAGE

Questions 196-200 refer to the following table, e-mail and text message.

Top Games of the Year, 2015

Rank	Title	Developer	Genre
1	Minecraft Pocket Edition	Mojang	Sandbox, Survival
2	Words with Friends	Zynga	Education
3	Solitaire	Silver Games	Board & Card
4	Geometry Dash	RobTop Games	Arcade
5	Massed NFL Mobile	EA SPORTS	Sports
6	Temple Run 2	Imangi Studios	Arcade

E-Mail _ □ ×

To	Danford Forest	Cc Bcc
From	Jeniffer Hart	
Date	12, February, Friday	

Subject   Re : Games list

Dear Mr. Danford Forest,
I just got the short list of the names of last year's top five best-selling mobile games. According to the sales, in order, there are : Minecraft: Pocket Edition, Words with Friends, Solitaire, Geometry Dash, and Temple Run 2.

What I need you and your team to do is to check the software developer company and genre for each game, and then rank them depending on your research on consumer reports. For now, all I need is your ranking and any points you think are important. You can give me the full details later when we draft a report for the committee for game control.

I am looking forward to your report.

Best regards,
Jeniffer Hart

Send

Test 01

Test 02

Test 03

Answer 01

Answer 02

Answer 03

Jeniffer Hart

Thanks for your patience. I had wanted to get this to you sooner, but we came across a couple of surprises while researching the games. first, you will notice an extra item. While we were researching EA SPORTS, we noticed they came out with a new game whose reviews were better than the one by Imangi Studios. We think it's rare for a Sports-related game to get such good reviews.

We'd like your opinion on what to do with the list. Does it need to be five items, or can it be more?

Looking forward to your reply.

Danford Forest

196. Which of the following are the game genre same?

(A) Temple Run 2 and Minecraft Pocket Edition
(B) Geometry Dash and Word with Friend
(C) Solitaire and Massed NFL Mobile
(D) Geometry Dash and Temple Run 2

197. Where do Mr. Danford Forest and Ms. Jeniffer Hart work for?

(A) A computer shop
(B) A software marketing company
(C) An educational institute
(D) A stationary store

198. What does the chart say about Minecraft Pocket Edition?

(A) It was ranked fast.
(B) It was discussed in a conference.
(C) It was seen in a consumer report.
(D) It was the top game of the year.

199. What does Mr. Danford Forest ask Ms. Jeniffer Hart?

(A) If there can be more than five items on the list
(B) Develop some games
(C) Examine some computers
(D) Report the rank to some consumers

200. What game does Mr. Danford Forest add to the list?

(A) Words with Friends
(B) Solitaire
(C) Geometry Dash
(D) Massed NFL Mobile

Stop! This is the end of the test. If you finish before time is called, you may go back to Parts 5, 6, and 7 and check your work.

GO ON TO THE NEXT PAGE

퀵
토익
실전모의고사

지금부터 Actual Test를 진행합니다.
실제 시험과 동일한 방식으로 진행됨을 말씀드리며,
방송 음성은 QR코드로 청취할 수 있습니다.

준비되면 바로 시작하세요!

LISTENING TEST

In the Listening test, you will be asked to demonstrate how well you understand spoken English. The entire Listening test will last approximately 45 minutes. There are four parts, and directions are given for each part. You must mark your answers on the separate answer sheet. Do not write your answers in your test book.

PART 1

Directions: For each question in this part, you will hear four statements about a picture in your test book. When you hear the statements, you must select the one statement that best describes what you see in the picture. Then find the number of the question on your answer sheet and mark your answer. The statements will not be printed in your test book and will be spoken only one time.

Statment (A), "Some people are paddling through the water," is the best description of the picture, so you should select answer (A) and mark it on your answer sheet.

1.

2.

GO ON TO THE NEXT PAGE

3.

4.

5.

6.

Test 01

Test 02

Test 03

Answer 01

Answer 02

Answer 03

GO ON TO THE NEXT PAGE

PART 2

Directions: You will hear a question or statement and three responses spoken in English. They will not be printed in your test book and will be spoken only one time. Select the best response to the question or statement and mark the letter (A), (B), or (C) on your answer sheet.

7. Mark your answer on your answer sheet.
8. Mark your answer on your answer sheet.
9. Mark your answer on your answer sheet.
10. Mark your answer on your answer sheet.
11. Mark your answer on your answer sheet.
12. Mark your answer on your answer sheet.
13. Mark your answer on your answer sheet.
14. Mark your answer on your answer sheet.
15. Mark your answer on your answer sheet.
16. Mark your answer on your answer sheet.
17. Mark your answer on your answer sheet.
18. Mark your answer on your answer sheet.
19. Mark your answer on your answer sheet.

20. Mark your answer on your answer sheet.
21. Mark your answer on your answer sheet.
22. Mark your answer on your answer sheet.
23. Mark your answer on your answer sheet.
24. Mark your answer on your answer sheet.
25. Mark your answer on your answer sheet.
26. Mark your answer on your answer sheet.
27. Mark your answer on your answer sheet.
28. Mark your answer on your answer sheet.
29. Mark your answer on your answer sheet.
30. Mark your answer on your answer sheet.
31. Mark your answer on your answer sheet.

PART 3

Directions: You will hear some conversations between two or more people. You will be asked to answer three questions about what the speakers say in each conversation. Select the best response to each question and mark the letter (A), (B), (C), or (D) on your answer sheet. The conversations will not be printed in your test book and will be spoken only one time.

32. Why is the woman calling the man?
  (A) To announce the advertising campaign
  (B) To notify the exchange of the agenda
  (C) To work at 25th streets branch
  (D) To remind him of the meeting

33. What does the man offer to do?
  (A) To use her tablet computer
  (B) To participate on the telephone
  (C) To receive the result of a meeting
  (D) To see the participants afterwards

34. What does the woman request the man do?
  (A) To send a document
  (B) To print his report
  (C) To find his seat
  (D) To request his budget from the firm

35. What kind of company will the speakers most likely work for?
  (A) An energy company
  (B) A building maintenance company
  (C) A power station
  (D) A construction company

36. What concern does the woman have?
  (A) Whether they can keep the construction cost in the budget.
  (B) Whether they can make insulation panels
  (C) Whether they can include energy saving features
  (D) Whether they can install insulation panels properly

37. What does the man say he will do?
  (A) Design an office building.
  (B) Request Mr. Kurt for some help.
  (C) Check who discussed the McDonald's company.
  (D) Begin to include insulation panels in the design.

38. Where most likely will the speakers be working at?
  (A) At a hospital
  (B) At the culture center
  (C) At a fitness center
  (D) At a school

39. What does the woman agree to do?
  (A) To share with all of her employees
  (B) To know the feedback
  (C) To compile the clients' comments
  (D) To request more benefits

40. What does the man talk about with the instructors?
  (A) Finding their trends and feedback
  (B) Offering additional fees
  (C) Increasing their weekday hours
  (D) Instructing yoga classes to members

41. What are the speakers talking about?
  (A) Shop opening
  (B) Parking area renewal
  (C) Street sign installation
  (D) Installatioin of new plumbing pipes

42. Why does the woman say she is worried?
  (A) The parking area will close during the construction.
  (B) Fewer customers will visit the store
  (C) The water supply will be cut off in the shopping mall.
  (D) An announcement will be distributed to the customers.

43. What does the man suggest?
  (A) To renew the rent lease
  (B) To notify the schedule to the shop owners
  (C) To download the map
  (D) To update information online

GO ON TO THE NEXT PAGE ➤

44. What are the speakers discussing?

(A) The registration process
(B) The attachment file
(C) The e-mail's number
(D) The bike race

45. What is the purpose of the telephone call?

(A) To register for the participant number
(B) To get her shirt from the city
(C) To confirm whether her name is on the registration list
(D) To find the mailing system

46. What does the man ask the woman to bring to the information booth?

(A) Her participant list
(B) Her registration date
(C) Her ID card
(D) Her mobile phone number

47. What job is the woman interviewing for?

(A) The customer director
(B) The architect
(C) The senior accountant
(D) The head manager

48. According to the woman, what was the responsibility at her previous job?

(A) She provided some information for the tenants.
(B) She maintained and repaired the building.
(C) She managed the leasing firm.
(D) She was the owner of the largest accounting firm.

49. How does the woman know Emilias Railey?

(A) She worked with Emilias Railey as a partner.
(B) She knew Emilias Railey on the leasing firm.
(C) She introduced Emilias Railey to her professor.
(D) She was Emilias Railey's predecessor.

50. What problem does the woman report?

(A) The pipe has a leak.
(B) The room light doesn't turn on.
(C) The shower doesn't drain.
(D) The water is overflowing.

51. What does the man mean when he says, "In that case"?

(A) If you don't have enough time to wait for repairing
(B) If you meet your friends
(C) If we send a repairman to your room
(D) If we hear about your problem

52. What will the woman probably do next?

(A) Go to another room
(B) Check out of the hotel
(C) Meet the repairman
(D) Receive the refund

53. Why is the man calling?

(A) To receive feedback from his clients
(B) To reschedule an appointment
(C) To join the club
(D) To get an order

54. What does the woman mean when she says, "I wish I could"?

(A) She won't check her calendar mow.
(B) She wishes that he cancels his next engagement.
(C) She wants him to come to her office.
(D) She can't meet him at 12:00.

55. What will the woman do next?

(A) Call a cafe
(B) Go for a drive
(C) Postpone her appointment
(D) Send her documents to Lorenzo Hollaway

56. What did the woman ask Mr. Thompson to do?

(A) To repair her computer
(B) To collect his document
(C) To correct his paperwork
(D) To work with Mr. Chadwick

57. According to the woman, what will happen this morning?

(A) Ms. Dunbar will meet the customer.
(B) Mr. Thompson will revise his document.
(C) Mr. Chadwick will take part in the conference.
(D) Ms. Dunbar will read Mr. Thompson's report.

58. Where is Mr. Thompson's newest report?

(A) On Mr. Thompson's desk
(B) In Mr. Chadwick's file cabinet
(C) In other office
(D) Between Ms. Dunbar's files

59. What are the speakers discussing?

(A) A fundraising event
(B) A sales campaign
(C) A marketing strategy
(D) A refund policy

60. What do the men imply about the operation?

(A) It can receive more donations.
(B) It should have decreased business cost.
(C) It depended more on phone calls.
(D) It broke a record.

61. What kind of media will be most useful for donations?

(A) Online
(B) Telephone
(C) Direct mail
(D) Mobile phone

Additional Fee	
Same day service	$200
Next day service	$100
One week service	$50
One month service	$30

62. What kind of company will the woman most likely work at?

(A) An advertising company
(B) A Courier service
(C) A printing office
(D) A hotel

63. Look at the graphic. How much will the man most likely pay for extra fees?

(A) $30
(B) $50
(C) $100
(D) $200

64. What will the man do next?

(A) Call an advertising company
(B) Try other company
(C) E-mail the order form
(D) Finish his document

Test 01

Test 02

Test 03

Answer 01

Answer 02

Answer 03

GO ON TO THE NEXT PAGE

PROGRAM

Performer	Time
Elder	19:00 ~ 19:30
Hartley	19:30 ~ 20:00
Gilbert	20:00 ~ 20:30
Milton	20:30 ~ 21:00

TABLE OF PRICE

PRODUCT NUMBER	UNIT PRICE
ME633	$199.00
JR956	$55.00
YO723	$60.00
IT512	$65.00
HI897	$70.00
SA249	$75.00

65. Why did the program change?

(A) Because Hartley plays two pieces.
(B) Because Elder takes too long.
(C) Because Milton can't play in his turn.
(D) Because Hartley starts a little late.

66. Look at the graphic. Who will perform last?

(A) Elder
(B) Hartley
(C) Gilbert
(D) Milton

67. What kind of performance will Mr. Milton do?

(A) Music
(B) Dancing
(C) Drama
(D) Opera

68. What did Mr. Judson Cranford send to Ms. Wilmer?

(A) A stock list
(B) A financial report
(C) A sales contract
(D) An e-mail

69. What problem does the woman mention?

(A) Her shipment has not arrived yet.
(B) Her order can't be fulfilled.
(C) Her meeting was canceled.
(D) Her appointment has not been made.

70. Look at the graphic. How much will the woman pay for her choice?

(A) $50.00
(B) $60.00
(C) $70.00
(D) $75.00

PART 4

Directions: You will hear some talks given by a single speaker. You will be asked to answer three questions about what the speakers say in each talk. Select the best response to each question and mark the letter (A), (B), (C), or (D) on your answer sheet. The talks will not be printed in your test book and will be spoken only one time.

71. What field does the speaker most likely work in?

(A) Sports entertainment
(B) Fair site rent
(C) Health care industry
(D) Hospital construction

72. What will Dr. Woolley address in her speech?

(A) How to use the medical technology
(B) How to find a good place
(C) How to consult the patients
(D) How to entertain the spectators

73. Why are the listeners encouraged to stay after the presentation?

(A) To contact hospital officials
(B) To stay in Austin
(C) To speak to Dr. Woolley
(D) To go to the workshop

74. Why does the speaker apologize?

(A) Because he postponed the conference
(B) Because he met the marketing director today
(C) Because he had a different arrangement
(D) Because he turned off the light

75. What are the listeners asked to do?

(A) To express their appreciation
(B) To compensate for the fund
(C) To meet attendees' need
(D) To give honest feedback for the newspaper

76. What will the listeners receive later today?

(A) A gift
(B) A ticket
(C) A reward
(D) An item

77. What is the topic of the reports?

(A) Traffic signs
(B) Bicycle rental program
(C) Housing policy
(D) Road construction

78. What is the concern of some Fordham residents?

(A) Super bikes will increase.
(B) People will move to another city.
(C) A walkway will be blocked.
(D) A vehicle will sell well.

79. According to the speaker, what will the mayor do tonight?

(A) Construct the streets
(B) Bring attention to him
(C) Write the address down
(D) Attend the meeting

80. What is the speaker trying to do?

(A) To discuss customers' feedback
(B) To guarantee the quality of the service
(C) To suggest the excellent interior window
(D) To negotiate a price

81. What service does Boykins offer?

(A) Mailing
(B) Feedback
(C) Scheduling
(D) Office cleaning

82. Why does the speaker say that he wants to hire Boykins agency?

(A) Because it has a long history
(B) Because it has a good reputation
(C) Because it is a low price
(D) Because it includes a total service

GO ON TO THE NEXT PAGE

83. What type of business is being advertised?
(A) Editing a voice
(B) Customizing a logo
(C) Marketing a brand
(D) Analyzing the business information

84. What does the business specialize in?
(A) Encoding the visual files
(B) Packaging design
(C) Serving customers
(D) Wrapping the products

85. Why should listeners visit the company's web-site?
(A) To view our portfolio or recent work
(B) To guarantee the market share
(C) To check the recent trend
(D) To take part in sales conference

86. Who is this announcement intended for?
(A) Visitors
(B) Factory workers
(C) Delivery persons
(D) Parking guides

87. According to the speaker, what will happen next week?
(A) Some new machine will be delivered.
(B) The parking lot will be renovated.
(C) The office building will be closed.
(D) The equipments will be repaired.

88. What are the listeners asked to do?
(A) To keep the machine clean
(B) To appreciate the cooperation
(C) To help load the boxes
(D) To park at a designated area

89. What problem does the speaker mention about George Investment?
(A) The time of the conference
(B) The number of attendants
(C) The location building project
(D) Its demand for a lower price

90. Why does the speaker say, "There's just one problem"?
(A) To inform the project completed
(B) To say the problem again
(C) To introduce a different issue
(D) To accept the demand of George Investment

91. What are the listeners asked to do?
(A) To confirm their future job
(B) To operate the equipment for the job
(C) To review the job details
(D) To complete the project form

92. What is the announcement mainly about?
(A) Target shopping mall
(B) Cordova High School
(C) Miami beach
(D) A fundraising event

93. What are the listeners asked to do?
(A) To wash the parking lot signs
(B) To take their cars to the event
(C) To host a customer's meeting
(D) To donate their funds to Tracy

94. What does the woman mean she says, "Why not help us"?
(A) Everyone can do it.
(B) They need to help us.
(C) Only you can do it.
(D) They may do it by themselves.

SCHEDULE

Time	Program
6:00 P.M.	Keynote Speech
6:30 P.M.	Panel Discussion
7:00 P.M.	Closing Remarks
7:30 P.M.	Reception

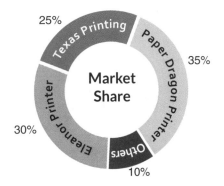

95. Where will the speaker probably be?

(A) At a volunteer meeting
(B) At an evening music festival
(C) At an award ceremony
(D) At a mobile phone demonstration

96. What are the listeners asked to do?

(A) To cater for a company reception
(B) To turn off or silence their mobile phones
(C) To reschedule this evening's arrangement
(D) To thank local government officers

97. Look at the graphic. When will the reception start?

(A) At about 6:30 P.M.
(B) At about 7:00 P.M.
(C) At about 7:30 P.M.
(D) At about 8:00 P.M.

98. What is the purpose of the report?

(A) A merger of two large companies
(B) An issue of Weekly Business News
(C) A launch of Eleanor Printer
(D) A cost of closing the Paper Dragon Printer

99. Look at the graphic. What would be the rank of Paper Dragon Printer early next year?

(A) First
(B) Second
(C) Third
(D) Fourth

100. According to the report, why will T & E be formed?

(A) To overcome market competition
(B) To help Paper Dragon Printer reduce its work
(C) To rank up in market share
(D) To concentrate on the domestic printing market

This is the end of the Listening test. Turn to Part 5 in your text book.

GO ON TO THE NEXT PAGE

READING TEST

In the Reading test, you will read a variety of texts and answer several different types of reading comprehension questions. The entire Reading test will last 75 minutes. There are three parts, and directions are given for each part. You are encouraged to answer as many questions as possible within the time allowed.

You must mark your answers on the separate answer sheet. Do not write your answers in your test book.

PART 5

Directions: A word or phrase is missing in each of the sentences below. Four answer choices are given below each sentence. Select the best answer to complete the sentence. Then mark the letter (A), (B), (C), or (D) on your answer sheet.

101. The new security system enables us to protect our facilities as ------- as possible.
   (A) efficient
   (B) efficiently
   (C) efficiency
   (D) most efficient

102. Mr. Corner Thompson was entertaining, funny, ------- and passionate, even if not a gentleman.
   (A) engage
   (B) engaged
   (C) engaging
   (D) engages

103. Modern design, which is much more sympathetic to the surroundings, lends ------- to the renovation of the countryside.
   (A) it
   (B) its
   (C) itself
   (D) them

104. If you have recently ------- an order with us, but you have not yet received it, you must first check with us to see whether or not it has been sent.
   (A) took
   (B) had
   (C) filed
   (D) placed

105. Each year, Dupont Co. ------- some money to the starving children around the world.
   (A) provides
   (B) donates
   (C) allocates
   (D) promotes

106. IF NATURE is the name of our competitor, located in Australia, always has the advantage of ------- with the cosmetic market.
   (A) focus
   (B) observance
   (C) compliance
   (D) familiarity

107. The salary of the permanent positions will rise but ------- of the temporary positions will be reduced.
   (A) that
   (B) this
   (C) it
   (D) those

108. Your blunt words have broken their ------- in you, but warning them in advance will strengthen their trust.
   (A) confide
   (B) confidence
   (C) confident
   (D) confidently

109. My colleagues and I would like to sincerely express ------- appreciation for your frequent purchases.

(A) my
(B) our
(C) your
(D) their

110. Negotiations to relocate the restaurant to the downtown area is underway, ------- the difficulty caused by the lack of parking space.

(A) amid
(B) among
(C) across
(D) between

111. Mr. Eric Schmidt had brought special ------- into Google's history and corporate's spirit before he recently retired.

(A) collaboration
(B) authorization
(C) right
(D) insight

112. If you want to print out the required documents for the entire project, you should first enroll ------- this web-site.

(A) for
(B) at
(C) in
(D) on

113. The national bank's international payments network ------- to many countries around the world.

(A) results
(B) occurs
(C) stretches
(D) adapts

114. If you have a special meal -------, why not ask our friendly staff, and we will do our best to accommodate your needs.

(A) concept
(B) menu
(C) request
(D) idea

115. Since we ------- Pine Apply Ltd. guarantee the quality of our items, all of our merchandise is completely reliable.

(A) on
(B) in
(C) at
(D) to

116. All small business owners should know what their rivals are doing before they establish -------.

(A) herself
(B) himself
(C) itself
(D) themselves

117. ------- the vehicle was under the warranty, GM agreed to replace the defective part with a new one at no cost.

(A) In order that
(B) So that
(C) Now that
(D) Although

118. Beginning next month, drivers have to present at least two forms of their identification ------- they want to renew their outdated driver's licence.

(A) whereas
(B) provided that
(C) because of
(D) giving

119. An e-mail will be automatically forwarded to you ------- the item you ordered becomes available.

(A) as soon as
(B) when
(C) while
(D) after

120. Not long after I purchased a G3 phone in May 2015, the screen died, so I contacted LS mobile about receiving a -------.

(A) replace
(B) replacing
(C) replaced
(D) replacement

Test 01
Test 02
Test 03
Answer 01
Answer 02
Answer 03

GO ON TO THE NEXT PAGE

121. Thunder Supply Co., known as a leading manufacturing company, may hire the ------- candidates, most of whom majored marketing or related fields.
(A) interview
(B) interviews
(C) interviewed
(D) interviewing

122. Faculty members are expected to attend the annual seminar ------- they obtain their dean's written permission to be absent.
(A) if
(B) once
(C) unless
(D) as

123. A recent inter-company's survey reports that ------- 50 % of clients are dissatisfied with the quality of service they have in local shops.
(A) nearly
(B) more
(C) less
(D) fewer

124. Sales of the new products are expected to increase as summer ------- approaches.
(A) vacation
(B) season
(C) time
(D) period

125. The most popular mobile game on the market features some ------- ideas, easy functioning and fancy visual effects.
(A) innovate
(B) innovation
(C) innovative
(D) innovatively

126. Common people were not even allowed to own gold, but it may ------- by a powerful person.
(A) own
(B) be owning
(C) have owned
(D) have been owned

127. Heavy pollution from fatal chemicals resulted in the disruption of the mating behavior of snakes, leading to an ------- decline in their population.
(A) enough
(B) amusing
(C) extreme
(D) exciting

128. It is very dangerous to operate the machine ------- a technician's assistance in such a construction site.
(A) without
(B) through
(C) including
(D) with

129. Even frequent flyers may have to pay ------- charges for flying during peak seasons.
(A) overlapped
(B) regular
(C) single
(D) double

130. Ms. Freemont, the chairperson of the planning committee, prefers that directors attend ------- the conference in July or the workshop in August.
(A) whether
(B) either
(C) which
(D) neither

PART 6

Directions: Read the texts that follow. A word, phrase, or sentence is missing in parts of each text. Four answer choices for each question are given below the text. Select the best answer to complete the text. Then mark the letter (A), (B), (C), or (D) on your answer sheet.

Questions 131-134 refer to the following information.

McMaster University is a first-class institution ------- students from over many provinces in
                                                    131.
Canada boast their scholastic achievements. McMaster University ------- more heavily on
                                                                    132.
private contributions than on public money.

The proposed center was first suggested by students and faculty, who thought that the

center should have a swimming pool and an exercise facility.

We hope to build the center in order to attract international students. To remain -------, it is
                                                                                 133.
important that we avoid raising tuition to pay for the construction of the facility. -------.
                                                                                    134.

Donors' names will be inscribed on a marble tablet which will be set into the walls of

the front entranceway of the center, and which will be uncovered at a public dedication

ceremony.

131. (A) which
(B) who
(C) whom
(D) whose

132. (A) depends
(B) concentrates
(C) belongs
(D) results

133. (A) compete
(B) competitive
(C) competitively
(D) competition

134. (A) We should raise tuition to attract much more students
(B) The total funding amount needed is $8.6 million
(C) We hope to build the center where donors' names will be inscribed
(D) We expressed our opinion that McMaster University should give students a scholarship

GO ON TO THE NEXT PAGE

Questions 135-138 refer to the following instruction.

How to Remove Clutter From a Hard Drive

It can be hard to find what you're looking for if your hard disk is full of unneeded files.

Just like with your paper filing cabinet. Do ------- a favor sometime and weed out
135.

unnecessary stuff.

Applications and Documents

Steps:

» First) Open your document and applications folders.

» Second) Drag the icons for unneeded documents to the Recycle Bin

» Third) Back up documents you want to keep

» Fourth) Move ------- documents to the Recycle Bin after you've backed them up.
136.

» Fifth) Empty your Recycle Bin after completing the above steps.

» Sixth) Remove ------- application programs by using an installer program. In Windows,
137.

use the Add/Remove in control panel. On the Mac, many installer programs include a

Remove option.

Tips:

Application programs typically put files in your Windows or System folders in addition to

what you see in the application folder itself; that's why uninstaller programs are helpful.

-------. Sound, graphics and especially video files take up much more.
138.

---

135. (A) myself
(B) ourselves
(C) yourself
(D) themselves

136. (A) this
(B) that
(C) these
(D) those

137. (A) purchased
(B) copied
(C) unauthorized
(D) unwanted

138. (A) Text files don't take up much space
on a disk
(B) Text files must not occupy much
amount on a memory stick
(C) Text files should be located in a hard
disk
(D) Text files should be examined for safe
use

CONSERVATION PROGRAM for ECO-HUMANE by National Zoo

-------. ECO-HUMANE, the conservation branch of the Zoo, works around the world to
139.
conserve animal species and the habitats in which they live. -------, over the past several
140.
years, the ECO-HUMANE program has supported conservationists in their efforts to

maintain Surabaya Zoo, Jawa Timur, Indonesia.

In May, ECO-HUMANE staff went to Jawa Timur to conduct a conservation assessment.

The findings of the trip led to the zoo to organize a humanitarian aid campaign to benefit

those people living around Surabaya. Through December 31, we are collecting donations

of clothing and equipment to send to the people of Surabaya and to conservation

organizations ------- to the care of Surabaya's wildlife. ------- more information or to donate
141. **142.**
cloths, tools, camping equipment or to make a cash donation, please call (031) 567-4708.

---

139. (A) The National Zoo takes an important role to announce conservation programs abroad
(B) The National Zoo works to increase animal species and the habitats in which they live
(C) The National Zoo plays an active role in conservation programs nationally and internationally
(D) The National Zoo helps conservationists to expand Surabaya Zoo, in Jawa Timur, Indonesia

140. (A) In addition
(B) In general
(C) By the way
(D) For example

141. (A) related
(B) dedicated
(C) aggravated
(D) transferred

142. (A) In
(B) On
(C) About
(D) For

GO ON TO THE NEXT PAGE

Questions 143-146 refer to the following advertisement.

Welcome !

Thailand travels is a tour and trekking company based in Bangkok. We have been providing high quality tours and trekking for visitors to Bangkok since 2010. We specialize in organizing tours and treks for private groups, providing either standard or customized itineraries. Our standard itineraries take you to see and experience – temples, handicraft centers, elephant camps, traditional native villages, bamboo rafting, fantastic scenery and much more. Our customized itineraries will take you ------- you would like to go in Bangkok.
143.

If you book a tour or trek with us, you will travel in your own private air conditioned vehicle, with your own guide and driver. Our goal is to give service that provides people with more than the normal package tour. -------.
144.

We make it possible for our clients to ------- enjoy their time with us but also learn more
145.
about Bangkok and its culture. We are continually looking for places to add to our itineraries that focus on different aspects of Thai culture. With our wide variety of programs
-------, there is something for everyone. Book your adventure today through our website.
146.

---

143. (A) whatever
     (B) whenever
     (C) wherever
     (D) however

144. (A) The tours are for package ones, so
         once you book a trip you shouldn't
         cancel it
     (B) Unless you book a tour, you won't
         be given your own private air-
         conditioned vehicle
     (C) The tours are for private groups,
         so once reserved, departure and
         itinerary are guaranteed
     (D) The places will focus on different
         aspects of Bangkok's culture

145. (A) not
     (B) neither
     (C) both
     (D) not only

146. (A) visible
     (B) considerable
     (C) imaginable
     (D) available

PART 7

Directions: In this part you will read a selection of texts, such as magazine and newspaper articles, e-mails, and instant messages. Each text or set of texts is followed by several questions. Select the best answer for each question and mark the letter (A), (B), (C), or (D) on your answer sheet.

Test 01

Test 02

Test 03

Answer 01

Answer 02

Answer 03

Questions 147-148 refer to the following letter.

From: Tom Crown
To: Utah Yamaguchi
Date: May 12, 2014
Subject: Decline to interview referred job applicant

Dear Mr. Yamaguchi,

Since I have been away from the office for a few days, I didn't get a chance to read your e-mail until today.

While I am sure the young man you recommended is great, in my opinion he doesn't deserve the position unless he is truly exceptional and perfect for it. I also believe it wouldn't be fair to our employees to interview him at this time.

We currently have to dismiss thirty two employees, and there is no way that I could justify hiring someone new under these circumstances. We hope that in time, our business will be able to hire new employees, but now is not the right time.

I am sorry to disappoint you. As you know, under the right circumstances, we would always be looking for young and smart people with potential. But this is not the appropriate time to hire new employees.

Thank you for understanding.

Yours truly,
Tom Crown, Human Resources Director

147. Who will Mr. Yamaguchi be?

(A) Job applicant
(B) Reference
(C) One of 32 laid-off employees
(D) Human resources director

148. Why did Mr. Crown turn down an interview with a job applicant?

(A) He couldn't take the chance because of a business trip.
(B) The applicant was not remarkable enough to be hired.
(C) Hiring a new person was not proper due to the dismissal of 32 employees.
(D) The company couldn't afford a salary because of its financial difficulties.

GO ON TO THE NEXT PAGE

Questions 149-150 refer to the following text message chain.

Text Message   _ □ ×

Drew Sanders 10:54 A.M.	Today I visited the restaurant, and they couldn't accommodate us because there was no record of our reservation.
Malik Simmons 10:56 A.M.	No way. Yesterday morning I called and got a confirmation. You should double check for the reservation.
Drew Sanders 10:59 A.M.	I already checked multiple times. Anyway, that's what they're telling me. We'll have to find somewhere else to go for dinner.
Malik Simmons 11:00 A.M.	Have the guests arrived yet?
Drew Sanders 11:01 A.M.	No, but I'm guessing that they'll be here any minute. Could you call some restaurants in the area and check if we can get a table?
Malik Simmons 11:03 A.M.	I see. Try to keep them entertained until I get there. I'm still about 30 minutes away.
Drew Sanders 11:05 A.M.	I'll do my best. But please hurry.
Malik Simmons 11:08 A.M.	Yes, I will. Sorry for being late. See you soon!

Send   📎 () 💬 🎞 ⬇ 🎵 1 ⌘   ≥

---

149. What is true about Mr. Drew Sanders?

(A) He is Ms. Malik Sanders' coworker.
(B) He didn't check his reservation.
(C) He didn't talk to his customer.
(D) He is working at the restaurant.

150. At 10:56 A.M., what does Ms. Malik Simmons mean when she writes, "No way"?

(A) She is unsure that the restaurant lost her reservation.
(B) She didn't remember to call the restaurant.
(C) She mistook the reservation for the final decision.
(D) She didn't know that the reservation was canceled.

Questions 151-152 refer to the following information.

Virus Alert

AntiVirusProtect protects you against AVP WEBSITE.
Viruses such as the "Worm" use the Visual Basic Scripting language. This is a strong language with unchecked abilities in Outlook and Outlook Express. AlphaBase AntiVirusProtect guarantees that a user knows before a AVPScript is executed. After installing AntiVirusProtect Program, the user is provided the choice to execute the script or to stop before any potential damage occurs. We offer you AntiVirusProtect as an additional antivirus software. It doesn't depend on a fingerprint of an existing virus, it prompts you for permission before any Visual Basic Script is executed.

Note: The Windows Scripting Host (WSH) consists of Visual Basic Scripts. Users who don't use WSH don't need to use this software. The standard installations of Internet Explorer version 6.0, Windows Vista, and Windows XP install WSH. In Windows NT and Windows 2000, WSH is provided as an option. AntiVirusProtect enables the user to control the execution of these scripts on their computer. AntiVirusProtect is Free software for everyone.

151. What is offered to users after setting up AntiVirusProtect?
(A) Installation of the Visual Basic Scripting language
(B) A choice of either executing the script or ceasing
(C) Use of the Visual Basic Scripting language
(D) No more worries about viruses any more

152. What is NOT true about this information?
(A) There are viruses which don't use the Visual Basic Scripting language.
(B) AntiVirusProtect has its own way to search for an existing virus without counting on a fingerprint.
(C) AntiVirusProtect lets users choose whether or not to activate any Visual Basic Script.
(D) WSH should be installed in Windows NT and Windows 2000.

GO ON TO THE NEXT PAGE

Questions 153-154 refer to the following letter.

///

Elwood Weisman
Super Credit Card
253 King Street, Chicago, IL 10412
Telephone : 323-422-6844
Fax : 323-422-5933

Dear Ms. Lozano,
I am happy to notify you that our company has approved a charge account in your
name. We welcome you as a new client and wish that you enjoy the convenience of
your charge account.

A credit limit of $10,000 has been established on your account. If you want to raise
the credit limit, please make a phone call or visit our credit office. Then, we should
expedite our handling of your request.

Your card and our pamphlet has been enclosed in the mail which explains our billing
procedure, how to use your credit card, and additional information we believe you
will find useful. If you wish to know further details, please visit our web site. www.
supercard.com

Thank you again for choosing our card company.

Sincerely,
Elwood Weisman

///

153. What is the purpose of this letter?
(A) To inform that they have sent the card
(B) To announce that their proposal has
     been denied
(C) To show that she needs to register
     the credit card
(D) To notify that there is no credit limit

154. What has the company enclosed?
(A) A list of customer numbers
(B) A note
(C) A brochure
(D) A business card

Questions 155-157 refer to the following article.

Have you always hoped to invest, but didn't know where to get started? --- [1] ---. We're here today to provide you with 3 fundamental guidelines to investing wisely for your future. The first step is to have clear objectives. Decide how long you will invest for, and what your needs will be in the future. --- [2] ---. The second step is to understand the range of possibilities. You'll want a varied portfolio: one combined with stocks, mutual funds, bonds, and cash. Each of these items have different risks associated with them and also diversified potential rewards. Make sure you understand this before you purchase, so there won't be any big risks later. Finally, the third step is to have realistic anticipations. As our friend Leonardo da Vinci said in the year 1500: "Anyone who wants to be rich in only a day will be hanged in a year."

--- [3] ---. For the past several years, New York stocks have averaged 25% in annual returns, but you shouldn't expect this return to continue. Since the year 2000, stocks have averaged in a 13% annual return, it's unpredictable and there are also many minus years. --- [4] ---. You must stay in for a long period of time and weather the storm, while not being too greedy.

155. The word "objectives" in line 6, is closest in meaning to

(A) ways
(B) purposes
(C) efforts
(D) options

156. Why should people invest in a long term?

(A) The market has both up and down years.
(B) You can earn bigger guaranteed returns.
(C) 30% returns can be achieved with the right stocks.
(D) The contract is written that way.

157. In which of the positions marked [1], [2], [3] and [4] does the following sentence best belong?

"Therefore, you must not hurry in investing."

(A) [1]
(B) [2]
(C) [3]
(D) [4]

GO ON TO THE NEXT PAGE

Roses for Mom

$45.50 (valued at : $50.00)
You are able to choose your delivery date!

Sunday & Mother's Day Charges :
    An additional $10.50 fee for Sunday delivery
    An additional $5.50 fee for Mother's day

    If you order this service, you will receive a free Glass Vase. You can select the color of the vase. There will be a range of colors shown as an option on the order summary page. Gorgeous, vibrant, fresh roses are perfect for showing mom how special she really is. These beautiful flowers are shipped fresh, budding, and ready to bloom in order for them to last much longer.

    Includes an assortment of 20 Roses. Flowers are hand-picked and tied, then shipped directly from our flower farm along with your personal message.

158. Who is this advertisement directed toward?
(A) People who want to buy glass vases for a party
(B) People who take lessons in flower arrangement
(C) People who own gardens surrounded by tulips
(D) People who wish to make their moms happy on Mother's day

159. How much should a person who wants to purchase roses pay on Mother's day?
(A) $45.50
(B) $51.00
(C) $55.50
(D) $56.00

160. According to the advertisement, what does this shop do so the roses will remain fresh?
(A) Roses are delivered by a door to door service.
(B) The shop staff grows flowers themselves.
(C) The staff always sends roses just about to bloom.
(D) Only fresh and beautiful roses are transported to customers.

Questions 161-163 refer to the following introduction.

The Way to Pay by Money Order or Check

We appreciate you for your interest in purchasing SiGe HBT items through mail with a business, personal check, or by money order.
We are very familiar with these type of payments and have provided our clients with this service for over 10 years.

Make sure you include :
1. A money order or check made payable to: SiGe HBT
2. Include the shipping charges stated (if applicable)
3. Please let us know if your order is for a downloadable type, or if you need the item on a CD-ROM (note: a few items are not downloadable in which case we will deliver the CD-ROM instead - see each item in detail on the website to find out if the downloadable version is available)
4. If you order a CD, please let us know the exact address to deliver the CD to.
5. Please give us an e-mail address so that we can let you know that your payment was received and the item has been shipped.

Shipping Prices :
We offer all clients in Canada priority mail shipping service for free no matter how many items are ordered. The shipping will take 3 to 5 business days. International clients outside of the Canada who are ordering a CD, must include $30.00 for the international shipping cost.

You don't need to pay for shipping if you ordered a downloadable item.
When the above information is complete, send payment to :

SiGe HBT
240 Neal Dr
Scarborough, Ontario 39442

All orders are processed promptly after the money or check order is received. If you have a question, please contact our billing team. Then our billing team will help you immediately.

161. What form of billing does the company NOT receive?

(A) Money order
(B) Individual check
(C) Cash
(D) Company check

162. What should be included when ordering the product?

(A) A telephone number
(B) The name of the product
(C) Cash payable to SiGe HBT
(D) A shipping fee

163. When will the customers receive the product?

(A) After they download the CD
(B) After sending the payment
(C) After 3-5 business days
(D) After sending $30

GO ON TO THE NEXT PAGE

Test 01
Test 02
Test 03
Answer 01
Answer 02
Answer 03

Questions 164-167 refer to the following online chat discussion.

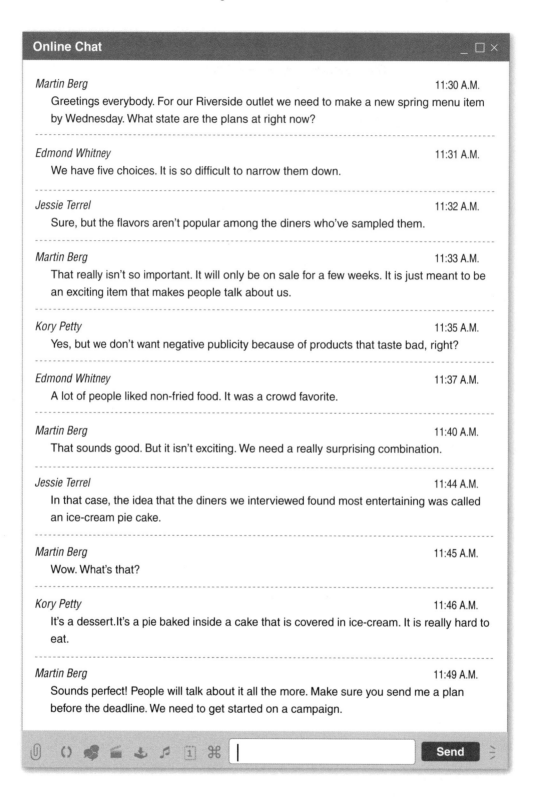

Online Chat	_ □ ×

Martin Berg   11:30 A.M.

Greetings everybody. For our Riverside outlet we need to make a new spring menu item by Wednesday. What state are the plans at right now?

Edmond Whitney   11:31 A.M.

We have five choices. It is so difficult to narrow them down.

Jessie Terrel   11:32 A.M.

Sure, but the flavors aren't popular among the diners who've sampled them.

Martin Berg   11:33 A.M.

That really isn't so important. It will only be on sale for a few weeks. It is just meant to be an exciting item that makes people talk about us.

Kory Petty   11:35 A.M.

Yes, but we don't want negative publicity because of products that taste bad, right?

Edmond Whitney   11:37 A.M.

A lot of people liked non-fried food. It was a crowd favorite.

Martin Berg   11:40 A.M.

That sounds good. But it isn't exciting. We need a really surprising combination.

Jessie Terrel   11:44 A.M.

In that case, the idea that the diners we interviewed found most entertaining was called an ice-cream pie cake.

Martin Berg   11:45 A.M.

Wow. What's that?

Kory Petty   11:46 A.M.

It's a dessert.It's a pie baked inside a cake that is covered in ice-cream. It is really hard to eat.

Martin Berg   11:49 A.M.

Sounds perfect! People will talk about it all the more. Make sure you send me a plan before the deadline. We need to get started on a campaign.

📎 ⟨⟩ 💬 🎬 ⚓ 🎵 ⅰ ⌘		**Send** ⌄

164. Where will the new product most likely be sold?

(A) At a hardware shop
(B) At an outlet
(C) At a restaurant
(D) At an electronics shop

165. At 11:40 A.M., why does Mr. Berg say "That sounds good"?

(A) To consider Mr. Whitney idea
(B) To check the client's need
(C) To express approval of the idea
(D) To choose one item from a selection

166. What does Mr. Kory Petty express concern about?

(A) Continuation of the company's fame
(B) Missing the deadline
(C) Getting a project's budget
(D) Completing a sales target

167. According to Mr. Martin Berg, what is the most important consideration?

(A) Establishing an entertaining campaign slogan
(B) Inspiring conversation about the company's product
(C) Replacing the product's ingredients with healthier alternatives
(D) Reducing the cost of less profitable items

GO ON TO THE NEXT PAGE

ABC International Chinese Language Schools

--- [1] ---. Welcome to ABC International Chinese Language Schools. ABC has a good reputation for high academic standards world-wide and they offer many activity programs. ABC institute is a Chinese owned organization. We never close except on public holidays. Our language schools are located in downtown Beijing and Shanghai. Students can transfer schools between the two cities. --- [2] ---.

There is a maximum of nearly 200 students in each school: large enough to have 10 grade levels of Chinese; small enough for every student to befriend each other. There are Junior Language Schools in March, June, September, and December for students 10 to 18 years of age and Senior Schools for students 19 years of age and over. --- [3] ---.

At ABC Schools there is a kitchen where students are able to make simple meals (free coffee / tea is always available); a library and quiet area for studying Chinese; a recreational space with billiard tables and a piano; a multimedia center; and free access to internet. Also, there is a seminar room in the facility. ABC institute is government registered as a Private Training Program Establishment. We are a signatory to the Ministry of Education Code of Practice for the support of international students, recruitment, welfare for international students. --- [4] ---.

168. Who would be most interested in this brochure?

(A) People who want to enjoy tea at no cost
(B) 18 year olds who wish to learn cooking as a profession
(C) Overseas students searching for a Chinese school
(D) Australian students who want to learn foreign languages

169. What is not the reason why ABC is renowned worldwide?

(A) High academic standards
(B) A conveniently placed location
(C) Various activities
(D) A lovely relaxing atmosphere

170. Which of the following is true of ABC according to this brochure?

(A) There are 8 branch schools of ABC all around Australia.
(B) There are special courses for 10 to 18 year olds 4 months a year.
(C) Programs of ABC are only for people over 18 years old.
(D) Students can use computers as much as they want at reasonable rates.

171. In which of the positions marked [1], [2], [3] and [4] does the following sentence best belong?

"There is a Silvers Chinese Program for students 60 years and over."

(A) [1]
(B) [2]
(C) [3]
(D) [4]

GO ON TO THE NEXT PAGE

Test 01

Test 02

Test 03

Answer 01

Answer 02

Answer 03

To: The Staff
From: [Managing editor] Sandra Farcon
Date: Mar. 30, 2014
Re: New measures

In Monday's paper, we published two articles that all of us wanted to publish a while ago, but couldn't until now. The articles are both stories regarding our errors in the "Something Under Fire" series. The stories go into detail about the causes of our mistakes, and how we can improve from them. In summary, there's no more time to lose. It's time to start moving forward. The problems specified in the stories should never happen again. We, as journalists, will do our best with what we learn from this experience. And we must find out how to make our newspaper even better. Through this memorandum, I will go over how we can improve further.

Here are the measures we will take:
We will focus additional attention on background checks, including renewed training methods on conducting effective surveys, and more active discussions during editing and reporting on when to start them, who conducts them, and how far to take them. Before a project is endorsed, senior editors will weigh and debate actively whether the project should be treated by reporters with specific subject-matter knowledge or by more than one reporter.

We should charge the primary editor of a project with the duty of ensuring timely and complete flow of information to senior editors on key developments, turning points or issues, including disagreements between the reporter and the primary editor. We will insist on the primary editor participating in all higher-level discussions including legal ones, as the lead project representative.

We will have to make sure for the reader, information sources and internal reactions to main projects or especially sensitive stories goes not only to the editors and reporters most closely involved in the story but also to the public editor. All things related to the project will be acted upon with due and proper speed.

Please keep in mind the facts above. Anika Merlin, Chales Lee, and I will work together to announce the next specific measures to take regarding each of these points in the following week. If you have any ideas or specific interests, please let us know. Call us at: 1-539-684-3023. Or you can visit our editor's office located on the 5th floor of the Casey Building.

172. What is the purpose of this memo?

(A) To blame especially idle editors who committed errors

(B) To advise of modifications designed to improve the newspaper

(C) To allocate new supervisors to each division

(D) To diffuse negative effects of errors they made

173. Which of the following should the senior editors do from now on?

(A) Settle the problems between reporters and readers.

(B) Manage all processes until the newspaper is published.

(C) Make a decision on who will undertake a project.

(D) Supervise reporters and photographers from each division.

174. What is NOT true about this memo?

(A) The story and the column on their mistakes were published in Monday's paper.

(B) The head of the company resented and directed special steps to improve the newspaper.

(C) 3 people will cooperate to conduct specific steps in the coming week.

(D) Someone who has ideas on the topic can drop by the office in person.

175. The words "key" line 2, paragraph 3, is closest in meaning to

(A) innovative

(B) huge

(C) productive

(D) important

GO ON TO THE NEXT PAGE

Searching for a new venue to hold a gathering for your company? Looking for a great place that's fun for adults? Try Secret Garden, a place for office parties, team building, and small conferences.

Secret Garden offers small conference rooms that hold up to 50 people. We also have a banquet room that is great for parties, events, and large meetings. Rooms are complete with the newest projector, a high quality speaker system, and special lighting.

After your business meeting, enjoy a day of mini-golf with fresh refreshments. We offer a driving range upstairs and 18 holes of fun downstairs. Special company packages and rates for groups of 10 or more are available. Call 348-5763 for more information or e-mail info@secretgarden.com.

From	Audrey Murphy <audrey@gmail.com>
To	info@secretgarden.com
Subject	Reservation

To whom it may concern,

How are you? I am Audrey Murphy. I would like to make a reservation for your banquet room on Saturday, November 15 at 6 P.M. if it is available. The reservation should be under my name and is for Highways Inc.

There will be 300 people attending. I would also like some information on catering. I understand there is a restaurant at Secret Garden, but can we bring our own caterer? Also, what food is offered through your catering service?

Please get back to me as soon as possible. Although November is still two months away, we need to plan this party.

Thank you in advance,
Audrey Murphy
HR Manager

Human Resources Dept.
046-348-2064
Highways, Inc.
www.highways.com

176. What is NOT included in all rooms?

(A) Speaker system
(B) A projector
(C) Special lighting
(D) Free refreshments

177. What is upstairs at Secret Garden?

(A) Cafe
(B) Banquet hall
(C) Driving range
(D) Conference rooms

178. What room is Ms. Murphy reserving?

(A) Ballroom
(B) Banquet room
(C) Small conference room
(D) Large conference room

179. What is Ms. Murphy inquiring about?

(A) Catering
(B) Room sizes
(C) Refreshments
(D) Golf courses

180. What is Ms. Murphy's position at Highways Inc.?

(A) Chief Secretary
(B) Event Coordinator
(C) Personal Assistant
(D) Human Resources Manager

Test 01

Test 02

Test 03

Answer 01

Answer 02

Answer 03

GO ON TO THE NEXT PAGE

Questions 181-185 refer to the following two e-mails.

To : All New Age Software Division Heads
From : Kenny Logan, CEO
Sub : Mandatory Meeting

SCHEDULE CHANGE ANNOUNCEMENT

Please be aware of the fact that, due to holidays, our biannual new product development team meeting scheduled for Wednesday, December 15th, will be canceled. The date has been rescheduled for the preceding Monday. Attendance at this meeting is mandatory, so please be sure to adjust your schedules accordingly. Courtney Ross will be giving a presentation on new products expected to be unveiled by our competitors early next year.

To	Kenny Logan
From	Jack Arnold, Sales Division Chief
Subject	Re: Meeting Rescheduling

Dear Kenny Logan,

Because there was a sudden change in scheduling for the meeting, I was really surprised. I realized that attendance to these meetings is required, but that Wednesday my son is scheduled to have back surgery. I had my vacation approved two weeks ago. However, I have already gotten in touch with Courtney, and she will be e-mailing me her presentation notes and I have asked Bill Hanks to sit in for me on the presentation day.

Jack Arnold

181. Why was the meeting moved forward?
    (A) An operation
    (B) The National holidays
    (C) To respond to rival companies activities
    (D) Because of the weather

182. How often are these meetings held?
    (A) Once a year
    (B) Once a month
    (C) Twice a year
    (D) Three times a year

183. Who is supposed to attend the meeting?
    (A) Department managers
    (B) Heads of state
    (C) All employees
    (D) Software buyers

184. Why can't Jack Arnold attend the meeting?
    (A) He will be in the hospital.
    (B) He is taking a two-week vacation.
    (C) His son is going to have back surgery.
    (D) Bill Hanks is replacing him.

185. What did Jack Arnold do with respect to Courtney Ross?
    (A) He contacted her directly.
    (B) He asked Tom Hardy to call her.
    (C) He gave her his business card.
    (D) He contacted her to give the presentation.

GO ON TO THE NEXT PAGE ▶

The Fresh start at Honolulu Beachside begins with Oahu Lands

The awesome performance by talented entertainer Bruno Khans

Opening Weekend performance Dates and Times :

    #1. Friday, July 15, 7:30 P.M.

    #2. Saturday, July 16, 2:30 P.M.

    #3. Saturday, July 16, 7:30 P.M.

    #4. Sunday, July 17, 1:00 P.M.

A preview performance (#0) will be held Wednesday, July 13 at 7:00 P.M.

* Seating is limited solely to Honolulu Beachside members and reviewers from local media.

* Either a membership card or press identification is required

Ticket Prices :

Adults	$50
Children (age 12 and under)	$40
Groups (5 persons or more)	$45
Secondary School	$42

    * A 30% discount is applicable to Honolulu Beachside members.

Visit www.HonoluluBeachside.org for an online order form, or for more information.

Honolulu Beachside

Oahu Lands Order form

Name	Jackson Anderson
Membership account number	NQ8653126
Performance number	#0
Price	$150
Number of ticket(s)	5
Address	903 Keeaumoku St. Honolulu Hawaii 96815
E-mail	jacksonan@ocr.us.com

Test 01

Test 02

Test 03

Answer 01

Answer 02

Answer 03

From	customerservice@HonoluluBeachside.org
To	Jackson Anderson <jacksonan@ocr.us.com>
Date	May 29
Subject	Tickets

Dear Mr. Jackson Anderson,

I got your order by online on May 28 indicating that you prefer to buy tickets for the world premiere of Oahu Lands. However, tickets for the event are not available. All of t them sold out quickly.

If you would like to purchase tickets for a different day, please call me at 808-777-2123 as soon as possible, since the number of tickets is limited. However, you may not be able to get a discount on certain days.

Also, it seems like your membership has expired, so if you wish to renew your membership, please visit our website for membership renewal.

Best regards,

Silvia Machado

Director of Honolulu Beachside

* If you think you can make a contribution, no matter how small or great, you are always welcome.

186. What can be inferred about Mr. Bruno Khans?

(A) He has composed many songs.
(B) He will take part in the Wednesday performance.
(C) He has worked with Ms. Silvia Machado before.
(D) His song has been praised.

187. According to the advertisement, how much is a ticket for a 10-year-old?

(A) $50
(B) $45
(C) $42
(D) $40

188. When did Mr. Jackson Anderson want to see the event?

(A) July 13
(B) July 15
(C) July 16
(D) July 17

189. What is NOT implied about Honolulu Beachside?

(A) It offers reduced ticket prices to members.
(B) It accepts donation from people in the community.
(C) It provides identification badges to visitors.
(D) It hosts special performances for the press.

190. What is mentioned about Mr. Jackson Anderson?

(A) He will see a play on Wednesday.
(B) He has to report to Honolulu Beachside for a refund.
(C) He might be unable to receive a discount.
(D) His mobile phone is out of order.

GO ON TO THE NEXT PAGE

Questions 191-195 refer to the following advertisement, web-page and e-mail.

Innovative Cards, Ltd. is well known to many customers for making perfect business cards. You can find hundreds of unique designs on our website, www.innovtivecardsltd.net. Choose your preferred styles, and we will deliver 20-card sets directly to your office without shipping fees. Our premium paper stock is three times thicker than typical business cards found in print shops and comes in either matte or glossy finish, allowing you to stand out in your field so you can effortlessly start conversations and make a great impression. When you have decided on the cards that are right for you, just order your preferred design and paper on online, and we will send them out to you within a few days, or for expedited delivery, overnight for an additional fee.

● ● ● ● **www.innovtivecards.net/placeorder**

Order Number : #56101
Client : Jenna Blackstone

Design	Code	Finish	Quantity	Price	etc.
Minimal	DD019	glossy	20	free	
Bold Arcs	DD199	glossy	20	free	
Vintage	DD160	matte	20	free	
Brushstroke	DD046	matte	100	$49.99	reorder
Sales Tax					5%
Expedited Shipping					
Total					

Confirm and proceed to payment

To	Customer Satisfaction Center <cs@innovtivecards.net>
From	Jenna Blackstone <jennablackstone@msn.com>
Date	May 6
Subject	Re : Order Number #56101

To Customer Satisfaction Center

Hi. We are so grateful for your rapid delivery of my order #56101. It arrived yesterday. Unfortunately, one sample was missing from my order. I had requested DD160 but it wasn't in the envelope. DD019, DD 199, and DD046 were included, so DD160 must have just been overlooked. Could you send me my original requested design, as well as additional samples that are comparable to it? That one seemed to match our company's new logo well: the others were too bright for it.

Thank you very much in advance.

Jenna Blackstone

Test 01 Test 02 Test 03 Answer 01 Answer 02 Answer 03

191. Who will be interested in the advertisement?

(A) Those who are searching for their appropriate business card
(B) Those who want unique designs on their web-site
(C) Those who are finding their favorite designs
(D) Those who want to give a great impression to their customer

192. According to the advertisement, what are the customers advised to do?

(A) Drop by a print shop to compare designs
(B) Require paper stock only
(C) Order several varieties
(D) Compose their own designs

193. What can be inferred about order number #56101?

(A) It contained three samples.
(B) It was sent on May 6.
(C) It has 20-card set which Ms. Jenna Blackstone bought.
(D) It arrived within one business day.

194. Which of the following will Ms. Jenna Blackstone like?

(A) Minimal
(B) Bold Arcs
(C) Vintage
(D) Brushstroke

195. What problem does Ms. Jenna Blackstone mention about her order?

(A) She didn't get one item.
(B) The quality was bad.
(C) It took a long time to process the order.
(D) She was charged too much.

GO ON TO THE NEXT PAGE

Questions 196-200 refer to the following notice and two e-mails.

NOTICE

If you lost your luggage, it will be compensated for with a daily allowance of up to $100 per each item until it is found. Otherwise $3,500 per lost item will be paid.
If you experience any difficulties during your trip with JetBlue Air, please contact the support service using the web-site at jetblue.net.

Luggage ID : HCT923904
Flight : #DQ845
Departing from : Chicago/US
Landing in : London/UK

To : Shion Cooper <shion111@gmail.com>
From : Todd Hamilton <toddh@jetblue.net>
Date : October 13
Sub : Re : Luggage

Dear Ms. Shion Cooper,

I am happy to notify you that finally we have found your luggage (Luggage ID : HCT923904). The ground staff had accidentlly mislabelled your luggage, and it was sent to Paris instead of the original destination. We have calculated that you have been missing your luggage for a total 30 days and have made a payment of $3,000 to your bank account according to the luggage notice and the confirmation e-mail you received immediately after reserving your ticket.

Please, let me know where you would like to have your suitcase sent. However, you should keep in mind that we are limited to destinations that JetBlue air flies to.

Sincerely

Todd Hamilton
Client Service Director, JetBlue Air

To	Todd Hamilton <toddh@jetblue.net>
From	Shion Cooper <shion111@gmail.com>
Date	October 13
Subject	Re : Re> Luggage

Dear Mr. Todd Hamilton

I want to thank you for sending the e-mail regarding my lost luggage. Without one of my suitcases, I spent about a month in London. I will be in Brighton, England for a few months and I have already replaced most of the things that were missing. If I pay for shipping, could you have my suitcase delivered from Chicago Airport to my hometown of Port Clinton? I am sure you still have my address details in your system.

Best regards,
Shion Cooper

196. According to the notice, how is Ms. Shion Cooper instructed to contact Jetblue Air?

(A) By ringing the service desk
(B) By visiting JetBlue air's homepage
(C) By sending her e-mail
(D) By going to the airport office in person

197. Why does Mr. Mr. Todd Hamilton send his e-mail to Ms. Shion Cooper?

(A) To inform her that she can take steps
(B) To apologize for an expensive ticket
(C) To notify her of the location of her suitcase
(D) To ask her to check her belongings

198. What can be inferred about Ms. Shion Cooper?

(A) She lost a piece of luggage.
(B) She worked at Jetblue Air before.
(C) She is missing her passport at Chicago airport.
(D) She has already met Mr. Todd Hamilton.

199. Why was Ms. Shion Cooper's luggage sent to Paris?

(A) Because Mr. Hamilton didn't know where Ms. Cooper would like to have her suitcase sent
(B) Because JetBlue Air can't calculate that Ms. Cooper will have been without her luggage for a total 30 days
(C) Because An employee of JetBlue Air applied the wrong tag to Ms. Cooper's suitcase
(D) Because Mr. Hamilton didn't know that JetBlue Air is limited destinations

200. Where does Ms. Cooper want to send her luggage?

(A) Chicago
(B) London
(C) Brighton
(D) Port Clinton

Stop! This is the end of the test. If you finish before time is called, you may go back to Parts 5, 6, and 7 and check your work.

GO ON TO THE NEXT PAGE

정답 및 해설

토익 실전모의고사 SET #1

* 환산 점수는 23page를 참조하세요.

	응시일	TEST 소요시간	맞은 개수	환산 점수
LC	___ 월 ___ 일	_____ 분	_____ 개	_____ 점
RC		_____ 분	_____ 개	_____ 점

PART 1	PART 2	PART 3		PART 4	PART 5	PART 6	PART 7		
1 (B)	7 (C)	32 (D)	62 (B)	71 (D)	101 (B)	131 (C)	147 (D)	176 (A)	186 (D)
2 (A)	8 (B)	33 (B)	63 (B)	72 (C)	102 (D)	132 (A)	148 (A)	177 (D)	187 (C)
3 (D)	9 (C)	34 (B)	64 (D)	73 (B)	103 (C)	133 (B)	149 (C)	178 (B)	188 (D)
4 (A)	10 (C)	35 (B)	65 (C)	74 (C)	104 (A)	134 (A)	150 (D)	179 (B)	189 (A)
5 (B)	11 (A)	36 (A)	66 (C)	75 (D)	105 (D)	135 (C)	151 (B)	180 (D)	190 (A)
6 (C)	12 (A)	37 (B)	67 (A)	76 (D)	106 (C)	136 (B)	152 (D)	181 (B)	191 (C)
	13 (C)	38 (D)	68 (B)	77 (C)	107 (C)	137 (D)	153 (C)	182 (C)	192 (C)
	14 (B)	39 (C)	69 (D)	78 (A)	108 (A)	138 (A)	154 (B)	183 (B)	193 (D)
	15 (A)	40 (B)	70 (C)	79 (B)	109 (D)	139 (D)	155 (B)	184 (A)	194 (B)
	16 (A)	41 (D)		80 (A)	110 (D)	140 (C)	156 (D)	185 (B)	195 (A)
	17 (C)	42 (C)		81 (D)	111 (A)	141 (D)	157 (D)		196 (D)
	18 (C)	43 (B)		82 (C)	112 (D)	142 (A)	158 (A)		197 (C)
	19 (C)	44 (B)		83 (A)	113 (B)	143 (C)	159 (A)		198 (C)
	20 (B)	45 (A)		84 (B)	114 (A)	144 (C)	160 (A)		199 (B)
	21 (C)	46 (D)		85 (A)	115 (C)	145 (A)	161 (B)		200 (A)
	22 (A)	47 (C)		86 (C)	116 (B)	146 (D)	162 (B)		
	23 (B)	48 (A)		87 (D)	117 (D)		163 (B)		
	24 (B)	49 (C)		88 (B)	118 (A)		164 (C)		
	25 (C)	50 (D)		89 (B)	119 (C)		165 (D)		
	26 (C)	51 (A)		90 (B)	120 (D)		166 (A)		
	27 (B)	52 (B)		91 (A)	121 (C)		167 (B)		
	28 (A)	53 (C)		92 (D)	122 (D)		168 (A)		
	29 (A)	54 (C)		93 (A)	123 (A)		169 (D)		
	30 (B)	55 (A)		94 (B)	124 (B)		170 (D)		
	31 (B)	56 (C)		95 (C)	125 (C)		171 (C)		
		57 (C)		96 (B)	126 (D)		172 (B)		
		58 (D)		97 (B)	127 (A)		173 (B)		
		59 (D)		98 (D)	128 (C)		174 (C)		
		60 (C)		99 (A)	129 (D)		175 (D)		
		61 (A)		100 (B)	130 (B)				

1
(A) Some chairs are being replaced into the office.
(B) She is taking out something from her bag.
(C) Something has been put on the table.
(D) She is filling a paper bag.

(A) 사무실에 있는 몇 개의 의자가 교체되고 있다.
(B) 그녀는 가방에서 무엇인가를 꺼내고 있다.
(C) 무언가가 탁자 위에 놓여 있다.
(D) 그녀가 종이 가방을 채우고 있다.

> *EXP.* (A) 의미 혼동 : taking out → replaced
> (C) 소리 혼동 : something
> (D) 소리 혼동 : bag
> *TIP!* removing ~ from ~ backpack의 형태로 출제될 수 있다.

2
(A) Boxes are being loaded into a cart.
(B) A man is labelling some boxes.
(C) Cartons are being packed on the floor.
(D) A cart is being placed in the corner.

(A) 상자들이 카트에 실려지고 있다.
(B) 한 남자기 몇 개의 상자들에 라벨을 붙이고 있다.
(C) 바닥 위에서 상자가 포장되고 있다.
(D) 카트가 구석에 놓여 있다.

> *EXP.* (B) 소리 혼동 : boxes
> (C) 의미 혼동 : boxes → Cartons / loaded → packed
> (D) 소리 혼동 : cart
> *TIP!* being loaded into a cart의 형태로 출제될 수 있다.

3
(A) A light is mounted on the ceiling.
(B) There is a vase on the chair.
(C) A photograph is hanging over the desk.
(D) A table is between two chairs.

(A) 전등이 천정에 설치되어 있다.
(B) 의자 위에 꽃병이 있다.
(C) 사진 한 장이 책상 위에 걸려 있다.
(D) 한 개의 탁자가 두 개의 의자 사이에 있다.

> *EXP.* (B) 소리 혼동 : chair
> (C) 의미 혼동 : table → desk
> *TIP!* ~ is between two chairs의 형태로 출제될 수 있다.

4
(A) Some posters have been put up in a sports stadium.
(B) Papers have been replaced on the wall.
(C) Packages have been carried to a sports park.
(D) Newspapers are being sold in the box office.

(A) 몇 개의 포스터들이 운동 경기장에 걸려 있다.
(B) 벽의 종이들이 교체되었다.
(C) 짐 꾸러미들이 운동장으로 이동되었다.
(D) 매표소에서 신문이 판매되고 있다.

> *EXP.* (B) 의미 혼동 : poster → paper
> (C) 소리 혼동 : sports park
> (D) 의미 혼동 : poster → Newspapers
> *TIP!* Some paper have been posted on ~의 형태로 출제될 수 있다.

5
(A) Some people are using their cameras.
(B) Some people are taking pictures in the stadium.
(C) Some people are wearing long sleeves.
(D) Some people are clapping for the players.

(A) 몇몇의 사람들이 그들의 카메라를 사용하고 있다.
(B) 몇몇의 사람들이 스타디움에서 사진을 찍고 있다.
(C) 몇몇의 사람들이 긴소매의 옷을 입고 있다.
(D) 몇몇의 사람들이 선수들을 위해서 박수를 치고 있다.

> *EXP.* (A) 의미 혼동 : pictures → camera
> (C) 의미 혼동 : taking → wearing
> (D) 의미 혼동 : stadium → players
> *TIP!* taking pictures in the stadium의 형태로 출제될 수 있다.

6
(A) A man is looking at a doctor straight.
(B) A woman is wearing her rings.
(C) A doctor is examining a man's ear.
(D) A patient is holding his hands.

(A) 한 남자가 의사를 쳐다보고 있다.
(B) 한 여자가 반지를 끼고 있다.
(C) 의사가 한 남자의 귀를 검사하고 있다.
(D) 한 환자가 그의 손을 잡고 있다.

> *EXP.* (A) 소리 혼동 : doctor
> (B) 소리 혼동 : her
> (D) 의미 혼동 : examining → holding
> *TIP!* examining ~ ear의 형태로 출제될 수 있다.

PART 2

7
Who should I talk to about obtaining a new smart phone?
(A) The new application should be available soon.
(B) They're not very cheap anymore.
(C) They usually deal with things like it.

최신 스마트폰을 얻으려면 누구에게 이야기해야 합니까?
(A) 신규 신청이 곧 가능할 것이다.
(B) 최신 스마트폰은 더 이상 싼 가격은 아니다.
(C) 그것들은 일반적으로 그것과 같은 것들과 함께 다루어진다.

> *EXP.* [의문사 > who] 의문사 who를 이용해 내가 말할 대상을 묻고 있다.
> (A) 의미 혼동 : smart phone → application
> (B) 의미 혼동 : obtain → cheap
> (C) who → they
> *TIP!* 의문사 who 의문문에 대하여 They usually ~ with things like ~ 이 정답으로 출제될 수 있다.

8 Could you share your survey at the marketing conference on Tuesday?

 (A) I will be away in 30 minutes.

(B) Mr. Houston was presented last Monday.

(C) That's where I was during the last marketing conference.

화요일에 있을 영업 회의에서 당신이 조사한 것을 나눌 수 있습니까?

(A) 저는 30분 뒤에 출발할 겁니다.

(B) Houston 씨가 지난 월요일에 출석했다.

(C) 그곳이 지난 영업 회의 동안 있던 곳이다.

9 When did you sell your shop?

 (A) Too many shoppers visited us last weekend.

(B) The store is for sale

(C) A week ago

언제 가게를 정리했어?

(A) 지난 주말에 너무 많은 쇼핑객들이 우리를 방문했다.

(B) 가게는 팔려고 내놓았다.

(C) 일주일 전에

10 Isn't the price of our mobile phone too expensive?

(A) Our competitor has already made a cheap one.

(B) The company will reimburse your business expense.

(C) Yes, we should lower it.

우리 핸드폰 가격이 너무 비싼 거 아냐?

(A) 우리 경쟁사는 벌써 저렴한 상품을 만들었어.

(B) 회사가 너의 출장 비용을 상환해 줄 거야.

(C) 맞아, 우리는 가격을 좀 낮춰야 해.

11 Would you work on the law firm?

(A) No, but Ms. Sarenna Evans is working on it.

(B) Your steak is raw.

(C) The application form will arrive soon.

너는 법률 회사에서 일할 거야?

(A) 아니, 그러나 Sarenna Evans 씨가 거기서 일할 거야.

(B) 너의 스테이크가 덜 익었어.

(C) 신청서가 곧 도착할 거야.

12 How will you come to the party?

(A) I'm getting a ride from Nick Sera.

(B) The party wouldn't be exciting.

(C) On arrival time

너는 파티에 어떻게 올 거야?

(A) 나는 Nick Sera가 데려다줄 거야.

(B) 파티가 재미없을 것 같아.

(C) 도착 시간에.

13 Why was the concert canceled?

(A) Yes, the cancellation fee is ours.

(B) There were famous musicians there.

(C) Not many tickets were sold.

왜 콘서트가 취소됐니?

(A) 예, 취소 비용은 우리의 것이다.

(B) 거기에 유명한 음악인들이 있었다.

(C) 입장권이 많이 팔리지 않았다.

14 Is the convention center in this building?

(A) They will build the marketing plan.

(B) No, it's next door.

(C) The assembly ended last March

convention center가 이 건물에 있니?

(A) 그들이 판매 계획을 세울 것이다.
(B) 아니, 그것은 옆 건물이야.
(C) 회의는 지난 3월에 끝났어.

---

15 I just forwarded my resume to an advertising firm.

(A) I hope you get the job.

(B) It's a good proposal.

(C) You didn't resume work last week.

나는 방금 내 이력서를 광고 회사로 발송했다.

(A) 네가 그 직장에서 일하게 되었으면 해.
(B) 좋은 제안이야.
(C) 너는 지난주에 일을 시작하지 않았다.

---

16 Where is the opening speech being addressed?

(A) In the conference room.

(B) No, I didn't open it.

(C) On Friday evening.

개회 연설은 어디에서 하지?

(A) 회의실에서
(B) 아니오, 나는 그것을 열어보지 않았다.
(C) 금요일 저녁에

---

17 When will your new cafeteria open for business?

(A) In the next building.

(B) I'm so happy because you love the food.

(C) On October 29.

너의 새 식당은 언제 개업합니까?

(A) 옆 건물에
(B) 네가 그 음식을 아주 좋아하니까 나도 좋다.
(C) 10월 29일에

---

18 Could you help me load some chairs?

(A) At the furniture store.

(B) It's on the same road.

(C) Of course, just give me a second.

내가 의자 몇 개 나르는 것을 도와줄 수 있나요?

(A) 가구점에서
(B) 같은 길에 있어.
(C) 물론이죠, 잠깐만요.

---

19 What is the fastest way to contact Ms. Olivia?

(A) Yes, she does.

(B) That is the best way.

(C) On her cell phone.

Olivia 씨와 연락할 수 있는 가장 빠른 방법은 무엇인가?

(A) 예, 그녀가 합니다.
(B) 그것이 최선입니다.
(C) 그녀의 휴대폰으로

20 Would you like me to bring your soup now or with the main dish?

(A) It's our most famous course.

(B) Now will be good, thanks.

(C) It's on the main floor.

지금 수프를 가져다 주기를 원하십니까, 아니면 주요리와 함께 수프를 드릴까요?

(A) 이것이 우리의 제일 유명한 코스 요리입니다.

(B) 지금 갖다 주세요, 고마워요.

(C) 그것은 본관 층에 있어.

> **EXP.** [기타 > 선택의문문 > 일부] 대등접속사 or에 의해 now와 with the main dish가 연결된 선택의문문이다.
> (A) 의미 혼동 : dish → course
> (B) now를 선택
> (C) 소리 혼동 : main
>
> **TIP!** 문장의 일부가 연결된 선택의문문에 Now will be ~, thanks가 정답으로 출제될 수 있다.

21 Why did you take the detour rather than using the short cut?

(A) At the tourists' right side

(B) By next weekend

(C) Because the street is under construction.

왜 지름길로 가지 않고 우회하는 거야?

(A) 여행객의 오른쪽에

(B) 다음 주말까지

(C) 그 거리가 공사 중이기 때문에

> **EXP.** [의문사 > why > 이유] 의문사 why를 이용해 우회하는 이유를 묻고 있다.
> (A) 소리 혼동 : detour → tourists
> (C) why → because
>
> **TIP!** 의문사 why 의문문에 Because ~ is ~가 정답으로 출제될 수 있다.

22 How can I get to the information desk?

(A) Go straight down this aisle.

(B) No, 9 o'clock.

(C) I've already gotten it.

안내 창구에 어떻게 가야 하죠?

(A) 복도 쪽으로 직진하세요.

(B) 아니오, 9시예요.

(C) 나는 벌써 그것을 구입했어.

> **EXP.** [의문사 > how > 방법] 의문사 how를 이용해 가는 방법을 묻고 있다.
> (B) 의문사 의문문에 No는 오답
> (C) 소리 혼동 : get → gotten
>
> **TIP!** 의문사 how 의문문이 단독형일 때는 방법을 묻는다. 직접 가능한 방법을 알려주는 Go ~ to ~가 정답으로 출제될 수 있다.

23 Who's the owner of this shop?

(A) No, only a few more.

(B) A previous coworker, Mr. Blackstone.

(C) We can't own it.

이 상점의 주인은 누구입니까?

(A) 아니오, 조금만 더

(B) 이전 직장 동료인 Blackstone 씨야.

(C) 우리는 소유할 수 없어.

> **EXP.** [의문사 > who] 의문사 who를 이용해 주인이 누구인지를 묻고 있다.
> (A) 의문사 의문문에 No는 오답
> (C) 소리 혼동 : owner → own
>
> **TIP!** 의문사 who 의문문에 A ~ coworker, 인명이 정답으로 출제될 수 있다.

24 When is the construction of Sky Tower scheduled for completion?

(A) I purchased it this morning.

(B) By the end of this fall.

(C) Only the rest of the workers of the call center.

Sky Tower 공사 완공 예정일은 언제입니까?

(A) 나는 오늘 아침에 구입했다.

(B) 올 가을 말까지

(C) call center의 남은 인부들만

> **EXP.** [의문사 > when > 시간] 의문사 when을 이용해 완공 시점을 묻고 있다.
> (C) 의미 혼동 : construction → workers
>
> **TIP!** 의문사 when 의문문에 By the end of ~가 정답으로 출제될 수 있다.

25 Could you e-mail Mr. McCutchin about the change to his schedule?

(A) Thirty dollars for the change.

(B) The bus heading toward San Diego has arrived.

(C) I already contacted him about it.

변경된 일정에 관하여 McCutchin 씨에게 이메일을 보내주겠어요?

(A) 변경 비용은 30달러.

(B) San Diego로 가는 버스가 도착했다.

(C) 그것에 대해서 벌써 그에게 연락했어요.

> **EXP.** [일반 > 조동사 > could] 조동사 could를 이용해 가능성을 묻고 있다.
> (A) 소리 혼동 : change
>
> **TIP!** 조동사 could 의문문에 I ~ e-mailed ~ about it, actually가 정답으로 출제될 수 있다.

26   Are these items included in the marketing campaign?

(A) Yes, I have labeled them with prices.
(B) In the sales department
(C) Yes, those are 30% off.

이 상품들은 marketing campaign에 포함된 건가요?

(A) 예, 제가 상품에 가격표를 붙여 놓았어요.
(B) 판매부서에
(C) 예, 그것들은 30$ 할인된 가격입니다.

> *EXP.* [일반 > 조동사 > be > 수동] be 동사가 과거분사와 결합한 수동 의미의 의문문이다.
> (B) 의미 혼동 : marketing → sales
>
> *TIP!* are로 시작하는 수동 의문문에 Yes, those are ~ off가 정답으로 출제될 수 있다.

27 When will you finish the annual report?

(A) To hire the reporter
(B) It will be ready by tomorrow.
(C) He will report it to his boss at 10 o'clock.

연간보고서를 언제 끝마칠 건가요?

(A) 기자를 고용하기 위해서
(B) 내일까지 준비될 겁니다.
(C) 10시에 그가 사장님께 보고할 겁니다.

> *EXP.* [의문사 > when > 시간] 의문사 when을 이용해 시점을 묻고 있다.
> (A) 소리 혼동 : report → reporter
> (B) when → by
> (C) 소리 혼동 : report
>
> *TIP!* 의문사 when 의문문에 ~ will be ready by tomorrow가 정답으로 출제될 수 있다.

28   Why haven't they completed the employee evaluation?

(A) The supervisor hasn't forwarded it yet.
(B) No, not until December.
(C) When did you evaluate it?

왜 그들은 직원 평가서를 작성하지 않았습니까?

(A) 관리자가 아직 그것을 발송하지 않았어요.
(B) 아니오, 12월이 될 때까지
(C) 당신은 언제 그것을 평가했나요?

> *EXP.* [의문사 > why > 이유] 의문사 why를 이용해 끝내지 못 한 이유를 묻고 있다.
> (B) 의문사 의문문에 No는 오답
> (C) 소리 혼동 : evaluation → evaluate
>
> *TIP!* 의문사 why 의문문에 ~ hasn't ~ it yet이 정답으로 출제될 수 있다.

29 Have you been taught how to use this application?

(A) Yes, by my programmer.
(B) I used to hear about the Southwest factory.
(C) No, not from the application.

이 애플리케이션 사용법을 배웠나요?

(A) 예, 내 프로그래머에게
(B) Southwest factory에 대해서 들어본 적이 있다.
(C) 아니오, 그 애플리케이션이 아니라.

> *EXP.* [일반 > 조동사 > have > 경험] 조동사 have를 이용해 경험을 묻고 있다. "have been taught"의 형태로 수동의 의미까지 있다.
> (A) been taught → by
> (B) 소리 혼동 : use → used
> (C) 소리 혼동 : application
>
> *TIP!* have로 시작하는 수동태의 일반 의문문에 Yes, by ~가 정답으로 출제될 수 있다.

30 Let's volunteer at the used book sales event at the local library.

(A) Several sources of the books
(B) Are you sure that more people will visit it?
(C) Yes, I'm a member of the nonprofit organization.

지역 도서관의 중고서적 판매행사에 자원봉사합시다.

(A) 그 책들의 몇 군데 공급자들
(B) 더 많은 사람들이 올 것이라고 확신하시나요?
(C) 예, 저는 비영리단체의 회원이에요.

> *EXP.* [기타 > 청유 > let's] let's로 시작하는 청유 의문문이다.
> (A) 소리 혼동 : book → books
> (C) 의미 혼동 : volunteer → nonprofit
>
> *TIP!* let's로 시작하는 청유 의문문에 Are you sure that more people 이 정답으로 출제될 수 있다.

31 The agreement was supposed to be transmitted to Ms. Healey, wasn't it?

(A) Generally about one hour
(B) No, she said she'll pick it up.
(C) To heal the patient

동의서가 Healey 씨에게 전달되기로 예정되었지요? 아닌가요?

(A) 대개 한 시간 정도
(B) 아니오, 그녀가 가져갈 거라고 그녀가 말했다.
(C) 환자를 치료하기 위해서

> *EXP.* [기타 > 부가의문문 > 부정] 부가의문문이다. 부가의문문은 앞의 평서문에 기준한다. 앞의 평서문이 긍정이면 대부분 긍정으로 답을 하지만, 예외적으로 부정으로 답을 하기도 한다.
> (B) 부정으로 정답이다.
>
> *TIP!* 부정의 부가의문문에 No, ~ said ~'ll pick it up이 정답으로 출제될 수 있다.

PART 3

32-34

W: Hi, this is Julia Edward calling from the delivery department. ³² I've got your text message about our new kitchen product. I am concerned about the delayed deliveries of the new product. The product is very popular so we are having trouble keeping up.

M: I see. Unfortunately, we found some problems in the product itself. The handles of the skillets are getting too hot. ³³ So we must upgrade the handle with other materials to avoid overheating.

W: Right, when do you think the frypan will be updated?

M: ³⁴ We are just waiting for the new handles to arrive this week. Upon arrival, we can upgrade the product and they'll be ready to go in about two weeks.

여: 안녕하세요. 저는 배달 부서의 Julia Edward인데요. 우리 새로운 부엌 용품에 대한 당신의 메시지를 받았는데요. 신제품 배달이 지연되는 것에 대해서 염려가 되어서요. 그 제품은 인기가 많아서 수요를 따라잡으려면 문제가 될 것 같아요.

남: 알겠어요. 불행히도 제품에 몇 가지 문제점들을 발견했어요. 냄비의 손잡이들이 너무 뜨거워서요. 그래서 과열되는 것을 방지할 수 있는 다른 재료로 핸들을 보완해야 해요.

여: 알겠어요. 언제 프라이팬이 업데이트될 것이라고 생각하세요?

남: 우리는 이번 주에 새 손잡이가 오기만을 기다리고 있어요. 도착하는 대로 우리가 제품 보완을 하면 대략 이주후면 준비될 것 같아요.

VOCA concern 근심하다, 걱정하다 | unfortunately 불행히도, 운 없게 | handle 손잡이 | skillet (스튜용) 냄비 (긴 손잡이와 짧은 발이 달린) | overheat (열을) 많이 받다, 과열하다

Story Line 조리 기구에 대한 대화. 결함이 발견되어 이를 해결하기 위해 대체 부품을 기다리고 있어 생산이 지연되고 있다.

32 말하는 이들은 무엇을 논의하는가?

(A) 배달 부서
(B) 서로의 문자메시지
(C) 광고 계획
(D) 조리기구 상품

EXP. [전체 추론 > 주제] 화자들이 무엇에 대해 논하고 있는지를 묻고 있다. 주제를 간접적으로 묻고 있다.

33 지연된 이유는 무엇인가?

(A) 배달시스템을 사용해서
(B) 제품 개선을 하느라
(C) 미리 제품 광고를 시작해서
(D) 손잡이를 제 자리에 갖다 놓느라

EXP. [개별 사실 > what > 원인] 지연된 원인을 묻고 있다.

34 남자는 무엇을 기다리고 있다고 말합니까?

(A) 조리 기구
(B) 교체 부품
(C) 선풍기
(D) 판매전략

EXP. [개별 사실 > what] 남자가 기다리고 있는 것이 무엇인지를 묻고 있다.

35-37

W: This morning, on WWP Broadcasting news. I'm here with Malcolm Donahoe, ³⁵ the director at the construction site of the New South River Bridge. Malcolm, could you tell us about the new bridge you and your crew are working on?

M: Very good. ³⁶ Due to the heavy rain, we had to stop for a few weeks in November. However, the construction schedule of the bridge is back to normal.

W: That's great news. Once the bridge is built, it will be a lot more convenient to travel to shops and restaurants in the downtown area. When should we expect the bridge to be open to traffic?

M: ³⁷ At first we were aiming for late April, but as of now, our target is May. Once it is completed, it will definitely be more convenient to get to the downtown area.

여: 오늘 아침 WWP 방송뉴스입니다. 저는 new south river bridge 건설현장의 책임자인 Malcolm Donahoe 씨와 함께 있습니다. Malcolm 씨, 귀하와 직원들이 진행하고 있는 new south river bridge 건설에 대해서 말씀 좀 해주시겠습니까?

남: 아주 좋습니다. 폭우로 인해 11월 몇 주간 공사를 중단해야 했지만, 다리 공사는 전과 동일하게 진행되고 있습니다.

여: 좋은 소식입니다. 일단 다리가 완성되면 시내 중심 지역에 있는 식당이나 상점을 방문하는 것이 훨씬 더 편리해질 것 같습니다. 언제 다리가 개통될 것이라 예상합니까?

남: 처음에는 4월 말을 목표로 했었는데, 지금은 5월로 예상합니다. 일단 완공되면, 시내 중심가로 가는데 아주 편리할 것이라 확신합니다.

VOCA normal 정상적인, 일반적인 | convenient 편안한, 안락한 | aim 목표로 하다

Story Line 방송 리포터와 다리를 건설하는 공사 현장 소장과의 대화. 비 때문에 중단된 적이 있다. 예정보다 한 달 늦어졌다.

35 무엇이 건축되고 있습니까?

(A) WWP 방송사
(B) 뉴 사우스 리버 브리지
(C) 지역 콜 센터
(D) 국제 무역 빌딩

EXP. [전체 사실 > what] 건설되고 있는 것을 묻고 있다.

36 남자가 언급한 어려움은 무엇인가?

(A) 날씨로 인하여 공사가 중단되었다.
(B) 공사현장으로 가는 것이 불편하다.
(C) 건축과정이 너무 성급하게 진행되었다.
(D) 너무 많은 사람들이 11월에 다리가 개통되기를 원했다.

EXP. [개별 사실 > what] 남자가 어떤 어려움을 언급했는지를 묻고 있다.

37 공사가 언제 완료될 것 같은가?

(A) 4월
(B) 5월
(C) 6월
(D) 7월

EXP. [개별 사실 > when] 공사가 언제 끝나는지를 묻고 있다.

W: Good morning! I'm staying here at a hotel and ³⁸ I saw a flyer in the room advertising the city's bus tour. What is included in it?

M: As you can see, the bus goes to all of the major attractions in the city. We will give you enough time to look around each place. ³⁹ All admission fees are included in the price of the tour.

W: Excellent. I want to reserve a spot for tomorrow. Should I pay now or pay tomorrow?

M: It is better to pay now. ⁴⁰ We will print out a receipt for you and when you get on the bus tomorrow, just show the guide your receipt.

여: 안녕하세요. 저는 이 호텔 투숙객인데, 객실에서 시내버스 투어 광고 전단지를 보았어요. 시내버스 관광에는 무엇이 포함되어 있나요?

남: 보시다시피, 투어 버스는 시내의 모든 주요 관광지를 갑니다. 각 장소를 둘러볼 충분한 시간을 제공할 것입니다. 모든 입장료는 투어 가격에 포함되어 있습니다.

여: 좋네요. 내일 버스 투어 한 명 예약하겠습니다. 지금 지불해야 하나요? 아니면 내일 해도 됩니까?

남: 지금 지불하시는 편이 좋습니다. 손님을 위해서 영수증을 출력해 드리겠습니다. 내일 버스에 타실 때 영수증을 보여주시기만 하면 됩니다.

VOCA   flyer 전단지 ｜ attraction 끌어당기는 것, 관광 명소

Story Line   호텔에서 투숙객과 직원의 대화. 도시의 버스 투어에 대해 묻고 있다. 모든 입장료가 포함되어 있고, 영수증을 가이드에게 보여줘야 한다.

38   대화는 무엇에 관한 것입니까?

(A) 여자의 호텔
(B) 남자의 임무
(C) 주요 관광지
(D) **시내버스 투어**

> **EXP.**   [전체 추론 > 주제] 대화의 주제를 묻고 있다.

39   남자 말하는 비용에 포함된 것은 무엇인가?

(A) 숙박비
(B) 버스 요금
(C) **모든 입장료**
(D) 추가 비용

> **EXP.**   [개별 사실 > what] 가격에 포함된 것이 무엇인지를 묻고 있다.

40   남자에 의하며 여자가 내일 가져가야 할 것은?

(A) 전단지
(B) **영수증**
(C) 시간표
(D) 안내서

> **EXP.**   [개별 사실 > what] 남자에 따르면, 여자가 내일 가져가야 할 무엇인지를 묻고 있다.

M: Hello, Ms. Hazzell. This is Cooper from the Goldstein Mall Association. I'm calling about signs you put out advertising your electronics business. ⁴¹ Sorry but business advertisements are forbidden in this neighborhood.

W: What a surprise! I'm sorry. I didn't know. ⁴² I'll take them off right away. My husband and I just moved into the neighborhood and I didn't realize it would be a problem.

M: Well, we do support regional businesses, so ⁴³ I advise you post an advertisement in our neighborhood business magazine. A lot of people read it.

남: Hazzell 씨, 안녕하세요. 저는 Goldstein 상가협회의 Cooper 입니다. 귀하의 가전사업 광고판에 관련해서 전화드립니다. 유감스럽게도 상업 광고는 이 근처에서는 금지되어 있습니다.

여: 의외네요. 죄송합니다. 잘 몰랐습니다. 즉시 철거하겠습니다. 제 남편과 저는 이곳에 이사 온 지 얼마 안 되는데, 광고판 설치가 문제가 되는지 몰랐습니다.

남: 그러시군요. 우리는 지역 사업을 지원하는데, 저는 귀하가 지역 사업 잡지에 광고를 내기를 권합니다. 많은 사람들이 잡지를 구독하거든요.

VOCA   forbid 금지하다 ｜ support 지원하다, 후원하다

Story Line   상가만의 규정. 광고판을 즉시 치우고, 지역 신문에 광고할 것을 권한다.

41   남자가 여자에게 전화하는 이유는?

(A) 그의 점포에 광고판을 설치하기 위해서
(B) Hazzel 씨에게 그의 아내를 소개해주기 위해서
(C) Goldstein 상가협회를 알리기 위해서
(D) **지역 규정을 알려주기 위해서**

> **EXP.**   [전체 추론 > why] 전화를 건 이유를 묻고 있다. 간접적으로 주제를 묻는 질문이다.

42   여자는 무엇을 할 것이라고 말합니까?

(A) 그녀가 Goldstein 상가협회에 전화할 것이다.
(B) 그녀가 광고에 관련된 것을 기록할 것이다.
(C) **그녀가 즉시 광고판을 철거할 것이다.**
(D) 그녀가 지역 규정을 인지할 것이다.

> **EXP.**   [개별 사실 > what] 여자가 할 거라고 말한 것을 묻고 있다.

43   남자는 어떤 행동을 할 것을 여자에게 권합니까?

(A) 인터넷에 그녀의 상품을 광고할 것을
(B) **지역 잡지에 광고할 것을**
(C) 사업 기사를 읽어 볼 것을
(D) 그녀의 이웃들로부터 지지를 얻을 것을

> **EXP.**   [개별 사실 > what] 남자가 여자에게 하라고 추천한 것이 무엇인지를 묻고 있다.

44-46 🍁🇬🇧

M: Hello, Glenn. This is Eddie calling from Tour World Magazine. We're really happy with the article you wrote us for last week about tours in the Far East. ⁴⁴ I'm wondering if you're interested in writing a different article about your journey.

W: Fantastic! Could you tell me when the article is due? I'm working on a few writing assignments for other publications so ⁴⁵ I just want to make sure of the deadline I need to meet.

M: Good! The article will be published in our July issue and you will need to submit your work to the editing department by early June. ⁴⁶ I should also mention that we have recently increased our budget for freelance writers, so we'll be able to pay you a higher rate per work.

남: Glenn 씨, 안녕하세요. Tour World 잡지사의 Eddie가 전화드립니다. 회사는 지난 호에 Glenn 씨가 극동 아시아 여행에 대해서 쓴 기사에 대해서 정말 만족하고 있습니다. Glenn 씨가 다녀온 여행에 대해서 다른 기사를 써주시는 것에 대해서 관심이 있으신지 궁금합니다.

여: 좋습니다. 기사 마감일이 언제인지 알려주십시오. 제가 다른 출판사를 위해서 몇 가지 기사를 작성 중이라서 제가 맞추어야 할 마감일을 확인하고 싶습니다.

남: 좋습니다. 기사는 7월호에 실릴 것이니까 편집부로 기사를 6월 초까지 제출하시면 됩니다. 회사가 최근에 자유 기고가를 위한 예산을 증액해서 기사당 더 높은 원고료를 지급해드릴 수 있게 되었습니다.

VOCA fantastic 환상적인, 놀라운 | due 마감인, 만기가 된 | assignment 할당된 일, 과제, 숙제 | publication 출판, 발행 | deadline 마감일 | issue (잡지의) 한 호, 발행 | submit 보내다, 제출하다 | edit 편집하다

Story Line 원고를 청탁하는 내용의 대화. 마감일을 언급하고 원고료가 인상되었다.

44 남자가 전화 건 목적은 무엇인가?

(A) Glenn 씨에게 World Tour 잡지를 소개하기 위해서
(B) 작업할 것을 제안하기 위해서
(C) Glenn 씨에게 구독을 요청하기 위해서
(D) Glenn 씨의 기사에 대한 평가를 알리기 위해서

EXP. [개별 사실 > what > 목적] 남자가 전화를 건 목적을 묻고 있다.

45 여자가 남자에게 대해서 무엇을 문의하는가?

(A) 마감 날짜
(B) 극동 아시아에 대한 정보
(C) 여행 일정
(D) 기사의 주제

EXP. [개별 사실 > what] 여자가 남자에게 무엇에 관해 물었는지를 묻고 있다.

46 남자는 어떤 변화를 언급하는가?

(A) 자유 기고가로서 그의 자부심
(B) 6월호의 내용
(C) 한국과 일본에서의 경험
(D) 더 높은 원고료

EXP. [개별 사실 > what] 남자가 언급한 변한 것이 무엇인지를 묻고 있다.

47-49 🇺🇸🇬🇧

W: Hello, I bought my laptop here three years ago and ⁴⁷ I think I need to get a new battery. It's not charging like it used to. The model number is QM436.

M: I am very sorry to hear that. We generally recommend the genuine battery. Unfortunately, we have no extra batteries in stock. For your laptop, the battery will be around 150 dollars.

W: Unbelievable! ⁴⁸ That's a lot more than I thought it would be. Isn't there a cheaper brand, like Xiaomi?

M: Sure, we do have some other brands. ⁴⁹ Let me just call the stock room and see what we have.

여: 안녕하세요? 제가 3년 전에 여기에서 랩톱을 구입했는데 새 배터리가 필요한 것 같습니다. 예전처럼 충전이 잘 안 됩니다. 모델 번호는 QM43입니다

남: 그것 참 유감입니다. 일반적으로 저희는 정품 배터리를 추천합니다만 불행히도 재고가 다 소진되었습니다. 손님의 랩톱, 배터리 가격은 150달러 정도 합니다.

여: 믿을 수 없어! 제가 생각했던 것보다 가격이 많이 비쌉니다. Xiaomi 와 같은 좀 저렴한 것 없습니까?

남: 물론입니다. 다른 제품들도 여럿 가지고 있습니다. 제가 창고에 전화해서 우리가 보유하고 있는 것에 대해 알아보겠습니다.

VOCA generally 일반적으로, 보통 | genuine 원래의, 본래의 | extra 추가의, 더하는

Story Line 새 배터리를 사려한다. 가격이 비싸 놀란다. 싼 것이 있나 재고를 확인한다.

47 여자가 하기 원하는 것은 무엇인가?

(A) 새로운 랩톱을 구입하는 것
(B) 중고 충전기를 보유하는 것
(C) 대체 배터리를 구입하는 것
(D) 제조사의 전화번호를 아는 것

EXP. [개별 사실 > what] 여자가 원하는 것이 무엇인지를 묻고 있다.

48 여자가 놀란 이유는?

(A) 가격이 비싸서
(B) 여분의 배터리가 없어서
(C) 타사 상표 때문에
(D) Xiaomi 공장이 유명해서

EXP. [개별 사실 > why] 여자가 놀란 이유를 묻고 있다.

49 남자는 다음에 무엇을 할 것 같은가?

(A) 그는 Xiaomi 공장을 방문할 것이다.
(B) 그는 그의 랩톱을 새것으로 교체할 것이다.
(C) 그는 가게의 재고를 확인할 것이다.
(D) 그는 제조사로 150달러를 송금할 것이다.

EXP. [개별 추론 > what] 남자가 다음에 무엇을 할지를 묻고 있다.

W1: **50** I heard that Mr. Kleinman will open a new office on the north side of Severs Park in the next summer.

M: For real? The rent is too high, Ms. Jackie. To make matters worse, **51** the customer traffic is limited compared to the southern end.

W1: Come on! Any time I drive past the area there is always a large crowd.

W2: Sure, Jackie! And it'll be just down the street from my house. Do you know if there are any plans of moving anyone from here to there?

M: Sorry, but I don't want to move.

W1: **52** It's too early to tell, but I hope my name's on the list.

W2: **52** It's a good chance for me, too.

여1: 나는 Kleinman 씨가 다음 여름에 Severs 공원 북쪽에 새 사무실을 연다고 들었어.

남: 진짜? Jackie 씨, 거기 월세가 정말 비싼데. 설상가상으로 고객 수도 남쪽 밑 지역에 비하면 아주 제한적이지.

여1: 왜 그래? 내가 그곳을 지나칠 때면 항상 사람들로 북적던데.

여2: 맞아, Jackie. 그리고 그 거리는 우리 집에서 조금만 내려가면 되거든. 너희 혹시 여기서 저기로 이사할 계획 중인 사람 누구 아니?

남: 미안하지만 난 이사하기 싫어

여1: 말하기엔 좀 이른 감이 있지만, 나는 그 명단에 내 이름이 있기를 바라.

여2: 이것은 나에게도 좋은 기회이기도 해.

VOCA compare 비교하다 | crowd 군중, 무리
Story Line 사무실 이전에 대한 대화이다. 남자는 유동 인구가 적다고 생각하는데 2명의 여자는 실제 많으니 이전하고 싶어 한다.

50 말하는 이들이 논의하는 것은 무엇인가?

(A) 여름 행사
(B) 주차장
(C) Severs 공원의 재개발
(D) 사업 장소

EXP. [전체 추론 > 주제] 화자들이 논하고 있는 것이 무엇인지를 묻고 있다.

51 남자는 Severs 공원 지역에 대해 어떻게 생각하는가?

(A) 유동 인원이 적다.
(B) 그가 생각했던 것보다 그쪽 지역의 건물세가 싸다.
(C) 교통이 편리하다.
(D) 그쪽에 이미 많은 쇼핑몰들이 있다.

EXP. [개별 사실 > what] 남자가 Severs Park area에 대해 어떻게 생각하고 있는지를 묻고 있다.

52 여자들은 무엇을 하기 원하는가?

(A) 그들은 Severs 공원 쪽으로 새로운 가게를 열기 원한다.
(B) 그들은 새로운 장소로 그들의 사무실을 옮길 것이다.
(C) 그들은 임대료를 인상하길 원한다.
(D) 그들은 여름 바닷가로 차를 운행하길 원한다.

EXP. [개별 사실 > what] 여자 2명이 원하는 것이 무엇인지를 묻고 있다.

W: **53** Have you read Joan Blackwood's bestselling book? **54** Over two million copies have been sold!

M: **54** I know, I am so happy for her. It's hard to think that she used to work with us.

W: Ms. Joan Blackwood used to work here?

M: Yeah. Ms. Joan Blackwood was our best programmer.

W: Really? Do you know what her book is about?

M: Yes, it's about artificial intelligence. **55** Her ideas are unique and inspiring to readers.

W: I think I'll go get myself a copy.

M: Here, you can borrow mine.

여: Joan Blackwood의 베스트셀러 책을 읽어 보셨어요? 200만 부 이상 팔렸데요.

남: 저도 압니다. 그녀가 잘되어서 저도 기쁘네요. 그녀가 우리와 함께 일했던 것이 상상이 안 됩니다.

여: Joan Blackwood이 여기에서 일했다고요?

남: 예, Joan Blackwood은 최고의 프로그래머였어요.

여: 정말요? 그녀의 책이 무엇에 관한 것인지 아세요?

남: 예, 인공지능에 관한 것이죠. 그녀의 아이디어는 독창적이고 독자들에게 영감을 줍니다.

여: 저도 한 권 살까 생각해요

남: 여기요. 제 것을 빌려 가셔도 돼요.

VOCA artificial 인공의, 인위적인 | intelligence 지능 | unique 독특한, 유일한 | inspire 영감을 주다, 불어 넣다
Story Line 과거에 같이 일했던 동료가 책을 썼다. 같이 기뻐하고, 그 책이 독창적이라고 말하고 있다.

53 화자들이 논의하는 것은 무엇인가?

(A) 프로그래머의 업무
(B) 인공 지능의 능력
(C) 이전 동료가 쓴 책
(D) 복사기

EXP. [전체 추론 > 주제] 화자들이 논하고 있는 것을 묻고 있다.

54 남자가 "그녀가 잘되어서 저도 기쁘네요"라고 말했을 때 무엇을 의미하는가?

(A) 그는 그녀의 책으로부터 교훈을 얻었다.
(B) 그는 그녀의 행운을 기원한다.
(C) 그는 그의 동료의 성공에 대해서 기뻐한다.
(D) 그는 그 책이 재미있다고 생각한다.

EXP. [Intention] "그녀가 잘되어서 저도 기쁘네요"라고 말한 의미를 묻고 있다. 바로 앞에 "I know"가 있으므로 "Over two million copies have been sold!"을 기뻐하는 것이다.

55 남자가 책에 대해서 암시하는 것은 무엇인가?

(A) 그는 그 책이 독창적이라고 생각한다.
(B) 그는 그 책을 살 것이다.
(C) 그는 이미 그것을 주문했다.
(D) 그는 그녀에게 그것을 빌려줄 것이다.

EXP. [개별 사실 > what] 남자가 책에 대해 언급한 것이 무엇인지를 묻고 있다.

56-58

M1: Hi, Ms. Kate Windsor. Would you be able to tell us more information regarding the tour tomorrow?

W: Of course, Mr. Bruno Crawford. There will be two tours every day. The first is at 9:00 AM and the second is at 1:00 PM. Both of the tours will begin from the information center, so head over there before the tour begins. Which one do you want?

M1: I'll be going to see a movie and to visit an art museum in the morning, so I don't think I can make the first tour. ⁵⁶ I'd like to buy a ticket for the second one, if it's not sold out.

W: There are still a few spaces available. How about you, Mr. Dale Emory?

M2: I'd like to buy a ticket for the second one. I'll be going to visit an art museum and a musical instrument store then.

W: The cost for each person is $80. ⁵⁷ The bus will pick up everyone in front of the tourist information center.

M2: Who will be the guide of this tour?

W: ⁵⁸ That is my job. I will see you tomorrow.

남1: Kate Windsor 씨 안녕하세요. 내일 여행에 관한 정보를 좀 더 말해 주실 수 있습니까?

여: 물론입니다, Bruno Crawford 씨. 내일 두 개의 투어가 있을 예정입니다. 첫 번째는 오전 9시이고, 두 번째는 오후 1시입니다. 모든 투어는 여행 안내소에서 출발할 예정이니, 투어 시작 전에 미리 가시기를 바랍니다. 어느 투어를 원하십니까?

남1: 저는 오전에 영화 관람과 미술 박물관을 방문할 것이라서 첫 번째 투어를 참석하지 못합니다. 아직 매진이 되지 않았다면 저는 두 번째 투어 입장권을 구입하고 싶습니다.

여: 아직 몇 장 남았습니다. Dale Emory 씨는 어떻게 하시겠습니까?

남2: 저는 두 번째 투어 입장권을 사겠습니다. 저는 미술 박물관을 관람한 후에 악기 상점을 갈 것입니다.

여: 일 인당 비용은 80달러입니다. 버스가 여행 안내소 앞에서 여러분들을 승차시킬 것입니다.

남2: 누가 여행안내를 합니까?

여: 그것은 제 일입니다. 내일 뵙겠습니다.

VOCA instrument 도구, 기구

Story Line 여행 가이드인 여자와 여행을 하려고 하는 남자 2명의 대화.

56　남자들은 내일 아침에 어디에 갈 것인가?

(A) 극장
(B) 악기 상점
(C) 미술 박물관
(D) 매표소

EXP.　[개별 사실 > where > 장소] 내일 아침 남자 2명이 어디를 가는지를 묻고 있다.

57　Kate Windsor, Bruno Crawford, Dale Emory 이 세 사람은 어디에서 만날 것인가?

(A) 유적지
(B) 버스 정거장
(C) 여행 안내소
(D) 호텔

EXP.　[개별 사실 > where] 3명의 화자가 만날 장소를 묻고 있다.

58　Kate Windsor의 직업은 무엇인가?

(A) 박물관 관리자
(B) 입장권 판매원
(C) 버스 운전사
(D) 여행 가이드

EXP.　[개별 사실 > what] Ms. Kate Windsor의 직업을 묻고 있다.

59-61

M: Ronda, we may have a problem.

W: What is it, Harrison?

M: This isn't working. ⁶⁰ The battery in it has been fully charged, but the laptop won't turn on.

W: That's strange. It worked properly yesterday. ⁵⁹ Dr. Jeff will need it to consult his patients.

M: That's right! He wanted them to watch him later so they can learn how to use the new monitoring equipment.

W: ⁶¹ Why don't you use someone's smart phone?

M: Because we'll get a better quality video with the laptop.

W: Good, hold on a moment. I'll call the other departments. I bet one of them has a camera we can use.

남: Ronda, 문제가 생긴 것 같아.

여: 뭔데, Harrison?

남: 노트북이 작동하지 않아. 배터리를 완전히 충전했는데도, 랩톱이 켜지지 않네.

여: 이상하네. 어제까지는 완벽하게 작동했었어. Jeff 박사가 환자를 상담할 때 필요할 텐데.

남: 맞아. Jeff 박사가 사람들이 새로운 모니터링 기기 사용법을 배울 수 있도록 박사님이 하는 것을 직접 보기를 원하셨거든.

여: 다른 사람의 스마트폰을 사용하는 것을 어떨까?

남: 왜냐하면 랩톱보다 더 나은 비디오 화질을 얻을 수 있거든.

여: 좋아. 잠깐만 기다려봐. 내가 다른 부서에 전화해 볼게. 그들 중에 우리가 사용할 수 있는 카메라를 가진 사람이 있을 거라 믿어.

VOCA charge 충전하다 ｜ turn on 켜다 ｜ properly 적절하게, 적합하게 ｜ consult 상담하다 ｜ monitor 감사하다, 보다

Story Line 병원에서 배터리의 문제로 작동하지 않는 랩톱 대신 스마트폰을 사용할 것을 제안하고 있다.

59　화자들은 있을 것 같은 장소는 어디인가?

(A) 호텔
(B) 스튜디오
(C) 쇼핑몰
(D) 병원

EXP.　[전체 추론 > where > 장소] 대화가 일어나고 있는 장소를 묻고 있다.

60 여자가 "이상하네"라고 말했을 때 무엇을 의미하나?

    (A) 근부표가 바뀌있다.
    (B) 직원이 사무실에 있다.
    (C) 그녀는 기기가 고장 난 것을 알고 놀랐다.
    (D) 그녀는 잘못된 장소에 기구들을 갖다 놓았다.

> **EXP.** [Intention] "이상하네"라고 말한 의미를 묻고 있다. 바로 앞의
> 문장의 내용인 "The battery in it has been fully charged, but
> the laptop won't turn on"에 놀라는 것이다.

61 여자는 무엇하기를 제안하는가?

    (A) 다른 사람의 휴대전화를 사용할 것
    (B) 발표를 녹화할 것
    (C) 새 배터리로 교체할 것
    (D) 책임져야 할 범위를 확인할 것

> **EXP.** [개별 사실 > what] 여자가 제안한 것이 무엇인지를 묻고 있다.

62-64

> W: Excuse me, this is my first time here. I have a guide
> map, but [62] it doesn't show the zoo feeding times.
> Do you know what time I can feed the animals?
> M: Here is the schedule. As you can see, all of the
> animals have different feeding times. I would
> recommend feeding the squirrel. It is the most
> popular animal to feed among guests. But it's your
> choice.
> W: Sounds good. [63] I'll probably go to see the one at
> 9:30 A.M. I don't think my children can wait any
> longer than that.
> M: You can't go wrong with that time. Also, [64] the zoo is
> open to the public for free of charge today, due to
> the national holiday.

여: 실례합니다. 제가 여기 처음입니다. 제가 안내 지도를 가지고
있는데 지도에는 먹이 주는 시간이 나와 있지 않습니다. 몇 시에
동물들에게 먹이를 주는지 아십니까?
남: 여기 시간표가 있습니다. 보시다시피, 모든 동물들은 다른
먹이 시간대를 가지고 있습니다. 저는 다람쥐 먹이 주는
시간을 추천합니다. 먹이 주는 방문객들에게 가장 인기가 많은
동물입니다만 선택은 당신에게 달렸습니다.
여: 좋습니다. 저는 9시 30분에 동물을 보러 갈 것 같습니다. 제
아이들이 그보다 더 기다릴 수는 없어서요.
남: 시간 착오 없으셔야 합니다. 또한, 오늘은 국경일이라 동물원
입장이 무료입니다.

먹이 주는 시간표

동물	시간
다람쥐	09:00
얼룩말	09:30
염소	10:00
토끼	10:30

VOCA feed 먹이를 주다 | national holiday 국경일
Story Line 동물원에서의 대화. 먹이 주는 시간 확인. 입장료 무료.

62 여자는 안내 지도에 대해서 무엇이라 말하는가?

    (A) 지도가 비상구로 가는 경로를 포함한다
    (B) 지도가 먹이 주는 시간에 대한 정보가 없다.
    (C) 지도가 다수의 흥미 있는 장소를 제공하지 못한다.
    (D) 지도는 입구에서 찾을 수 있다.

> **EXP.** [개별 사실 > what] 안내지도에 대해 여자가 말한 것을 묻고 있다.

63 그래프를 보시오. 여자는 어느 동물 먹이 주는 시간에 관광할
것인가?

    (A) 다람쥐
    (B) 얼룩말
    (C) 염소
    (D) 토끼

> **EXP.** [Graphic > 개별 사실 > which] 여자는 어느 동물에게 먹이를
> 주는 것을 볼 것인지를 묻고 있다.

64 남자 오늘 입장료에 대해서 무엇이라 말하는가?

    (A) 30달러
    (B) 9달러
    (C) 성인만 입장료 징수
    (D) 오늘 모든 입장권은 무료이다.

> **EXP.** [개별 사실 > what] 남자가 오늘 입장료에 대해 말한 것이
> 무엇인지를 묻고 있다.

65-67

> W: Hello, [65] I'm wondering if your sale on fruits and
> vegetables is still being held.
> M: Yes, we've reduced the price of many of those items
> by up to 20 percent until next week. Meat and fish
> are also discounted.
> W: [66] Can I get the same low prices on spices and
> sauces?
> M: Of course.
> W: I'm almost out of those at home, so I'd better go to
> their aisle first.
> M: [67] I'd be happy to take you there myself, if you can't
> find it on the map.

여: 안녕하세요? 과일과 야채 할인이 아직도 진행되는지 궁금합니다.
남: 예, 다음 주까지 많은 과일과 야채 품목을 최대 20%까지 할인
판매합니다. 고기와 생선도 할인하였습니다.
여: 양념류도 동일하게 저렴한 가격에 살 수 있습니까?
남: 물론입니다.
여: 집의 양념류가 거의 다 떨어져서 저는 제일 먼저 양념 코너 먼저
가봐야겠습니다.
남: 안내 지도에서 양념 코너를 못 찾으시면 제가 그곳으로 기쁘게
모셔드리겠습니다.

상품 위치

8번 통로	과일과 야채
9번 통로	생선류
10번 통로	양념과 향신료
11번 통로	육류

VOCA wonder 궁금하게 생각하다 | reduce 줄이다, 축소하다, 할인하다 | aisle 복도, 통로

Story Line 마트에서의 대화. 할인 행사를 하고 있다.

65 여자가 남자에게 묻고 있는 것은 무엇인가?

(A) 할인 행사가 어디에서 열리는지
(B) 왜 할인 행사가 일찍 종료되었는지
(C) 할인 행사가 아직도 진행되고 있는지 여부
(D) 시식 행사가 언제 시작하는지

EXP. [개별 사실 > what] 여자가 남자에게 질문한 것이 무엇인지를 묻고 있다.

66 그래프를 보시오. 여자는 제일 먼저 어디로 갈 것인가?

(A) 8번 통로 쪽으로
(B) 9번 통로 쪽으로
(C) 10번 통로 쪽으로
(D) 11번 통로 쪽으로

EXP. [Graphic > 개별 사실 > where > 장소] 여자가 처음에 어디를 갈지를 묻고 있다. 여자가 "Can I get the same low prices on spices and sauces?"라고 물었다.

67 남자는 여자에게 무엇을 제안하는가?

(A) 위치를 알려줄 것을
(B) 회원 가입할 것을
(C) 조리된 음식을 추천할 것을
(D) 다양한 가격을 비교할 것을

EXP. [개별 사실 > what] 남자가 여자를 위해 무엇을 할 것을 제안했는지를 묻고 있다.

68-70

M: Nancy, I was looking over our inventory, and we've almost run out of those steel cases. Could you order more cases from our supplier?
W: Yes, how many did you want me to order?
M: Maybe a thousand? ⁶⁸ Last time we purchased ten thousand, and it was too many.
W: Good. ⁶⁹ You know that shipping is free for larger orders, right?
M: Really? ⁷⁰ If so, let's order the smallest amount that we can get with free shipping.
W: ⁷⁰ Nice. I'll look over the price once more and then make the order.

남: Nancy, 내가 재고 조사를 하고 있었는데, 철제 케이스가 거의 다 떨어진 것 같아. 우리 거래처에 더 많은 케이스를 주문할 수 있을까?
여: 예, 얼마를 제가 주문하기를 원하셨죠?
남: 천 개 정도. 지난번에 우리가 만 개를 구입했었는데 너무 많았어.
여: 좋습니다. 더 많이 주문할수록 배송비가 무료라는 것은 아시죠?
남: 그래요? 그렇다면 무료 배송을 받을 수 있는 최소한의 양만 주문합시다.
여: 좋습니다. 제가 다시 한번 가격을 조사하고 주문하겠습니다.

배송비

수량	요금
1,000	$199.00
2,000	$99.00
3,000	$00.00
10,000	$00.00

VOCA inventory 재고 | run out of 고갈되다, 소모되다 | ship 배송하다, 선적하다

Story Line 재고 조사 후 주문할 양을 결정하는 내용의 대화

68 남자는 여자에게 무엇을 하기를 부탁하는가?

(A) 배송비를 협상할 것을
(B) 지난번보다 더 적은 물품을 주문할 것을
(C) 배달 부서와 상의할 것을
(D) 재고량을 확인할 것을

EXP. [개별 사실 > what] 남자가 여자에게 하도록 요청한 것이 무엇인지를 묻고 있다.

69 여자가 배송비에 대해서 암시하는 것은 무엇인가?

(A) 제조업자가 재고를 검토할 것이다.
(B) 공급처는 창고에 물건이 없다.
(C) 다른 공급처가 좋은 제안을 할 것이다.
(D) 대량 주문은 배송비용을 절약할 수 있다.

EXP. [개별 사실 > what] 여자가 배송비에 대해 언급한 것을 묻고 있다.

70 그래프를 보시오. 여자는 얼마나 많은 철제 케이스를 주문할 것인가?

(A) 1,000
(B) 2,000
(C) 3,000
(D) 10,000

EXP. [Graphic > 개별 사실 > how] 여자가 주문할 강철 케이스의 수량을 묻고 있다.

PART 4

71-73

⁷¹ I want to inform all staff that construction will begin next month in the parking lot beside Jeremy Hall. Please inform everyone to park outside South Hall instead of outside Jeremy Hall. We understand that South Hall is far from Jeremy Hall, so ⁷² the company has provided a complimentary shuttle service. The shuttle will be available every 10 minutes for trips between Jeremy Hall and the South Hall parking lot. When using the shuttle, ⁷³ make sure you have your employee identification card on hand. If you fail to show your ID, you are not allowed to ride the shuttle. The shuttle schedule and shuttle stations will be available on the company website.

저는 Jeremy Hall 옆의 주차장 공사가 다음 달에 시작된다는 것을 모든 직원에게 알려 드립니다. 모든 직원들은 Jeremy Hall 대신에 South Hall 바깥으로 주차해 주시기 바랍니다. 우리는 South Hall이 Jeremy Hall보다 더 멀다는 것을 알고 있습니다. 그래서 회사는 무료 셔틀버스를 제공합니다. 셔틀은 Jeremy Hall과 South Hall 주차장 사이를 10분마다 운행합니다. 당신이 셔틀을 탑승 시에는 여러분이 손에 사원증을 가지고 있는지 확인해 주십시오. 여러분이 사원증을 보여주지 않으면 셔틀을 승차할 수 없습니다. 셔틀 운행시간표와 셔틀 정거장은 회사 홈페이지에서 이용 가능합니다.

VOCA construction 건축, 건설 (공사) | instead of ~ 대신에 | complimentary 무료의, 공짜의 | identification card 신분증

Story Line 공사로 주차장을 사용하지 못한다. 주차장과 회사까지 무료 셔틀버스를 운행한다. 신분증을 제시해야만 탈 수 있다.

71 화자는 청자들에게 무엇을 고지하는가?

(A) Jeremy Hall의 위치
(B) South Hall에 근접함
(C) Jeremy Hall과 South Hall의 거리
(D) 다음 달의 주차장 수리

EXP. [개별 사실 > what] 화자가 청자에게 전달하려고 하는 것이 무엇인지를 묻고 있다.

72 직원들에게 이용 가능한 것은?

(A) 교통비의 환급
(B) 지하철 승차권
(C) 무료 셔틀 서비스
(D) 주차비 청구

EXP. [개별 사실 > what] 직원들이 이용 가능한 것이 무엇인지를 묻고 있다.

73 직원들에게 무엇을 하도록 요구받았나?

(A) 그들은 회사 홈페이지를 확인해야 한다.
(B) 그들은 운전기사에게 그들의 사원증을 제시해야 한다.
(C) 그들은 South Hall 바깥에 주차하기 위해서 회사에 요청해야 한다.
(D) 그들은 운전기사에게 승차 요금을 지불해야 한다.

EXP. [개별 추론 > what] 직원들이 무엇을 하라고 요청받았는지를 묻고 있다.

74-76

As you know, the introduction to our travel documentary series has been a great success. ⁷⁴ Our program has quickly become the top television program in the country. I want to expand the places we go to in the documentary series, so starting from next year, I want to focus on Asia. I'm hoping to focus mostly on South Korea, but I will cover other parts of Asia as well. For us to make this plan a reality, scheduling has to start right away. I heard many of you have travelled a lot, so I would appreciate it if everyone suggested 10 locations in Asia that seem interesting to them. ⁷⁵ Keep in mind that we will be visiting these places so make sure you recommend places you would like to visit. ⁷⁶ I am looking forward to hearing your recommendations soon.

여러분도 아시다시피, 우리 여행 다큐멘터리 연작에 대한 소개는 큰 성공을 이루었습니다. 우리 텔레비전 프로그램은 빠른 시일에 국내에서 최고의 텔레비전 프로그램이 되었습니다. 저는 다큐멘터리 연작을 더 확장시켜나가길 원합니다. 그래서 내년부터 저는 아시아에 초점을 맞출 것입니다. 저는 대한민국에 특히 중점을 둘 것이지만 다른 아시아 지역도 다룰 것입니다. 이 계획을 실현하기 위해서 당장 계획부터 들어가야 합니다. 나는 여러분들이 여행을 많이 했음을 들었습니다. 그래서 사람들에게 가장 흥미가 있을 것 같은 아시아의 열 군데 장소를 제안해주시면 감사하겠습니다. 우리가 이 장소들을 방문할 것이란 사실을 유념하시고 여러분들이 방문하고 싶은 장소들을 추천해주실 것을 명심하세요. 저는 여러분들의 추천을 곧 듣기를 기대합니다.

VOCA introduction 소개, 도입 | expand 확장하다, 늘리다, 연장하다 | mostly 대개, 대부분 | reality 실재 | recommendation 추천

Story Line 여행 다큐멘터리를 다루는 TV 시리즈를 확대할 것이다. 방문지를 추천하길 부탁하고 있다.

74 무엇이 논의되고 있는가?

(A) 대성공
(B) 반드시 보아야 할 것
(C) 텔레비전 연작물
(D) 새로운 주제

EXP. [전체 추론 > 주제] 논의되고 있는 것이 무엇인지를 묻고 있다.

75 화자에 의하면, 어떤 변화가 생길 것인가?

(A) 소개 프로그램
(B) 최고의 텔레비전 방송국
(C) 아시아 여행 계획
(D) 폭넓은 범위의 선택

EXP. [개별 추론 > what] 화자에 따르면, 어떤 변화가 발생할 지를 묻고 있다.

76 청자들은 무엇을 하도록 요청받는가?

(A) 새로운 개념을 제안할 것
(B) 아시아를 제외한 모든 지역을 여행할 것
(C) 프로그램을 시청할 것
(D) 목적지를 제출할 것

EXP. [개별 사실 > what] 청자들이 무엇을 하도록 요청받았는지를 묻고 있다.

77-79

Hello, Mr. Kosby. This is Amy Smith. ⁷⁷ I am calling to ask for volunteers who are willing to help at the Jacksonville city festival. The festival last year was a huge success thanks to your contribution. I am very grateful for all your help and are in need of it again. I want to know if your volunteers are available this year to help out at the festival. ⁷⁸ This following Friday, there will be a concert featuring a local musician from our town. Our team is expecting a lot of townspeople and tourists to be at the festival this year. The show on Friday will be the perfect start to this year's festival. ⁷⁹ We need volunteers to sell tickets and stamp re-entering guest at the ticket booth. Without your help, the lines will be too long. If your volunteers are available and willing to help at the festival, please call me at 010-777-2510. Thank you and I hope to hear from you soon!

Kosby 씨 안녕하세요. 저는 Amy Smith입니다. 저는 Jacksonville 시 축제를 돕기를 원하는 자원 봉사자를 요청하려고 전화드립니다. 지난해 이 축제는 여러분들이 도와주신 덕분에 대성공이었습니다. 저는 여러분들의 도움에 깊이 감사드리고 이번에 그 도움이 다시 필요합니다. 저는 여러분이 올해 축제에서도 자원 봉사자들이 도움을 주실 수 있는지 여부를 알고 싶습니다. 이번 금요일에 우리 시 출신의 지역 음악가들이 음악회를 개최합니다. 우리 팀은 올해 많은 지역 시민들과 관광객들을 예상하고 있습니다. 금요일의 쇼가 올해 축제의 완벽한 축제가 될 것입니다. 우리는 입장권을 판매하고 재입장할 때 입장권 판매소에서 스탬프를 찍어줄 자원 봉사자들이 필요합니다. 여러분들의 도움 없이는 대기하는 줄이 무척 길 것입니다. 축제를 도와줄 수 있는 가능한 자원 봉사자 여러분들은 010-777-2510으로 전화 주십시오. 감사합니다. 여러분들이 빨리 연락 주시기를 바랍니다.

VOCA volunteer 자원봉사자 | contribution 공헌, 헌신 | grateful 감사하는, 고마워하는 | following 다음의, 연속하는 | feature 특징으로 하다

Story Line 지역 행사에서 담당 공무원이 자원봉사자를 구하는 녹음 메시지. 음악회가 있어 많은 방문객이 예상되며, 자원봉사자가 ticket booth를 담당해 주길 부탁하고 있다.

77 화자는 누구일 것 같은가?

(A) 이번 연도 자원봉사자
(B) 작년도 관리자
(C) Jacksonville 시 공무원
(D) 축제의 책임자

EXP. [전체 추론 > who > 화자] **화자가 누구인지를 묻고 있다.**

78 화자에 의하면, 이번 금요일에 많은 방문자들을 기대하는 이유는?

(A) 아주 흥미 있는 음악회가 있을 것이기 때문에
(B) 다수의 자원 봉사자들이 행사를 잘 도울 것이기 때문에
(C) Jacksonville 시가 최고의 징소를 제공할 것이기 때문에
(D) 많은 입장권이 이미 판매되었기 때문에

EXP. [개별 사실 > why > 이유] **다음 금요일에 많은 방문객이 기대되는 이유를 묻고 있다.**

79 화자가 도움받기를 원하는 것은 무엇인가?

(A) 사람들과 함께 라인을 마치는 것
(B) 입장권 판매소에서의 확인
(C) Amy Smith 씨에게 전화하는 것
(D) Kosby 씨의 휴대전화를 사용하는 것

EXP. [개별 사실 > what] **화자가 어떤 것에 대해 도움을 요청했는지를 묻고 있다.**

80-82

Welcome to Miller Memorial Library's quarterly volunteer meeting. ⁸⁰ As many of you already know, the library has recently been renovated to include a new wing. The construction of Salinas Boulevard has been completed so we need volunteers to help create a book collection there. ⁸¹ I will pass out a sheet that has all the different dates and times for when we will be re-shelving books. ⁸² If you are available at any of the written times, please write your name next to it. I will be sending out copies of the completed schedule and will keep you all updated.

Miller 기념 도서관 분기 자원봉사자 모임에 오신 것을 환영합니다. 여러분 중의 많은 분들이 아시다시피 최근에 도서관이 새 건물을 포함하여 리모델링을 하였습니다. Salinas 거리의 공사가 완공되어서 여러분들이 거기에 도서 모음을 신설하는 것을 도울 자원봉사자들이 필요합니다. 도서들을 다시 책장에 넣을 때에 제가 다른 날짜와 시간이 적힌 종이를 나눠드릴 것입니다. 기록된 시간 중 여러분이 가능한 시간에 여러분들의 이름을 시간 옆에 적어 주십시오. 제가 완성된 계획표 사본을 나눠드릴 것이고 계속해서 갱신하겠습니다.

VOCA quarterly 분기의, 분기별로 | recently 최근에 | renovate 수리하다, 고치다 | wing 날개, 부속 건물

Story Line 도서관이 확장되었다. 책을 정리하기 위해 자원봉사자가 필요하다. 회의에서 자원봉사자들에게 업무를 할당한다. 이용 가능한 시간을 먼저 제출하기를 요청한다.

80 화자에 의하면, 최근 도서관에서 무엇이 일어났는가?

(A) 리모델링
(B) 환영 파티
(C) 연간 회의
(D) 건물 건축

EXP. [개별 사실 > what] **도서관에서 최근 무엇이 일어났는지를 묻고 있다.**

81 모임의 목적은 무엇인가?

(A) 분기 자원봉사자를 포함하는 것
(B) 도서관 개막을 환영하는 것
(C) 새 건물을 건축하는 것
(D) 자원봉사 업무를 할당하는 것

EXP. [개별 사실 > what] **회의의 목적을 묻고 있다.**

82 청자들이 무엇을 하도록 요청받는가?

(A) 계획표를 완성하는 것
(B) 갱신된 시간을 보내는 것
(C) 가능한 시간을 표시하는 것
(D) 도서 모음을 유지하는 것

EXP. [개별 사실 > what] **청자들이 하도록 요청받은 것이 무엇인지를 묻고 있다.**

83-85

Good morning, ladies and gentlemen. [83] We greatly appreciate you all for agreeing to be models for the Med & Clothing company's advertising campaign. It will be for the new spring collection launching this month. After receiving feedback from our customers, [84] we have come to the realization that many of you prefer actual customers to be the models. We are happy to announce that we have made the change from professional models to our beloved consumers. If everything goes smoothly, the photo shoot will be over by lunch. [85] Everyone participating will get a $200 gift certificate for a Med & Clothing store near you. Does anyone have any questions?

신사 숙녀 여러분, 안녕하세요. 여러분이 Med & Clothing사의 광고 캠페인을 위한 모델이 되는 것에 동의해주신 것에 크게 감사드립니다. 이 캠페인은 이번 달 시작되는 새 봄맞이 컬렉션을 위한 것입니다. 우리 고객들의 의견을 받은 후에 우리는 고객 여러분들이 직접 모델이 되는 것을 선호한다는 결론을 내렸습니다. 우리는 전문 모델이 아니라 우리의 사랑하는 고객들로 교체한다는 것을 발표하게 되어서 기쁩니다. 모든 것이 순조롭게 된다면, 사진 촬영이 점심 식사 후에 있을 예정입니다. 참여하시는 모든 분들께 가까운 Med & Clothing 점포에서 사용할 수 있는 200달러짜리 상품권을 드릴 것입니다. 질문 있으신 분 계십니까?

VOCA collection 모음, 선집 │ launch 발주하다, 시작하다 │ realization 인식, 인지 │ professional 전문적인 │ smoothly 부드럽게 │ participate 참석하다, 참여하다 │ gift certificate 선물권, 상품권

Story Line 어느 회사에서 고객을 모델로 하는 광고를 하고자 한다. 조사를 통해 고객이 모델이 되고자 한다는 알게 되었고, 모델이 된 고객들에게 상품권을 제공한다.

83 청자들이 오전에 무엇을 할 것인가?

(A) Med & Clothing사의 광고 캠페인을 위한 모델이 되는 것
(B) 봄 신상품 방침을 발표하는 것
(C) 의약품과 의류를 위한 캠페인을 광고하는 것
(D) Med & Clothing사의 계열을 모으는 것

EXP. [개별 사실 > what] 청자들이 오늘 아침 무엇을 하도록 요청받았는지를 묻고 있다.

84 화자가 최근의 조사에서 무엇을 배웠다고 말하는가?

(A) 어떤 손님들이 Med & Clothing사에 크게 감사했다.
(B) 다수의 손님들이 실제 모델이 되고 싶어 한다.
(C) 어떤 참가자들은 조사를 집계했다.
(D) 많은 사람들이 봄 컬렉션을 인지했다.

EXP. [개별 사실 > what] 화자가 최근 조사로부터 무엇을 배웠는지를 묻고 있다.

85 청자들은 무엇을 받을 것인가?

(A) 200달러 가치의 쿠폰
(B) 사진을 찍을 권리
(C) Med & Clothing 가게의 소유권
(D) 수료증

EXP. [개별 추론 > what] 화자들이 무엇을 받을지를 묻고 있다.

86-88

[86] Hello, shoppers. Thank you for visiting Addington's groceries for all your shopping needs. We regret to inform you that there has been a mistake in our newspaper advertisement last week. [87] A loaf of bread was advertised as costing six dollars, but the correct price is seven dollars. [88] We recommend you all to grab a free recipe booklet this week at the customer service desk. There are so many delicious recipes in there, including desserts using seasonal fruits from our store. Thanks again for shopping at Addington's groceries.

쇼핑객 여러분, 안녕하세요. 여러분의 필요한 쇼핑을 위해서 Addington 식료품 가게를 찾아주셔서 감사드립니다. 저희는 지난주 신문 광고가 잘못 나온 것을 알려드리게 됨을 유감스럽게 생각합니다. 빵 한 덩어리가 6달러라고 광고가 되었지만 올바른 가격은 7달러입니다. 저희는 여러분이 고객 서비스 데스크에서 금주의 무료 조리 책자를 가져가기를 추천합니다. 책자 안에는 우리 가게에서 이용 가능한 제철 과일을 사용한 디저트 만드는 방법을 포함하여 다양하고 맛있는 조리법이 기록되어있습니다. Addington 식료품점에서 쇼핑해 주심에 다시 한 번 감사드립니다.

VOCA regret 아쉬워하다, 후회하다 │ correct 정확한 │ grab 붙잡다 │ delicious 맛있는 │ seasonal 계절에 알맞은, 제철인

Story Line 슈퍼마켓에서 공지. 판매 가격이 잘 못 전달되었다. 고객 서비스 센터에서 요리법에 대한 소책자를 제공한다.

86 이 발표는 어디에서 이루어질 것 같은가?

(A) 사무실
(B) 신문사
(C) 슈퍼마켓
(D) 광고 회사

EXP. [전체 추론 > where > 장소] 발표가 발생할 것 같은 장소를 묻고 있다.

87 공지에 따르면, 아래 정보 중 옳지 않은 것은?

(A) Addington의 위치
(B) 쇼핑 욕구
(C) 소책자
(D) 판매 가격

EXP. [개별 사실 > which > 부정 질문] 공지에 근거하여, 옳지 않은 정보가 무엇인지를 묻고 있다.

88 고객 서비스 센터에서는 무엇이 가능한가?

(A) 제철 과일
(B) 몇 개의 조리법
(C) 감사 카드
(D) 가게의 디저트

EXP. [개별 사실 > what] 서비스 데스크에서 이용 가능한 것이 무엇인지를 묻고 있다.

89-91

I really want to work out, but [89] the waist surgeries I had makes it hard to do so. So I decided to try Muscle Brother Gym where they have a low impact training program for people like me. The workout is tough, but it is easy on my waist, which results in a pain free workout. [90] This is possible because of the special running machine. Here's how it works. An hour workout two to three times a week is all it takes for you to see results. [91] I lost eight pounds and ten percent of my body fat in just a month. All you need to do is call 070-9999-9090 to sign up for the low impact program at Muscle Brother Gym.

제가 진짜로 운동하고 싶지만 제가 받은 허리 수술이 운동하는 것을 어렵게 만듭니다. 저와 같은 사람들을 위해서 부담을 주지 않는 훈련 프로그램이 있는 Muscle Brother 헬스장에서 운동해 보기로 결심했습니다. 운동은 힘들지만 제 허리에 무리가 가지 않는 결과적으로 무통 운동이 되었습니다. 이것이 그것이 작동하는 방법입니다. 이것은 특별한 러닝 머신 때문에 가능합니다. 1주일에 2 회에서 3회의 한 시간의 운동은 당신이 결과물을 보기 위한 전부입니다. 저는 약 4kg, 제 체지방의 10%를 한 달 만에 줄였습니다. 당신이 해야 할 것은 Muscle Brother 헬스장에 몸에 부담이 가지 않는 운동 프로그램에 사인하기 위해 070-9999-9090으로 전화하는 것입니다.

VOCA work out 운동하다 | waist surgery 허리 수술 | impact 영향 | tough 강한, 거친 | results in (결과가) 되다

Story Line 수술로 운동을 못 하는 사람들을 위한 광고. 강도가 낮은 운동 프로그램을 제공하며, 화자는 체중 감소를 경험했다.

89 광고는 누구를 위해 계획되었나?

(A) Muscle Brother 헬스장에서 해고된 사람들
(B) 심하게 운동할 수 없는 사람들
(C) 허리 수술을 받을 사람들
(D) 헬스장에서 걷기를 원하는 사람들

EXP. [전체 추론 > who > 청자] 이 광고가 대상으로 하는 사람들이 누구인지를 묻고 있다.

90 남자가 말하는 "이것이 그것이 작동하는 방법입니다"가 의미하는 것은 무엇인가?

(A) 그가 Muscle Brother 헬스장에서 운동할 것이다.
(B) 그가 제품의 바람직한 사용법을 시연할 것이다.
(C) 그가 아주 격렬하게 달릴 것이다.
(D) 그가 부담 없는 운동프로그램을 관리할 것이다.

EXP. [Intention] 남자가 "이것이 그것이 작동하는 방법입니다"라고 말한 의미가 무엇인지를 묻고 있다. 바로 앞 문장인 "This is possible because of the special running machine"의 내용을 구체적으로 보여주겠다는 뜻이다.

91 화자에 의하면, 광고에 대한 깃으로 옳은 것은 무엇인가?

(A) 그는 체중 감소를 경험했다.
(B) 그는 러닝 머신 제조자에게 연락했다.
(C) 그는 그의 훈련 프로그램을 취소했다.
(D) 그는 그의 수술 동의서에 사인했다.

EXP. [개별 사실 > what] 화자에 근거하여, 광고에서 옳은 것을 묻고 있다.

92-94

Hello, everyone. I would like to thank everyone for coming to tonight's banquet. [92] We have gathered here today to celebrate Ms. Hilton Reed's retirement. She has worked 36 years in the accounting service department with great happiness, but she is retiring to spend more time with her loved ones. She will be dearly missed. [93] Ms. Hilton Reed has always showed great love and support to her junior staff and her fellow managers. She was so helpful and kept everything in great shape. There isn't a single person in this room who won't miss Ms. Hilton Reed, because she is such a wonderful and loving person. [94] Without further delay, [94] I would like to welcome her to the stage so she can say a few words.

여러분, 안녕하세요. 저는 오늘 밤 연회에 오신 모든 분들에게 감사의 말씀을 드립니다. 우리는 오늘 Hilton Reed 씨의 은퇴를 축하하고자 이 자리에 모였습니다. 그녀는 36년간 매우 행복하게 회계부서에서 근무했고 이제 사랑하는 사람들과 더 많은 시간을 보내고자 은퇴를 합니다. 그녀가 정말 그리울 것입니다. Hilton Reed 씨는 늘 동료 관리자들이나 부하 직원들에게 도움을 주고 큰 사랑을 보여주었습니다. 그녀는 모든 것이 최상의 모습을 갖도록 큰 도움이 되었습니다. Hilton Reed를 그리워하지 않을 사람은 여기에 한 사람도 없습니다. 그녀는 정말 멋지고 사랑스러운 사람이기 때문입니다. 더 이상 지체하지 않고, 저는 그녀가 송별사를 할 수 있도록 무대로 모시겠습니다.

VOCA banquet 연회 | celebrate 축하하다 | retirement 퇴임, 사퇴 | dearly 진심으로

Story Line 직원의 퇴임식에서 사회자의 시작 연설이다. 퇴임하는 직원에 대한 간단한 이력을 소개하고 있다.

92 화자에 의하며 오늘 무슨 일이 일어나는가?

(A) 개회식
(B) 경영 모임
(C) 저녁 쇼
(D) 동료의 은퇴 파티

EXP. [개별 추론 > what] 오늘 저녁 어떤 일 발생할지를 묻고 있다.

93 화자는 Reed에 대해서 무엇을 언급하는가?

(A) 그녀가 다른 직원들에게 도움을 주었다.
(B) 그녀가 오늘 밤 만찬에 참석한 것을 감사했다.
(C) 그녀는 회계부서에서 근무하고 싶어 한다.
(D) 그녀는 오늘 밤 만찬을 준비하는데 많은 시간을 소비했다.

EXP. [개별 사실 > what] 화자가 Ms. Reed에 언급한 것을 묻고 있다.

94 화자가 "더 이상 지체하지 않고"라고 말했을 때 무엇을 의미하나?

(A) 그녀는 어떤 메일도 제공하지 않는다.
(B) 그녀는 동료를 소개하는 것을 마친다.
(C) 그녀는 우리를 대표해 Ms. Reed에게 말할 것이다.
(D) 그녀는 청자들이 그것을 가져오기를 원한다.

EXP. [Intention] "Without futher delay"의 문맥적 의미를 묻고 있다.

Since everyone is here, let's get started with the meeting. ⁹⁵ There is a lot of work to do for this conference to be successful, so I have split everyone into groups. Every single group will each have a different assignment. I want everyone to meet at the front of the stage by 7:00 P.M. after we have finished. At 10:00 A.M. the conference will start, so ⁹⁶ we have to make sure to have everything ready by then. Ms. Windell's group will act as ushers after they have completed their assigned group work. All you have to do is lead people to their seats. ⁹⁷ Mr. Trinand's group will be the last to leave to make sure all the doors are locked.

모든 분들이 여기 있으므로 회의를 시작하도록 하겠습니다. 이 회의를 성공적으로 이끌기 위해 많은 과제가 있습니다. 그래서 제가 모든 사람들을 그룹으로 나누었습니다. 각 그룹은 각기 다른 업무를 담당하게 됩니다. 저는 여러분을 우리가 모두 업무를 마친 오후 7시까지 무대 정면에서 만나길 원합니다. 내일 오전 10시에 회의가 시작됨으로 우리는 모두 그때까지 모든 것이 준비되어야 하는 것을 명심해야 합니다. 각 그룹은 할당된 업무를 마친 후에 Windell의 그룹은 안내자로 활동할 것입니다. 여러분들은 해야 할 일은 사람들을 착석시키는 것입니다. Trinand의 그룹은 모든 출입구가 잠겼는지 확인하기 위해서 맨 마지막에 그 자리를 떠날 것입니다.

정보

그룹 & 인솔자	업무
1조 Normand	시청각 자료 설치 및 작동
2조 Trinand	청소 및 관리
3조 Windell	음료 카트 설치 및 운영
4조 Ignacio	의자 및 탁자 설치

VOCA   split 분열되다, 의견이 갈리다 | assignment 업무, 과제, 할당
Story Line   회의장을 준비하는 사람들에게 일을 시작할 때의 담화. 회의 시작 전까지 일을 마쳐야 하며 마지막에 나가는 group은 모든 문이 잠긴 것을 확인해야 한다.

95   화자는 근무할 것 같은 곳은?

(A) 도서관
(B) 병원
(C) 대강당
(D) 박물관

EXP.   [전체 추론 > where] 화자가 일하는 곳을 묻고 있다.

96   대화에 따르면, 청자들은 무엇을 하도록 요구받는가?

(A) 다른 업무를 시작하는 것
(B) 특정한 마감 시간 전까지 일을 마치는 것
(C) 다른 사람의 요구를 충족하는 것
(D) 승진을 위해 그들의 일을 완성하는 것

EXP.   [개별 사실 > what] 청자들이 하도록 요청받은 것이 무엇인지를 묻고 있다.

97   그래프를 보시오. 어느 그룹이 가장 늦게 건물을 떠날 것인가?

(A) 1조
(B) 2조
(C) 3조
(D) 4조

EXP.   [Graphic > 개별 사실 > what] 어떤 group이 건물을 가장 마지막에 떠나는지를 묻고 있다.

Attention ladies and gentlemen! ⁹⁸ I will announce this morning's schedules for the Yellow Cap tours. Baker will be in charge of 31 tourists, so you will need to use the big bus. ⁹⁹ As for David, you were originally scheduled to use the bus with 20 seats, but it isn't necessary because you aren't in charge of many tourists. ¹⁰⁰ So, I'm going to change you to Nichol's scheduled bus which has 12 seats. Also, someone on David's team called and said that they would be bringing two more people. Turner, your team of nine people are waiting in the reception area and you are scheduled to leave in ten minutes. By the way, the roads are frozen over from last night's snow shower so be careful drivers!

신사 숙녀 여러분, 주목해 주십시오. Yellow Cap Tours를 위한 오늘 오전 일정표를 발표하겠습니다. Baker 씨가 31명의 관광객을 담당할 거니까, Baker 씨는 큰 버스를 이용하셔야 합니다. David 는 원래는 20인석 버스가 예정되었지만 8명의 관광객들을 담당하게 되어서 필요 없게 되었어요. 그래서 Nichol에게 배정된 12인승 버스와 바꾸겠습니다. 또한, David의 팀원 중 누군가가 2명을 더 데려올 것이라고 전화로 말했습니다. Turner, 당신의 팀은 9명이 안내 구역에서 기다리고 있고, 10분 후에 떠날 예정입니다. 그나저나, 도로가 지난밤 간헐적으로 내린 눈으로 인해 얼어붙었으니 운전기사들은 조심하도록 하십시오.

오전 일정표

안내자	버스	인원
Baker	버스 1	31명
Nichol	버스 2	12명
Turner	버스 3	9명
David	버스 4	20명

VOCA   originally 본래, 원래 | reception 접수, 수령
Story Line   여행사에서 아침 투어의 가이드들에게 담당할 인원수와 버스를 안내하는 담화.

98   청자들은 오전에 무엇을 할 것인가?

(A) 회의에 참석한다.
(B) 그들의 요구를 발표한다.
(C) 노란색 모자를 착용한다.
(D) 관광을 제공한다.

EXP.   [개별 추론 > what] 청자들이 오늘 오전 무엇을 할지를 묻고 있다.

99 화자에 의하면, 왜 그들은 David의 버스를 교체했는가?

(A) 팀 인원수가 작아졌다.
(B) 버스가 낮은 등급이 되었다.
(C) 버스가 고장 났다.
(D) 버스가 주의를 이끌었다.

> **EXP.** [개별 사실 > why > 이유] David의 버스가 변경된 이유를 묻고 있다.

100 그래프를 보시오. David는 어떤 버스를 이용할까?

(A) 1번 버스
(B) 2번 버스
(C) 3번 버스
(D) 4번 버스

> **EXP.** [Graphic > 개별 사실 > which] David이 어느 버스를 이용할 지를 묻고 있다.

Test 01
Test 02
Test 03
Answer 01
Answer 02
Answer 03

101 Section directors are required to help their subordinates with their assignments *__because__* they have to meet a tight deadline.

부하 직원들이 얼마 남지 않은 마감일을 지켜야 하기 때문에, 구역 책임자는 그들의 할당량에 관해 그들의 부하 직원들을 돕는 것이 요청됩니다.

EXP. [문법 > 접속사 > 종속 > 부사절 > 의미 구분] 부사절을 유도하는 종속접속사의 의미상 구분을 묻는 문제이다. "마감일을 맞춰야 하기 때문에"의 의미가 가장 적절하다.

(A) 접속사 > 종속 > 부사절 > 조건 - 만약
(B) 접속사 〉 종속 〉 부사절 〉 원인 – 왜냐하면
(C) 접속사 > 종속 > 부사절 > 시간 - ~ 할 때
(D) 접속사 > 종속 > 부사절 > 양보 - 그럼에도 불구하고

TIP! 원인의 부사절을 유도하는 종속접속사인 "because" 자체가 정답으로 출제된다.

102 Mr. Dan Furcal has *__never__* sold the old-fashioned vacuums, but I have two friends in the business who sell them.

Dan Furcal 씨가 구형 진공청소기를 판매한 적이 없지만, 나는 그 사업에서 그것들을 판매하는 두 친구가 있다.

EXP. [문법 > 부사 > 개별 어법] 부사의 개별 어법을 묻는 문제이다. 현재 완료 시제와 어울리며, 조동사와 본동사 사이에 위치할 수 있는 부사가 정답이다. 또한, 대등접속사 but에 의해 문장과 문장이 반의 관계로 연결된다.

(A) 부사 - 이미
(B) 부사 - 여전히
(C) 부사 - 아직
(D) 부사 – 결코 ~ 적이 없는

TIP! "has never sold ~ but" 자체를 암기하자.

103 The manager will *__assign__* extra paperwork to a senior reporter due to the promotion of a new line.

새로운 제품의 홍보 때문에 그 부장이 선임 리포터에게 더 많은 사무 처리를 할당할 것이다.

EXP. [문법 > 동사 > 3형식 동사 + 목적어 + 전치사] 3형식 동사의 개별 어법을 묻는 문법 문제이다. "3형식 동사 + 목적어 + to"의 구조가 가능한 동사가 정답이다. "선임 리포터에게 더 많은 사무 처리를 할당하다"의 의미가 적절하다.

(A) 변경하다
(B) 벌다
(C) 할당하다
(D) 획득하다

TIP! "assign ~ to a senior reporter" 자체를 암기하자.

104 To reduce expenses, Ms. Lisa, who is in charge of shipping, has decided that we should *__transfer__* the original container into another one.

비용 절감을 위해서 배송 책임자인 Lisa 씨는 우리가 원래 용기에서 다른 용기로 전환해야 한다고 결정했다.

EXP. [문법 > 동사 > 3형식 동사 + 목적어 + 전치사] 3형식 동사의 개별 어법을 묻는 문법 문제이다. "3형식 동사 + 목적어 + into"의 구조가 가능한 동사가 정답이다. "원래 용기에서 다른 용기로 전환하다"의 의미가 적절하다.

(A) 바꾸다, 전환하다
(B) 수여하다
(C) 추측하다
(D) 언급하다

TIP! "transfer the original container into the secondary one" 자체를 암기하자.

105 The Current Trend Research is considering researching its recent findings in further *__depth__* and is planning to write a follow up report shortly

Current Trend Research사는 최근에 더 깊은 깊이에서 찾은 발견물의 연구를 고려하고 있으며 조만간 후속 보고서를 기록할 계획을 세우는 중이다.

EXP. [문법 > 품사 > 명사] 품사의 구별을 묻는 문법 문제이다. "전치사 + 형용사 + 명사"의 구조이다. 전치사의 목적어로 명사가, 형용사의 수식을 받으므로 명사가 정답이다.

(A) 형용사 - 깊은
(B) 부사 - 깊게
(C) 동사 - 깊어지다
(D) 명사 – 깊이

TIP! "further depth" 자체를 암기하자.

106 We look forward to finding out more about the company *__during__* the next shareholder's meeting.

우리는 다음 주주 회의 동안에 그 회사에 대해서 더 많은 것을 발견하기를 기대합니다.

EXP. [문법 > 전치사 > 의미] 전치사의 의미 구별을 묻는 문법 문제이다. "다음 주주 회의 동안에"의 의미가 적절하다.

(A) 전치사 - (이동을 의미하는 동사와) ~ 로, ~ 에
(B) 전치사 - ~ 안으로
(C) 전치사 - ~ 하는 동안에
(D) 전치사 - ~ 위에

TIP! 절대 암기 정답 핵심 표현) "during the meeting" 자체를 암기하자.

107 Whether the executives will step down or not is the most important issue *__to be discussed__* this afternoon.

그 책임자가 사임하느냐 안 하느냐가 오늘 오후에 논의될 가장 중요한 쟁점이다.

EXP. [문법 > 동사의 형태 > 부정사] 동사의 형태를 묻는 문법 문제이다. "this afternoon"은 부사구로 목적어가 아니다. 부정사로 수동태가 정답이다.

(A) 부정사 > 단순 > 능동
(B) 부정사 > 완료 > 능동
(C) 부정사 〉 단순 〉 수동
(D) 부정사 > 완료 > 수동

TIP! "to be discussed" 자체를 암기하자.

108 A gift certificate offered by 21st Century Movie Co. is available at an *__additional__* discount of $ 10.00 per ticket.

21st Century 영화사에 의해 제공된 상품권은 장당 추가 10% 할인된 가격으로 이용 가능합니다.

EXP. [문법 > 품사 > 형용사 > 수식어] 품사의 구별을 묻는 문법 문제이다. "전치사 + 관사 + 형용사 + 명사"의 구조이다. 명사를 수식하는 형용사가 정답이다.

(A) 동사 - 추가하다
(B) 명사 - 추가
(C) 형용사 - 추가의
(D) 부사 - 추가적으로

TIP! "additional" 자체가 정답으로 출제될 수 있다. 형용사는 보어, 또는 형용사로 사용된다. 또한, "추가의, 더하는"의 의미를 묻는 어휘 문제로도 출제될 수 있음을 기억하자.

109 As of _next_ week, at least one form of identification will be necessary when a client wants a new membership card to be issued.

다음 주부터 고객이 새로운 회원 카드를 발급하기를 원할 때는 최소한 한 개의 신분증이 필요할 것입니다.

> **EXP.** [어휘 > 형용사 > 수식어] 명사를 수식하는 형용사의 의미를 묻는 문법 문제이다. 미래 시제와 어울려야 하므로, "다음 주부터"의 의미가 적절하다.
> (A) 형용사 - 거의
> (B) 형용사 - 최근에
> (C) 형용사 - 닫힌
> (D) 형용사 – 다음의
>
> **TIP!** "next" 자체를 암기하자.

110 The LCD monitor delivered yesterday was _accidentally_ damaged, so we request that you send us another.

어제 배송된 LCD 모니터가 우연히 손상되었다, 그래서, 우리는 당신이 우리에게 다른 것을 보낼 것을 요청했다.

> **EXP.** [문법 > 품사 > 부사 > 수식어] 품사의 구별을 묻는 문법 문제이다. "조동사 + 부사 + 본동사"의 구조이다. 동사를 수식하는 것은 부사이다.
> (A) 명사 > 단수
> (B) 명사 > 복수
> (C) 형용사
> (D) 부사
>
> **TIP!** "accidentally"가 품사의 구별을 묻는 문법 문제로 출제될 수 있다. "부사"임을 기억하자. 또한, 어휘 문제로 출제될 수도 있으므로 "우연히"의 의미도 기억하자.

111 Hitel-Com can save you up to 50 percent on international phone calls, while giving you maximum clarity and _dependability_.

Hitel-Com은 당신에게 최대의 명확성과 신뢰성을 주는 동안에, 국제 전화에서 50%까지 절약할 수 있게 한다.

> **EXP.** [문법 > 품사 > 명사 > 목적어] 품사의 구별을 묻는 문법 문제이다. 대등접속사 "and"에 의해 동사 "give"의 직접목적어가 2개 연결된다.
> (A) 명사 – 신뢰성
> (B) 동사 - 믿다, 신뢰하다
> (C) 형용사 - 신뢰할 수 있는, 믿을 수 있는
> (D) 부사 - 믿을 수 있게
>
> **TIP!** "dependability"가 품사의 구별을 묻는 문법 문제로 출제될 수 있다. "명사"임을 기억하자. 또한, 어휘 문제로 출제될 수도 있으므로 "신뢰성, 신뢰도"의 의미도 기억하자.

112 Tour de Monde Magazine's revised edition for tourists has caused some apprehension _among_ the readers due to some misleading information.

여행자들을 위한 Tour De Monde 잡지의 개정판은 잘못된 정보 때문에 독자들에게 걱정을 일으켰다.

> **EXP.** [문법 > 전치사 > 어법] 전치사의 어법을 묻는 문법 문제이다. 명사와 결합하는 것은 전치사이다. "readers"는 셋 이상이므로 "among"이 정답이다.
> (A) 부사 - ~ 만, ~ 뿐
> (B) 부사 > 관계부사 / 의문부사 - 어떻게
> (C) 전치사 - (둘이서) 사이에, ~ 간에
> (D) 전치사 – (셋 이상이) 사이에, ~ 간에
>
> **TIP!** "among"의 전치사 어법을 기억하자.

113 In an effort to reduce expenses, we are looking _for_ a creative way to enhanced worker productivity.

비용을 줄이기 위한 노력으로 우리는 직원 생산성을 강화할 수 있는 창의적인 방법을 찾고 있다.

> **EXP.** [어휘 > 1형식 동사 + 전치사] "1형식 동사 + 전치사"의 의미의 구별을 묻는 어휘 문제이다. 문맥상 "창의적인 방법을 찾다"의 의미가 적절하다.
> (A) look at - 보다
> (B) look for – 찾다, 구하다
> (C) look into - 안을 들여다보다
> (D) look on - 구경하다, 지켜보다
>
> **TIP!** "We are looking for your photo" 자체를 암기하자.

114 Local Business Monthly, a magazine intended for the general public, contains a wealth of descriptive _pictures_ so that everyone can interpret the difficult subjects more easily.

Local Business Monthly는 일반인들을 위한 잡지로 어느 누구나 어려운 주제를 더 쉽게 이해할 수 있는 풍부한 설명 사진을 가지고 있다.

> **EXP.** [어휘 > 명사] 명사 어휘 문제이다. 문맥상 "풍부한 설명 사진"의 의미가 적절하다.
> (A) 사진들
> (B) 표들
> (C) 게시물들
> (D) 표들
>
> **TIP!** "pictures" 자체를 암기하자. "pictures"는 명사의 복수형으로 "사진들"의 의미이고, 또는 동사의 -(e)s형으로 "서술어 > 단순 현재시제 > 3인칭 단수 > 능동형"으로 사용된다.

115 If you need further information, please _contact_ our Customer Relations department to get the most up to date information or e-mail for a quick response.

만약 당신이 더 많은 정보를 필요로 한다면, 소비자 상담부서로 연락해서 최신 정보를 얻으시거나 빠른 답을 위해서 이메일 하십시오.

> **EXP.** [어휘 > 동사] 동사 어휘 문제이다. 타동사는 목적어와의 의미상 어울림이 일차적 관계이다. 문맥상 "소비자 상담부서로 연락하다"가 적절하다.
> (A) 보내다
> (B) 전송하다
> (C) 연락하다
> (D) 운반하다
>
> **TIP!** "contact" 자체를 암기하자.

116 Ms. Monica Spears, the president of Marconini Electronics, said the new 4G mobile phone is so _popular_ that the company is struggling to meet demand.

Marconini Electronics의 사장인 Monica Spears는 새 4G 휴대전화가 너무 인기가 있어 회사가 수요를 충족시키기 위해 노력하고 있다고 말했다.

> **EXP.** [어휘 > 형용사 > 보어] 형용사 어휘 문제이다. "so + 형용사 + that"의 구조에서 형용사는 주절의 일부로 보어이며 원인이다. that 절은 부사절로 결과이다. "너무 인기가 있어 회사가 수요를 충족시키기 위해 노력하고 있다"의 의미가 적절하다.
> (A) 형용사 - 유행할 수 있는
> (B) 형용사 - 인기 있는
> (C) 형용사 - 일반적인, 일상의
> (D) 형용사 - 보통의, 일반적인
>
> **TIP!** "so popular" 자체를 암기하자.

117 To find out more about international shipping **_charge_**, look at the attached guide visit our web-site.

국제 배송 요금에 대해서 더 알기 위해서, 첨부된 안내서를 보거나 홈페이지를 방문하십시오.

> **EXP.** [어휘 > 명사] 명사 어휘 문제이다. "국제 배송 요금"의 의미가 적절하다.
> (A) 명사 - 통행료
> (B) 명사 - 운임
> (C) 명사 - 가치
> (D) 명사 – 청구액, 요금
>
> **TIP!** "charge"는 명사와 동사로 사용된다. 동사의 의미인 "청구하다"도 출제 가능하다.

118 Thanks to a revised **_policy_**, we at InterCom Inc. can provide you with free returns up to once a month.

개정된 정책으로 인해 우리 InterCom사는 월 1회에 한하여 무료 반송을 제공합니다.

> **EXP.** [어휘 > 명사] 명사 어휘 문제이다. "thanks to + 명사"의 구조는 원인의 표현이다. "개정된 정책으로 인해"의 의미가 적절하다.
> (A) 명사 – 정책
> (B) 명사 - 홈페이지
> (C) 명사 - 과정
> (D) 명사 - 무대
>
> **TIP!** "policy" 자체를 암기하자.

119 The company has only received ten inquiries by phone since the extensive advertising campaign ran in last month's edition of the **_shopping_** magazine.

쇼핑 잡지의 지난 호에 연장 광고 캠페인이 진행된 이후로 회사는 단지 10개의 문의 전화를 받았다.

> **EXP.** [문법 > 동사의 형태] 동사의 형태를 묻는 문법 문제이다. 명사 "magazine"을 수식해야 하므로 형용사적으로 쓰일 수 있어야 한다. "shop"은 자동사이므로 "shopping"이 적절하다.
> (A) 명사 / 동사
> (B) 동사 > -(e)d형
> (C) 동사 〉 –ing형
> (D) 명사 > 복수 / 동사 > -(e)s형
>
> **TIP!** "shopping" 자체를 암기하자.

120 Global leaders have responded quite differently to yesterday's announcement from France declaring that they will veto a NATO **_resolution_** to support an America-led Iran war.

세계의 지도자들은 어제 미국이 주도하는 이라크 전쟁을 지원하는 나토 결의안을 거부할 것이라는 프랑스의 발표에 대해서 아주 상이하게 반응했다.

> **EXP.** [문법 > 품사] 품사의 구별을 묻는 문법 문제이다. 3형식 동사의 목적어로 명사가 적절하다.
> (A) 동사 - 해결하다
> (B) 동사 > -(e)d형
> (C) 동사 > -ing형
> (D) 명사 – 결의안
>
> **TIP!** "resolution"이 품사의 구별을 묻는 문법 문제로 출제될 수 있다. "명사"임을 기억하자. 또한, 어휘 문제로 출제될 수도 있으므로 "결의안"의 의미도 기억하자.

121 A common mistake made by owners is purchasing expensive hardware without knowing how to use it, and **_in addition_**, employees are hired to operate certain kinds of business software.

소유자들에 의해 생기는 공통적인 실수는 사용법도 알지 못하면서 값비싼 설비를 구입하는 것이고, 게다가, 직원들은 특수한 상업 소프트웨어를 작동하기 위해 고용된다.

> **EXP.** [어휘 > 전치사 + 명사] "전치사+명사"는 부사구로 연결어의 기능을 한다. 대등접속사 "and"의 의미를 명확히 해 주는 부사구인 연결어가 필요하다. 문맥상 "첨가" 관계가 적절하다.
> (A) 전환 - 그런데
> (B) 결과 - 그 결과
> (C) 첨가 - 게다가
> (D) 대조 - 사실
>
> **TIP!** "in addition" 자체를 암기하자. Part 6에서 출제될 수도 있다.

122 The configuration of the YNG-77 laptop is very stable but the design of its keyboard is **_inconvenient_**.

YNG-77 노트북의 환경은 매우 안정적이나, 키보드의 설계는 아주 불편하다.

> **EXP.** [어휘 > 형용사] 형용사 어휘 문제이다. 대등접속사 "but"에 의해 "stable"에 대조된다. "불편한"이 적절하다.
> (A) 형용사 - 편안한
> (B) 형용사 - 이상적인, 가장 좋은
> (C) 형용사 - 강도 높은, 집중적인
> (D) 형용사 – 불편한
>
> **TIP!** "inconvenient" 자체를 암기하자.

123 To thank our customers for their continued support, two **_coupons_** for future purchases will be provided.

우리 소비자들의 끊임없는 성원에 감사하고자 향후 구매를 위한 두 장의 쿠폰이 지급될 것입니다.

> **EXP.** [어휘 > 명사] 명사 어휘 문제이다. 문맥상 "coupon"이 적절하다.
> (A) 명사 – 쿠폰
> (B) 명사 - 입장권
> (C) 명사 - 영수증
> (D) 명사 - 청구서
>
> **TIP!** "coupon" 자체를 암기하자. Part 6에서 출제될 수도 있다.

124 The diagnostic process must carefully explore many of **_these_** problems, not only to provide appropriate diagnoses, but also to identify early signs or risk factors.

진단 과정은 이와 같은 많은 문제들을 적합한 진단뿐 아니라 위험요소 또는 초기 징후를 밝히기 위해서 신중하게 검진하여야 한다.

> **EXP.** [문법 > 한정사] 명사와 결합하는 한정사의 구별을 묻는 문법 문제이다. "형용사 + 명사"의 구조로 명사 "problems"를 수식할 수 있는 한정사가 정답이다. 복수이므로 복수 수식이 가능한 "these"가 적절하다.
> (A) 대명사 / 형용사 > 한정사 > 단수 - 이것
> (B) 대명사 / 형용사 〉 한정사 〉 복수 - 이것들
> (C) 관계사 > 관계대명사 > 소유격 - 누구의
> (D) 대명사 / 형용사 > 한정사 > 단수 - 별개의, 또 다른
>
> **TIP!** "these"의 대명사의 용법도 출제 가능하다. Part 6에서 출제될 수도 있다.

125 Korea's civil law *entitles* all employees to up to 12 weeks off to attend to serious health conditions which they or their immediate family members may have.

한국 민법은 모든 노동자들이 그들의 또는 그들의 직계 가족이 가지고 있는 심각한 건강상태를 돌볼 수 있도록 최대 12주의 휴가를 낼 수 있는 권리를 부여한다.

EXP. [어휘 > 동사] 동사 어휘 문제이다. 문맥상 "휴가를 낼 수 있는 권리를 부여한다"의 의미가 적절하다.
(A) 동사 - 가능하게 하다
(B) 동사 - 위탁하다
(C) 동사 - ~ 에게 권리를 부여하다
(D) 동사 - 확장하다

TIP! "entitles" 자체를 암기하자. Part 6에서 출제될 수도 있다.

126 Tuition fees are $50,000, *inclusive of* course books and a daily meal plan, but exclusive of other materials and living expenses.

수업료는 교재와 급식을 포함하여 5만 불이며, 다른 자료나 생활비는 포함되어 있지 않습니다.

EXP. [어휘 > 형용사] "형용사 + 전치사"의 의미를 묻는 어휘 문제이다. 대등접속사 "but"에 의해 문맥상 대조되므로 "~를 포함하여"의 의미가 적절하다.
(A) ~에 뽑힐 자격이 있는
(B) ~에 빠른 반응을 보이는
(C) ~에 의지하여
(D) ~를 포함하여

TIP! "inclusive of" 자체를 암기하자. Part 6에서 출제될 수도 있다.

127 The age requirements for hiring flight attendants vary slightly to *and* from different companies.

항공 승무원 채용에 있어서 나이 자격은 회사마다 조금씩 다르다.

EXP. [문법 > 연결어] 연결어의 구별을 묻는 문법 문제이다. 대등접속사는 문법적 형태와 기능이 동일한 것을 연결한다. "전치사 + and + 전치사"의 구조가 적절하다.
(A) 접속사 > 대등접속사 - 그리고
(B) 접속사 > 종속접속사 - 조건 · 만약
(C) 관계사 > 관계대명사 > 주격 / 목적격 > 사물 · 어느
(D) 부사 > 접속부사 - 그러므로

TIP! "to and from" 자체를 암기하자.

128 The shipment you ordered last weekend will be received *either* today or tomorrow.

당신이 지난주에 주문한 배송은 오늘이나 내일 수령하게 될 것이다.

EXP. [문법 > 접속사 > 대등접속사 > 상관형] 대등접속사 상관형의 짝을 찾는 문법 문제이다. "either A or B"의 구조가 적절하다.
(A) both A and B - 양자 긍정
(B) not A but B - A 부정 B 강조
(C) either A or B - 둘 중 하나 선택
(D) neither A nor B - 양자 부정

TIP! "either A or B" 자체를 암기하자.

129 Ms. Lisa Brook has organized the fundraising event and actively *solicited* large corporate donations to support the family entertainment center.

Lisa Brook 씨가 가족 여가 센터를 지원하기 위한 모금 행사를 기획했으며 적극적으로 대기업에 기부를 요청했다.

EXP. [어휘 > 동사] 동사 어휘 문제이다. "5형식 동사 + 목적어 + 보어"의 구조이고, 대등접속사 "and"에 의해 "organized the fundraising event"와 연결된다. "대기업에 기부를 요청하다"의 의미가 적절하다.
(A) 동사 - 제안하다
(B) 동사 - 수령하다
(C) 동사 - 승낙하다
(D) 동사 - 요청하다, 간청하다, 청원하다

TIP! "solicited" 자체를 암기하자.

130 With providers launching new deals with competitive rates on a regular *basis*, there are plenty of products to choose from.

정기적으로 경쟁력 있는 가격으로 새로운 거래를 시작한 공급자들로 인해서 선택할 수 있는 제품들이 많이 있다.

EXP. [어휘 > 명사] 명사 어휘 문제이다. "전치사 + 명사"의 구조로 "정기적으로"의 의미가 적절하다.
(A) 방법
(B) 토대, 근간
(C) 기간
(D) 이유

TIP! "on a regular basis" 자체를 암기하자.

Test 01
Test 02
Test 03
Answer 01
Answer 02
Answer 03

131-134

The Best Family Foundation offers free divorce workshops every Monday morning. Sign-ins for the workshops are Monday mornings at 10:00 am in The Best Family Foundation office. *Plan to spend the entire morning there, as the workshop lasts until 12:00 PM*.

Note: Anyone who is wishing to start a divorce, a legal separation, or an annulment and is seeking assistance from the consultant must attend this workshop first.

You must also *do* the following:

* Please purchase a Divorce Packet from the Business Office for $10.00 *before* coming to the workshop. This packet includes all the forms you will need on the day of the workshop.

* Please bring a black ink pen. Pencils and blue pens are NOT *acceptable*.

* There will be no translation service. If you are not fluent in English, you had better to bring your own translator.

* Children are not allowed to attend the workshop, but childcare service is available.

Best 가족 재단은 매주 월요일 오전에 무료 이혼 워크숍을 제공합니다. 워크숍을 위한 참가 신청은 월요일 오전 Best 가족 재단 사무실에서 있습니다. 워크숍은 정오까지 진행됨으로 오전 시간 내내 사용할 준비를 하십시오.

주목: 상담자로부터 도움을 구하는 사람이나 이혼, 법적 별거, 취소, 혼인 무효를 진행하려는 사람들은 먼저 이 워크숍에 참석해야만 합니다.

당신은 또한 다음 사항을 준수해야 합니다.

*워크숍에 참여하기 전에 사무실에서 10달러짜리 이혼 패키지를 구입하십시오. 패키지는 워크숍 날에 필요한 모든 서류들을 포함하고 있습니다.

* 검은색 펜을 가져오십시오. 파란색 펜이나 연필은 받아들일 수 없습니다.

* 통역 서비스가 제공되지 않습니다. 영어가 능숙하지 않으시다면 통역과 함께 오시는 편이 좋습니다.

* 아이들은 워크숍에 참여할 수 없지만, 아동 보육 서비스가 이용 가능합니다.

VOCA free 무료의, 공짜의 | divorce 이혼 | separation 분리, 별거 | annulment 무효 | fluent 유창한, 능숙한

131 (A) 예약이 다 찰 경우를 대비하여 미리 자리를 예약하십시오.
(B) 오전 워크숍에 참석하여 강의를 들으십시오.
(C) *워크숍은 정오까지 진행됨으로 워크숍에서 오전 내내 보낼 계획을 하십시오.*
(D) 신청서를 작성하기 위해 상담자에게 가십시오.

EXP. [문장 선택] 앞 문장에서 시간과 장소를 언급했다. 그러므로, 진행 시간에 대한 정보를 주는 것이 적절하다.

TIP! 시간과 장소를 언급한 다음, 진행 시간을 언급해야 한다.

132 (A) 동사 > 원형
(B) 동사 > 과거형
(C) 동사 > 과거 분사형
(D) 동사 > -ing형

EXP. [문법 > 동사의 형태] 동사의 형태를 묻는 문법 문제이다. "조동사 + 부사 + 동사 원형"의 구조이다. 서법 조동사 "will, shall, can, may, must, would, should, could, might"는 동사 원형과 결합한다.

TIP! 서법 조동사 "will, shall, can, may, must, would, should, could, might"는 동사 원형과 결합한다.

133 (A) 후에
(B) *이전에*
(C) 동안에
(D) 함께

EXP. [문법 > 전치사 > 의미] 전치사의 의미를 묻는 문법 문제이다. 문맥상 "워크숍에 참여하기 전에"의 의미가 적절하다.

TIP! "before"는 접속사, 전치사, 부사로 사용된다. 의미는 "~ 하기 전에"이다.

134 (A) *받아들일 수 있는*
(B) 책임 있는
(C) 신뢰할만한
(D) 실현 가능한

EXP. [어휘 > 형용사] 형용사 어휘 문제이다. 앞의 문장과 순접으로 연결되어야 한다. 부정어 "not"과 결합으로 순접의 의미를 완성한다. "받아들일 수 있는"의 의미가 적절하다.

TIP! "acceptable"은 문법에서 품사로 형용사임을, 어휘로 "받아들일 수 있는"의 의미임을 기억하자.

135-138

JOB OPPORTUNITY

The Assistance for the Youth is a non-profit organization that provides the unemployed with meaningful work in the area of business. The Assistance for the Youth is now accepting applications for the following position :

FINANCE & ADMINISTRATION MANAGER

We need an energetic team player for the financial functions. A qualified financial specialist should apply for the position of accounting director. That person should be able to handle a current accounting system to maintain accurate records, to prepare regular financial annual reports, ***including*** those required for annual auditing, and to process payroll for all employees. This individual will also oversee various administrative duties ***pertaining to*** the Assistance for the Youth's operations.

Qualifications:

» 4-year diploma or more than a 6-year degree in Business Administration with focus in finance or equivalent ***work*** experience

» experience and knowledge of The Assistance for the Youth's programs will be considered an asset

This position is a two-year renewable contractual position.

Salary will be based on qualifications and experience.

채용 공고

Assistance for the Youth는 비즈니스 상의 의미 있는 일자리를 실업자들에게 제공하는 비영리 기관입니다. Assistance for the Youth 가 다음과 같은 일자리를 위한 지원서를 받고 있습니다.

재정 & 행정관리자

¹³⁵ 우리는 재정 업무를 위한 활기찬 팀 플레이어가 필요합니다. 자격 있는 재정 전문가가 재정 책임자 업무를 위해 지원해야 합니다. 지원자는 정확한 재무 기록을 유지하기 위해서 또한 연간 회계 감사에 필요한 것들을 포함하는 연간 회계 보고서 준비를 위해서, 그리고 직원들의 급여를 진행하기 위해서 현재 회계 프로그램을 다룰 수 있어야 합니다. 또한 이 업무 담당자는 Assistance for the Youth와 관련된 다양한 행정 업무를 감독하게 될 것입니다.

자격:

» 재무 또는 동등한 경험에 초점을 둔 4년제 또는 6년제 경영학 학위 소지자

» Assistance for the Youth 프로그램에 대한 지식과 경험 우대합니다.

이 직책은 재계약이 가능한 2년 계약직입니다.

급여는 자격과 경험에 따라 상이합니다.

VOCA non-profit 비영리의, 영리를 추구하지 않는 | unemployed 고용되지 않은, 실직의 | meaningful 의미 있는 | accurate 정확한 | oversee 감독하다, 감시하다

---

135 (A) 우리는 독립적으로 일하길 원하는 잠재적인 지원자를 구합니다.
(B) 우리는 재정 전문가가 공석인 자리를 받아들일 것을 요구한다.
(C) 우리는 재정 업무를 위한 활기찬 팀 플레이어가 필요합니다.
(D)우리는 연간 감사 보고서와 일반 재정 보고서를 준비한다.

EXP. [문장 선택] 단락의 첫 문장이다. 일반적으로 연역적 논리 추론 방식에 따라 단락 구성된다. 단락의 첫 문장은 주제 문장으로 단락 전체의 내용을 포괄해야 한다.

TIP! 단락의 첫 문장은 주제 문장이다.

136 (A) ~을 고려하면
(B) ~을 포함하여
(C) ~을 제외하고
(D) ~에 관련하여

EXP. [어휘 > 동사] 동사 어휘 문제이다. 문맥상 "연간 회계 감사에 필요한 것들을 포함하는"의 의미가 적절하다.

TIP! "including"의 의미를 기억하자.

137 (A) ~에 따라서
(B) ~때문에
(C) ~에 의거하여
(D) ~와 관련된

EXP. [어휘 > 동사 + 전치사] "1형식 동사 + 전치사"가 현재분사가 되어 명사와 결합하여 부사구를 형성한다. 문맥상 "Assistance for the Youth와 관련된"의 의미가 적절하다.

TIP! "pertaining to"의 의미인 "~ 와 관련된"을 기억하자.

138 *(A) 동사 〉 원형 / 명사 〉 단수*
(B) 동사 〉 -(e)s형 / 명사 〉 복수
(C) 동사 〉 -ing형
(D) 동사 〉 -(e)d형

EXP. [문법 > 품사] 품사의 구별을 묻는 문법 문제이다. "work experience"는 복합 명사이다.

TIP! "work experience"의 복합 명사를 암기하자.

139-142

Jayson F. Murphy
414 North Central Avenue
Phoenix. Arizona 85012
(602) 375-2599

Dear Ms. Donnie Copper

This e-mail is to be sent in response to inquiries regarding the start date of the

development of our new pharmaceutical product. We are scheduled *to begin* the

manufacturing process immediately after receiving the grant from the Municipal Wellbeing Fund, which should occur by July 31st.

At the moment, the state is still processing our grant application. As you know, I applied for this grant over two months ago and was told that the approval process would take only three weeks. The state appears to have *misplaced* my grant application since that time. *Fortunately, today the state controller assured me that we will receive approval by the end of the month*.

In the meantime, notify *all* employees in your departments that there will be an all day meeting on July 4 to remap our manufacturing schedule for the product.

Thank you for your patience and cooperation.

Jayson F. Murphy

Jayson F. Murphy
414 North Central Avenue
Phoenix. Arizona 85012
(602) 375-2599

Donnie Copper 씨 안녕하세요.

이 이메일은 신약 개발일에 관한 질문에 대한 답변으로 보냅니다. 우리는 Municipal Wellbeing 기금으로부터 7월 31일까지 집행되어야 할 보조금을 받는 즉시 제조 과정에 착수할 계획입니다.

지금 주정부는 여전히 우리의 보조금 신청을 처리 중입니다. 당신도 알다시피, 제가 두 달 전에 이 보조금을 신청할 때, 승인과정이 3주 정도 소요될 것이라고 들었습니다. 그 이후에 주정부가 제 보조금 지원 서류를 잘못 놓은 것 같습니다. ¹⁴¹ 다행히도 오늘 주정부 회계 감사관은 저에게 우리가 이달 말까지 승인을 받을 것이라고 확인해 주었습니다.

그 사이에 신제품 생산을 위한 생산계획을 재배치하기 위한 7월 4일 종일 회의가 있을 것임을 모든 직원들에게 공지하십시오.

여러분들의 인내와 협조에 감사드립니다.

Jayson F. Murphy

VOCA pharmaceutical 제약의, 약의 | grant 승인, 인정 | in the meantime 그러는 동안에

139
(A) 동사 〉 과거형
(B) 동사 〉 과거 분사형
(C) 동사 〉 -ing형
(D) 동사 〉 to + 원형 – 부정사

EXP. [문법 > 동사의 형태] 동사의 형태를 묻는 문법 문제이다. "schedule"은 5형식 동사로 "schedule + 목적어 + to + 동사 원형"의 구조를 취한다. 이것이 수동태가 되었다. 목적격 보어인 "to + 동사 원형"은 그대로 남는다. 그래서, "be scheduled to + 동사 원형"의 구조가 된다.

TIP! "be scheduled to + 동사 원형"의 구조를 기억하자.

140
(A) 대치하다
(B) 교환하다
(C) 잘못 놓다
(D) 놓다

EXP. [어휘 > 동사] 동사 어휘 문제이다. 문맥상 "제 보조금 지원 서류를 잘못 놓다"의 의미가 적절하다.

TIP! "misplace"의 의미를 기억하자.

141
(A) 주정부는 6월 31일에 승인 이메일을 우리에게 보내기 전에 보조금 승인을 통보해 주었다.
(B) 오늘 우리는 7월 31일까지 주정부에 보조금 신청을 진행시켜야 한다.
(C) 나는 주정부에 승인 요청을 처리하는데 2주가 걸릴 것이라고 말해야 한다.
(D) 다행히도, 오늘 주정부 회계 감사관은 저에게 우리가 이달 말까지 승인을 받을 것이라고 확인해 주었습니다.

EXP. [문장 선택] 부사 "Fortunately"는 문장에서 접속부사로 앞의 문장과 역접 관계로 연결한다. 앞의 문장의 부정적인 내용을 긍정적인 내용으로 전환하는 역할을 한다.

TIP! "Fortunately"의 문맥에서의 의미 전환 관계를 기억하자.

142
(A) 모든
(B) 모두
(C) 각각
(D) 누구도

EXP. [문법 > 형용사 > 한정사] 형용사의 하위분류로 명사만 수식하는 한정사의 구별을 묻는 문법 문제이다. 뒤의 복수 명사 "employees"와 결합이 가능한 것은 "all"이 적절하다.

TIP! "all / every / each / any"의 개별 용법의 구별과 의미를 기억하자.

143-146

TO: Stanford Alumni <stanfordalumni@stanfordaeb.org>
FROM: Leon Buffer <leonno1@stanfordaeb.org>
Date : May 1
Subject: Stanford Alumni Employment Bulletin -
Advertisement for President

I found the wording of your advertisement with emphasis on leadership, innovation, and change quite intriguing. *Attached* is my resume in response to your advertisement.

Most recently, I became the President of Wendy Coop, which was in bad shape, but my contribution lead the company to the best *performance* in its history. Previously I worked successfully in a variety of unusual situations, including the startup of a significant division of Goodman and the turnaround of Atlantic Biochemical.

In each of these situations, the problems or opportunities differed widely. *However* they all demanded the ability to size up the situation, assess the reasonable alternatives, and execute a plan of action. My track record shows that I am able to do this.

With regard to the requirement for manufacturing experience, I have worked 10 years in mining and milling operations, where I gained great insight in the matter of production problems. Additionally, I was the President of Wendy Coop with full responsibility for all operations and financial activities. I am free to travel and open to relocation. *I would welcome the opportunity to meet you and to further discuss your requirements.*

Thank you for your interest.

수신: Stanford Alumni 〈stanfordalumni@stanfordaeb.org〉
발신: Leon Buffer 〈leonno1.@stanfordaeb.org〉
날짜 : 5월 1일
제목 : Stanford 동창생 고용 회보 – 대표이사 광고

저는 당신의 광고에서 리더십과 혁신에 대한 강조, 그리고 아주 흥미 있는 변화를 발견했습니다. 아래는 당신의 광고에 대한 회신인 나의 이력서입니다.

가장 최근에 저는 아주 안 좋은 상황에 있었던 Wendy사의 대표이사가 되었지만, 저의 공헌으로 회사를 역대 최고의 실적으로 이끌었습니다. 이전에 저는 Goodman사의 중요한 부서의 창업과 Atlantic Biochemical사의 흑자 전환을 포함하는, 독특하고 다양한 상황 가운데서 성공적으로 일하였습니다.

이런 각각의 상황의 문제나 기회들이 크게 달랐지만, 그들 모두는 상황을 판단하고 합리적인 대안을 결정하고 계획된 행동을 집행할 수 있는 능력을 요구했습니다. 나의 업적은 내가 이런 업무를 할 수 있음을 증명합니다.

제조업 경력에 대한 자격에 대해서는, 저는 10년 동안 광산과 제분 사업에서 일하면서 그곳에서 생산 관련 문제에 대한 세밀한 분별력을 획득했습니다. 추가로 저는 Wendy사에서 경영과 재무에 대해서 전적인 책임을 지는 대표이사였습니다. 저는 여행하는 것도 문제가 없으며, 이주하는 것도 괜찮습니다. ¹⁴⁶ 저는 자격 요건을 상세하게 논의하기 위해서 당신을 만나는 것도 환영할 것입니다.

관심 가져주셔서 감사합니다.

VOCA emphasis 강조 | intriguing 아주 흥미 있는 | contribution 공헌, 헌신 | previously 이전에, 예전에 | alternative 양자택일, 대안 | execute 시행하다, 실시하다 | insight 명) 통찰력

143
(A) 동사 〉 원형
(B) 동사 〉 –ing형
(C) 동사 〉 –(e)d형
(D) 명사

EXP. [문법 > 동사의 형태] 동사의 형태를 묻는 문법 문제이다. "my resume is attached in response to your advertisement"에서 "attached"를 강조하기 위해 도치되었다.

TIP! "attached be + 주어 ~"의 구조를 기억하자.

144
(A) 잠재성
(B) 가능성
(C) 실적, 실행, 공연
(D) 책임

EXP. [어휘 > 명사] 명사 어휘 문제이다. 문맥상 "저의 공헌으로 회사를 역대 최고의 실적으로 이끌다"의 의미가 적절하다.

TIP! "performance"의 품사와 의미를 기억하자. 명사이고, "실적, 실행, 공연"의 의미이다.

145
(A) 그러나
(B) 게다가
(C) 그러므로
(D) 일반적으로

EXP. [어휘 > 부사 > 접속부사] 접속부사의 의미를 묻는 어휘 문제이다. 접속부사는 문장과 문장을 연결한다. 앞의 문장과 역접 관계로 연결되는 것이 적절하다.

TIP! "However"는 문장과 문장을 역접 관계로 연결한다.

146
(A) 나는 생산 문제에 대한 세밀한 분별력을 얻기 위해서 언제라도 외국에 출장 가기를 원한다.
(B) 나는 10년 전에 Wendy사에서 재무와 경영을 담당하였다.
(C) 나의 업무 경력은 광산과 제분 사업에서 일할 수 있는 능력이 있음을 보여준다.
(D) 저는 자격 요건을 상세하게 논의하기 위해서 당신을 만나는 것도 환영할 것입니다.

EXP. [문장 선택] 직장을 구하는 구직자의 편지이다. 마지막 문장이다. 전체 내용을 마무리해야 한다. "면접을 해도 무방하다"의 의미가 적절하다.

TIP! 구직자가 직장을 구하는 내용의 편지의 일반적인 형식을 기억하자.

PART 7

147-148

Edinburgh 지역의 Lawrence 축제

무료기회
Edinburgh 공원 내의 야외 공연

"Chatterley 부인의 연인"
3월 3일~17일까지: 일요일을 제외한 야간 공연
3월 16일: 조조 입장 오후 1시, 저녁 공연 없음

월요일 공연은 청각 장애인들을 위한 공연입니다.
청각 장애인들에게 무료로 간식이 제공됩니다.

유명 강사가 진행하는 소중한 생명 관련 강의가 오후 5시에 시작됩니다.
공연은 오후 7시 정각에 시작합니다.

(331) 534-8356 or www.edinburghfestival.com

VOCA open-air 야외의, 옥외의 | matinee (영화 또는 연극 등의) 주간
공연, 주간 상영
Story Line 공연을 안내하는 공지이다. 시간, 장소, 대상, 연락처 등을
안내한다.

147 야외 공연은 언제 종료합니까?

(A) 3월 2일
(B) 3월 10일
(C) 3월 15일
(D) 3월 17일

EXP. [개별 사실 > when] 야외 공연의 종료 시점을 묻고 있다.
중반부에 "March 3rd-17th"라고 언급되어 있다. 3월 17일
종료한다.

148 월요일은 누구를 위해 준비된 공연입니까?

(A) 청각 장애를 가진 사람들
(B) 청각이 좋은 사람들
(C) 삶에 부정적인 입장을 가진 사람들
(D) 정신병을 가진 사람들

EXP. [개별 사실 > whom] 월요일 공연의 대상자를 묻고 있다.
중반부에 "Monday performances will be signed for the
hearing impaired"라고 언급되어 있다.

149-150

Ezra Tallman	3:34 P.M.
Mr. Lee, 어디 있어요?	
Jay Lee	3:37 P.M.
지금 회사로 가고 있는 중이에요.	
Ezra Tallman	3:38 P.M.
제가 한 시간 전에 도착했는데 당신이 보이지 않아서요.	
Jay Lee	3:39 P.M.
정말 미안해요. 기차가 연착되어서 지금 막 도착했어요. 지금 올라가고 있어요? 회의실에 있어요?	
Ezra Tallman	3:41 P.M.
알겠어요. 염려 말아요. 당신의 질문에 제 대답은 예스입니다. 어떻게 제가 당신을 알아볼 수 있지요?	
Jay Lee	3:43 P.M.
저는 검은색 정장을 입고 백팩을 메고 있어요. 모임에 늦는 것을 염려 마세요. 제가 진행할게요.	
Ezra Tallman	3:44 P.M.
알겠어요.	

VOCA terribly 대단히, 매우 | designate 지정하다 | recognize
인식하다, 알다
Story Line 회의에 늦어 도착 직전의 문자 메시지

149 Ms. Ezra Tallman와 Mr. Jay Lee에 대해서 사실인 것은?

(A) 그들은 서로 다른 교통수단을 이용했다.
(B) 그들은 동일한 고객을 기다리는 중이다.
(C) 그들은 이전에 만난 적이 없다.
(D) 그들은 이전에 같은 회사에서 근무했다.

EXP. [개별 사실 > what] Ms. Ezra Tallman와 Mr. Jay Lee에 대해서
옳은 것을 묻고 있다.
Ms. Ezra Tallman의 3시 41분 메시지 중 "How will I recognize
you?"라고 언급되어 있다.

150 오후 3시 44분에 Ms. Ezra Tallman이 "Got it"이라고 말한 이유는?

(A) Mr. Jay Lee에게 정보를 주기 위하여
(B) 회의의 중요성을 강조하기 위해서
(C) 그 모임에 지각한 것을 사죄하기 위해서
(D) Mr. Jay Lee의 코멘트에 대해서 이해했음을 표현하기 위해서

EXP. [Intention] Ms. Ezra Tallman이 "Got it"이라고 말한 이유를
묻는 Intention Question이다.
"got it"은 "이해했다, 알았다"의 뜻이다. 바로 앞의 Mr. Jay Lee의
메시지를 이해했다는 의미이다.

151-152

ONNet 이 새로운 DSLite를 소개합니다!
DSLite NITRO $100.00 매월 (인터넷 비용 포함)

혜택:
1. DSLite는 항상 온 상태입니다. 컴퓨터의 인터넷 브라우저를 클릭만 하시면 바로 인터넷을 사용할 수 있습니다.
2. 이전 다이얼 업 서비스보다 최대 10배 빠른 속도!
3. 인터넷 전화와 인터넷을 동시에 사용 가능함으로 별도의 전화선이 필요치 않음!
4. 통화 대기 없음!
5. 통화가 실패하거나 수신이 안 되는 경우 없음!
6. 더 빠른 업/다운로드 속도!
7. 한 개의 DSLite 라인에 여러 대의 컴퓨터 연결 사용 가능!

지금 서비스를 신청하시면, 키보드를 무료로 증정합니다.

연락처
전화: 532-765-5842   이메일: dslite@onnet.com

VOCA introduce 소개하다, 도입하다 | simultaneously 동시에, 일시에 | connection 연결, 이음

Story Line 새로운 인터넷 서비스 광고이다. 혜택과 연락 방법을 알려 준다.

151 무엇에 대한 광고인가?

(A) 새로 발간된 컴퓨터 설명서
(B) **새로운 인터넷 서비스**
(C) 새로운 인터넷 전화 서비스
(D) 최첨단 컴퓨터

EXP. [전체 추론 > what] 광고의 대상을 묻고 있다.

전반부에 "ONNet introduces its NEW DSLite! DSLite NITRO $100.00 per month (includes internet costs)"라고 언급되어 있다.

152 서비스에 언급되지 않은 혜택은 무엇인가?

(A) 기존의 서비스보다 더 빠른 속도
(B) 서비스는 항상 이용 가능하다.
(C) 사용자는 인터넷을 하면서 전화 통화를 할 수 있다.
(D) **회선당 한 대의 컴퓨터만 사용 가능하다.**

EXP. [개별 사실 > what > 부정 질문] 서비스에 언급되지 않은 혜택을 묻고 있다.

후반부에 "7. Multiple computers on a single DSLite line!"라고 언급되어 있다. 여러 대의 컴퓨터를 연결해 사용할 수 있다.

153-154

최고의 전화기!
최고의 거래!

무엇을 얻을 수 있는지 확인하시고 바로 전화 주세요.

§ **무료 헤드셋!**
여러분이 손을 사용하지 않고도 전화 통화가 가능합니다.
§ **무료 배송!**
여러분, 귀사는 여러분의 배송 비용까지 지불해드립니다. 정말 대단한 거래입니다!
§ **무선 전화기 플랜 최저 월 $29.99**
여러분은 캠퍼스, 도시, 국경을 가로질러 통화를 할 수 있습니다.
§ **설치비 면제!**
여러분은 무료로 와이파이 라우터를 설치할 수 있습니다.
§ **2달 무료 체험 기간!**
무료로 최대 두 달까지 시험 사용할 수 있습니다. 만약 귀하가 완벽히 만족하지 못하신다면 두 달 무료 체험 기간 내에 장비를 돌려주시면 됩니다.

무엇을 망설이십니까?
지금 당장 무료전화번호 2-634-642-8744로 전화 주십시오.
할인을 위해서 할인 코드 34655를 사용해주세요.

HT&T사의 두 달 무료체험은 Digital multi-network 전화기를 구입한 신규 가입자에게만 적용됩니다.
전액 환불을 받기 위해서는 전화기는 좋은 상태를 유지하고 있어야 합니다. 취소 후 두 달 후에 보내진 전화기에 대해서는 취소 비용이 청구될 수 있습니다. 이 제안은 변경될 수 있으며 2015년 12월 31일까지 유효합니다. 이 제안은 무료 전화로 전화주실 때만 유효합니다. 이 제안은 신용 정보 확인이 필요합니다.

VOCA obtain 얻다, 획득하다 | installation 설치 | activate 활성화하다 | cancellation 취소 | imposition 시행, 도입 | expire 종료되다, 만기가 되다 | valid 유효한, 효력이 있는 | approval 인정, 승인

Story Line 새로운 전화기 광고이다. 혜택과 조건 등을 알려 준다.

153 다음 중 이 행사의 혜택으로 언급되지 않은 것은 어느 것인가?

(A) 소비자들은 최대 2달까지 제품을 사용해 볼 수 있다.
(B) 전화기를 반납할 때, 전화기의 상태가 양호해야 한다.
(C) **주문은 반드시 온라인으로 해야 한다.**
(D) 소비자들은 핸즈프리 헤드셋을 받을 것이다.

EXP. [개별 사실 > which > 부정 질문] 행사의 혜택으로 언급되지 않은 것을 묻고 있다.

중반부의 "You can try it for up to 2 months at no cost!"가 (A)와, 후반부의 "In order to receive a full refund, the phone must be in good condition"이 (B)와, 전반부의 "Free Headset! So you can receive and make calls without using your hands!"가 (D)와 일치한다. (C)는 언급되지 않았다

154 판촉 행사는 언제 끝나는가?

(A) 10일 후에
(B) **2015년 말에**
(C) 회사가 다른 공지를 줄 때까지
(D) 이 행사는 2015년 6월까지 유효하다.

EXP. [개별 사실 > when] 판촉 행사는 끝나는 시점을 묻고 있다.

후반부에 "This offer is subject to change and will expire 12-31-15"라고 언급되어 있다.

Test 01 | Test 02 | Test 03 | Answer 01 | Answer 02 | Answer 03

155-157

Spectacular Holiday Clothing Show

시간: 매일 오전 11시~오후 7시 / 일요일 오전 11시~오후 6시

Spectacular Holiday Clothing Show가 New York Vintage에서 개최됩니다. 30개가 넘는 최고의 상인들이 여러분의 명절맞이 물건을 구매하는 것을 돕고자 참여할 것입니다. 이 쇼는 다음을 포함합니다:

- 롱 가죽 재킷: 강아지의 털같이 편안하고 따뜻하고 휴대가 편리한
- 란제리 스타일: 최신의 란제리 스타일이 여러분을 지적이고 섹시하게 만들 것입니다.
- 매력적인 장갑: 숙녀를 위한 가장 중요한 장신구

MHSALE 회원: 정상가 $0달러인 입장료에서 15달러 할인. 지금 온라인으로 구입하시려면 클릭하시고 특별 할인을 받기 위해서 이 웹페이지를 가져오세요. 3일간의 vintage fashion show를 놓치지 마세요. 모든 행사는 Bella Building에서 열립니다.

지불방법: Cash/ VISA/ MC/ AMEX/

주소: 481 Rubble Street, (The Bella Building), Manhattan, MH 21442, (553) 503-3324

VOCA spectacular 장관을 이루는, 극적인 | vintage 헌 옷으로 내는 멋 또는 유행 | portable 가지고 다닐 수 있는 | sophisticated 복잡한, 세련된

Story Line fashion show 광고. 시간, 장소, 참가 방법, 참가비, 연락처 등이 언급되어 있다.

155 광고에 의하면, 여성들에게 가장 중요한 장신구는 무엇인가?

(A) 가죽 재킷
(B) 장갑
(C) 여성의 침실
(D) 명절맞이 상품들

EXP. [개별 사실 > what] 여성들에게 가장 중요한 장신구를 묻고 있다.

중반부에 "- Glamorous Gloves: the most important accessory for ladies"라고 언급되어 있다.

156 MHSALE 회원은 이 쇼의 입장권을 얼마나 할인받는가?

(A) 15%
(B) 30%
(C) 45%
(D) 50%

EXP. [개별 추론 > how much] MHSALE 회원에게 입장권을 얼마나 할인받는가를 묻고 있다.

후반부에 "MHSALE Members: Save $15 off the regular admission fee of $30"라고 언급되어 있다.

157 쇼는 어디에서 열리는가?

(A) 포도원에서
(B) 경기장에서
(C) 공원에서
(D) 빌딩에서

EXP. [개별 추론 > where] 쇼를 하는 장소를 묻고 있다.

후반부에 "All the events will take place at Bella Building"라고 언급되어 있다.

158-160

SB Coffee Care Cafe

25 Lafayette Avenue
Chicago, WA 93728
전화: (308) 332-5324
팩스: (308) 332-0694
이메일: carecoffee@cafe.com

Chris Russel
Credit Manager
SB Coffee House, Ltd
643 Chatley Road
Jacksonville, IL 997432

Russel 씨께,

우리 회사와 거래 계좌를 개설해 주심에 감사드립니다. 이 계좌를 선도하는 매니저 중의 하나인 우리는 우리의 서비스와 제품이 귀하의 요구를 절대 실망시키지 않을 것이라 확신합니다.
우리 회사와 개설한 계좌를 유지하기 위한 약관에 대해서 간략하게 설명하는 시간을 갖기를 원합니다. 귀하는 고지서를 받으면 20일 이내에 납부해야 합니다. 만약 15일 이내에 대금을 치르면 5%의 할인을 해드립니다. 우리는 이 혜택이 소비자들의 이윤을 증대하는 좋은 기회라고 여기기에 가능할 때마다 이 할인을 사용하실 것을 권장합니다. 그러나 반드시 정해진 기간 내에 대금을 납부하셔야만 5% 할인 특권을 받을 수 있습니다. 이 할인은 정가 상품에만 적용됩니다. 오랜 시간 동안 우리는 우리 상품을 애용하는 고객들에게 추가 할인을 제공하였습니다. 여러분의 최종 비용을 측정하려면, 먼저 특별 할인율을 적용하고 그리고 선결제 할인 5%를 적용하여 계산하십시오.

신용 관리자로서 저는 여러분들이 새 계좌에 관한 궁금한 점에 대해서 기쁘게 대답해 드릴 것입니다. 위의 있는 번호 (308) 332-5324 로 저에게 연락하실 수 있습니다.

감사합니다.
Edwin Conley
신용관리자 of SB Coffee Care Cafe

VOCA assure 장담하다, 확언하다, 확약하다 | disappoint 실망시키다 | briefly 짧게, 간단하게 | set forth 출발하다, 제시하다, 발표하다 | terms 조건 | incentive 동기 유발, 자극 | privilege 특권

Story Line 해당 계좌에 대한 할인 정책을 알리는 편지

158 편지를 쓴 이유는?

(A) 신용 관리자에게 지원하기 위해서
(B) 새 계좌를 개설하기 위해서
(C) 할인 정책을 설명하기 위해서
(D) 할인받기 위해서

EXP. [전체 추론 > why] 편지를 쓴 이유를 묻고 있다. 주제를 간접적으로 묻는 것이다.

둘째 단락 세 번째 문장에 "We consider this incentive a great opportunity for our clients to increase their profit margin and therefore encourage the use of this discount whenever possible"이라고 언급되어 있다.

159 SB Coffee House 회사에 대해서 언급된 것은 무엇인가?

(A) 대금은 고지서를 받고 20일 이내에 지불해야 한다.
(B) 매월 2%의 할인이 주어질 것이다.
(C) 커피 제품의 가격
(D) 회사는 1년 전에 설립되었다.

EXP. [개별 사실 > what] SB Coffee House 회사에 대해서 언급된 것을 묻고 있다.

둘째 단락 두 번째 문장에 "You must pay invoices within 20 days of receiving it"라고 언급되어 있다.

160 편지에 대해서 다음 중 사실인 것은 어느 것인가?

(A) *Edwin Conley의 이메일 주소는 carecoffee@cafe.com이다.*
(B) 신용 관리자는 까다로워서 어느 질문에도 답변하지 않을 것이다.
(C) 이 편지는 Coffee Care Cafe에게 쓰인 것이다.
(D) Julia Krinard의 전화번호는 (206) 283-8485이다.

> **EXP.** [개별 사실 > which] 편지에 대해서 사실인 것을 묻고 있다.
>
> 전반부에 "E-mail: carecoffee@cafe.com"라고 언급되어 있다. 편지의 발신자가 Edwin Conley이다.

161-163

여러분은 고질적인 소비 중독자 중의 한 사람입니까?

여러분은 올가을 새 부츠를 구입해야 하기 때문에 최신형 휴대폰을 구입하고 싶어서 15,000달러의 신용 카드빚을 진 사람들에 대해서 들어보셨을 겁니다. 대부분의 사람들이 생각하기를 "정말 바보 같군! 난 그렇게 어리석게 하지 않아." 아마 그렇지 않을지도 모릅니다. 결과적으로 여러분들도 신제품을 구매할 수 있고, 여러분의 은행 계좌를 항상 흑자인 상태로 유지하고 빚을 잘 관리할 수 있습니다. 하지만 여러분의 은행 계좌를 흑자로 한다고 해서 여러분이 소비 중독자가 아닌 것을 의미하지 않습니다. 대부분의 소비 중독은 종종 충동구매이기에 여러분은 소비 중독자임을 인지하지 못할 것입니다. [163] 따라서 여러분들이 소비 중독자인지 아닌지를 확인해봐야 합니다.

여러분들의 만성적인 소비를 아예 못하게 하지는 못하지만, 감소시킬 수 있는 상대적으로 간단한 방법들이 있습니다. "대부분의 충동구매는 특정 분야에 걸쳐서 반복적인 실수로 구매되는 경향이 있습니다"라고 김 씨는 말했습니다. 당신이 어디에 있는지 알기 위해서 김 씨는 당신의 집을 돌아다니며 당신이 소유하고 있는 것을 조사할 것을 권합니다. 예를 들면 당신의 캐비닛에 신발을 조사해서 30켤레의 신발이 있는데 당신이 보통 신는 것은 4켤레라면 당분간 신발을 사지 말 것을 마음에 새겨야 합니다.

또 다른 방법은 당신을 한 달 동안 일시적 지불 정지 상태로 만드는 것이라고 이 씨는 언급했습니다. 식료품 같은 생필품만 현금을 사용해서 구입하고 소비하는 모든 금액은 낱낱이 기록하는 것입니다. 대부분의 사람들은 생필품에만 한정해서 이 실습을 시행하지 않기에 이러한 것은 어디에서 충동구매가 이루어지는지를 아는데 도움이 됩니다.

이 씨는 자신의 수입보다 더 작은 예산으로 사는 것을 실행할 것을 추천합니다. 그녀는 여러분의 수입을 다음과 같이 할당할 것을 제안합니다. 수입의 70%는 생활비로, 10%는 기부하고, 20%는 저축으로. 여러분 수입에서 저축과 기부의 부분이 여러분의 눈을 세상의 필요와 장기적인 재정적 안정에 눈뜨게 함으로 만족할 줄 모르는 욕망을 멈추게 한다고 그녀는 말했습니다.

VOCA chronic 고질적인, 만성의 | eventually 궁극적으로 | unconscious 의식하지 못하는, 무의식의 | relatively 상대적으로 | recurring 되풀이해서 발생하는 | moratorium 유예 기간 | allocate 할당하다 | insatiable 만족할 수 없는, 채울 수 없는

Story Line 올바른 소비를 위한 조언

161 어떤 이가 불필요하게 돈을 소비하는지를 알기 위해 어떤 충고가 주어졌는가?

(A) 가게 주인을 만나라.
(B) 개인의 집을 조사하라.
(C) 현명한 소비에 관한 책을 읽어라.
(D) 다른 사람의 소비와 비교하라.

> **EXP.** [개별 사실 > what] 불필요하게 돈을 소비하는지를 알기 위해 어떤 충고를 하는지를 묻고 있다.
>
> 셋째 단락 마지막 문장에 "For example, when you look through your shoes cabinet and you find 30 pairs of shoes, only four of which you usually wear, you should make a mental note to stop buying shoes for the time being"라고 언급되어 있다.

162 Ms. Lee가 충동구매를 억제하는 방법으로 무엇을 제안하는가?

(A) 십 원 하나도 쓰지 마라.
(B) 작은 수입으로 사는 것을 실행하라.
(C) 월급 전체를 저축하라.
(D) 생활비를 주의 깊게 계획하라.

> **EXP.** [개별 사실 > what] Ms. Lee가 제안하는 충동구매를 억제하는 방법을 묻고 있다.
>
> 다섯째 단락 첫 문장에 "Ms. Lee recommends to try practicing living with a budget smaller than your income"라고 언급되어 있다.

163 다음 문장이 가장 잘 어울릴 곳은 어디인가?

"따라서 여러분들이 소비 중독자인지 아닌지를 확인해 봐야 합니다."

(A) [1]
(B) [2]
(C) [3]
(D) [4]

> **EXP.** [문장 위치] 문장의 위치를 정하는 문제이다.
>
> 주어진 문장에 접속부사 "Therefore"가 있다. "Therefore"는 앞의 문장이 원인, 뒤의 문장을 결과로 연결한다. 앞의 문장으로 "Most chronic spending is often unconscious spending, so you may not even know you are a chronic spender"가 적절하다.

164-167

Lindsay Wagner 11:45 A.M.	언제 도착하시나요? 제가 방금 전 안내 데스크에서 우리 고객인 Nunez를 만났어요.
Rob Murphy 11:47 A.M.	버스가 교통 정체에 걸렸어요. 20분 동안 꼼짝을 안 해요.
Lindsay Wagner 11:48 A.M.	큰일이네요. Nunez 씨와의 약속이 12시에 시작하기로 되어있는데, 어떻게 할까요? 그녀보고 기다리라고 할까요?
Rob Murphy 11:50 A.M.	아니에요. 그녀는 오후 1시까지만 있을 수 있다고 했으니까, 저 없이 시작해주세요.
Lindsay Wagner 11:52 A.M.	그런데 저는 어떻게 그녀에게 새 서비스를 어떻게 소개해야 할지 몰라요.
Rob Murphy 11:53 A.M.	당신이 할 수 있을 거라 확신합니다. 당신이 함께 프레젠테이션 했던 사람들 중의 하나잖아요. 당신이 먼저 시작하고 제가 도착하는 대로 합류할게요. 그럼 될 것 같아요.
Lindsay Wagner 11:54 A.M.	최선을 다해 볼게요.
Rob Murphy 11:56 A.M.	버스가 다시 움직이기 시작하네요. 12시 30분까지 도착하기를 바라요. 도착하는 대로 바로 회의실로 갈게요.
Lindsay Wagner 11:58 A.M.	그렇게 해주세요. 저도 지금 Nunez 씨를 맞으러 가는 길입니다.

VOCA stuck 움직일 수 없는, 꼼짝 못 하는 | hopefully 희망을 갖고, 기대를 갖고

Story Line 교통 정체로 회의 늦으니 그냥 회의를 진행하라는 내용의 문자 메시지

Test 01

Test 02

Test 03

Answer 01

Answer 02

Answer 03

164 Rob Murphy 씨의 버스가 멈춘 이유는?

(A) 공사 때문에
(B) 자동차사고 때문에
(C) *교통 정체 때문에*
(D) 차량 검문소 때문에

EXP. [개별 사실 > why] Rob Murphy 씨의 버스가 멈춘 이유를 묻고 있다.

Rob Murphy의 11시 47분 메시지에 "My bus is stuck in traffic" 라고 언급되어 있다.

165 11시 53분경에 Rob Murphy 씨가 쓴 문자 "Sure, you do"는 무슨 뜻인가?

(A) 그는 Lindsay Wagner 씨가 Nunez 씨를 그에게 소개해주기를 원한다.
(B) 그는 Nunez 씨가 주문할 것이라 믿는다.
(C) 그는 회의가 정각에 시작할 것이라 생각한다.
(D) *그는 Lindsay Wagner 씨가 프레젠테이션할 것이라 생각한다.*

EXP. [Intention] "Sure, you do"의 문맥상의 의미를 묻는 Intention Question이다.

바로 앞의 문장인 "But I don't know how to introduce our new services to her"를 긍정하는 의미이다.

166 Ms. Nunez에 대해서 지시되는 것은 무엇인가?

(A) *그녀의 시간이 제한적이다.*
(B) 그녀는 Mr. Rob Murphy의 동료이다.
(C) 그녀는 그녀 회사의 새로운 서비스에 만족해한다.
(D) 그녀의 버스가 교통 체증에 걸려있다.

EXP. [개별 사실 > what] Ms. Nunez에 대해서 지시되는 것을 묻고 있다.

Rob Murphy의 11:50 A.M. 메시지에 "No. She said she only has until 1:00 P.M. today, so please start without me"라고 언급되어 있다.

167 Ms. Lindsay Wagner는 다음에 무엇을 할 것인가?

(A) Mr. Rob Murphy을 맞이한다.
(B) *그녀의 고객을 맞이한다.*
(C) 버스에서 하차한다.
(D) 그녀의 일정을 재조정한다.

EXP. [개별 추론 > what] Ms. Lindsay Wagner는 다음에 무엇을 할지를 묻고 있다.

Lindsay Wagner의 11:58 A.M. 메시지에 "Please do. I'm on my way to greet Ms. Nunez now"라고 언급되어 있다.

168-171

Beta Crane Company
4231 East North Avenue
Texas, IL 22003

2015년 7월 21일

Sandra Farcon
American Commercial Attach
South West Region
U.S. Embassy Offices, Suite 1022
Millan, Italy

Ashley 씨께,
Cairo에서의 모든 사업이 잘되기를 바랍니다. 당신과 Mr. Lim과 대화를 나눈지도 꽤 시간이 지났습니다. 꼭 필요했던 휴가지만 불행히도 이 휴가를 즐기지 못할 것 같습니다. 당신과 Mr. Lim도 같은 심정이겠지만, 당신은 비즈니스가 생리를 아시지요.
Ashley와 Beta는 세간의 이목을 끄는 여러 문제들을 최근 일으켰습니다. 우리는 7월 1일 배송되기로 했던 10개의 크레인을 가지고 있습니다. 제가 지난 3월에 주문했는데 아직도 그것들을 받지 못했습니다. Raymond가 ICO bureau of the Saudi Royal Ministry of Construction and Land Management의 책임자인 Melvin Cransey과 함께 승인 절차를 신속히 하려고 애썼습니다. 그러나 불행히도 우리는 그녀에게서 큰 도움을 얻지 못한 것이라 생각됩니다. Ramadan 이 곧 다가오기 때문에 비즈니스를 진행하는 것이 아주 어려울 것으로 생각됨으로 우리는 직원들이 가족들과 휴가 가기 전에 신속하게 일 처리를 해야 합니다. 생산 책임자는 AK Equipment사가 주문한 30개의 크레인 배송을 걱정합니다. 그들은 10개의 크레인을 9월 22일까지 순차적으로 받기를 원합니다.
저는 정부 승인이 빨리 이루어질 수 있도록 당신이 도와주기를 바랍니다. 저는 과거에 당신이 Beta사를 위해 해주신 친절에 진심으로 감사를 드립니다. 저는 당신이 이 나라가 미국 정부와 좋은 관계를 유지하는 데 도움을 필요하다는 것에 동의하시리라 생각됩니다. 왜냐하면, 사업이 이 나라에서 크게 성공을 이뤄왔기 때문입니다. 저는 월요일에 다른 비즈니스 거래를 위해서 정부 부처 사람들을 만나기 위해서 Cairo로 떠날 예정입니다. 이 문제를 해결할 수 있도록 제가 도착하는 대로 최대한 빨리 당신과 함께 만나고 싶습니다. 저는 Cairo의 Nikki 호텔에서 머물 것입니다. 만약 당신이 제가 떠나기 전에 만나길 원하시면, 저는 오늘 저녁 늦은 시간까지 제 사무실에 있을 것입니다. 아니면 휴대전화로 연락 주십시오. 010-24-332-7556-4535 당신을 곧 만나기를 기대합니다.

감사합니다.
John Delpart

VOCA unfortunately 불행히도, 운 나쁘게 | attention 관심, 주목 | arrangement 약속, 정렬 | continuously 계속적으로, 연속해서

Story Line 빠른 일처리를 부탁하는 편지

168 Delpart가 Ashley에게 무엇을 요청하는가?

(A) *신속 승인 절차를 위해 도와달라는 것*
(B) 휴가 가라는 것
(C) 좋은 관계를 유지하라는 것
(D) 크레인을 더 주문하라는 것

EXP. [개별 사실 > what] Delpart가 Ashley에게 요청한 것을 묻고 있다.

셋째 단락 첫 문장에 "I want you to help to speed up government approval"라고 언급되어 있다.

169 Delpart는 언제 이 편지를 썼는가?

(A) 2015년 2월 1일
(B) 2015년 7월 1일
(C) 2015년 8월 11일
(D) *2015년 6월 21일*

EXP. [개별 사실 > what] Delpart가 편지를 쓴 시점을 묻고 있다.
서두 부분에 "June 21, 2015"라고 언급되어 있다.

170 AK Equipmentms 몇 개의 크레인을 주문했는가?

(A) 1
(B) 5
(C) 10
(D) 30

EXP. [개별 사실 > how many] AK Equipmentms 몇 개의 크레인을 주문했는지를 묻고 있다.

둘째 단락 후반부에, "The Production Manager have worried about this shipment and there is a total of 30 cranes that have been ordered by AK Equipment"라고 언급되어 있다.

171 Ashley는 그녀가 Cairo로 떠나기 전에 어떻게 Delpart에게 연락을 할 수 있는가?

(A) 편지로
(B) 이메일로
(C) 전화로
(D) 케이블로

EXP. [개별 추론 > how] Ashley는 Cairo로 떠나기 전에 Delpart에게 어떤 방법으로 연락할 수 있는지를 묻고 있다.

넷째 단락 후반부에, "If you want to talk to me before I leave, I'll be in my office late this evening, or you can reach my cellular phone number: 010-24-332-7556-4535."라고 언급되어 있다.

172-175

우리는 다음 장소에서 발생한 사고에 대해서 당신에게 보고합니다.

Lake Worth Apartment Complex
Naples FL

이 사건은 합법적인 법 집행 기관에 보고되었고 우리가 알기로 이 사건에 연루된 범인은 아직 체포되거나 확인되지 않았다.

이 보고서는 다음에 진술된 법 집행 기관에 의해 우리에게 주어졌음: 지난 2주간에 걸쳐 Maryland Heights와 Creve Coeur 경찰서는 아파트 단지를 엿보는 범인에 대한 보고를 받았다. 엿보는 범인에 대한 인상착의는 다음과 같다. 흑인 남성, 대략 5피트 7인치의 신장, 중년의 나이, 검은 머리카락, 새까만 피부, 용의자는 조깅용 반바지만 착용.

우리는 여러분 스스로를 보호하기 위해 조심하실 것을 당부합니다. 여러분이 이 범죄의 희생양이 되지 않을 것이라 장담할 수 없지만, 범죄의 희생양이 될 가능성을 현저히 낮출 수 있는 몇 가지 방법이 있습니다.

– 아파트 단지에 출입할 때 의심스러운 사람을 발견하면, 가까운 공중 전화 부스로 가서 경찰서로 연락해 주십시오. 그 후에 아파트 단지 관리자에게 최대한 빨리 알리십시오.

– 아파트 방 안에 있을 때 모든 창문과 문을 잠그십시오.

– 당신이 언제든지 위협을 받는다고 느낀다면, 즉시 112로 경찰에 신고하십시오.

– 당신이 만약 이 범죄의 피해자가 되었을 때도, 즉시 경찰서에 보고하고 아파트 관리자에게도 알리십시오.

우리는 여러분의 안전을 만전을 기하고 있으나, 범죄는 때와 장소를 가리지 않고 발생할 수 있습니다. 우리는 여러분이 범죄의 피해자가 되지 않기를 원합니다. 그러니 항상 합당한 개인 안전 수칙을 행하여 주십시오. ¹⁷⁵ 우리는 여러분들의 협조로 우리 시내에 있는 범죄자를 체포하기를 바랍니다.
여러분의 편의를 위해서 아래의 전화번호를 제공해드립니다.

경찰서: (413) 787-5462
관리사무실: (413) 787-2020

Brian O'neil
지역관리자

VOCA incident 사고 | occur 발생하다, 일어나다 | criminal 범죄의, 형사의 | arrest 체포하다, 잡다 | precaution 명) 조치 | threaten 위협하다

Story Line 범죄를 경고하는 공지

172 공고의 제목으로 가장 알맞은 것은?

(A) 엿보는 사람
(B) 범죄 경고 공지
(C) 구직 공고
(D) 도난 보고서

EXP. [전체 추론 > 주제] 주제를 간접적으로 묻고 있다.

첫 문장에 "We are informing you of the incident which occurred at the following location"라고 언급되어 있다.

173 다음 중에서 용의자가 범한 범죄는?

(A) 절도
(B) 다른 사람을 몰래 엿보는 것
(C) 방화
(D) 행인 폭행

EXP. [개별 사실 > which] 용의자가 범한 범죄를 묻고 있다.

중간 부분에, "The following is a description of the "PEEPING TOM":"라고 언급되어 있다.

174 용의자가 바르게 묘사한 것은?

(A) 백인
(B) 대머리
(C) 검은 피부
(D) 젊은이

> **EXP.** [개별 사실 > how] 용의자가 묘사한 것을 묻고 있다.
>
> 중간 부분에, "Black male, approximately 5' 7" tall, Middle aged, black hair, tan complexion, and the suspect was last seen wearing jogging shorts without a shirt"라고 언급되어 있다.

175 다음의 문장이 들어가기에 가장 적절한 곳은 [1], [2], [3], [4] 중 어디인가?

"우리는 여러분들의 협조로 우리 시내에 있는 범죄자를 체포하기를 바랍니다."

(A) [1]
(B) [2]
(C) [3]
(D) [4]

> **EXP.** [문장 위치] 문장의 위치를 묻는 문제이다.
>
> 순접의 연결이 되어야 한다. 문맥상 앞의 문장이 "We do not want you to become a victim, so please always do the reasonable personal security steps"이다.

176-180

Williams 씨께,

아래에 확인된 사람은 채용이 진행되고 있는 사람으로 이 사람은 본인의 신원 확인과 조사를 승낙하는 진술서에 사인을 했습니다. 우리는 당신의 의견을 듣기를 원합니다.

지원자 성명 : Heather Jackson
사회보장 번호 : 337-789-8686
고용 일시 : 2009년 4월 ~ 2016년 5월
마지막 근무 당시 직위 : 임원 비서
마지막 근무 당시 시간당 급여 : 시간당 40달러
위의 정보는 사실입니까? 예 _____   아니요 _____
사실이 아닌 경우에는 수정해주십시오.
위 사람에 대한 당신의 의견은 무엇입니까?
능력 : _____
성과 : _____
행동 : _____
출근 : _____

회사를 사임하는 이유 : _____

귀하의 도움에 감사드립니다.

Steve Anderson
Torr Financial사의 인사부장

Anderson 씨께,

제게 보내주신 Minky Giles 씨의 근무 확인서 작성하여 첨부했습니다.

지원자 성명 : Heather Jackson
사회보장 번호 : 337-789-8686
고용 일시 : 2009년 4월 ~ 2016년 5월
마지막 근무 당시 직위 : 임원 비서
마지막 근무 당시 급여 : 시간당 40달러
위의 정보는 사실입니까? 예 _____   아니요 ____X____
사실이 아닌 경우에는 수정해주십시오 : 그녀의 마지막 근무 당시 임금은 시간당 45달러입니다.
위 사람에 대한 당신의 의견은 무엇입니까?
능력 : 빼어난 비서 업무 능력
노력 : 열심히 일함
행동 : 집중을 잘하고, 계획을 잘 세움
출근 : 거의 완벽

회사를 사임하는 이유 : 이사

> **VOCA** identify (신분을) 확인하다, 동일시하다 | verification 증명, 입증 | investigation 조사 | enclose 동봉하다, 첨부하다 | relocate 이사하다, 자리를 옮기다
>
> **Story Line** 직장을 이직하는 과정에서 전 직장의 구인자에 대해 문의하는 양식과 이에 대한 응답

176 Heather Jackson 씨가 이전 회사에서 언제부터 일했는가?

(A) 2009년 4월
(B) 2009년 5월
(C) 2016년 3월
(D) 2016년 5월

> **EXP.** [개별 사실 > when > 시점] Heather Jackson이 일을 하기 시작한 때를 묻고 있다.
>
> 첫째 지문 중간에, "Dates of Employment : April, 2009 ~ May, 2016"라고 언급되어 있다.

177 Heather Jackson 씨의 이전 회사에서의 직책은 무엇이었나?

(A) 재무 분석가
(B) 인사부 차장
(C) 홍보 부장
(D) 임원 비서

> **EXP.** [개별 사실 > what] Heather Jackson 씨의 이전 회사에서의 직책을 묻고 있다.
>
> 첫째 지문 중간에, "Position Last Held : Executive Secretary"라고 언급되어 있다.

178 Steve Anderson의 직책은 무엇인가?

(A) 내부 감사관
(B) 인사 부장
(C) 임원 비서
(D) 회계 관리자

> **EXP.** [개별 사실 > what] Steve Anderson의 직책을 묻고 있다.
>
> 첫째 지문 마지막 부분에, "Steve Anderson Human Resources Manager, Torr Financial"이라고 언급되어 있다.

179 Heather Jackson 씨의 이전 직장에서의 급여는 얼마였는가?

(A) 시간당 40달러
(B) 시간당 45달러
(C) 연간 40,000달러
(D) 연간 45,000달러

> **EXP.** [개별 사실 > what] Heather Jackson 씨의 이전 직장에서의 급여를 묻고 있다.
>
> 둘째 지문 중간에, "If not, please make corrections : Her final rate of payment was $45.00 per hour."라고 언급되어 있다.

180 Heather의 능력에 대한 Ms. Williams의 의견은 무엇인가?

(A) 그녀는 계획하는 데 능숙하다.
(B) 그녀는 열심히 일하는 직원이다.
(C) 그녀는 거의 완벽하게 출근했다.
(D) 그녀는 뛰어난 비서 업무 기술을 가지고 있다.

> **EXP.** [개별 사실 > what] Heather의 능력에 대한 Ms. Williams의 의견을 묻고 있다.
>
> 둘째 지문 후반부에, "Ability: Excellent secretarial skills"라고 언급되어 있다.

181-185

담당자에게,
당신의 식당에 대해 제가 얼마나 많이 실망했는지에 말하고자 편지를 씁니다. 저는 9월 25일 Capriatti에서 식사를 했습니다. 이전에 아무 문제없이 여러 번 식사를 했습니다. 그러나 그날 정오에 제가 도착해서 웨이트리스 Mary Collins 씨가 와서 주문받을 때까지 20분 동안 아무 서비스 없이 혼자 앉아 있었습니다. 웨이트리스인 그녀도 제가 물을 다 마셨는데도 잔을 채워주지도 않았어요. 평상시 같으면 별 것 아니었을 텐데, 날이 너무 덥고 제가 너무 목이 말라서 괴로웠습니다. 마지막으로, 주문한 음식이 12시 40분에 나왔는데 제가 샌드위치와 주문한 샐러드 대신에 프렌치프라이가 나와서, 샐러드를 먹기 위해서 더 오래 기다려야 했습니다. 말할 필요도 없이, 1시 30분에 예정돼 있던 회의 전화에 늦었습니다. 저는 보통 Capriatti에서의 식사를 즐기고 식당 서비스도 대개 아주 좋은데, 이번에는 정말 아주 실망했습니다.

그럼 이만
Rene Gibson

Rene Gibson 씨께,
저는 최근에 귀하가 Capriatti에서 겪을 것에 대해서 깊은 사과의 말씀을 드립니다. 저는 9월 25일에 길 건너편에 있는 Hilton 호텔에서 열린 회의로 인하여 아주 바쁜 날이었음을 말씀드려야 합니다. 하지만 이것이 귀하가 경험했던 것에 대한 변명은 될 수 없습니다. 저는 Mary에게 모든 고객들에게 적절한 매너로 손님을 맞이하는 것의 중요성에 대해 말해주었습니다. 저는 또한 다음번에도 이와 같이 아주 바쁠 때는 보충 인력이 추가 업무를 다룰 수 있도록 요청할 것입니다. 편지와 동봉된 것은 귀하가 최근에 경험한 불편함에 대한 보상으로 Capriatti에서 무료 식사를 할 수 있는 상품권을 보내드립니다. 저는 귀하가 우리의 부주의함으로 겪어야만 했던 불편함에 대해서 사과드리며 귀하가 우리 식당의 오랜 고객으로 남아주시길 바랍니다.
감사합니다.

Kendrick White, 지배인

VOCA disappoint 실망하다 | refill 다시 채우다 | bother 방해하다, 성가시게 하다 | deeply 깊게, 매우 | excuse 변명, 핑계 | complimentary 공짜의, 무료의 | compensation 보상, 보완

Story Line 식당 이용의 불만을 토로하는 편지와 이에 대한 사과와 보상을 제공하는 내용의 편지.

181 이 편지에서 그 고객이 불평하지 않은 것은 어느 것인가?

(A) 느린 서비스
(B) 형편없는 음식의 질
(C) 주문 실수
(D) 태만한 웨이트리스

> **EXP.** [개별 사실 > which > 부정 질문] 고객이 불평하지 않은 것을 묻고 있다.
>
> 첫째 지문 첫 단락 However 이하에 언급되어 있다. "I sat alone with no service for almost 20 minutes"가 (A)와 일치. "She also forgot to refill my water glass once I had finished it"가 (D)와 일치. "once the food arrived at 12:40 I realized that instead of the salad I had requested with my sandwich, I had been served fries"가 (C)와 일치한다.

182 식당에서 지연으로 인해 Rene Gibson 씨에게 무슨 일이 생겼는가?

(A) 그녀는 식사를 끝마칠 수 없었다.
(B) 그녀는 점심 약속에 지각했다.
(C) 그녀는 전화받는 것을 놓쳤다.
(D) 그녀는 회의 연설을 연기했다.

> **EXP.** [개별 사실 > what] 식당에서 지연으로 인해 Rene Gibson 씨에게 무슨 일이 발생했는지를 묻고 있다.
>
> 첫째 지문 후반부에, "I was late to a conference call scheduled at 1:30"라고 언급되어 있다.

183 Rene Gibson 씨는 몇 시에 주문했는가?

(A) 오후 12시
(B) 오후 12시 20분
(C) 오후 12시 40분
(D) 오후 1시 30분

> **EXP.** [개별 사실 > what > 시간] Rene Gibson 씨가 주문을 한 시간을 묻고 있다.
>
> 첫째 지문 전반부에, "when I arrived at noon on that day, I sat alone with no service for almost 20 minutes until a waitress, Mary Collins, finally came to take my order"라고 언급되어 있다. 12시에 도착해 20분이 지나 주문을 했음을 알 수 있다.

184 관리자는 Rene Gibson 씨의 불편에 대한 보상으로 무엇을 하였는가?

(A) 그녀에게 무료 식사를 제공했다.
(B) Mary를 해고했다.
(C) 새로운 요리사를 채용했다.
(D) 웨이트리스에게 사과할 것을 명령했다.

> **EXP.** [개별 사실 > what] 관리자가 Rene Gibson 씨의 불편에 대한 보상으로 무엇을 제공했는지를 묻고 있다.
>
> 둘째 지문 후반부에, "Enclosed with this letter is a gift certificate for one complimentary lunch at The Capriatti as compensation for your recent unpleasant experience"라고 언급되어 있다.

185 문제의 원인이 무엇일 것 같은가?

(A) 웨이트리스가 신입이다.
(B) 식당이 만석이다.
(C) 요리사가 경험이 부족하다.
(D) 그 손님이 성급했다.

> **EXP.** [개별 추론 > what] 문제의 원인을 묻고 있다.
>
> 둘째 지문 전반부에, "I must admit that September 25 was very busy due to the convention at the Hilton Hotel across the street"라고 언급되어 있다. 이를 근거로 식당에 손님이 많았음을 추론할 수 있다.

186-190

판매합니다.

시골 지역에 위치한 TAYLOR 통나무집. 조용한 주택가 위치한 3
층 집이며, 벽돌로 지어진 방 4개짜리 주택. 건물 내외 벽을 새롭게
페인트칠 했음. 정원 있음. 근처에 상점이 있고 친절한 이웃들.
기차역으로부터 30분 거리. 초등학교 도보거리 위치.
Mr. Mark Ashley에게 475-755-7467로 전화하거나 markashley@
forsale.org로 이메일 하세요.

수신 : Mr. Mark Ashley

Mark Ashley 씨 안녕하세요. 우리는 그 부동산 광고를 본 Dannie
Moore 씨로부터 전화를 받았습니다. 그녀는 그 집이 마음에 드는 데
몇 가지 질문이 있답니다. 첫 번째 그녀의 아들이 내년에 초등학교를
마치기 때문에 그녀는 그곳에 고등학교나 중학교가 근처에 있는지
알고 싶어 합니다. 두 번째, 그녀는 차량 3대의 충분한 주차 공간이
있는지 궁금해합니다. 세 번째, 그녀는 겨울용 난방 시설에 대해
알기 원합니다. 그녀가 휴대폰 번호를 주었고 오늘 저녁 6시 이후에
전화해주기를 원합니다.

발신 : Ms. Lisa Brook

수신 : Ms. Dannie Moore
발신 : Amy Forest
제목 : 답신 : 오두막 판매

Dannie Moore 씨께,
주변 이웃에 대한 소식을 듣게 되어서 아주 기쁩니다. 이것은 정말
훌륭한 변화가 될 것입니다. 3층이라고 그랬지요? 맞나요? 3층이
맞는지 확인해주시고 나중에 그녀에게 전화 주십시오. 만약 이 집이 3
층 집이라면 당신은 Ginna가 아래층의 방을 가지면 그녀가 좋아할 것
같은가요? 그녀가 자신의 공간을 갖는 것은 좋은 일 것입니다.
제가 잊어버리기 전에 겨울에 어떻게 난방을 하는지 그녀에게 물어봐
주시겠어요? 이 오래된 오두막은 겨울에 아주 춥다고 들었어요. 아마도
난로가 있겠지요. 낭만적일 것 같아요. 또한, 근처에 중학교가 있는지
알고 싶어요. Ginna가 내년에 초등학교를 졸업한다는 것을 기억해
주세요.

감사합니다.
Amy Forest

VOCA **rural** 시골의, 교외의 | **friendly** 친절한, 우정 어린 | **property**
부동산, 자산
Story Line 부동산 판매 광고, 부동산 중개업자의 문자 메시지, 그리고
부동산 중개업자가 잠재 고객에게의 이메일

---

186 이 광고에 의하면, 다음 중 TAYLOR 통나무집에 대하여 사실이 아닌
것은?

(A) 최근에 페인트 칠하였다.
(B) 알맞은 상점들이 가까이에 위치해 있다.
(C) 친근한 이웃들이 있다.
(D) 비싸게 매입되었다.

> **EXP.** [개별 사실 > which > 부정 질문] 광고의 내용 중 TAYLOR
> 통나무집에 대해 언급되지 않은 것을 묻고 있다.
>
> 첫째 지문에서, "Newly painted"가 (A)와 일치, "Friendly
> neighborhood with shops nearby"가 (B), (C)와 일치. (D)는
> 언급되지 않았다.

187 Mark Ashley 씨는 누구일 것 같은가?

(A) Lisa Brook의 상사
(B) 부동산 중개인
(C) 오두막의 주인
(D) Ginna의 아빠

> **EXP.** [개별 추론 > who] Mark Ashley 씨는 누구일지를 묻고 있다.
>
> * 첫째 지문 광고 마지막 문장에서, "Call Mr. Mark Ashley at
> 475-755-7467, or e-mail him at markashley @forsale.org"
> 라고 언급되어 있다.
> * 둘째 지문 문자 메시지의 수신자가 Mark Ashley이다. 둘째
> 지문의 전체의 내용으로 보아 집주인에게 묻는 내용이다.

188 다음 중에서 Lisa Brook이 Mark Ashley에게 묻지 않은 것은?

(A) 중학교 유무 여부
(B) 겨울에 난방 설비가 작동하는 것을 확인하는 것
(C) 충분한 주차 공간을 가지고 있는 것
(D) TAYLOR 오두막이 몇 층으로 되어있는지를 문의하는 것

> **EXP.** [개별 사실 > which > 부정 질문] Lisa Brook이 Mark Ashley
> 에게 묻지 않은 것을 묻고 있다.
>
> 둘째 지문에서, "First, she wants to know if there is a high
> school and a middle school nearby"가 (A)와, "Second, she
> asked whether there is space to park three cars"가 (C)와,
> "Third, she wants to know about the heating system for the
> winter"가 (B)와 일치한다. (D)는 묻지 않았다.

189 이메일에서 셋째 단락, 셋째 줄에서 있는 단어 "romantic"과 의미상
가까운 것은?

(A) 감상적
(B) 실용적
(C) 흥미로운
(D) 환상적

> **EXP.** [동의어] "romantic"의 동의어를 묻고 있다.
>
> "낭만적"의 의미는 문맥상 "감상적"에 가장 가깝다.

190 Mark Ashley 씨는 이다음에 무엇을 할 것인가?

(A) 저녁때 Lisa Brook 씨에게 연락한다.
(B) Lisa Brook의 전화를 기다린다.
(C) 중학교를 찾는다.
(D) 오두막 판매를 기대한다.

> **EXP.** [개별 추론 > what] Mark Ashley 씨는 이다음에 무엇을 할지를
> 묻고 있다.
>
> 둘째 지문 마지막 문장에, "She left her mobile phone number,
> and would like you to call back after 6 P.M. tonight"라고
> 언급되어 있다.

191-195

15회 분기 Small Business Conference 일정표

시간	주제
09:30 A.M.	개회 연설 Mr. Otis Bell - 지역 상공회의소장
10:00 A.M.	세법 변화 Mr. Kurt Morgan - Morgan 공인 회계법인
10:30 A.M.	팽창 전략 Ms. Graham Cook - Goldstar 컨설팅 회사
11:00 A.M.	휴식
11:20 A.M.	지역 대표와 통합 Dr. Jessie Reed - Columbia 대학교
11:40 A.M.	인사 관리 Mr. Troy Stewart - E & F 사
12:00 P.M.	점심
13:00 P.M.	현금 흐름과 재무 계획 Ms. Lisa Edward - Atlantic Banking Corporation
14:00 P.M.	공개 포럼(질의·응답)
15:00 P.M.	폐회 연설 Mr. Otis Bell - 지역 상공회의소장

수신 : Mr. Otis Bell
발신 : Jessie Reed
날짜 : 11월 20일
아래 : 소기업 회의

15분기 소기업 회의에 연사로 초대해 주셔서 감사합니다. 지난 연도 대회에 초대 강사로 참여한 것도 영광이었습니다. 그리고 이번 회의도 정말 가고 싶습니다. 불행하게도 올 1월은 제게 너무나도 바쁜 달입니다. 3월에 실행할 새로운 프로그램을 마감해야 하기 때문입니다. 제가 가고 싶은 마음은 간절한데 상황은 정반대입니다. 제가 가지 못해서 일으킨 불편함에 대해서 사과드리며 금번 회의가 성공하기를 기원합니다.

감사합니다.
Jessie Reed

수신: Mr. Teddy Hackman
발신: Mr. Otis Bell
날짜 : 2월 5일
제목 : 답변 : 소기업 회의

Teddy Hackman 씨께,

당신의 편지에 대해서 답장이 늦게 해서 매우 미안합니다. 연간 회계 보고서를 마무리하느라 바빴기 때문입니다. 첫 번째로 이렇게 짧은 통보에도 불구하고 소기업 회의에서 강연을 해주신 것에 감사를 드립니다. 산업 개발에 대한 귀하의 뛰어난 지식과 미래의 흐름에 대한 통찰력은 다른 분들보다 훨씬 돋보였습니다. 저는 특히나 귀사가 개발한 온라인 화물 추적 시스템에 대한 특별한 관심과 함께 아주 긍정적인 반응을 받았습니다. 다시 한번 도움 주심에 감사드리며 귀가가 올 한 해도 계속해서 성공하고 번영하시기를 바랍니다.

감사합니다.
Otis Bell

VOCA quarterly 분기의, 3개월마다 | appreciate 감사하다, 고마워하다 | participate 참석하다, 참여하다 | unfortunately 불행히, 운 나쁘게 | extremely 극단적으로, 매우 | implementation 실행, 실시, 수행 | annual 연례의, 1년에 한 번 | exceptional 예외적인

Story Line 회의 일정, 연사 초대를 거절하는 이메일, 주최자가 대체 연사에게 고마움을 전하는 이메일

---

191 일정표에 의하면 타 회사의 합병과 취득에 대하여 누가 강연했는가?

(A) Mr. Otis Bell
(B) Mr. Kurt Morgan
(C) Ms. Graham Cook
(D) Dr. Jessie Reed

> **EXP.** [개별 사실 > who] 일정표에 근거해, 타 회사의 합병과 취득에 대한 강의를 한 사람을 묻고 있다.
>
> 첫째 지문에서, "10:30 A.M. Expansion Strategies"라고 언급되어 있다.

192 첫 번째 이메일의 목적은 무엇인가?

(A) 동료를 환영하는 것
(B) 제안을 수락하는 것
(C) 제안을 거절하는 것
(D) 일정에 관해 문의하는 것

> **EXP.** [전체 추론 > 목적] 이메일의 목적을 묻고 있다.
>
> 세 번째 문장에서 "Unfortunately, January is an extremely busy month for me this year"라고 언급하고 있다.

193 Jessie Reed 씨에 대해 사실인 것은?

(A) 그녀는 Mr. Otis Bell를 그 회의에 초대했다.
(B) 그녀가 1월에 할 일이 조금 있다.
(C) 그녀는 3월에 새로운 프로그램을 만들어야 한다.
(D) 그녀는 이 전에 그 회의에서 강연을 한 적이 있다.

> **EXP.** [개별 사실 > what] Jessie Reed 씨에 대해 사실인 것을 묻고 있다.
>
> 둘째 지문 둘째 문장에서 "It was a great honor to participate as a guest speaker at the event last year"라고 언급했다.

194 Otis Bell 씨가 Teddy Hackman에게 이메일을 늦게 보낸 이유는?

(A) Otis Bell 씨가 Teddy Hackman에게 사과했기 때문에
(B) Otis Bell 씨가 회계 보고서를 끝마쳐야 했기 때문에
(C) Otis Bell 씨가 Teddy Hackman의 초대를 환영했기 때문에
(D) Otis Bell 씨가 긍정적인 답변을 받았기 때문에

> **EXP.** [개별 사실 > why] Otis Bell 씨가 Teddy Hackman에게 이메일을 늦게 보낸 이유를 묻고 있다.
>
> 셋째 지문 첫 문장에 "I am very sorry for late reply for your letter, because I had been busy to finalize annual financial reports"라고 언급되어 있다.

195 Teddy Hackman 씨가 발표는 무엇에 관한 것이겠는가?

(A) 배송 취급
(B) 품질 관리
(C) 온라인 뱅킹 시스템
(D) 모금 방법

> **EXP.** [개별 추론 > what] Teddy Hackman의 발표의 주제를 묻고 있다.
>
> 셋째 지문 첫 단락 마지막 문장에서, "I have received nothing but positive feedback, with particular interest in the online freight tracking system your company recently developed"라고 언급되어 있다.

196-200

Hilltop 텐트

Model	Size	Color	Price
Hilltop Castle 2	2인용	빨간/노랑	$129
Hilltop Castle 4	4인용	빨간/노랑	$219
Hilltop Castle 6	6인용	파랑/녹색	$329
Hilltop Castle 8	8인용	파랑/녹색	$419

설명
악천후를 대비해 만들어진 Hilltop Castle 제품은 대가족이 산악지대에서 캠핑하기에 이상적이다.
▶ 중앙 분리된 2개의 방
▶ 4개의 지퍼를 가진 2개의 대형문
▶ 최신의 악천후 대비용 재질
▶ 초경량 티타늄 말뚝

5월 15일

우리는 가족 여행을 위해서 파란색의 Hilltop Castle 4를 구입했습니다. 전체적으로 조금 실망했습니다. 첫 번째, 텐트가 우리 세 가족이 지낼 만큼 크지 않았습니다. 두 번째, 우리는 지퍼에 조금 문제가 있었습니다. 두 개가 한 곳에 완전히 걸려서 전혀 움직이지 않아서 텐트 한쪽 문만 사용하고 있습니다.
더군다나, 텐트의 말뚝이 강풍을 견디지 못할 만큼 너무 가벼워 걱정입니다. 언젠가 텐트가 날아갈 것 같아 염려가 됩니다.

Wesley Holliday

수신 : Wesley Holliday (wesholl@gmail.com)
발신 : Lowell Bollman (lowell001@hilltop.org)
날짜 : 5월 20일
제목 : 답신 : 사과

우리는 우리 제품으로 인해 귀하에게 불편함을 끼쳐드리게 된 것을 진심으로 사과합니다. 예상치 못하게 귀하는 하자가 있는 물건을 받으셨습니다. 그래서 저희가 물건을 새로 보내드리겠습니다. 추가로 이 문제로 인해서 불편을 겪으신 것에 대한 사과의 표시로, 저희가 추가 요금 없이 더 큰 텐트를 보내드리겠습니다. 그러나 지금은 귀하가 가지고 있던 색상은 없습니다. 저희가 교환품을 보내드리기 위해서는 귀하께서 물품 구입 증명서를 이메일로 보내주실 필요가 있습니다. 우리 텐트의 말뚝은 아주 튼튼하오니 걱정은 하지 않으셔도 됩니다. 말뚝이 가벼운 재질로 만들어졌지만, 말뚝의 힘과 성능을 여러 번에 걸친 성능 테스트로 증명했습니다.

Lowell Bollman
Hilltop 텐트 소비자 만족 센터

VOCA harsh 거친, 혹독한 | ideal 이상적인, 가장 좋은 | resistant 저항하는 | overall 전반적으로, 전체적으로 | permanently 영구히, 영구적으로 | regretable 후회하는 | unexpectedly 예기치 않게, 우연히 | defective 결함이 있는 | replacement 대체, 대리 | sturdy 튼튼한, 견고한

Story Line 텐트 광고, 구매자의 불만, 이를 해결하는 판매자의 이메일

---

196 이 정보에 의하면, 다음 중에서 Hilltop 텐트에 대해 사실이 아닌 것은?

(A) 높은 내구성
(B) 사용 공간의 극대화
(C) 사용의 편리함
(D) 자외선 차단

> **EXP.** [개별 사실 > which > 부정 질문] 정보에 근거하여, Hilltop 텐트에 대해 사실이 아닌 것을 묻고 있다.
>
> 첫째 지문에서, "Made for the harsh weather conditions"가 (A)와, "the Hilltop Castle products is ideal for large family camping"이 (B)와, "Two large doors with four zipper sliders"가 (C)와 일치한다. (D)는 언급되지 않았다.

197 Wesley Holliday가 언급한 문제가 아닌 것은?

(A) Hilltop Castle 4는 그녀의 가족에겐 너무 작다.
(B) Hilltop Castle 4는 지퍼가 망가졌다.
(C) Hilltop Castle 4는 색깔이 화려하지 않다.
(D) Hilltop Castle 4는 바람에 약하다.

> **EXP.** [개별 사실 > what > 부정 질문] Wesley Holliday가 언급하지 않은 것을 묻고 있다.
>
> 둘째 지문에서, "First, the tent is not quite big enough for our family of three"가 (A)와, "Second, we have had some problems with the zippers"가 (B)와, "Moreover, I am worried that the tent's stakes are unable to handle high winds, as they are so lightweight"가 (D)와 일치한다. (C)는 문제로 언급되지 않았다.

198 Mr. Lowell Bollman이 Ms. Wesley Holliday에게 제안한 것은?

(A) Hilltop Castle 2
(B) Hilltop Castle 4
(C) Hilltop Castle 6
(D) Hilltop Castle 8

> **EXP.** [개별 사실 > what] Mr. Lowell Bollman이 Ms. Wesley Holliday에게 제안한 것이 무엇인지 묻고 있다.
>
> 둘째 지문 첫 문장에, "We purchased the Hilltop Castle 4 in blue for our family trips"라고 언급되어 있다. 셋째 지문 첫 단락에 "we will send you a larger model without additional charge"라고 언급되어 있다. 4인용 제품을 샀는데 그보다 큰 것을 보낼 것이라고 한다.

199 Wesley Bollman 씨가 교환품을 받기 위해 무엇을 해야 하는가?

(A) 그녀는 반납 신청서를 작성해야 한다.
(B) 그녀는 영수증 사본을 보내야 한다.
(C) 그녀는 텐트의 결함을 증명해야 한다.
(D) 그녀는 회사에 결함 있는 텐트를 보내야만 한다.

> **EXP.** [개별 사실 > what] Wesley Bollman 씨가 교환품을 받기 위해 무엇을 해야 하는지를 묻고 있다.
>
> 셋째 지문 첫 단락 마지막 문장에 "you will need to e-mail us proof of your purchase"라고 언급되어 있다.

200 이메일에서 첫 번째 단락, 3번째 줄에 있는 단어 "issue"와 의미상 가장 가까운 것은?

(A) 문제
(B) 갈등
(C) 판
(D) 복사

> **EXP.** [동의어] "issue"의 동의어를 묻고 있다.
>
> "issue"의 명사의 뜻은 "문제, 쟁점, 발행, 잡지의 한 호" 등이다.

퀵 토익 실전모의고사 SET #2

* 환산 점수는 23page를 참조하세요.

	응시일	TEST 소요시간	맞은 개수	환산 점수
LC	___월 ___일	_____ 분	_____ 개	_____ 점
RC		_____ 분	_____ 개	_____ 점

PART 1	PART 2	PART 3		PART 4	PART 5	PART 6	PART 7		
1 (C)	7 (A)	32 (A)	62 (B)	71 (D)	101 (B)	131 (A)	147 (B)	176 (C)	186 (B)
2 (A)	8 (A)	33 (C)	63 (D)	72 (C)	102 (B)	132 (C)	148 (C)	177 (B)	187 (A)
3 (A)	9 (B)	34 (A)	64 (B)	73 (A)	103 (C)	133 (D)	149 (A)	178 (A)	188 (C)
4 (B)	10 (A)	35 (D)	65 (C)	74 (D)	104 (D)	134 (B)	150 (D)	179 (B)	189 (D)
5 (D)	11 (C)	36 (D)	66 (A)	75 (C)	105 (B)	135 (D)	151 (C)	180 (B)	190 (D)
6 (B)	12 (B)	37 (B)	67 (B)	76 (B)	106 (C)	136 (B)	152 (A)	181 (B)	191 (B)
	13 (B)	38 (C)	68 (A)	77 (C)	107 (C)	137 (A)	153 (B)	182 (C)	192 (D)
	14 (C)	39 (B)	69 (D)	78 (A)	108 (C)	138 (A)	154 (D)	183 (B)	193 (D)
	15 (A)	40 (A)	70 (D)	79 (D)	109 (A)	139 (A)	155 (A)	184 (A)	194 (D)
	16 (A)	41 (B)		80 (B)	110 (C)	140 (B)	156 (A)	185 (A)	195 (A)
	17 (B)	42 (A)		81 (A)	111 (C)	141 (D)	157 (B)		196 (D)
	18 (C)	43 (D)		82 (D)	112 (D)	142 (D)	158 (C)		197 (B)
	19 (A)	44 (C)		83 (A)	113 (B)	143 (C)	159 (A)		198 (D)
	20 (B)	45 (C)		84 (C)	114 (B)	144 (D)	160 (B)		199 (A)
	21 (C)	46 (B)		85 (C)	115 (D)	145 (B)	161 (D)		200 (D)
	22 (C)	47 (B)		86 (A)	116 (B)	146 (D)	162 (D)		
	23 (B)	48 (D)		87 (D)	117 (A)		163 (C)		
	24 (B)	49 (A)		88 (A)	118 (D)		164 (B)		
	25 (C)	50 (C)		89 (C)	119 (C)		165 (A)		
	26 (A)	51 (B)		90 (D)	120 (B)		166 (C)		
	27 (A)	52 (A)		91 (B)	121 (D)		167 (D)		
	28 (A)	53 (D)		92 (B)	122 (B)		168 (C)		
	29 (C)	54 (A)		93 (D)	123 (A)		169 (B)		
	30 (A)	55 (C)		94 (B)	124 (A)		170 (B)		
	31 (C)	56 (D)		95 (C)	125 (D)		171 (D)		
		57 (A)		96 (B)	126 (D)		172 (D)		
		58 (B)		97 (D)	127 (B)		173 (B)		
		59 (C)		98 (A)	128 (D)		174 (D)		
		60 (D)		99 (A)	129 (B)		175 (A)		
		61 (B)		100 (D)	130 (A)				

1
(A) A customer is waiting in a checkout line.
(B) A salesperson is bagging some groceries.
(C) Some handbags are displayed in the shopping center.
(D) A woman is putting her bag on a counter.

(A) 한 명의 손님이 계산한 줄에서 기다리고 있다.
(B) 판매원이 식료품을 백에 담고 있다.
(C) 핸드백들이 쇼핑센터에 전시되어 있다.
(D) 한 여자가 계산대 위에 그녀의 가방을 올려놓고 있다.

EXP. (A) 의미 혼동 : shopping → customer
(B) 의미 혼동 : shopping → salesperson
소리 혼동 : handbags → bagging
(D) 소리 혼동 : handbags → bag
TIP! Some handbags are displayed ~의 형태로 출제될 수 있다.

2
(A) Some cars are parked along the street.
(B) One of the cars has open its door.
(C) Some vehicles are driving on the roads.
(D) Parking lots are full of trucks.

(A) 몇 대의 자동차가 길을 따라 주차되어 있다.
(B) 차들 중의 한 대가 문이 열려 있다.
(C) 몇몇 차량들이 차도에서 운행 중이다.
(D) 주차장이 트럭으로 만차 되었다.

EXP. (B) 소리 혼동 : cars
(C) 의미 혼동 : cars → vehicles / street → roads
(D) 의미 혼동 : cars → trucks
TIP! ~ parked along the street의 형태로 출제될 수 있다.

3 🦅
(A) They are working side by side.
(B) They are greeting each other.
(C) They are holding their hats.
(D) They are watching their laptops.

(A) 그들은 나란히 일하고 있다.
(B) 그들은 서로 인사하고 있다.
(C) 그들은 그들의 모자를 잡고 있다.
(D) 그들은 그들의 랩톱 컴퓨터를 보고 있다.

EXP. (B) 의미 혼동 : side by side → each other
(C) 의미 혼동 : working → holding
(D) 의미 혼동 : working → watching
TIP! ~ working side by side의 형태로 출제될 수 있다.

4 🏴󠁧󠁢󠁥󠁮󠁧󠁿
(A) Some light bulbs are being screwed on the ceiling.
(B) There are shoes on display.
(C) Footwear is left unattended in the corners.
(D) Some shelves are unoccupied.

(A) 천정에 몇 개의 전구가 고정되어 있다.
(B) 신발이 전시되어 있다.
(C) 신발이 구석에 방치되어 있다.
(D) 몇 개의 선반은 비어있다.

EXP. (C) 의미 혼동 : shoes → Footwears
(D) 의미 혼동 : display → shelves
TIP! Shoes are on display ~의 형태로 출제될 수 있다.

5
(A) A windowpane is being cleaned.
(B) Some books are located by the door.
(C) A headset is hanging on the wall.
(D) A bookshelf has been positioned next to the window.

(A) 창문 유리가 청소되고 있다.
(B) 몇몇 책들이 문가에 진열되어 있다.
(C) 헤드폰이 벽에 걸려 있다.
(D) 책장이 창가에 위치해 있다.

EXP. (A) 소리 혼동 : window → windowpane
(B) 소리 혼동 : bookshelf → books
(C) 의미 혼동 : positioned → hanged
TIP! A bookshelf ~ positioned next to ~의 형태로 출제될 수 있다.

6 🍔
(A) All people are having the food.
(B) A buffet has been prepared on a table.
(C) A man is using a fork.
(D) A chef is preparing the meal.

(A) 모든 사람들이 그 음식을 먹고 있다.
(B) 뷔페 음식이 식탁 위에 차려져 있다.
(C) 한 남자가 포크를 사용하고 있다.
(D) 한 요리사가 음식을 준비하고 있다.

EXP. (A) 의미 혼동 : buffet → food
(C) 의미 혼동 : buffet → fork
(D) 의미 혼동 : buffet → meal
TIP! A buffet ~ prepared on ~의 형태로 출제될 수 있다.

PART 2

7
Did Ms. Silvia Saint comment on our logo for the cosmetic firm?
🏴󠁧󠁢󠁥󠁮󠁧󠁿
(A) She suggested a few things.
(B) Let's listen to that later.
(C) In the cosmetic section

우리가 만든 그 화장품 회사의 로고에 대해서 Silvia Saint 씨가 논평했습니까?

(A) 그녀가 몇 가지를 제안했다.
(B) 그것 나중에 들읍시다.
(C) 화장품 코너에서

EXP. [일반 > 조동사 > do] 조동사 do를 이용해 과거에 했는지를 묻고 있다.
(B) 의미 혼동 : comment → listen
(C) 소리 혼동 : cosmetic
TIP! 조동사 did로 시작하는 일반 의문문에 ~ suggested a few ~가 정답으로 출제될 수 있다.

8 Where did we put the dressing?

(A) What kind do you need?
(B) I'm putting it in the closet.
(C) Thanks, I've already used it.

우리가 그 드레싱을 어디에다 두었지?

(A) 어떤 소스가 필요한데?
(B) 내가 찬장에다 두었어.
(C) 고마워, 나는 이미 그것을 사용했어.

> **EXP.** [의문사 > where > 장소] 의문사 where를 이용해 장소를 묻고 있다.
> (A) 어디에 있는지를 이미 알고 있고, 그 이후 어떤 종류의 드레싱이 필요한지를 되묻고 있다.
> (B) 소리 혼동 : put → putting
>
> **TIP!** 의문사 where 의문문에 What kind do you need?가 정답으로 출제될 수 있다.

9 How many workers attended the picnic last Sunday?

(A) My vacation will end tomorrow.
(B) Almost every employee
(C) Ms. Margaret planned.

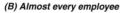

지난 일요일 야유회에 몇 명의 직원이 참가했지?

(A) 내 휴가는 내일 끝나.
(B) 거의 모든 직원
(C) Margaret 씨가 계획했지.

> **EXP.** [의문사 > how > 결합형] 의문사 how가 many와 결합해 수를 묻고 있다.
> (A) 의미 혼동 : last Sunday → tomorrow
>
> **TIP!** 의문사 how many 의문문에 Almost every ~가 정답으로 출제될 수 있다.

10 Did we change the locker in the waiting room or is it still the same?

(A) I don't think it's been replaced.
(B) The key of the same locker
(C) 100 dollars a month.

우리가 대기실의 락커를 교체했나, 아니면 예전 것 그대로인가?

(A) 제 생각엔 교체된 것 같지 않은데요.
(B) 동일한 락커의 열쇠
(C) 한 달에 100달러

> **EXP.** [기타 > 선택의문문 > 문장] 대등접속사 or에 의해 의문문과 의문문이 연결된 선택의문문이다.
> (A) 의문문과 의문문이 연결된 선택의문문은 둘 중 하나의 의문문을 선택해 긍정 또는 부정한다.
> (B) 소리 혼동 : locker → locker / same → same
>
> **TIP!** 의문문과 의문문이 연결된 선택의문문에 I don't think it's been ~이 정답으로 출제될 수 있다.

11 I examined the abandoned storage for a long time in preparation for it to be sold.

(A) Just for a couple of days.
(B) Not on Fridays
(C) Good idea, I'll look online.

제가 오랫동안 방치되었던 창고를 판매하기 위해 조사했어요.

(A) 단 며칠 동안만
(B) 금요일엔 안 돼요.
(C) 좋은 생각이야, 내가 온라인에서 볼게.

> **EXP.** [기타 > 평서문] 평서문이 긍정이면 Yes를 기대하는 질문이다.
> (A) 의미 혼동 : time → days
> (B) 의미 혼동 : time → Fridays
> (C) 동의하며, 조사했다고 답했다.
>
> **TIP!** 긍정 평서문에 I'll look online이 정답으로 출제될 수 있다.

12 Ms. Kimberly recorded all of the comments for the documentary, didn't she?

(A) A different recorder
(B) I think Mr. Moore did several of them.
(C) She will read the documents tomorrow.

Kimberly 씨가 그 문서에 관한 모든 의견들을 기록했지. 그렇지?

(A) 다른 기록원
(B) 내 생각엔 Moore 씨가 몇 가지 의견들을 기록한 것 같아.
(C) 내일 그녀가 문서들을 읽을 것이다.

> **EXP.** [기타 > 부가의문문] 부가의문문은 앞의 평서문에 대한 강조의 의미이다.
> (A) 소리 혼동; recorded → recorder
> (B) 앞의 평서문에 대해 부정으로 답했다.
> (C) 소리 혼동 : documentary → documents
>
> **TIP!** 부가의문문에 대해 I think ~ did several of them이 정답으로 출제될 수 있다.

13 Who will put this poster on the board?

(A) No, you are not allowed to do it.
(B) Mr. Gerald is going to do it.
(C) Always on Friday.

누가 게시판에 포스터를 붙일 것인가?

(A) 아니오, 당신은 그것을 해서는 안 돼요.
(B) Gerald 씨가 할 거야.
(C) 매주 금요일마다.

> **EXP.** [의문사 > who] 의문사 who를 이용해 포스터를 게시판에 붙인 사람을 묻고 있다.
> (A) 의문사 의문문에 No는 오답
> (B) who → Mr. Gerald
>
> **TIP!** 의문사 who 의문문에 ~ will do it이 정답으로 출제될 수 있다.

14 What should we do about the returned item?

(A) You can sell it on the online market.

(B) Ask the customer care department.

(C) Please, seal it with tape.

반품된 상품을 어떻게 해야 하나?

(A) online market에서 판매할 수 있어.

(B) 소비자 지원부서에 문의해 봐.

(C) 테이프로 그것을 밀봉하세요.

EXP. [의문사 > what] 의문사 what을 이용해 반품된 제품에 대해 무엇을 해야 하는지를 묻고 있다.
(A) 의미 혼동 : items → market
(B) 의미 혼동 : returned → customer
(C) "should we"가 "(you should) 동사 원형"의 명령문으로 전환되었다.

TIP! 의문사 what 의문문에 <u>Please, seal ~ with tape</u>이 정답으로 출제될 수 있다.

15 Did you get a ticket for the jazz concert?

(A) Yes, I'm going on Monday.

(B) In the musical instrument

(C) Far away from the ticket box

Jazz concert 입장권을 구입했니?

(A) 예, 나 월요일에 갈 거야.

(B) 악기 안에

(C) 매표소로부터 멀리 떨어진

EXP. [일반 > 조동사 > do] 조동사 do를 이용해 과거에 했는지를 묻고 있다.
(B) 의미 혼동 : concert → music
(C) 소리 혼동 : ticket

TIP! 조동사 did로 시작하는 일반 의문문에 <u>Yes, I'm going on ~</u>이 정답으로 출제될 수 있다.

16 Why is the copier broken down so often?

(A) I think it gets a lot of use.

(B) She is in the office near the photocopy room.

(C) Please, send these reports tomorrow.

왜 복사기가 자꾸 고장 나는 거지?

(A) 많이 사용해서라고 나는 생각해.

(B) 그녀는 복사실 근처 사무실에 있어.

(C) 제발 내일 이 보고서들을 보내줘.

EXP. [의문사 > why > 원인] 의문사 why를 이용해 복사기가 자주 고장 나는 원인을 묻고 있다.
(A) why → a lot of use
(B) 소리 혼동 : copier → photocopy

TIP! 의문사 why 의문문에 <u>I think it gets a lot of use</u>가 정답으로 출제될 수 있다.

17 Would you like some water or any other drinks?

(A) Five dollars per cup

(B) Thanks, but I'm not thirsty.

(C) At the cafeteria

물 또는 다른 음료를 원하세요?

(A) 한 잔에 5달러

(B) 고맙지만 목마르지 않아요.

(C) 카페에서

EXP. [기타 > 선택의문문 > 일부] 문장의 일부인 some water와 any other drinks가 대등접속사 or에 의해 연결된 선택의문문이다.
(A) 의미 혼동 : water cup
(B) "목마르지 않다"라고 둘 다를 사양했다.
(C) 의미 혼동 : drinks → cafeteria

TIP! 문장의 일부가 연결된 선택의문문에 <u>Thanks, but I'm not thirsty</u>가 정답으로 출제될 수 있다.

18 Today is the end of the week, isn't it?

(A) I think, next month.

(B) Yes, it is five.

(C) Yes, you are right.

오늘이 이번 주 마지막 날이지, 그렇지?

(A) 다음 달일 거라고 나는 생각해.

(B) 예, 그것 5일이야.

(C) 예, 네가 맞아.

EXP. [기타 > 부가의문문] 부가의문문은 앞의 평서문에 대한 강조의 의미이다.
(A) 의미 혼동 : week → month
(B) 의미 혼동 : today → five
(C) 앞의 평서문에 긍정으로 답했다.

TIP! 부가의문문에 <u>Yes, you are right</u>가 정답으로 출제될 수 있다.

19 Could you help me locate the accounting department?

(A) No problem, I'll show you the way.

(B) No, I won't be there tomorrow.

(C) The reimbursement application form is expired.

회계부서로 가는 길을 알려 주시겠어요?

(A) 예, 제가 그 길을 알려드리죠.

(B) 아니오, 저는 내일 거기 없을 거에.

(C) 환급신청서가 기한이 지났다.

EXP. [기타 > 청유 > 조동사 > could] 조동사 could를 이용해 부탁을 하고 있는 청유형의 의문문이다.
(A) 긍정으로 답했다.
(C) 의미 혼동 : accounting → reimbursement

TIP! could로 시작하는 청유형의 의문문에 <u>~ I'll show you the way</u>가 정답으로 출제될 수 있다.

20 The 2016 model is a tremendous improvement from its predecessors.

 (A) Just a few more pictures.

(B) Oh really? What do you like specifically?

(C) She probably needs some supplies.

2016년 모델은 이 전 모델보다 엄청나게 향상되었지.

(A) 몇 개의 사진만 추가로

(B) 진짜요? 너는 특별히 어떤 점이 좋아?

(C) 그녀는 몇 가지 물품들이 필요해.

EXP. [기타 > 평서문] 평서문이 긍정이면 긍정의 동의를 구하는 것이다.
(A) 의미 혼동 : model → pictures
(B) 긍정의 동의 이후로 되물었다.

TIP! 평서문에 Oh really? ~ do you like specifically?가 정답으로 출제될 수 있다.

---

21 What does Mr. Kirk say about the plan for the Rotary Convention in Seoul?

 (A) The planning committee meets on Monday.

(B) Yes, I will do so.

(C) There are a few changes he has made.

Kirk가 서울에서 열리는 Rotary Convention 계획에 대해서 무엇을 말하는가?

(A) 준비위원회가 월요일에 모임을 갖는데.

(B) 예, 제가 그렇게 할게요.

(C) 몇 가지 변경사항이 있네요.

EXP. [의문사 > what] 의문사 what을 이용해 계획에 대해 묻고 있다.
(A) 소리 혼동 : plan → planning
(B) 의문사 의문문에 Yes는 오답

TIP! 의문사 what 의문문에 There are few ~ has made가 정답으로 출제될 수 있다.

---

22 Do you like the new items on the menu?

 (A) I want a table for 4.

(B) The cafeteria is almost ready.

(C) I think it should be more diverse.

메뉴의 새로운 품목을 좋아하나요?

(A) 4명 앉을 테이블이요.

(B) 카페는 거의 준비되었어요.

(C) 좀 더 다양해야 할 것 같아요.

EXP. [일반 > 조동사 > do] 조동사 do를 이용해 좋아하는지를 묻고 있다.
(B) 소리 혼동 : menu → cafeteria
(C) 긍정했다.

TIP! 조동사 do 의문문에 I think ~ should be more가 정답으로 출제될 수 있다.

---

23 Where can I get a sample of our new product?

 (A) I used it yesterday.

 (B) Our general department has it.

(C) All company products are on sale right now.

신제품의 샘플을 어디에서 얻을 수 있지?

(A) 나는 어제 사용했다.

(B) 총무부에서 가지고 있어.

(C) 모든 상품이 판매 중이다.

EXP. [의문사 > where > 장소] 의문사 where을 이용해 견본을 받을 수 있는 장소를 묻고 있다.
(A) where를 when으로 착각한 사람들을 위한 오답
(B) where → department
(C) 소리 혼동 : product → products

TIP! 의문사 where 의문문에 ~ department has ~가 정답으로 출제될 수 있다.

---

24 Why haven't you contacted Wells Fargo Bank yet?

 (A) Early May will be convenient.

(B) I'm just about to do so.

(C) It's in the back.

왜 아직도 Wells Fargo 은행에 연락하지 않았지?

(A) 5월 초순이 좋을 거야.

(B) 방금 연락을 하려고 했어.

(C) 그것 뒤에 있어.

EXP. [의문사 > why > 이유] 의문사 why를 이용해 연락하지 않는 이유를 묻고 있다.
(B) ~하려고 한다고 답했다.

TIP! 의문사 why 의문문에 I'm just about to do ~가 정답으로 출제될 수 있다.

---

25 When will they begin repairs on the plumbing system?

 (A) 10 pairs of scissors.

(B) It took me two hours.

(C) They've already started.

그들이 언제 배관 시스템 수리를 시작할지?

(A) 가위 10개

(B) 2시간 걸렸어.

(C) 이미 수리를 시작했어.

EXP. [의문사 > when > 시간] 의문사 when을 이용해 언제 시작할 것인가를 묻고 있다.
(A) 소리 혼동 : repairs → pairs
(C) begin → start

TIP! 의문사 when 의문문에 They've already ~가 정답으로 출제될 수 있다.

26 We'd like to sell all sedan models with a special lower interest rate starting from July 1st.

(A) I got pre-orders from some old customers yesterday.

(B) I'd like to hear more.

(C) He probably will.

7월 1일부터 모든 세단을 특별 이자율로 판매할 것이다.

(A) 나는 어제 몇몇의 단골고객들로부터 선주문을 받았어.

(B) 나는 더 듣고 싶어.

(C) 아마 그가 할 거야.

27 Ms. Allen, you get your keynote speech or someone else invited.

(A) We will distribute a guest speaker.

(B) The big convention center

(C) About 30 minutes

Allen 씨, 당신이 기조연설자 또는 다른 사람을 초대했죠.

(A) 우리는 객원 연설자를 분배할 것입니다.

(B) 큰 컨벤션 센터

(C) 대략 30분 동안

28 How can I replace the flat tire of the car parked in Central Park?

(A) Have you checked the brochure?

(B) When the red light is on.

(C) I replaced the copies on your desk.

Central Park 에 주차된 차량의 펑크 난 타이어를 어떻게 교체해야 하죠?

(A) 설명서를 확인해 보았니?

(B) 적색 불빛이 들어올 때

(C) 내가 책상 위의 복사본을 교체했어.

29 Do you think I can still get a ticket for the commuting train or too late?

(A) The commuting train ticket is cheap.

(B) Yes, the train is delayed.

(C) You might be able to it if you hurry.

제가 지금도 통근 열차 승차권을 구입할 수 있을까요, 아니면 너무 늦었나요?

(A) 통근 열차 승차권은 가격이 싸다.

(B) 예, 기차가 연착되었어.

(C) 만약 서두르면 가능할지도 몰라.

30 We had nearly 300 visitors on Monday.

(A) That's almost three times as many as last week.

(B) Sorry, we are closed on Monday.

(C) Of course, all of them went.

월요일에 300명이 방문했어.

(A) 벌써 지난주보다 3배나 많은 인원이네.

(B) 미안, 월요일에는 문을 닫아.

(C) 물론, 모두가 갔어.

31 Did remit my monthly wage to HSBC Bank?

(A) Remittance charges have gone up a lot lately.

(B) Money changes everything.

(C) Yes, I did it today.

HSBC 은행으로 내 월급을 송금했나요?

(A) 최근에 송금 수수료가 많이 올랐다.

(B) 돈이 모든 것을 바꾼다.

(C) 예, 제가 오늘 송금했어요.

PART 3

32-34

W: Hello, Mr. Stan Hall. This is Tracy Green calling from the real estate office. I don't know whether you saw my e-mail or not, but I sent a list of houses available for lease. They seem to meet your budget and preferences.

M: Actually, ³² I just saw the e-mail and one of the houses really stand out to me. The location is very good. I don't have a car and ³³ I have to be near a train station or a bus stop to commute. Could you schedule a time for me to view the house on Friday?

W: Sure. The owner asked that I only show the apartment on Saturday and Sunday, but ³⁴ I'll call him to check if he will make an exception. I know he's in a hurry to rent out the house.

여: 안녕하세요, Stan Hall 씨. 부동산 사무실의 Tracy Green 입니다. 제가 이메일로 장기 임대 주택 목록을 보내드렸는데 혹시 읽으셨습니까? 그 목록에 집들이 귀하의 예산과 기호에 맞는 것 같습니다.

남: 사실 이메일을 보았고 제 마음에 꼭 드는 집이 하나 있습니다. 위치도 아주 좋네요. 제가 차가 없어서 통근할 수 있는 기차역이나 버스 정거장이 가까워야 하거든요. 제가 금요일에 집을 볼 수 있도록 예약해주시겠습니까?

여: 물론입니다. 집주인은 토요일과 일요일에만 집을 개방해달라고 요청을 했지만 제가 주인에게 전화해서 예외적으로 금요일에 가능한지 알아보겠습니다. 집주인이 그 집을 빨리 세를 주려는 것을 알거든요.

VOCA   real estate 부동산 | budget 예산(안) | preference 선호, 기호, 좋아함 | exception 예외

Story Line   집을 구하는 사람과 부동산 소개업자의 대화. 집의 위치가 대중 교통수단에 가까워야 한다. 부동산 소개업자는 집주인에게 연락할 것이다.

32   남자는 이메일로 무엇을 받았는가?

   (A) 부동산 목록
   (B) 주택 소유자의 전화번호 목록
   (C) Tracy Green의 이메일 주소
   (D) 임대 계약서

EXP.   [개별 사실 > what] 남자가 이메일에서 받은 것이 무엇인지를 묻고 있다.

33   남자의 요구 사항은 무엇인가?

   (A) 넉넉한 주차 공간
   (B) 한적한 곳
   (C) 대중교통이 이용이 편리한 곳
   (D) 편의 시설

EXP.   [개별 사실 > what] 남자가 요구한 것이 무엇인지를 묻고 있다.

34   여자는 다음에 무엇을 할 것이라고 말하는가?

   (A) 그녀는 주택 소유자에게 연락을 취할 것이다.
   (B) 그녀는 Tracy Green의 사무실을 방문할 것이다.
   (C) 그녀는 세입자에게 아파트를 개방할 것을 요청할 것이다.
   (D) 그녀는 소유주에게 계약서를 보낼 것이다.

EXP.   [개별 추론 > what] 여자가 다음에 무엇을 할지를 묻고 있다.

35-37

M: I'm pleased that my restaurant has a good reputation. My business has really increased, but ³⁵ now I'm worried because people have to wait more than 30 minutes to be seated.

W: Yeah, I saw long waiting times too. ³⁶ I think it's time to expand the restaurant so that we can place more tables. We can also put some counters by the front door.

M: Very good. The other restaurant across the street was recently renovated. ³⁷ I am going to ask the business owner which company she used for the renovation.

남: 나의 식당이 좋은 평판을 갖게 된 것이 기쁩니다. 사업이 정말 확장되었지만 저는 손님들이 자리를 잡기 위해 30분 이상 기다리는 것이 염려가 됩니다.

여: 예, 저도 오랜 시간 대기하는 것을 보았습니다. 저는 식당을 확장해서 더 많은 테이블을 놓아야 한다고 생각합니다. 또한, 정문 옆에 계산대도 추가해야 합니다.

남: 아주 좋은 생각입니다. 반대편 식당도 이미 수리를 마쳤답니다. 제가 가서 그 식당의 시공사가 어디인지 물어보겠습니다.

VOCA   reputation 명성, 유명함 | expand 확장하다, 늘리다 | renovate 수리하다, 고치다

Story Line   식당에 손님이 많아 대기 시간이 너무 길다. 좌석 수를 늘리자. 건물주와 상담할 것이다.

35   남자가 언급한 문제는 무엇입니까?

   (A) 식당에 대한 부정적인 평가
   (B) 사업 부진
   (C) 식당의 부적합한 위치
   (D) 늘어난 대기 시간

EXP.   [개별 사실 > what] 남자가 언급한 문제가 무엇인지 묻고 있다.

36   여자가 제안한 해결책은 무엇인가?

   (A) 좌석 배치의 변화
   (B) 식당을 이사할 것
   (C) 새로운 광고 전략을 사용할 것
   (D) 추가 좌석 증설

EXP.   [개별 사실 > what] 여자가 제안한 해결책이 무엇인지 묻고 있다.

37   남자는 무엇을 할 것이라 말하는가?

   (A) 그는 수리를 위해서 그 회사를 이용할 것이다.
   (B) 그가 시공사와 상담할 것이다.
   (C) 그가 다른 식당에 전화할 것이다.
   (D) 그가 창가에 더 많은 테이블을 배치할 것이다.

EXP.   [개별 추론 > what] 남자가 다음에 무엇을 할 것이라고 말했는지를 묻고 있다.

38-40

M: **38** I know that you have designed a new refrigerator for us. It looks very different from the previous model.

W: Right, **39** I listened to the comments of our many consumers. I know that the buttons on the refrigerator's doors were confusing, so I made a lot of design changes for the new model. It looks more simple and is easy to use.

M: Very Good. **40** Do you know how soon we can release the new refrigerators into the market?

W: Unfortunately, I can't begin production at this point. There are too many old models left in stock. I think that the new models will launch at the end of the May.

남: 당신이 신형 냉장고를 디자인했다고 알고 있습니다. 이전 모델과는 아주 달라 보입니다.

여: 맞습니다. 저는 많은 소비자들의 의견을 수렴했습니다. 냉장고의 문에 부착된 버튼이 이상해서 신형은 그 부분에 많은 변화를 주었습니다. 버튼이 더 단순하고 사용하기 편리합니다.

남: 정말 좋습니다. 언제 신형 냉장고가 시장에 나옵니까?

여: 안타깝게도 지금은 생산할 수가 없습니다. 구형 재고가 너무 많이 있습니다. 제 생각에는 5월 말이 되어야 신모델이 시장에 나올 수 있을 것입니다.

VOCA refrigerator 냉장고 | previous 이전의, 과거의 | comment 평가, 논평 | confusing 어지러운, 혼란스러운 | in stock 재고가 있는 | launch 발주하다, 시작하다

Story Line 어떤 제품의 디자인에 대한 대화. 고객의 요구에 반응하기 위해 변화를 준다.

38 화자들이 무엇을 논의하는가?

(A) 소비자 불만
(B) 구형 모델의 검토
(C) 제품 디자인
(D) 상품을 위한 참신한 아이디어

EXP. [전체 추론 > 주제] 화자들이 논하고 있는 것을 묻고 있다.

39 여자에 의하면, 왜 변화가 이루어졌는가?

(A) 소비자의 요구를 만족시켜주기 위해서
(B) 고객들의 의견에 반응하기 위해서
(C) 단순해진 디자인을 사용하기 위해서
(D) 친환경적인 제품을 제작하기 위해서

EXP. [개별 사실 > why > 이유] 변화를 준 이유를 묻고 있다.

40 남자 문의하는 것은 무엇인가?

(A) 출시일
(B) 상점 주소
(C) 생산 과정
(D) 할인율

EXP. [개별 사실 > what] 남자가 문의한 것이 무엇인지를 묻고 있다.

41-43

W: Hi, Rafael. **41** Because the two companies merged, it seems like all the employees want to leave the company and find other jobs. **42** In fact I've already applied for another company, too.

M: You don't say. Then, I'd better begin to look, too. My job may not be safe, either.

W: I hope you are wrong. You've been the top salesman here for years. If you don't have safe job, then nobody does.

M: **43** You know, the new management policy is different from what I think. I may have some conflicts with them.

여: Rafael, 안녕하세요. 두 회사가 합병하기 때문에 모든 직원들이 다른 직장을 찾아서 회사를 사직해야 할 것처럼 보입니다. 사실 저도 이미 다른 회사에 지원을 했습니다.

남: 진짜요? 그럼 저도 새 직장을 찾아봐야겠습니다. 제 자리도 안전하지 않거든요.

여: 당신 생각이 틀리기 바랍니다. 당신은 수년 동안 최고의 판매원이었습니다. 만약 당신 자리가 안전하지 않다면 어느 누구도 안전하지 않습니다.

남: 당신도 아시다시피, 신경영 방침은 우리가 생각하는 것과는 다릅니다. 저는 아마 그 규정상 충돌이 있을 것 같습니다.

VOCA merge 합병하다 | apply for 지원하다, 응시하다 | management 경영(진)

Story Line 2개 회사의 합병으로 인력 감축을 한다.

41 여자에 따르면, 최근에 무슨 일이 생겼는가?

(A) 그녀가 새 직장에서 근무를 시작했다.
(B) 그녀의 회사가 다른 회사와 하나가 되었다.
(C) 그녀가 책임자로 승진했다.
(D) 회사에서 그녀의 업무가 바뀌었다.

EXP. [개별 사실 > what] 여자에게 최근 일어난 일이 무엇인지를 묻고 있다.

42 남자는 왜 "진짜요"라고 말했나?

(A) 놀라움을 보여주기 위해
(B) 여자의 의견에 동의하기 위해
(C) 여자에게 회사를 떠나지 말 것을 요청하기 위해
(D) 다른 견해를 표현하기 위해

EXP. [Intention] 남자가 "진짜요"라고 말한 목적을 묻고 있다. "You don't say"는 놀라움을 나타내는 표현이다. 앞의 문장 "In fact I've already applied for another company, too"에 대한 놀라움을 나타낸다.

43 남자는 신경영에 대해서 어떤 문제점이 있다고 말하는가?

(A) 그것이 신규 사업을 일으킨다.
(B) 그것이 그에게 안전한 근무 환경을 제공한다.
(C) 그것이 모든 직원들의 생각을 이해한다.
(D) 그것이 회사를 다르게 경영한다.

EXP. [개별 사실 > what] 남자가 경영진에 대해 언급한 것이 무엇인지를 묻고 있다.

44-46　🏴󠁧󠁢󠁥󠁮󠁧󠁿🇬🇧

W: Hi, Mr. Preston. **44** I think we should show our appreciation to all the donors.

M: Last time, we gave umbrellas to them. **45** Why don't we just do the same thing?

W: I don't mind. However, won't we be receiving feedbacks from them?

M: Yes, I'm hoping they will be happy with them. **46** I'll call the postal service to confirm how much the shipping is going to cost us.

여: Preston 씨, 안녕하세요. 제 생각엔 우리가 모든 기증자들에게 감사를 표시해야 할 것 같습니다.

남: 지난번 우리가 모든 기증자들에게 우산을 증정했어요. 똑같은 것을 주면 어떨까요?

여: 저는 괜찮다고 생각합니다. 그러나, 기증자들의 의견을 받으면 어떨까 싶습니다.

남: 예, 저도 그들이 그걸 더 좋아할 것 같습니다. 제가 배송비용이 얼마나 드는지 확인하기 위해서 우체국에 전화할게요.

VOCA appreciation 감사함, 고마워함 ｜ donor 기증자 ｜ confirm 확인하다

Story Line 기증자들에게 감사를 표기하기 위해 작년과 같이 우산을 선물할 것을 상의하고 있다. 우체국에 배송료를 문의한다.

44 이 대화는 주로 무엇에 대한 것인가?

　(A) 기금을 기부하는 것
　(B) 비용을 늘리는 것
　(C) 기증자들에게 감사하는 것
　(D) 우산을 구입하는 것

> **EXP.** [전체 추론 > 주제] 대화의 주제를 묻고 있다.

45 왜 여자는 "저는 괜찮다고 생각합니다"라고 말하는가?

　(A) 그의 사과를 무시하기 위해서
　(B) 그녀의 관심을 보여주기 위해서
　(C) 그의 제안에 동의하기 위해서
　(D) 그에게 약속한 것을 상기시키기 위해서

> **EXP.** [Intention] 여자가 "저는 괜찮다고 생각합니다"라고 말한 목적을 묻고 있다. "I don't mind"는 앞의 내용에 동의를 나타내는 표현이다.

46 남자는 그가 어디로 연락한다고 말하는가?

　(A) 배송 부서
　(B) 우체국
　(C) 법률 사무소
　(D) 고객 서비스 센터

> **EXP.** [개별 사실 > where] 남자가 어디에 연락을 취할 것인가를 묻고 있다.

47-49　🇨🇦🇨🇦

M: Have you heard? **47** I'm going to resign my position as an advertising manager of this cosmetic company. I'll be leaving at the end of April.

W: Unbelievable. I thought you would be working with us for many more years, especially because you've been so interested in the new company's business.

M: **48** We do have a brilliant advertising team. In fact, I think you will do well in leading them. Would you like to be my successor?

W: It will be an honor, but I know it will be quite challenging. **49** I want to have time to think about it. I haven't accepted the company's job offer yet either.

M: I will tell the president that you will be the right person.

W: Thank you very much.

남: 소식 들었지요? 제가 화장품 회사의 광고 매니저 자리에서 사임해요. 4월 말일이 마지막 근무일입니다.

여: 믿을 수 없네요. 새로운 회사의 일에 아주 관심이 많으셔서 몇 년 더 우리와 함께 일할 거라고 생각했었거든요.

남: 우린 정말 대단한 광고팀을 가지고 있지요. 저는 당신이 그 팀을 잘 이끌어 갈 수 있을 거라고 생각하는데요. 혹시 저의 후임자가 되고 싶은 마음이 있어요?

여: 후임자가 되는 것은 영광스러운 일이면서도 도전이 되는 일이라는 것을 알아요. 좀 생각할 시간을 갖고 싶어요. 그리고 아직 회사에서 공식 제의도 받지 못했고요.

남: 제가 사장에게 당신이 적임자라고 말할게요.

여: 정말 고마워요.

VOCA resign 퇴직하다, 사임하다 ｜ cosmetic 화장품 ｜ unbelievable 믿을 수 없는 ｜ brilliant 훌륭한 ｜ successor 계승자, 후임자

Story Line 회사에서 직원이 퇴사할 예정이라고 소식을 듣고 놀람. 회사는 좋은 광고팀을 가지고 있음. 후임 직책에 관심은 있지만 수용할지에 대해서는 시간을 더 갖고 숙고하려 함.

47 여자는 무엇 때문에 놀랐나요?

　(A) 새로운 회사의 일
　(B) 남자의 은퇴
　(C) 화장품 회사의 새로운 직위
　(D) 대단한 광고팀

> **EXP.** [개별 사실 > why] 여자가 놀란 이유를 묻고 있다.

48 남자는 화장품 회사에 대해서 무엇을 말합니까?

　(A) 회사의 후임자는 새로운 회사의 일에 관심이 없다.
　(B) 회사는 화학 산업을 앞장서서 잘 이끌어 나갈 것이다.
　(C) 회사는 많은 고용 창출을 이룰 것이다.
　(D) 회사는 훌륭한 광고팀을 가지고 있다.

> **EXP.** [개별 사실 > what] 남자가 화장품 회사에 대해 말한 것이 무엇인지를 묻고 있다.

49 여자는 왜 더 많은 시간을 요청하는가?

　(A) 회사의 고용 제안에 대해서 더 생각하기 위해서
　(B) 사장에게 미리 말하기 위해서
　(C) 그녀의 사업을 생각하기 위해서
　(D) 영업팀을 결성하기 위해서

> **EXP.** [개별 사실 > why] 여자가 시간을 더 요청한 이유를 묻고 있다.

M: Hi, this is Jimmy Scott calling from Collins Company. [51] We bought our new photocopiers last month. [50] We are having problems with both of them.

W: I am sorry to hear that. Could you describe the problems you're experiencing?

M: The paper keeps jamming on one and the other one doesn't print color copies.

W: I'll send someone over to take a look for you. I'll need your purchase order number.

M: Sorry I don't know it right now. I will give you it later. By the way, when will the technician arrive?

W: [52] I'll contact our technical support department right away.

남: 안녕하세요. Collins 사의 Jimmy Scott입니다. 우리는 지난달에 프린터를 구입했는데요. 구입한 제품 두 개 모두 문제가 있습니다.

여: 죄송합니다. 어떤 문제인지 자세히 설명해주시겠습니까?

남: 하나는 계속해서 종이가 걸리고 다른 하나는 컬러 출력이 안 됩니다.

여: 제가 담당자를 보내어 점검하도록 하겠습니다. 구매 주문 번호를 알려주시겠습니까?

남: 미안하지만, 지금은 몰라요. 나중에 알려 드릴게요. 그나저나 수리 기사는 언제 오나요?

여: 제가 지금 AS 센터에 연락해서 알아보겠습니다.

VOCA photocopier 복사기 | describe 묘사하다, 그리다 | jam 막히다, 걸리다

Story Line 지난달에 구매한 복사기 2대가 고장 났다. AS 센터에 전화하니 기술자에게 연락한다고 함.

50 남자가 여자에게 전화한 이유는?

(A) 품질 보증에 대해 불만이 있어서
(B) 배송 지연에 대해서 그녀에게 사과하려고
(C) 어떤 기계에 관련된 문제를 알리기 위해서
(D) 사무집기를 구입하기 위해서

EXP. [개별 사실 > why] 남자가 여자에게 전화한 이유를 묻고 있다.

51 그 회사가 지난달에 받은 것은 무엇입니까?

(A) 복사 용지
(B) 복사기
(C) 인쇄기
(D) 설명서

EXP. [개별 사실 > what] 지난달 회사가 무엇을 구매했는지를 묻고 있다.

52 여자는 다음에 무엇을 할 것 같습니까?

(A) 다른 부서에 전화한다.
(B) 그녀의 상관에게 이메일 한다.
(C) 주문을 취소한다.
(D) 컬러로 출력한다.

EXP. [개별 추론 > what] 여자가 다음에 무엇을 할지를 묻고 있다.

M: Hi, Ms. Lucas. How many of today's shipments have gone out so far?

W1: Well, we've loaded two trucks. [53] We need three more trucks for today, don't we, Mr. Oswaldo?

M: Yes. A huge order is coming in. We may need larger trucks. How about our vehicles, Ms. Whitney?

W2: Wait a moment. All our larger trucks are out of town now. [54] Let me talk to my previous coworker's freight company. His name is Mr. Buford Young. They may have trucks available.

M: That's a good idea. How soon can we hear from them?

W2: I can't guarantee a time, but [55] I'll try to get a response before lunch.

남: Lucas 씨 안녕하세요. 오늘 배송이 지금까지 얼마나 된 겁니까?

여1: 글쎄요. 우리가 두 트럭에 적재했습니다. 우리는 트럭 세 대분을 더 해야 합니다. 그렇지 않습니까, Oswaldo 씨?

남: 예, 큰 주문이 오고 있습니다. 우리는 대형트럭을 필요로 할지 모릅니다. 우리 차량은 어떨까요, Whitney 씨?

여2: 잠시만 기다리십시오. 모든 대형트럭이 시외로 나갔습니다. 제 이전 동료의 화물회사로 연락해보겠습니다. 그 친구 이름은 Buford Young입니다. 그들은 아마도 이용 가능한 트럭이 있을 겁니다.

남: 좋은 생각입니다. 언제쯤 그들로부터 연락을 받을 수 있습니까?

여2: 시간은 장담 못 하지만 점심식사 이전에 대답을 얻도록 노력하겠습니다.

VOCA shipment 선적 | so far 지금까지 | load (탈 것에) 짐을 싣다 | guarantee 보증하다

Story Line 선적 회사에서 선적 양이 많이 대형 트럭이 부족하다. 과거 일한 회사에 문의하고 답을 기다린다.

53 남자는 무슨 문제를 언급하는가?

(A) 외부 위탁 회사를 인수하는 것
(B) 트럭을 더 구입하는 것
(C) 주문하는 것
(D) 대형 트럭의 부족

EXP. [개별 사실 > what] 남자가 언급한 문제가 무엇인지 묻고 있다.

54 Whitney에 의하면 그녀는 Buford Young 씨를 어떻게 알게 된 것인가?

(A) 그녀는 예전에 Buford Young의 직장 동료였다.
(B) 그녀는 Buford Young을 Osawaldo에게 소개했다.
(C) 그녀는 Buford Young을 대기 지역으로 데려다주었다.
(D) 그녀는 Buford Young의 이메일을 받지 못했다.

EXP. [개별 사실 > how > 방법] 여자가 Mr. Buford Young을 어떻게 알게 되었는지를 묻고 있다.

55 화자들은 언제까지 Buford Young으로부터 대답을 받을 것인가?

(A) 오전 9시까지
(B) 오후 1시까지
(C) 오후 12시까지
(D) 오후 6시까지

EXP. [개별 추론 > when] Mr. Buford Young으로부터 언제 반응을 받을지를 묻고 있다.

56-58 🏴󠁧󠁢󠁥󠁮󠁧󠁿 🇨🇦 🇺🇸

M1: Hi, Ms. Roland. I think you should prepare a model house for the sales office.

W: Hi, Mr. Fraiser. Can you tell me when it needs to be done by Mr. Phillip? [56] Also, where I will work and how many houses should I prepare?

M1: You need to prepare ten houses by the end of next month, on Pinetree street.

W: Sorry. I've just begun work on floor plans for Dupont shopping mall. [57] Therefore, I don't have a minute to spare.

M1: Yes, I know it's not much time. I will get Mr. Norris to take over everything else.

M2: [58] I'll come to your office this morning, Ms. Roland. Let's discuss it then.

남1: Roland 씨, 안녕하세요. 제 생각엔 당신은 사무실 판매를 위한 모델 하우스를 준비해야 할 것 같습니다.

여: Fraiser 씨, 안녕하세요. Phillip 씨가 언제까지 마쳐야 하는지 말해주시겠습니까? 또한, 제가 어디에서 작업을 것이고 얼마나 많은 주택을 준비해야 합니까?

남1: 당신은 다음 달 말까지 Pinetree 거리에 10개의 주택을 준비하면 됩니다.

여: 죄송합니다. 저는 Dupont 쇼핑센터의 바닥 공사를 얼마 전에 시작했습니다. 따라서 단 1분도 할애할 시간이 없습니다.

남1: 예, 시간이 많지 않다는 것을 저도 압니다. 제가 Norris 씨가 다른 모든 일을 인수받을 수 있도록 하겠습니다.

남2: Roland 씨, 제가 오늘 아침에 귀하의 사무실을 방문하겠습니다. 그때 논의드리죠.

VOCA prepare 준비하다

Story Line 모델하우스를 건설하기 위해 일을 하청 주려 하는데 바빠 거절. 다른 일을 하청 받기 위해 사무실에서 만날 것을 약속

56 Roland 씨의 업무는 무엇일 것 같나?

(A) 매각인
(B) 쇼핑센터의 소유주
(C) 토지 소유주
(D) 건설업자

EXP. [개별 추론 > what] Ms. Roland의 직업이 무엇일지 묻고 있다.

57 Roland 씨가 Fraiser 씨의 제안을 거부한 이유는?

(A) 그녀가 너무 바쁘기 때문에
(B) 그녀가 도시를 떠나 있기 때문에
(C) 그녀가 Norris 씨와 논의 중이었기 때문에
(D) 그녀가 Dupont 쇼핑센터에 있었기 때문에

EXP. [개별 사실 > why] Ms. Roland가 Mr. Fraiser의 제안을 거부한 이유를 묻고 있다.

58 Norris 씨는 Fraiser 씨를 어디에서 만날 것인가?

(A) Norris 씨의 자택
(B) Fraiser 씨의 사무실
(C) Pinetree 거리에서
(D) Dupont 쇼핑센터에서

EXP. [개별 추론 > where > 장소] Mr. Norris는 Mr. Fraiser를 어디에서 만날 것인가?

59-61 🏴󠁧󠁢󠁥󠁮󠁧󠁿 🇯🇵

W: Good afternoon, this is Kimberly Allen. [59] I'm calling about enrolling in your photography classes. Could you give me more information?

M: Yes. We have everything from basic to advanced classes.

W: I want to know about instructors, the class hours, the fee, and so on.

M: Okay. Each one is led by an experienced instructor. The classes begin on Friday at 3:00 p.m. and lasts three hours. The tuition is $150, but [60] if you pay in advance for two classes, you'll get a 20 percent discount.

W: That's good news. I think I'd like to go ahead and pay for four of them, then.

M: [61] How would you like to pay for it?

W: I would like to pay with a credit card. Should I give you all my information or just the card number over the phone?

M: You can only do that through our web-site or in person at the reception desk.

W: I see. I'll visit your office tomorrow morning.

여: 안녕하세요. 저는 Kimberly Allen입니다. 사진 강의에 등록하는 것 때문에 전화드립니다. 이것에 관한 더 많은 정보를 주실 수 있습니까?

남: 예, 기초반부터 상급자까지 모든 것이 다 있습니다.

여: 저는 강사와 강의시간과 수강료 등에 대해서 알고 싶습니다.

남: 좋습니다. 각 강의는 경험 많은 강사에 의해서 수업이 진행됩니다. 수업은 금요일 오후 3시에 시작해서 3시간 동안 진행됩니다. 수업료는 150달러이며, 두 강의를 미리 선납하시면 20% 할인됩니다.

여: 그것 좋은 소식이네요. 저는 지금 가서 4개 강좌를 납부하겠습니다.

남: 어떻게 지불하시겠습니까?

여: 신용 카드로 지불하고 싶습니다. 전화로 제 모든 정보를 드려야 합니까? 아니면 카드번호만 알려드리면 되나요?

남: 신용 카드로는 온라인이나 접수창구에서만 가능합니다.

여: 알겠습니다. 내일 아침에 사무실을 방문하겠습니다.

VOCA enroll in 등록하다, 가입하다 | tuition 수강료, 교육비

Story Line 어떤 강좌를 수강하려는 사람. 미리 등록하면 할인받을 수 있음.

59 여자가 전화한 이유는?

(A) 성적을 확인하려고
(B) 호텔을 예약하려고
(C) 강의를 등록하기 위하여
(D) 회원권을 신청하기 위하여

EXP. [개별 사실 > why] 여자가 전화한 이유를 묻고 있다.

60 여자가 할인받을 수 있는 방법은?

(A) 주 중에 옴으로써
(B) 초보자를 추천함으로써
(C) 일찍 도착함으로써
(D) 선납함으로써

EXP. [개별 사실 > how] 여자가 어떻게 하면 할인을 받을 수 있는지를 묻고 있다.

61 여자는 다음에 무엇을 할 것인가?

(A) 그녀는 새로운 강의를 등록할 것이다.
(B) 그녀는 수업료를 납부할 것이다.
(C) 그녀는 시간표를 바꿀 것이다.
(D) 그녀는 웹사이트를 열 것이다.

EXP. [개별 추론 > what] 여자가 다음에 무엇을 할지를 묻고 있다.

62-64

M: Hi, this is Garvin King. I'm calling because ⁶⁴ I'd like to make a reservation for September 10th through the 20th. Is it possible to put my reservation on hold until I figure out how many people will stay?

W: Yes. ⁶² You will be able to cancel the rooms if you have to reduce the total number of people. ⁶³ There will be no cancellation fee if the change is made at least two weeks before the reserved date.

M: Sure. I'd really appreciate it. By the way, do all guest rooms have internet service?

W: Of course, they do. Since September is a special month, I'll send you a coupon you can use for a discount. Please, remember to show it when you check in.

남: 안녕하세요. 저는 Garvin King입니다. 제가 9월 10일부터 20일까지 예약을 하려고 전화드립니다. 제가 몇 명이 머물 것인지 정확히 알 때까지 가 예약을 하는 것이 가능합니까?

여: 예, 예약 인원수를 줄일 필요가 있을 때는 예약을 취소할 수 있습니다. 예정일로부터 최소 2주전에 취소하시면 취소 비용은 없습니다.

남: 좋습니다. 정말 감사드립니다. 그나저나 모든 객실에 인터넷이 됩니까?

여: 물론 모든 객실에 인터넷이 됩니다. 9월은 특별 행사 달이라 제가 할인 쿠폰을 보내드리겠습니다. 체크인할 때 보여주시는 것을 잊지 마십시오.

고객을 위한 특별 쿠폰

9월 1일 ~ 7일 .... 10% 할인
⁶⁴ 9월 8일 ~ 15일 .... 15% 할인
9월 16일 ~ 23일 .... 20% 할인
9월 24일 ~ 30일 .... 30% 할인

체크인하는 날 기준입니다.

Hillside Placid 호텔

VOCA on hold 대기 중인 | figure out (숫자를) 산출하다, 계산하다 | appreciate 감사하다, 고마워하다

Story Line 호텔에 예약을 문의하는 전화. 취소 정책을 언급하고, 할인 기간이니 할인 쿠폰을 보낸다.

62 여자는 어디에서 근무하는가?

(A) 식당
(B) 호텔
(C) 터미널
(D) 역

EXP. [개별 사실 > where] 여자의 직장을 묻고 있다.

63 여자가 남자에게 무엇을 말하는가?

(A) 초과 수하물 우위
(B) 견적
(C) 할인 정책
(D) 취소 정책

EXP. [개별 사실 > what] 여자가 남자에게 무엇을 관해 말했는지를 묻고 있다.

64 그래프를 보시오. 남자는 얼마의 할인을 받을 것인가?

(A) 10%
(B) 15%
(C) 20%
(D) 30%

EXP. [Graphic > 개별 사실 > how > 결합형] how much는 양을 묻는 표현이다. 할인율을 묻고 있다.

65-67

W: Hello, this is Vanessa LeMay. ⁶⁵ What extension should I dial to call Ms. Susie Randal?

M: Are you calling from the reception desk, madam?

W: Yes, I'm at the reception. ⁶⁶ I am looking at the directory list behind the phone. I don't know which department Ms. Susie Randal works in.

M: ⁶⁷ Ms. Susie Randal works in the accounting department. She should be in the office right now.

W: Yes, I've found the number here. Thank a lot for your help.

여: 안녕하세요. 저는 Vanessa LeMay인데, Susie Randal과 통화하려면 내선 번호가 몇 번입니까?

남: 사모님, 지금 안내 데스크에서 전화하시는 겁니까?

여: 예, 안내 데스크에 있습니다. 제가 전화기 뒤에 있는 안내표를 보고 있는데요. Susie Randal 씨가 어느 부서에서 근무하는지 모릅니다.

남: Susie Randal 씨는 회계부서에서 근무합니다. 지금 사무실에 있을 겁니다.

여: 예, 제가 그 번호를 찾았습니다. 도움 주셔서 대단히 감사합니다.

사무실 내선 번호

회의실	내선 035
광고부	내선 028
일반부	내선 049
⁶⁵ 회계부	내선 030

VOCA reception 접수, 수령

Story Line 안내 데스크로 직원의 내선 번호를 문의하는 대화

65 여자가 전화한 이유는?

(A) 휴대전화 메시지를 확인하기 위해서
(B) 건물로 가는 길을 찾으려고
(C) 사무실에 있는 직원과 연락하려고
(D) 안내 직원에게 문의하려고

EXP. [개별 사실 > why > 이유] 여자가 전화를 한 이유를 묻고 있다.

66 여자는 지금 무엇을 보고 있는가?

(A) 전화번호부
(B) 그녀의 휴대전화
(C) 건물 안내 지도
(D) 안내 데스크

> EXP. [개별 사실 > what] 지금 여자 보고 있는 것이 무엇인지를 묻고 있다.

67 그래프를 보시오. 여자가 전화를 할 내선 번호는 무엇인가?

(A) 내선 028
(B) 내선 030
(C) 내선 035
(D) 내선 049

> EXP. [Graphic > 개별 사실 > which] 여자가 어느 내선 번호로 전화해야 하는지를 묻고 있다.

68 여자기 남자에게 요구하는 것은 무엇인가?

(A) 버스를 예약할 것을
(B) 터미널을 찾을 것을
(C) 정관을 고칠 것을
(D) 은행 계좌를 개설할 것을

> EXP. [개별 사실 > what] 여자가 남자에게 하도록 요청하고 있는 것을 묻고 있다.

69 여자는 무엇이 중요하다고 말하는가?

(A) 그녀의 집에 도착하는 것
(B) 호텔을 예약하는 것
(C) 그녀의 서류를 발송하는 것
(D) 회의에 참석하는 것

> EXP. [개별 사실 > what] 여자가 중요하다고 한 것이 무엇인지를 묻고 있다.

70 그래프를 보시오. 여자는 버스의 어느 좌석에 않을 것인가?

(A) 프리미엄 클래스
(B) 퍼스트 클래스
(C) 비즈니스 클래스
(D) 이코노미 클래스

> EXP. [개별 사실 > where] 여자가 버스에서 어느 등급의 좌석에 앉을까를 묻고 있다.

68-70

> W: Hello, I'd like to reserve a seat for the bus to Los Angeles. [68] Could you tell me when the next bus leaves?
> M: We have one departing at 10:30 A.M. There are plenty of seats available on that.
> W: If there's nothing leaving any earlier, that one will do. As long as it gets me there by 4:00 P.M. [69] I can't be late for an important conference there.
> M: When will you be returning?
> W: On May 25th, as soon as possible after 6:00 P.M. You can reserve me in the best seat that [70] I can purchase under 100 dollars.
> M: Good, I'll make a reservation for you.

> 여: 안녕하세요. Los Angels로 가는 버스 좌석을 예약하려고 합니다. 다음 버스가 언제 출발합니까?
> 남: 오전 10시 30분에 출발합니다. 충분한 좌석 이용 가능합니다.
> 여: 그것보다 더 빨리 가는 것이 없다면, 그 버스가 오후 4시까지 도착하는 한 그것으로 예약하겠습니다. 제가 중요한 회의가 있어서 늦으면 안 되거든요.
> 남: 당신은 언제 돌아옵니까?
> 여: 5월 25일인데, 가능하면 오후 6시 이후로 가장 빠른 것으로요. 100 달러 이하로 구매할 수 있는 제일 좋은 좌석으로 예약해주세요.
> 남: 좋아요. 당신을 위해 예약해 드리겠습니다.

가격표

좌석표 (가격이 비싼 순서로)	가격
프리미엄 클래스	$200
퍼스트 클래스	$150
비즈니스 클래스	$120
[70] 이코노미 클래스	$90

VOCA depart 출발하다 | return 돌아오다
Story Line 버스 예약. 버스 시간과 좌석 등급에 대해 이야기하고 있다.

71-73

Hi, this is Lawrence Dingman. ⁷¹ I made a reservation for my son's birthday dinner for a private room at your restaurant. It's for July 28th. My son is turning eight years old, so it's a very special occasion. ⁷² One of the guests we invited will be in a wheelchair, so he can't go up and down the stairs. I want to make sure that he'll be comfortable the whole time there. ⁷³ Can you send me the ingredients for all the menus? I want to make sure there is nothing that can cause allergic reactions. Thank you.

안녕하세요. 저는 Lawrence Dingman입니다. 당신의 식당의 개인 방을 제 아들 생일파티를 위해서 예약했지요. 7월 28일입니다. 제 아들이 이제 8살이 되는데 이것은 아주 특별한 일입니다. 초대된 손님들 중의 한 사람은 휠체어를 타고 있어서 계단을 오르내리지 못합니다. 저는 그분이 파티 내내 편안히 지낼 수 있도록 확인해 주기 바랍니다. 그리고 모든 메뉴의 재료들을 저에게 보내주시겠습니까? 저는 알레르기 반응이 생기지 않도록 확인하고 싶습니다. 감사합니다.

VOCA private 사적인, 개인적인 | comfortable 편안한, 안락한 | ingredient 재료, 원료 | allergic 몹시 싫어하는, 민감하게 반응하는

Story Line 어떤 가족 행사를 예약하려는 녹음 메시지로 출제될 수 있다. 손님 중 한 명이 휠체어를 사용할 것이고, 메뉴의 재료를 알고 싶어 한다.

71 어떤 행사가 계획되고 있는가?

(A) Lawrence Dingman의 생일 파티
(B) 개인 지도
(C) 특별한 행사
(D) 생일 저녁식사

> **EXP.** [개별 사실 > what] 어떤 행사가 계획되었는지를 묻고 있다.

72 화자는 손님들 중의 한 사람에 대해 무엇을 언급하는가?

(A) 그가 이제 8살이 된다.
(B) 그가 계단을 오르내릴 수 있다.
(C) 그가 휠체어를 사용해야만 한다.
(D) 그가 파티 내내 안락함을 느낄 것이다.

> **EXP.** [개별 사실 > what] 화자가 손님 중 한 명에 대한 언급한 내용이 무엇인지 묻고 있다.

73 화자가 받기 원하는 것은 무엇인가?

(A) 메뉴의 재료
(B) 알레르기 반응의 원인
(C) 계단의 위치
(D) 좌석 수

> **EXP.** [개별 추론 > what] 화자가 받기를 원하는 것이 무엇인지를 묻고 있다.

74-76

Welcome to our weekly employee conference. I have heard many complaints about the litter around our hotel. ⁷⁴ Now is the time we must act to solve this problem. This is the main reason why we have invited you all to this conference. We have seen a massive amount of trash scattered around our hotel building. ⁷⁵ We can't let this go on any longer. I'll tell you what. ⁷⁵ If you want to solve this problem, we'll gladly show you how to help. ⁷⁶ For this issue, we have found an environmental specialist, Ms. Jessie Ward, and today she will show use how we can effectively maintain our hotel to be much cleaner than it is now. Please give her a hand!

주간 직원회의에 오신 것을 환영합니다. 저는 호텔 주변에 쓰레기에 대한 많은 불만을 들었습니다. 이제 우리가 이 문제를 해결하기 위해서 행동을 해야만 하는 시간입니다. 이것이 오늘 여러분들을 이 회의에 초대한 주된 이유입니다. 우리는 호텔 주변에 엄청난 양의 쓰레기가 널려져 있는 것을 목격했습니다. 우리는 더 이상 이대로 놔둘 수 없습니다. 제 이야기 좀 들어보세요. 여러분이 이 문제를 해결하기 원한다면, 우리가 여러분이 어떻게 도와줄 것인지 기꺼이 보여드리겠습니다. 이 문제를 위해 우리는 환경 전문가 Jessie Ward 를 찾았고 오늘 그녀가 호텔을 지금보다 더욱더 효과적으로 관리할 수 있는 방법을 제시할 것입니다. Jessie Ward에게 박수 부탁드립니다.

VOCA solve 해결하다, 풀다 | massive 엄청난, 많은 | scatter 흩어지다, 산재하다 | issue 문제, 논점, 쟁점, 발행 | environmental 환경의 | effectively 효율적으로, 효과적으로 | maintain 유지하다

Story Line 쓰레기 문제로 환경전문가를 초청해 해결책을 배우는 호텔의 직원회의.

74 청자들이 이 모임의 참석을 초대받은 이유는?

(A) 많은 불평을 듣기 위해서
(B) 직원들을 환영하기 위해서
(C) 단독으로 행동하기 위해서
(D) 문제 해결법을 배우기 위해서

> **EXP.** [개별 사실 > why > 이유] 청자들이 회의에 참석한 이유를 묻고 있다.

75 남자가 말한 "제 이야기 좀 들어 보세요"는 무엇을 의미하는가?

(A) 그가 회의를 끝낼 것이다.
(B) 그가 새 규칙에 대해서 모든 세부 사항을 말할 것이다.
(C) 그가 몇 가지 제안을 줄 것이다.
(D) 그가 상자 안에 무엇이 있는지 알고 싶어 한다.

> **EXP.** [Intention] 남자가 "제 이야기 좀 들어 보세요"라고 말한 의미를 묻고 있다.

76 Jessie Ward 씨의 직업은 무엇인가?

(A) 건축가
(B) 환경 전문가
(C) 호텔 지배인
(D) 안내원

> **EXP.** [개별 사실 > who] Ms. Jessie Ward의 직업을 묻고 있다.

77-79

⁷⁷ Now, you are listening to Southworth radio. I'm Morton Cumming. ⁷⁸ On today's program, I'd like to talk about the annual flower show that is coming up. There will be many great gardening tips and tricks shared. Also, there will be a chance to talk to fellow gardeners about the new gardening programs. ⁷⁹ To attend, go to the Southworth radio's website and sign up for a chance to win four free tickets to the flower show.

여러분은 지금 Southworth 라디오를 듣고 계십니다. 저는 Morton Cumming입니다. 오늘 프로그램에서는 곧 다가올 연례 꽃 축제에 대해서 말씀 나눌까 합니다. 다수의 훌륭한 정원 가꾸기 간단한 정보와 기술이 나누어질 예정입니다. 또한, 동료 정원사들과 함께 새로운 정원 가꾸기 프로그램에 대해서 이야기하는 시간도 가지려 합니다. 참석을 원하시는 분은 Southworth 라디오 홈페이지에 가셔서 꽃 축제 무료 입장권을 당첨 응모에 사인하세요.

VOCA annual 연례의, 1년에 한 번 | gardening 원예, 정원 가꾸기 | gardener 정원사

Story Line 방송국 리포터가 축제를 알린다. 방송국 홈피에 가서 신청서를 작성하길 부탁하고 있다.

77 화자의 직업은 무엇일 것 같은가?

(A) 프로그래머
(B) 꽃 장사
(C) 리포터
(D) 정원사

EXP. [개별 추론 > what] 화자의 직업을 묻고 있다.

78 오늘 무엇이 논의될 것인가?

(A) 다가올 연례 꽃 축제
(B) Southworth 라디오의 프로그램
(C) 정원 가꾸기 간단한 정보
(D) 공유된 기술

EXP. [개별 추론 > what] 오늘 논의될 것이 무엇인지를 묻고 있다.

79 화자에 의하면, 청자들은 Southworth 라디오 홈페이지에서 무엇을 할 수 있는가?

(A) 그들은 Southworth 라디오 홈페이지를 시청할 수 있다.
(B) 그들이 꽃 축제를 준비할 수 있다.
(C) 그들이 무료입장권으로 현금으로 교환할 수 있다.
(D) 그들은 신청서를 작성할 수 있다.

EXP. [개별 추론 > what] 청자들이 Southworth radio의 web-site에서 무엇을 할 수 있는지를 묻고 있다.

80-82

You're listening to popular entertainment news. Mr. Travis Gale is joining us for today's show. ⁷⁹ He is famous for the country music events that he hosts. He is very experienced when it comes to organizing a performance at all the different venues. ⁸⁰ However, today he joins us to talk about electronic tickets for concerts and events. As most of you know, there has been a rise in electronic tickets in place of actual tickets made of paper. Although electronic tickets seem far better than the old ones, Mr. Travis Gale says that electronic tickets have its flaws. With electronic tickets, identification is difficult because anyone can access the tickets as long as they have internet service. ⁸¹ Some concert venues are considering changing to paper tickets only to avoid fraudulent electronic tickets.

여러분들은 지금 연예 뉴스를 청취하고 계십니다. 오늘의 쇼는 Travis Gale 씨가 함께 하고 있습니다. 그는 진행하는 컨트리 뮤직 행사로 유명합니다. 그는 다양한 장소에서 행사를 주관하는 데 있어서 아주 많은 경험이 있습니다. 하지만 오늘은 음악회나 행사를 위한 전자 티켓에 대해 이야기하고자 우리와 함께하게 되었습니다. 대부분의 여러분이 아시다시피, 종이로 만들어진 입장권을 대신해서 전자 티켓 사용이 증가했습니다. 전자 티켓이 종이 티켓보다 훨씬 더 나은 것처럼 보임에도 불구하고, Travis Gale 씨는 전자 티켓이 단점을 가지고 있다고 주장합니다. 전자 티켓에 관하여 신분 확인이 어렵습니다. 왜냐하면, 인터넷 서비스만 있으면 누구나 티켓을 이용할 수 있기 때문입니다. 어떤 콘서트장은 전자 티켓 사기를 방지하기 위해서 종이 티켓만으로 바꾸는 것을 고려 중입니다.

VOCA entertainment 연예, 오락 | hold 개최하다, 열다 | electronic 전기의, 전자적인 | flaw 결점, 결함, 흠집 | venue 장소, 위치 | fraudulent 사기를 치는, 사기를 치기 위한

Story Line 연예가 뉴스. 음악회 행사 기획자를 소개하고 전자 티켓을 종이 티켓으로 바꾸고자 함.

80 Travis Gale 씨는 누구인가?

(A) 유명한 연예인
(B) 컨트리 음악 행사 기획자
(C) 뉴스 리포터
(D) 유명한 배우

EXP. [개별 사실 > who] Mr. Travis Gale이 누구인지를 묻고 있다.

81 프로그램에서 무엇을 논하는가?

(A) 전자 티켓
(B) 컨트리 뮤직의 기여
(C) 컨트리 뮤직 음악회
(D) 임대료의 상승

EXP. [개별 추론 > what] 프로그램에서 무엇이 논의될지를 묻고 있다.

82 음악회 주관자가 무엇을 고려하는가?

(A) 관람객들을 식별하는 것
(B) 소비자 문제를 해결하는 것
(C) 전자 티켓을 도입하는 것
(D) 종이 티켓으로 교체하는 것

EXP. [개별 사실 > what] 음악회 주관자가 무엇을 고려하고 있는지를 묻고 있다.

[83] Federico Corporated is one of the nominees for the Best Global Manufacturing Association Award. [84] Federico Corporated was the first manufacturer in the rechargeable batteries industry. The company first opened its door in Panama 10 years ago and since then, it has grown rapidly. [85] Beginning next year, the company will introduce a new line of power tools that operate with rechargeable batteries. Not only is this more convenient, but it uses far less energy than power tools from other brands. Please vote for Fedrico Corporated for the Best Global Manufacturing Association Award.

Federico사는 Best Global 제조업 협회상을 위한 후보자들 중의 한 회사입니다. Federico사는 충전용 배터리 산업의 최초 제조사였습니다. 이 회사는 10년 전에 Panama에서 사업을 시작한 이후 빠르게 성장하였습니다. 다음 해부터 회사는 충전용 배터리로 사용되는 새로운 전기 기구 생산 설비를 도입할 것입니다. 이것은 편리할 뿐만 아니라 타사 제품보다 전력 소모가 더 적습니다. Best Global 제조업 협회상 수상을 위해 Federico사에게 투표해 주십시오.

VOCA nominee 지명 후보(자) | rechargeable 재충전할 수 있는 | rapidly 빠르게, 급속도로 | convenient 편리한, 편안한

Story Line 시상식에서 수상을 하는 회사를 소개하는 담화. 충전용 배터리를 생산하는 회사이고, 내년에 새 제품을 출시할 예정이다.

83 발표의 목적은 무엇인가?

(A) Federico사가 Best Global 제조업 협회상 후보자임을 알리는 것
(B) Best Global 제조업 협회에 감사하는 것
(C) 시상식을 축하하는 것
(D) Federico사를 후보 지명하는 것

EXP. [전체 추론 > 주제] 공지의 주제를 간접적으로 묻고 있다.

84 Federico사는 무엇을 생산하는가?

(A) 실내용 문
(B) 전기 기구
(C) 충전용 배터리
(D) 편리한 에너지 변환기

EXP. [개별 사실 > what] Federico Co.가 어떤 제품을 생산하는지를 묻고 있다.

85 Federico사가 내년에 계획하고 있는 것은 무엇인가?

(A) 회사는 Best Global 제조업 협회상을 위해 투표할 것이다.
(B) 회사는 타사 제품을 사용자들에게 제공할 것이다.
(C) 회사는 새로운 전기 기구 생산 설비를 도입할 것이다.
(D) 회사는 Panama에 지점을 낼 것이다.

EXP. [개별 사실 > what] Federico Co.가 내년에 무엇을 할 계획인지를 묻고 있다.

Hello, everyone. [86] Welcome to our yearly medical conference. Today we have a very important speaker that will be sharing the latest news on medical technology. [87] Once lunch time is over, you can choose from a variety of medical workshops where you can share ideas with your peers. I have been notified that there has been a change made to the program. [88] Dr. Dryden will be giving his presentation tomorrow instead of today.

여러분, 안녕하세요. 연간 의료 회의에 오신 것을 환영합니다. 오늘은 아주 중요한 초대 강사가 최신 의료 기술에 대한 것을 나누는 시간을 가질 것입니다. 점심시간이 끝난 후에 여러분들은 여러분들의 동료들과 생각을 교환할 수 있는 다양한 의료 워크숍을 선택하실 수 있습니다. 제가 프로그램상의 변경 사항이 있음을 발견했습니다. Dryden 박사는 오늘이 아니라 내일 발제할 것입니다.

VOCA medical 의학의, 의료의 | share 공유하다, 나누다 | notify 알리다, 공지하다 | peer 동료, 친구

Story Line 연례 의학 회의에서 참가자들에게로의 공지. 참가할 회의를 선택한다. 연사가 일정을 재조정했다.

86 공지는 누구를 위한 것인가?

(A) 회의 참석자들
(B) 의료 기술을 사용하는 의사들
(C) 기술자들
(D) 기조연설자

EXP. [전체 추론 > 청자] 이 공지가 목적으로 하는 대상이 누구인지를 묻고 있다. 간접적으로 주제를 묻는 것이다.

87 오늘 청자들은 무엇을 할 예정인가?

(A) 그들은 모임을 주최할 것이다.
(B) 그들은 회의에서 연설을 할 것이다.
(C) 그들은 회의에서 연설자가 될 것이다.
(D) 그들은 참석할 워크숍을 선택할 것이다.

EXP. [개별 추론 > what] 청자들이 오늘 무엇을 할지를 묻고 있다.

88 화자에 따르면, Dryden 박사에 대해 무엇이 언급되는가?

(A) 그는 그의 발표를 재조정했다.
(B) 그는 그의 동료들에게 프로그램에 대해서 통보했다.
(C) 그가 연설자에게 의료기술을 제공하였다.
(D) 그는 직원들과 그의 의견을 공유했다.

EXP. [개별 사실 > what] Dr. Dryden에 대해 이야기된 것이 무엇인지를 묻고 있다.

89-91

Hello, everyone. [89/91] Make sure to mark April 15th on your calendar because the International Heritage Days Fair is about to start! How exciting! A vast amount of competitors from all different events will demonstrate their many talents. There will be a wood chopping competition, [90] a high jump for dogs, and the stockman's horse trial just to name a few. Gourmet food and drinks will be included in the fair as well, so you do not want to miss out!

여러분, 안녕하세요. 여러분의 달력에 4월 15일에 표시해두세요. International Heritage Days Fair가 시작되는 날이거든요. 정말 흥분됩니다! 다양한 대회 출신의 엄청난 수의 선수들이 그들의 재능을 뽐낼 것입니다. 몇 가지만 말하자면 통나무 자르기 대회, 강아지 높이뛰기 대회, 목동의 말 시합이 있을 것입니다. 또한, 맛있는 음식과 음료가 제공될 예정이니 여러분은 이 행사를 놓치고 싶지 않을 겁니다.

VOCA competitor 경쟁자, 경쟁업체 | demonstrate 입증하다, 증명하다, 나타내다 | stockman 목축업자, 목동 | gourmet 미식가
Story Line 박람회 행사의 내용을 알리는 담화이다.

89 행사는 어디에서 열릴 것인가?

(A) 회의실
(B) 주식 시장
(C) *박람회장*
(D) 무역 박람회

> **EXP.** [개별 추론 > where > 장소] 행사 장소를 묻고 있다.

90 높이뛰기의 특이한 점은 무엇인가?

(A) 높이뛰기는 목동과 경기하는 것이다.
(B) 높이뛰기는 식음료를 포함한다.
(C) 높이뛰기는 통나무 자르기 대회와 함께 시작한다.
(D) *높이뛰기는 길들여진 동물들을 위한 행사이다.*

> **EXP.** [개별 사실 > what] 높이뛰기는 무엇을 특징으로 하는지를 묻고 있다.

91 여자가 말하는 "정말 흥분됩니다!"는 무엇을 의미하는가?

(A) 많은 선수들이 International Heritage Days Fair에 참가할 것이다.
(B) *International Heritage Days Fair는 갈만한 가치가 있다.*
(C) International Heritage Days Fair는 모든 행사를 약화시킨다.
(D) International Heritage Days Fair는 4월 15일에 시작한다.

> **EXP.** [Intention] 여자가 "정말 흥분됩니다!"라고 말한 의미를 묻고 있다.

92-94

[92] The following agenda for our municipal planning committee is a discussion regarding the old school on Rainier road. We received two suggestions from local people who are interested in the property. The first request is to change the school into a shopping center. The second request is to change the school into an apartment complex. [93] However, some residents are concerned that both options will significantly increase the price of rent in that area. Before we come to a conclusion, [94] I would like to invite the two people interested in the property to the next meeting. Each party will be given time to explain their plans for the property.

지방 자치 계획 위원회를 위한 다음의 의사일정은 Rainier 가에 위치한 노후한 학교에 관한 논의입니다. 우리는 이 학교에 관심이 있는 두 명의 거주민으로부터 두 가지 요청을 받았습니다. 첫 번째 요청은 이 학교를 쇼핑센터로 바꿔달라는 요청입니다. 두 번째 요청은 이 학교를 아파트로 바꿔달라는 것입니다. 하지만 다른 주민들은 어느 쪽 요청이든 상관없이 이 지역의 집세가 상당히 올리게 될 것이라고 염려하고 있습니다. 우리가 결론을 내리기 전에 저는 다음번 회의에 이 학교에 관심을 가지고 있는 두 사람을 초대하려고 합니다. 각각의 사람들에게 그 학교에 대한 그들의 계획안을 설명할 충분한 시간이 주어질 것입니다.

VOCA agenda 회의의 안전, 의제 | municipal 자치의 | property 재산, 소유물, 부동산 | conclusion 결론
Story Line 노후된 학교를 재개발하기 위한 회의. 2가지 안이 있다. 재개발로 임대료가 인상되는 것을 걱정하고 있다. 다음 회의 2가지 안에 다 관심 있는 개발업자를 초대하자.

92 이 대화가 주로 무엇을 다루는가?

(A) 지방 자치 계획 위원회의 회원
(B) *노후된 학교에 관련된 논의*
(C) Rainier 가의 건축
(D) 학교 위원회의 다음 의사일정

> **EXP.** [전체 추론 > 주제] 담화의 주제를 묻고 있다.

93 화자에 의하면, 주민들은 무엇을 걱정하는가?

(A) 쇼핑센터 내의 학교
(B) 아파트의 감소
(C) 주민들의 불편한 통근
(D) *임대료의 증가*

> **EXP.** [개별 사실 > what] 주민들이 걱정하는 것이 무엇인지를 묻고 있다.

94 화자는 무엇을 제안하는가?

(A) 지역 주민들이 학교를 변화시킬 것을
(B) *다음 모임에 관심 있는 두 개발업자들을 초대하는 것을*
(C) 주민들이 그 지역을 임대해 줄 것을
(D) 허가를 위해 그 거래를 종료하는 것

> **EXP.** [개별 사실 > what] 화자가 제안한 것이 무엇인지를 묻고 있다.

Attention! This week, we will have a huge sale on select shoes. ⁹⁶ 50 different pairs of shoes will be 25 percent off. The sale will begin on Thursday. Thursday's sale will be for women and children's shoes, and Friday will be for men's shoes. ⁹⁷ Our original plan was to end the sale on Saturday, but we've decided to extend the sale till Sunday. We hope you will enjoy our weekend sale. ⁹⁵ Please remember that we will have a limit for the number of purchases on select products on sale. The limit is 2 pairs of shoes per customer and the sale will be concluded for the day when 50 pairs have been sold.

주목하십시오. 이번 주에 선별된 신발을 대상으로 큰 세일을 시작합니다. 50개의 다양한 신발을 25% 할인 판매합니다. 이 할인 행사는 목요일에 시작합니다. 목요일 세일은 여성용과 아동용 신발을 세일하고, 금요일에 남성용 신발을 세일합니다. 애초의 계획은 토요일에 세일을 끝마치는 것이었는데 일요일까지 세일을 연장하기로 결정했습니다. 우리는 여러분들이 이번 세일을 주말까지 즐기시기를 바랍니다. 특정한 신발과 한정된 수량만 세일한다는 것을 명심하시길 바랍니다. 고객 한 명당 두 켤레가 한정이며 50켤레의 신발이 다 팔리면 세일은 마감됩니다.

신발 세일	
목요일	아동용과 여성용
금요일	남성용
토요일	모든 신발
일요일	세일 종료

VOCA attention 주목, 집중, 차렷 | footgear 신발
Story Line 신발 세일 광고. 사람이 살 수 있는 수량을 제한한다. 일요일까지 연장한다.

95 이번 세일에서 무엇이 제한되는가?

(A) 어떤 종류의 신발이 선발되는지
(B) 도착한 신발이 어느 색상인지
(C) 손님이 살 수 있는 신발의 숫자
(D) 어떤 종류의 디자인이 남았는지

EXP. [개별 사실 > what] 세일에서 제한된 것이 무엇인지를 묻고 있다.

96 할인율은 얼마인가?

(A) 20%
(B) 25%
(C) 33%
(D) 50%

EXP. [개별 사실 > how much] 할인율이 얼마인지를 묻고 있다.

97 그래프를 보시오. 어느 요일이 변화가 있을 것인가?

(A) 목요일
(B) 금요일
(C) 토요일
(D) 일요일

EXP. [Graphic > 개별 사실 > which] 변화가 있는 요일이 언제인지를 묻고 있다.

⁹⁸ I'd like to begin this presentation with a shoutout to the marketing department for their outstanding work this year. If you take a look at this graph, you can see how much they have done. We have good products to sell, but it is the hard work, dedication, and determination from the marketing department that drove up our figures this year. ⁹⁹ Their creative marketing methods paid off and really helped us in the long run. With the success of our new line of tablet computers that we introduced earlier this spring, I can foresee a bright future. ¹⁰⁰ We may even set a new record in sales! Moving on, let's discuss some of those sales strategies we glossed over earlier.

저는 금년 한 해 대단한 성과를 이룬 홍보부서를 칭찬하며 이 발제를 시작하려고 합니다. 여러분이 그래프를 보시면 아시겠지만, 홍보부서가 얼마나 많은 일을 했는지 알 수 있을 것입니다. 우리는 판매할 수 있는 좋은 제품을 가지고 있지만 올 한 해 우리의 위상을 올린 것은 홍보부서의 부단한 노력, 헌신과 결단이었습니다. 그들의 창의적인 방법은 기대했던 성과를 두었고 장기간 동안 우리에게 정말 도움이 되었습니다. 올해 초봄에 소개되었던 태블릿 컴퓨터 계열의 성공과 더불어 저는 밝은 미래를 볼 수 있습니다. 우리는 심지어 판매 신기록을 달성할 수 있을 것입니다. 계속해서 이 전에 대충 넘어갔던 판매 전략 몇 가지에 대해서 논의하도록 합시다.

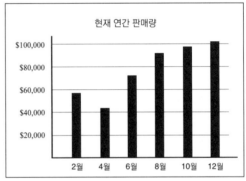

현재 연간 판매량

VOCA acknowledgement 인식, 인지 | outstanding 뛰어난, 현저한, 미납의, 연체된 | dedication 헌신, 기여 | determination 결정, 결심 | foresee 예상하다, 예견하다
Story Line 회사의 회의에서 홍보부장의 발표. 새로운 판매 방법으로 판매량이 증가했고, 내년에는 기록을 깰 것으로 예상하고 있다.

98 화자는 누구일 것 같은가?

(A) 홍보 책임자
(B) 일반 관리자
(C) 회계사
(D) 변호사

EXP. [개별 추론 > who] 화자가 누구인지 묻고 있다.

99 화자가 판매부서에 대해서 감사하는 이유는?

(A) 그들이 제품 판매의 새로운 방법을 개발했다.
(B) 그들이 뛰어난 업무 능력을 보여주었다.
(C) 그들이 생산 지표를 보았다.
(D) 그들이 정거장까지 차량을 잘 운전했다.

EXP. [개별 사실 > why > 이유] 화자가 판매부에 감사하는 이유를 묻고 있다.

100 그래프를 보시오, 화자가 내년 1월 판매량에 대해 암시하는 것은 무엇인가?

(A) 판매량은 $40,000 이하가 될 것이다.
(B) 판매량은 $60,000에 이를 것이다.
(C) 판매량은 $80,000로 증가할 것이다.
(D) 판매량은 $100,000를 초과할 것이다.

EXP. [Graphic > 개별 추론 > what] 화자가 내년 1월 판매량에 대해 암시하는 것은 무엇인지를 묻고 있다.

Test 01

Test 02

Test 03

Answer 01

Answer 02

Answer 03

101 Because of the limited seating capacity of the conference room, **_only_** around one hundred people will be permitted to attend each training session.

회의실의 한정된 좌석 수용력 때문에, 100여 명의 사람들만 각 교육 강좌에 참석하는 것이 허용될 것이다.

EXP. [문법 > 부사] 부사의 개별 어법을 묻는 문법 문제이다. "부사 + 부사 + 숫자 + 명사"의 구조이다. 문맥상 "100여 명의 사람들만"의 의미가 적절하다.
(A) 전치사 - (셋 이상의) 사이에, ~ 간에
(B) 부사 - ~ 만, ~ 뿐
(C) 부사 - 심지어, 조차도
(D) 전치사 - (둘이서) 사이에, ~ 간에

TIP! "only" 자체를 암기하자. 부사는 수식어로 명사 이외의 모든 것을 수식한다. 전치사는 연결어로 명사와 결합해 부사구를 형성한다.

102 Researchers must submit a written report at least two days **_before_** the deadline.

연구자들은 최소한 마감일 2일 전에 서면 보고서를 제출해야 한다.

EXP. [문법 > 전치사 > 의미] 전치사의 의미 구별을 묻는 문법 문제이다. 문맥상 "마감일 2일 전에"의 의미가 적절하다.
(A) 전치사 - ~ 의 뒤에
(B) 전치사 - ~ 에 앞서서
(C) 전치사 - ~ 의 위에
(D) 전치사 - ~ 으로

TIP! "before" 자체를 암기하자.

103 The **_winning_** entry will be published in the property section of the daily newspaper Telegraph and the video will appear on Telegraph TV.

결승 참가자는 Telegraph 신문의 부동산란에 발표될 것이며, 그 영상은 Telegraph 텔레비전에 나올 것입니다.

EXP. [문법 > 동사의 형태] 동사의 형태를 묻는 문법 문제이다. "the + 형용사 + 명사"의 구조이다. 동사가 형용사적으로 쓰이는 것은 현재분사와 과거분사이다. "win"이 "entry"와 능동적인 관계이므로 현재분사가 적절하다.
(A) 동사 > 원형
(B) 동사 > 과거형/과거분사형
(C) 동사 〉 -ing형
(D) 동사 > -(e)s형

TIP! "winning entry" 자체를 암기하자.

104 In order to meet the **_immediate_** need, Pierce Accounting Service tracks complex financial systems worldwide and therefore requires the most advanced computer technology.

즉각적인 수요를 부합하기 위해서, Pierce Accounting Service 사는 복잡한 재정 시스템을 전 세계적으로 추적하며, 그러므로 가장 진보된 컴퓨터 기술을 요구한다.

EXP. [어휘 > 형용사] 형용사 어휘 문제이다. "형용사 + 명사"의 구조로 수식어이다. 문맥상 "즉각적인 수요"의 의미가 적절하다.
(A) 형용사 - 결함이 있는
(B) 형용사 - 만족스러운
(C) 형용사 - 가득 찬
(D) 형용사 - 즉각적인

TIP! "immediate need" 자체를 암기하자.

105 Because Ms. Courtney Brown's first book about a **_successful_** life was widely recognized and became sold out, Mr. Kevin Tyler's second edition will be revealed soon.

Courtney Brown 씨의 성공적인 삶에 대한 첫 번째 책이 널리 알려지고 매진되었기 때문에, Kevin Tyler의 두 번째 판이 곧 공개될 것이다.

EXP. [문법 > 품사 > 형용사 > 수식어] 품사의 구별을 묻는 문법 문제이다. "관사 + 형용사 + 명사"의 구조이다. 형용사는 명사를 수식한다.
(A) 명사 - 성공
(B) 형용사 - 성공적인
(C) 부사 - 성공적으로
(D) 동사 - 성공하다

TIP! "successful" 자체를 암기하자. 또한, 어휘 문제로 출제될 수 있으니 "성공적인, 성공의"의 의미도 기억하자.

106 This week, all of the banks will be subjected to **_extensive_** testing of their balance sheets.

이번 주에는 모든 은행들이 그들의 대차 대조표에 관련한 집중 조사의 대상이 될 것이다.

EXP. [어휘 > 형용사] 형용사 어휘 문제이다. 동사의 과거분사는 형용사적으로 사용할 수 있다. 문맥상 "집중 조사"의 의미가 적절하다.
(A) 형용사 - 유일한
(B) 동사 > -(e)d형 - 강제적인
(C) 형용사 - 집중적인
(D) 동사 > -(e)d형 - 연합의, 결합된

TIP! "be subjected to extensive testing" 자체를 암기하자. 또한, 문법 문제로 출제될 수 있으니 "형용사"임도 기억하자.

107 **_Those_** who wish to apply for job openings in the accounting division should submit a resume to Human Resources by August 31st.

회계부의 공석인 자리에 지원하길 의향이 있는 사람들은 8월 31일까지 인사부로 이력서를 제출해야만 한다.

EXP. [문법 > 대명사 > 지시대명사] 대명사의 개별 어법을 묻는 문법 문제이다. "those who ~"의 구조로 "(막연히) ~ 한 사람들"의 의미이다.
(A) 대명사 / 형용사 - 어떤
(B) 대명사 / 형용사 - (불특정한) 하나
(C) 대명사 / 형용사 - 저것들
(D) 대명사 - 그들이, 그것들이

TIP! "those" 자체를 암기하자.

108 Phillips Co. is a **_leading_** company in the electronic industry, due to its high quality items and superior customer service.

Phillips사는 고품질의 제품과 우수한 고객 서비스로 인해 전자산업의 선도적인 회사가 되었다.

EXP. [문법 > 동사의 형태] 동사의 형태를 묻는 문법 문제이다. "a + 형용사 + 명사"의 구조이다. 동사가 형용사적으로 쓰이는 것은 현재분사와 과거분사이다. "lead"이 자동사이므로 현재분사가 적절하다.
(A) 동사 > 원형
(B) 동사 > -(e)s형
(C) 동사 〉 -ing형
(D) 동사 > -(e)d형

TIP! "leading" 자체를 암기하자.

109 The finance company is purchasing the advanced computer system, that is, the *revised* edition to handle its investment portfolio.

금융 회사는 최상의 컴퓨터 시스템을, 즉 투자 포트폴리오를 다루는 개정판을 구입할 것이다.

> **EXP.** [문법 > 동사의 형태] 동사의 형태를 묻는 문법 문제이다. "the + 형용사 + 명사"의 구조이다. 동사가 형용사적으로 쓰이는 것은 현재분사와 과거분사이다. "revise"가 "edition"과 수동적인 관계이므로 과거분사가 적절하다.
> (A) 동사 > -(e)d형
> (B) 동사 > -ing형
> (C) 동사 > -(e)s형
> (D) 동사 > 원형
>
> **TIP!** "revised" 자체를 암기하자.

110 Be a coordinator of a campus club and demonstrate leadership and communication skills as well as *responsibility*.

캠퍼스 클럽의 조정자가 되어, 책임감과 더불어 리더십과 소통 능력을 발휘하세요.

> **EXP.** [문법 > 명사 > 어법] 명사의 개별 어법을 묻는 문법 문제이다. 대등접속사 "as well as"에 의해 명사 2개가 연결된다. "responsibility"는 불가산명사이다.
> (A) 형용사
> (B) 부사
> (C) 명사 > 단수
> (D) 명사 > 복수
>
> **TIP!** "responsibility" 자체를 암기하자.

111 Employers use different forms of aptitude tests to assist *in* employee selection.

고용주는 직원 선발을 돕는 다양한 형태의 적성 검사를 사용한다.

> **EXP.** [문법 > 전치사 > 결합형 > 1형식 동사 + 전치사] 1형식 동사와 함께 쓰이는 전치사를 묻는 문법 문제이다. "assist in"으로 사용된다.
> (A) 전치사 - ~에, ~에서
> (B) 전치사 - ~위에
> (C) 전치사 - ~에, ~에서
> (D) 전치사 - ~ 방향으로
>
> **TIP!** "assist in" 자체를 암기하자.

112 Any employees can be qualified for incentives *insomuch as* they can finish their assignments on schedule.

직원들이 그들의 업무를 예정대로 끝마치는 한 어떤 직원들도 성과급을 받을 자격이 있다.

> **EXP.** [문법 > 접속사 > 종속접속사 > 부사절] 부사절을 유도하는 종속접속사의 의미 구별을 묻는 문법 문제이다. "직원들이 그들의 업무를 예정대로 끝마치는 한"의 의미가 적절하다.
> (A) 부사 + 접속사 > 양태 - 반드시 ~처럼
> (B) 부사 + 접속사 > 양태 - 마치 ~인 것처럼
> (C) 전치사 + 명사 + 접속사 > 목적 - ~하기 위해
> (D) 부사 + 접속사 > 제한 - ~하는 한
>
> **TIP!** "insomuch as"가 "~하는 한"의 의미로 제한의 부사절을 유도하는 종속접속사임을 기억하자.

113 After reading The Customer Comes magazine, I was really amazed and I think you *should take* a minute to review The Customer Comes magazine.

Customer Comes 잡지를 읽은 후, 나는 정말 충격을 받았고 나는 네가 시간을 내어 Customer Comes 잡지를 비평해야 한다고 생각한다.

> **EXP.** [문법 > 동사의 형태 > 시제] 동사의 형태를 묻는 문법 문제이다. 조동사 "should"는 "~ 해야만 하다"의 의미이다. 문맥상 "시간을 가져야만 한다"의 의미가 적절하다.
> (A) 동사 원형 > 단수 현재
> (B) should + 동사 원형 > 단순 현재
> (C) will + 동사 원형 > 단순 미래
> (D) would be + -ing형 > 과거 진행
>
> **TIP!** "should take" 자체를 암기하자.

114 While your car *is missing* a part, maybe you can ask your colleague to take you to an auto mechanic.

너의 차량이 부품을 잃어버리고 있는 동안, 아마도 너는 동료에게 너를 자동차 정비소로 데려다 달라고 해도 좋다.

> **EXP.** [문법 > 동사의 형태 > 서술어 > 시제] 동사의 형태를 묻는 문법 문제이다. "while"이 시간의 부사절을 유도할 때, "while" 내부의 시제는 진행시제이다. "너의 차량이 부품을 잃어버리고 있는 동안"의 의미이다.
> (A) -(e)s형 - 서술어 > 단순 현재 > 3인칭 단수 > 능동
> (B) be + -ing형 - 서술어 > 현재 진행 > 3인칭 단수 > 능동
> (C) have + -(e)s형 - 서술어 > 현재 완료 > 3인칭 단수 > 능동
> (D) have been + -ing형 - 서술어 > 현재 완료 진행 > 3인칭 단수 > 능동
>
> **TIP!** "is missing" 자체를 암기하자.

115 All workers should notify their immediate supervisor before applying for their vacation two weeks *well* in advance.

모든 직원들은 그들의 직속상관에게 휴가를 신청할 때, 충분히 미리 휴가 2주 전에 통보해야 한다.

> **EXP.** [문법 > 개별 어법 > 부사] 부사의 개별 어법을 묻는 문법 문제이다. "in advance"를 수식하는 부사를 묻고 있다. "well in advance"로 "충분히 미리"의 의미가 적절하다.
> (A) 매우
> (B) 그렇게
> (C) 매우
> (D) 충분히
>
> **TIP!** "well in advance" 자체를 암기하자.

116 Library books that are checked out for more than 4 weeks will have an additional charge of *roughly* 10 dollars per item as a late fee.

4주 초과해서 반납되는 도서관 도서는 한 권당 연체비로 대략 10$의 추가 비용이 내야 한다.

> **EXP.** [문법 > 품사 > 부사] 품사의 구별을 묻는 문법 문제이다. 숫자를 수식하는 것은 부사이다. 숫자의 앞에서 "대략"의 의미인 "roughly"가 적절하다.
> (A) 형용사 > 원급
> (B) 부사 > 원급
> (C) 명사
> (D) 형용사 > 비교급
>
> **TIP!** "roughly" 자체를 암기하자.

117 Using mobile devices during flights can interfere with transmission, so please turn them off _while_ landing and taking off.

비행 중 휴대 전자기기를 사용하는 것은 전송을 방해합니다. 이착륙 시에 휴대 전자기기를 꺼주십시오.

> EXP. [문법 > 접속사 vs 전치사 vs 부사] 접속사, 전치사, 부사의 형태상 구별을 묻는 문법 문제이다. 접속사는 "주어 + 서술어"와 결합해 절을, 전치사는 명사와 결합해 구를 형성한다. 부사절에서 "it is"가 생략되어 있다. "while it is landing and taking off"이다.
> (A) 접속사 〉 시간 / 양보 – ~동안에 / ~반면에
> (B) 전치사 - ~위에
> (C) 전치사 - ~동안에
> (D) 부사 - 한편으로는
>
> TIP! "while" 자체를 암기하자.

118 The product will be delivered only _upon_ bilateral confirmation and agreement to the completion of comprehensive testing.

그 제품은 제품 종합 검사의 완성에 대한 상호 동의와 확인이 되자마자 배달될 것이다.

> EXP. [문법 > 접속사 vs 전치사 vs 부사] 접속사, 전치사, 부사의 형태상 구별을 묻는 문법 문제이다. 접속사는 "주어 + 서술어"와 결합해 절을, 전치사는 명사와 결합해 구를 형성한다. 명사 "confirmation and agreement"와 결합해야 한다. 전치사가 적절하다.
> (A) 접속사 - ~ 하자마자
> (B) 부사 - 즉시
> (C) 부사 - 즉시
> (D) 전치사 - ~ 하자마자
>
> TIP! "only upon" 자체를 암기하자.

119 The huge amount of cash has led to the _emergence_ of national investment funds.

엄청난 액수의 현금이 국가 투자 기금의 출연으로 이어졌다.

> EXP. [어휘 > 명사] 명사 어휘 문제이다. 문맥상 "국가 투자 기금의 출연"의 의미가 적절하다.
> (A) 위기
> (B) 기원
> (C) 출생, 출연, 나타남, 드러남
> (D) 이유, 대의명분
>
> TIP! "emergence" 자체를 암기하자.

120 Although it has sought to make the banking system stable, the bonus issue has been a huge _distraction_ for the government.

금융 시스템의 안정을 이루기 위해 노력했지만, 상여금 문제는 정부에 커다란 혼란이 되었다.

> EXP. [어휘 > 명사] 명사 어휘 문제이다. 문맥상 "상여금 문제는 정부에 커다란 혼란이 되었다"의 의미가 적절하다.
> (A) 집중
> (B) 혼란, 혼동, 어지러움
> (C) 응집
> (D) 분리
>
> TIP! "distraction" 자체를 암기하자.

121 Our mailing list is available to carefully screened corporations whose _product_ and services may interest you.

우리의 우편 목록은 당신에게 관심을 가질만한 상품과 서비스를 가진 아주 선별된 기업들에게 이용 가능합니다.

> EXP. [어휘 > 명사] 명사 어휘 문제이다. 대등접속사 and에 의해 service와 빈칸의 명사가 연결된다. "상품과 서비스"의 의미가 적절하다.
> (A) 노동
> (B) 노동조합
> (C) 관리
> (D) 상품
>
> TIP! "product" 자체를 암기하자. Part 6에서 출제될 수도 있다.

122 International organizations have strongly criticized the Israeli crimes, _however_ no action has been taken to stop these atrocities.

국제기구들은 이스라엘의 범죄를 강력하게 비판했지만, 그와 같은 잔인한 행위들을 저지할 어떤 행동도 취하지 않았다.

> EXP. [문법 > 접속사 > 종속접속사 > 부사절] 부사절 유도 종속접속사를 묻는 문법 문제이다. 양보의 부사절을 유도하는 종속접속사가 적절하다.
> (A) 부사 - 특별히
> (B) 부사, 접속사 – 그러나
> (C) 부사 - 결과적으로
> (D) 부사 - 게다가
>
> TIP! "however" 자체를 암기하자. Part 6에서 "접속부사"로 출제될 수도 있다.

123 _There_ was a remarkabe increase in the number of vehicles outside the museum because the newly constructed department store is located nearby.

새로이 건축된 백화점이 근처에 위치하고 있었기 때문에 박물관 외곽의 차량의 숫자가 눈에 띄게 증가하였다.

> EXP. [문법 > 부사 > 개별 어법] 유도 부사 "there"의 개별 어법을 묻는 문법 문제이다. 유도 부사 "there"은 문장의 맨 앞에 위치해 1형식 동사와 결합해 1형식 문장을 유도한다.
> (A) 부사 - 거기에
> (B) 대명사 - 이것은
> (C) 대명사 - 그들은
> (D) 대명사/형용사 - 저것들은, 저것들의
>
> TIP! "There" 자체를 암기하자. Part 6에서 출제될 수도 있다.

124 Because of an unexpected high demand for organic goods, we must quickly _expand_ production.

유기농 상품들에 대한 예상치 못한 많은 수요로 인해 우리는 빨리 생산량을 확대해야 한다.

> EXP. [어휘 > 동사] 동사 어휘 문제이다. "because of"에 의한 원인에 부사구로 결과로 대응된다. "생산량을 확대하다"의 의미가 적절하다.
> (A) 확대하다
> (B) 감소하다
> (C) 허가하다
> (D) 금지하다
>
> TIP! "expand" 자체를 암기하자. Part 6에서 출제될 수도 있다.

125 Next week, I *will be interviewing* Ms. Kelly McCarthy about her latest movie after her assistant explains its plot to me.

다음 주에 Kelly McCarthy의 비서가 그녀의 영화 구성을 설명을 한 후에 Kelly McCarthy를 인터뷰할 것이다.

> *EXP.* [문법 > 동사의 형태 > 서술어] 동사의 형태를 묻는 문법 문제이다. "next week"와 호응되어야 하므로 "미래진행 시제"가 적절하다.
> (A) 동사 원형 - 서술어 > 단순현재 > 능동
> (B) be + -ing형 - 서술어 > 현재진행 > 1인칭 단수 > 능동
> (C) have + -(e)d형 - 서술어 > 현재완료 > 능동
> *(D) will be + ~ing형 - 서술어 〉 미래진행 〉 능동*
>
> *TIP!* "will be interviewing" 자체를 암기하자. Part 6에서 출제될 수도 있다.

126 The *qualified* applicants should have a master's degree in pharmacy and at least two letters of recommendation.

자격이 갖춘 지원자는 약학 석사 학위와 적어도 2개의 추천서를 가지고 있어야 합니다.

> *EXP.* [문법 > 동사의 형태 > 분사] 동사의 형태를 묻는 문법 문제이다. 명사 앞의 빈칸이다. 명사를 수식하는 형용사의 용법이 가능해야 하므로 분사가 정답이다. "자격이 갖춘 지원자"의 의미로 수동적인 의미이므로 과거분사가 적절하다.
> (A) 동사 > 원형
> (B) 동사 > -(e)s형 > 서술어 > 단순현재 > 3인칭 단수 > 능동
> (C) 동사 > -ing형 > 동명사 / 현재분사
> *(D) 동사 〉 -(e)d형 〉 단순과거 / 과거분사*
>
> *TIP!* "qualified applicants" 자체를 암기하자.

127 Computer technology is utilized throughout the school and students are instructed in *effective* ways to enhance their writing.

학교 학생들을 통하여 사용되는 이 컴퓨터 기술은, 그들의 작문을 강화하기 위한 효과적인 방식으로 가르친다.

> *EXP.* [문법 > 품사 > 형용사 > 수식어] 품사의 구별을 묻는 문법 문제이다. 명사 앞의 빈칸이므로 명사를 수식하는 형용사가 적절하다.
> (A) 명사 - 효과
> *(B) 형용사 – 효과적인*
> (C) 명사 - 효율성
> (D) 부사 효과적으로
>
> *TIP!* "effective + 날짜"의 형식으로 "(해당 날짜부터) 효력을 발생하는" 의 의미로 출제될 수도 있다.

128 As discussed in today's meeting, Tempa's newly elected mayor is taking a *decidedly* fresh approach to improve the City's transit system.

오늘 모임에서 논의한 대로, Tempa의 새로 선출된 시장은 시의 교통 시스템을 개선하기 위한 확실히 새로운 자세를 취할 것이다.

> *EXP.* [문법 > 품사 > 부사 > 수식어] 품사의 구별을 묻는 문법 문제이다. 형용사 앞의 빈칸이다. 형용사를 수식하는 부사가 적절하다.
> (A) 동사 > 원형 - 결정하다
> (B) 동사 > -(e)d형 - 분명한
> (C) 동사 > -ing형 - 결정적인
> *(D) 부사 – 명백히*
>
> *TIP!* "decidedly" 자체를 암기하자.

129 Although the environmental organization has a limited *fund*, it has managed to hold a number of informative workshops and discussion forums.

환경 기구가 제한된 기금을 가지고 있음에도, 환경 기구는 다수의 유익한 워크숍과 간담회를 개최하기 위한 경영을 하였다.

> *EXP.* [어휘 > 명사] 명사 어휘 문제이다. 문맥상 "제한된 기금"의 의미가 적절하다.
> (A) 금액
> *(B) 기금*
> (C) 수량
> (D) 품질
>
> *TIP!* "fund"는 명사 또는 동사이다. 동사로도 출제될 수 있다. 동사의 의미는 "자금을 모으다, 기금을 마련하다"이다.

130 *In order to* meet the increasing needs of tourists, a number of hotels should be renovated or newly built.

여행객들의 늘어나는 수요를 충족시키기 위해서 많은 수의 호텔이 수리하거나 새롭게 건축되어야 한다.

> *EXP.* [문법 > 부정사] 동사 원형과 결합이 가능한 것을 묻는 문법 문제이다. 빈칸 다음에 동사 원형이다. "in order to"가 동사 원형과 결합이 가능하다. "in order to + 동사 원형"은 부사적 용법의 부정사로 목적의 뜻이다. "~ 하기 위해, ~ 하기 위하여"
> *(A) 전치사 + 명사 + to + 동사 원형 – ~위해*
> (B) 부사 + 접속사 - 반드시 ~처럼
> (C) 부사 + 접속사 ~해야만
> (D) 전치사 + 명사 + 전치사 - ~ 에 추가로
>
> *TIP!* in order to + 동사 원형을 기억하자. 부정사의 부사적 용법 중 목적의 의미이다.

PART 6

131-134

The international economy is not stable, and for many people job-hunting has become a lifestyle. With mergers, takeovers, bankruptcies, and new government legislations, you could become unemployed overnight, even if you own the company.

Make it a *priority* to let your network of recruiters, personal friends, and business acquaintances know where you are and what you're doing, at all times, especially when you change jobs or addresses. Announce changes even if it's an inter-company move.

Once they land a job, ex-job-hunters tend to forget those who've helped them. They get busy packing, moving, tying up loose ends, and taking on the duties of the new assignment, but that's a mistake. Remember, your first duty is to maintain your relationships. This doesn't mean that your new assignment isn't important. It means that your friendships and your personal future are also equally important.

The *quickest* way to handle the thank-you task is to give the letters and mailing list to a secretarial service. Let them type and address the letters; and you sign them. *This requires very little time and energy, probably less than two hours*.

Believe me, it's time well spent.

국제 경제가 안정적이지 않고, 많은 사람들에게 일자리를 찾는 것이 일상이 되어버렸다. 합병, 인수, 파산 그리고 새로운 정부 정책으로 인하여 심지어 당신이 회사를 소유한 사장이라도 하루 밤사이에 실업자가 될 수도 있다.

당신이 어디에 있고 무엇을 하고 있는지, 특별히 당신이 이직을 하였거나, 친분 있는 친구들, 사업상 아는 사람들의 인적 네트워크가 인지하도록 만드는 것을 최우선으로 하십시오. 회사 내에서 이동하는 것일지라도 공표하십시오.

일단 사람들은 직장에 정착하게 되면 이전의 구직자들은 그들이 직장을 갖도록 도와주었던 사람들을 잃어버리는 경향이 있다. 그들은 짐을 꾸리고 이사하고, 남의 일을 처리하고, 새로운 업무에 대한 의무를 다하느라 바빠서 그렇지만 그것은 실수이다. 기억하십시오. 당신의 첫 번째 의무는 타인과의 관계를 유지하는 것이다. 이것은 당신의 새로운 업무가 소중하지 않다는 것이 아니다. 이것은 당신의 우정과 당신의 사적인 미래가 동등하게 중요하다는 것을 의미한다.

가장 빠르게 누군가에게 감사하는 방법은 편지와 발송 목록을 비서진들에게 주는 것이다. 그들이 편지를 타이프하게 하고 당신을 그 편지에 사인을 하라. ¹³⁴ 이것은 아주 적은 시간과 힘, 아마도 두 시간도 채 안 걸리는 시간을 필요로 한다.

나를 믿으십시오. 이것이야말로 정말 시간을 잘 사용하는 것이라는 것을.

VOCA remind 상기하다, 기억을 되살리다 | approval 승인, 인정 | reimburse 환급하다 | flat 균일한, 평평한 | retain 보유하다, 보관하다, 유지하다 | encourage 격려하다, 하게끔 하다 | accumulate 축적하다, 쌓다 | combine 결합하다, 묶다 | exceed 초과하다, 넘다

131 (A) 우선
(B) 선호
(C) 규칙
(D) 기쁨

EXP. [어휘 > 명사] 명사 어휘 문제이다. make는 5형식 동사로 목적보어를 명사로 취할 수 있다. 가목적어 / 진목적어 구문이다. it 은 "to + 동사 원형" 이하를 가르친다. 문맥상 "친분 있는 친구들, 사업상 아는 사람들의 인적 네트워크가 인지하도록 만드는 것을 최우선으로 하십시오"의 의미가 적절하다.

TIP! "make it a priority to + 동사 원형"을 기억하자.

132 (A) 접속사 〉 종속접속사 〉 부사절 〉 조건 – 만약
(B) 접속사 〉 종속접속사 〉 부사절 〉 조건 + 부정 – 만약 ~이 아니라면
(C) 접속사 〉 종속접속사 〉 부사절 〉 시간 / 조건 – 일단 ~하면, ~일 때
(D) 접속사 〉 종속접속사 〉 부사절 〉 시간 – ~ 때

EXP. [문법 > 접속사 > 종속접속사 > 부사절 > 의미] 부사절 유도 종속접속사의 의미를 묻는 문법 문제이다. 문맥상 "일단 사람들은 직장에 정착하게 되면"의 의미가 적절하다.

TIP! "once"의 조건 또는 시간의 부사절을 유도한다.

133 (A) 형용사 〉 원급 – 빠른
(B) 형용사 〉 비교급 – 더 빠른
(C) 부사 〉 원급 – 빨리
(D) 형용사 〉 최상급 – 가장 빠른

EXP. [문법 > 비교] 비교급 묻는 문법 문제이다. 명사를 way를 수식하므로 형용사가, 정관사 the가 있으므로 최상급이 적절하다.

TIP! "the + 형용사 최상급 + 명사"를 기억하자.

134 (A) 이것은 당신의 시간과 힘을 다해서 열심히 일할 것을 당신에게 요구한다.
(B) 이것은 아주 적은 시간과 힘, 아마도 두 시간도 채 안 걸리는 시간을 필요로 한다.
(C) 이것은 당신의 주소와 함께 그 편지에 사인할 것을 권장한다.
(D) 이것은 당신이 당신의 편지와 발송 목록을 비서진들에게 주는 것을 금지한다.

EXP. [문장 선택] 앞의 문장에 대해 시간상으로 다음 사건을 의미해야 한다.

TIP! 시간적 순서에 따라 문장을 서술한다.

135-138

Courtney Saint
341 S. Bellefield Ave.
Pittsburgh, PA 15213

OBJECTIVE

A senior management position in which experience in sales and management can increase sales and profitability of major products. ***Additionally, I have a strong educational background in marketing***.

SUMMARY OF SKILLS

» Strong educational background and experience in marketing and sales
» Adaptability when working with diverse groups of people
» Capable of building and maintaining long lasting relationships with customers
» Ambitious and hard-working, with a commitment to excellence
» Willing to relocate or travel as ***needed***

EMPLOYMENT EXPERIENCE

June 2011 - Present

Sales Associate / Receptionist for Lisa's Hair and Tan, Pittsburgh, PA
» Sold hair care and tanning products on a daily basis
» Responsible ***for*** inventory control, ordering, and bookkeeping
» Utilized exceptional cash management techniques on a daily basis
» Made presentations for customers to promote tanning solution sales

August 2001 - May 2011

Sales Associate for Tracy's Wholesale Clubs, Pittsburgh, PA
» Assisted customers in making decisions by utilizing knowledge of products
» Consistently exceeded individual sales quota for each seven-day period by 30%
» Developed various promotional events to ***attract*** more customers
» Made presentations for customers and sold extended warranties on electronic products

References Available Upon Request

Courtney Saint
341 S. Bellefield Ave.
Pittsburgh, PA 15213

목적
판매와 관리에 경험이 있는 경력 관리자가 주력 상품의 수익과 판매량을 증가시킬 수 있습니다. (135) 추가로 저는 광고에도 역량 있는 학력을 가지고 있습니다.

기술 요약
» 우수한 학력과 판매와 광고 관련 경험
» 다양한 그룹의 사람들과 일할 수 있는 적응력
» 고객들과 관계를 형성하고 오래 관계를 지속할 수 있는 능력
» 최고를 향한 헌신을 가지고 의욕적으로 열심히 일함
» 필요에 따라 출장이나 이주할 수 있는 의지

업무 경력

2011년 6월~ 현재까지
Pittsburgh의 Lisa's Hair and Tan에서 판매부 담당 및 접수원
» 매일 모발 관리 및 선탠 용품 판매
» 재고 관리 및 주문과 기록 담당
» 매일 빼어난 현금 관리 능력 발휘
» 선탠 용품 판매 촉진을 위한 고객 프레젠테이션 실시

2001년 8월 ~ 2011년 5월
Pittsburgh의 Tracy's 도매상에서 판매부 담당
» 상품 지식을 활용하여 고객들의 구매 결정을 도움
» 주간 개인 판매 할당량을 꾸준히 30% 초과 달성
» 더 많은 고객 유치를 위한 다양한 판매 촉진 행사 개발
» 전자 제품 보증 판매와 고객 프레젠테이션 제공

필요시 추천서도 제출 가능합니다.

VOCA profitability 수익성 | adaptability 적응력 | commitment 헌신 | relocate 이사하다, 이주하다 | solution 해결, 해결책

---

135 (A) 추가로, 저는 판매부의 전문가로 간주되었습니다.
(B) 게다가, 저는 다양한 부류의 사람들과 일하는 데 능숙합니다.
(C) 추가로, 저는 선탠 용품을 홍보하는 수많은 고객 프레젠테이션을 실시했습니다.
(D) 추가로, 저는 광고에도 역량 있는 학력을 가지고 있습니다.

EXP. [문장 선택] 앞의 문장에 대해 첨가 관계로 다음 문장이 연결된다. 판매와 수익의 증가가 앞의 문장에 언급되어 있으므로 판매와 수익 증가 외의 내용이 첨가되어야 한다.

TIP! "in addition, additionally, moreover, plus" 등은 첨가 관계로 문장을 연결한다.

136 (A) 동사 〉 원형 / 명사 〉 단수
(B) 동사 〉 -(e)d형
(C) 동사 〉 -(e)s형 / 명사 〉 복수
(D) 동사 〉 -ing형

EXP. [문법 〉 동사의 형태] 동사의 형태를 묻는 문법 문제이다. 문맥상 "it is"가 생략되어 있다. "as (it is) needed"로 "필요에 따라"의 의미이다.

TIP! "as -(e)d"를 기억하자.

137 *(A) 전치사 – ~을 위하여*
(B) 전치사 – ~으로
(C) 전치사 – ~의
(D) 전치사 – ~위에

EXP. [문법 〉 전치사] "형용사+전치사"의 결합에서 전치사를 묻는 문법 문제이다. "responsible for"이다. "~ 에 책임이 있는"의 의미이다.

TIP! "responsible for"를 기억하자.

138 *(A) 유치하다, 끌다*
(B) 충족시키다
(C) 감명을 주다
(D) 이동하다

EXP. [어휘 〉 동사] 동사 어휘 문제이다. 목적어 "more customers"와의 호응이 일차적 관계이다. "더 많은 고객 유치하다"의 의미가 적절하다.

TIP! "attract"의 의미를 기억하자.

139-142

Cellular Phone Policy

All employees are reminded to obtain approval from their manager prior to using personal cellular phones for business purposes. Personal cellular phone use for business should be limited to only necessary and immediate business needs. It is the responsibility of the managers to _monitor_ the cellular phone usage of all employees.

All employees who make business calls on their personal cellular phones will be reimbursed at a flat rate of $1.00 per minute regardless of the user's service plans.

An Expense Voucher should be submitted for mobile phone reimbursement. Requests should indicate Business calls on a personal cellular phone, number of minutes at $1.00/minute, and the dates the calls were made. All employees should retain documentation supporting any request for reimbursement but they do NOT need to attach such documentation for requests less than $100. Reimbursement requests for more than $100 will require _either_ a log which identifies individual calls by number of minutes, an area code, and a phone number or a copy of the mobile phone bill. The mobile phone bill should identify the calls for which reimbursement is requested.

To keep processing and administration costs to a minimum, all employees are encouraged to accumulate at least $100 in business mobile phone charges before _submitting_ requests for reimbursement, unless requests are combined with other reimbursement requests that exceed the $100 minimum.

휴대전화 정책

모든 직원들은 업무 목적을 위해 개인 전화기를 사용하기에 앞서 관리자로부터 승인을 받아야 합니다. 업무를 위해서 개인 휴대전화를 사용하는 것은 꼭 필요한 시급한 경우에 제한되어야 합니다. 모든 직원들의 휴대전화 사용을 감독하는 것은 관리자의 책임입니다.

본인들의 휴대전화로 업무용 전화를 하는 모든 직원들에게는 사용자의 요금 계획과 상관없이 1분당 1달러의 균일 요금으로 환급받게 될 것입니다.

140 휴대전화 요금 환급을 위한 비용 청구서가 제출되어야 합니다. 요구서는 개인 휴대전화로 업무 전화를 했다는 것, 전화 사용 시간, 그리고 전화한 날짜를 표시하여야 합니다. 모든 직원들은 환급 요구서를 뒷받침하는 문서를 보유하고 있어야 하지만 100달러 이하의 환급 요구 시에는 그와 같은 문서를 첨부할 필요가 없습니다.

100달러를 초과하는 환급 신청은 지역 번호, 상대방 번호, 개별 통화 시간이 표시되어있는 기록표나 휴대전화 요금 청구서 사본 중의 하나를 필요로 할 것입니다. 휴대전화 요금 청구서에 환급이 필요한 전화를 표시하셔야 합니다.

사무 처리 비용을 최소화하기 위해서, 모든 직원들은 다른 환급과 합산해서 100달러가 넘는 경우를 제외하고 업무용 휴대전화 사용 요금 환급 신청서를 최소 100달러 이상 시에 제출할 것을 권장합니다.

VOCA merger 합병 | takeover 인수 | legislation | 입법, 법률 제정

139
(A) 감독하다
(B) 통제하다
(C) 조사하다
(D) 경청하다

EXP. [어휘 > 동사] 동사 어휘 문제이다. 앞의 문장에 "approval, limited" 등이 대응된다. 문맥상 "모든 직원들의 휴대전화 사용을 감독하다"의 의미가 적절하다.

TIP! "monitor"의 동사의 의미를 기억하자.

140
(A) 비용 청구서는 분당 1달러의 균일 요금으로 환급되어야 한다.
(B) 휴대전화 요금 환급을 위한 비용 청구서가 제출되어야 한다.
(C) 비용 청구서는 긴급한 업무 필요시로 제한되어야 한다.
(D) 비용 청구서는 다른 환급 신청서처럼 제한되어야 한다.

EXP. [문장 선택] 단락의 첫 문장이다. 일반적으로 연역적 논리 추론 방식에 따라 단락 구성된다. 단락의 첫 문장은 주제 문장으로 단락 전체의 내용을 포괄해야 한다.

TIP! 단락의 첫 문장은 주제 문장이다.

141
(A) not A but B – A가 아니라 B (A 부정 B 강조)
(B) neither a nor B – A도 아니고 B도 아니고 (양자 부정)
(C) not only a but also B – A 분만 아니라 B도 (첨가)
(D) either a or B – A 또는 B (선택)

EXP. [문법 > 접속사 > 대등접속사 > 상관형] 대등접속사 상관형의 짝짓기를 묻는 문법 문제이다. 뒤에 "or"가 보인다. "either"이 적절하다.

TIP! "either a or B"를 기억하자.

142
(A) 동사 〉 원형
(B) 동사 〉 -(e)s형
(C) 동사 〉 -(e)d형
(D) 동사 〉 -ing형

EXP. [문법 > 동사의 형태] 동사의 형태를 묻는 문법 문제이다. 부사절 유도 종속접속사 before 다음에 주어와 be 동사가 생략되었다. 생략된 다음에 목적어인 "requests"가 있으므로 동사의 -ing형과 결합한다. "before (they are) submitting"이다. they는 주절의 주어인 "all employees"를 받는다.

TIP! "before -ing"를 기억하자.

143-146

To : Ms. Heather Tyler
From : Mr. Wilson Bradley
Sub : Letter of appreciation

Dear Ms. Heather Tyler

Thank you for your kind letter regarding your
exceptional treatment by one of our employees.
A copy of your letter has been forwarded to the
personnel department and will be included in the
employee's file.

It is rare that a customer takes the time to write a letter
of appreciation. I felt moved to reward your *effort*.

Please accept the enclosed certificate, which, when
presented, will entitle the bearer to a ten percent
discount on the merchandise being purchased at that
time.

This is a small token of our appreciation to customers
such as yourself. Without people like you, we wouldn't
have been able to grow and prosper in this highly
competitive marketplace.

*Again, on behalf of our entire organization, I
sincerely thank you for your kindness.*

Wilson Bradley

수신 : Ms. Heather Tyler
발신 : Mr. Wilson Bradley
제목 : 감사 편지

Heather Tyler 씨께,

우리 직원들 중 한 직원에 의해 행해진 뛰어난 처우에 대한 당신의
친절한 편지에 대해서 감사드립니다. 당신의 편지 사본이 직원
관리부서에 전달되었고 직원 개인 파일에 첨부될 것입니다.

고객이 시간을 내어서 감사 편지를 쓰는 것은 아주 드문 일입니다. 저는
당신의 노고에 감동받아 보상을 주고자 하는 마음이 들었습니다.

동봉된 쿠폰을 받아주십시오. 이 쿠폰은 미국 내에 있는 어느
매장에서나 구입 시에 전체 구입 금액의 10%를 할인해줄 것입니다.
이것은 당신과 같은 고객들을 향한 저의 작은 감사의 표시입니다.
당신과 같은 사람들이 없다면 우리는 경쟁이 심한 시장에서 번창할 수
없었을 것입니다. ¹⁴⁶ 다시 한 번 회사 전체를 대표해서 당신의 친절에
감사드립니다.

Wilson Bradley

VOCA   treatment 처리, 취급, 대우 │ forward 보내다 │ appreciation
감사, 고마워함 │ entitle (권한을) 부여하다

---

143 (A) 동사 – 제외하다
(B) 명사 – 제외
(C) 형용사 – 예외적인 뛰어난
(D) 부사 – 특별히

> **EXP.** [문법 > 품사] 품사를 구분을 묻는 문법 문제이다. 명사를
> 수식하는 것은 형용사이다.
>
> **TIP!** "exceptional"의 품사와 의미를 기억하자.

144 (A) 선도, 주도권
(B) 혜택
(C) 무례함
(D) 노력, 노고

> **EXP.** [어휘 > 명사] 명사 어휘 문제이다. 문맥상 "저는 당신의 노고에
> 감동받아 보상을 주고자 하는 마음이 들다"의 의미가 적절하다.
>
> **TIP!** "effort"의 의미를 기억하자.

145 (A) 부사 + 접속사 〉 제한 – ~ 하는 한
(B) 부사 + 전치사 – 이러한
(C) 형용사 + 부사 – 똑같이
(D) 부사 + 부사 – 이처럼

> **EXP.** [문법 > 전치사 > 의미] 전치사 결합형의 의미를 묻는 문법
> 문제이다. "큰 뜻의 명사 + such as + 작은 뜻의 명사"의 구조로
> "당신과 같은 고객들"의 의미이다.
>
> **TIP!** "such as"의 의미와 용법을 기억하자. "insomuch as"도 정답으로
> 출제될 수 있다.

146 (A) 회사의 임원으로서 저는 우리 직원에 대한 귀하의 처우를
받아들입니다.
(B) 우리는 이 분야에서 시장점유율을 올릴 수 있을 것입니다.
(C) 경쟁이 치열한 시장에서 우리 고객을 만족시키는 것이
중요합니다.
(D) 다시 한 번 회사 전체를 대표해서 당신의 친절에 감사드립니다.

> **EXP.** [문장 선택] 지문 전체의 마지막 문장이다. 내용을 다 포괄하며
> 대표성을 가지며 고마움을 표현한다.
>
> **TIP!** 지문의 마지막 문장은 지문 전체의 내용을 포괄해야 한다.

PART 7

147-148

왜 Nifty에 광고를 해야 하는가?
Nifty는 가장 많은 사람들이 인터넷 이메일 서비스를 이용하는 프리미엄 이메일 애플리케이션입니다.

Nifty 사용자들은 매일 얼마의 시간을 이메일 하는 데 사용하는가?

한 시간 이내 – 35%
2시간 – 25% 3시간 – 9%
4시간 – 21% 4시간 이상 – 10%

출처: Nifty 다운로드 조사 2014년 3월

시장성
광고주는 Nifty 사용자들을 그 대상으로 할 수 있다.

신뢰성
– 개별 광고는 최소 100초 동안 보이는 것을 보장합니다.
– 경쟁사 광고 없는 독점 광고
– 광고는 Nifty 사용자들이 오프라인 이메일을 사용할 때도 보입니다.

책임감
– 광고 전용 서버 사용
– 100% PROCOME 에 의해 개발되고 관리됨
– 검증된 공인서를 통한 완벽한 광고
– 광고 진행 상황을 모니터링을 위해 홈페이지를 접속할 때 패스워드를 사용하여 광고주를 보호함

VOCA target 목표로 하다, 목적으로 하다 ┃ guarantee 보증하다, 보장하다 ┃ competitive 경쟁의, 경쟁력이 있는 ┃ affidavit 진술서, 인증서
Story Line 인터넷 포털 사이트의 광고를 유치하기 위한 광고

147 광고에 따르면, 인터넷 사용자들의 주로 하는 것은?

(A) Nifty 홈페이지에 그들의 상품을 광고하는 것
(B) 이메일 하는 것
(C) 인터넷 쇼핑몰에서 할인된 상품을 구입하는 것
(D) Nifty 이메일을 사용함으로 혜택을 취하는 것

EXP. [개별 사실 > what] 광고에 근거해, 인터넷 사용자들의 주로 하는 것을 묻고 있다.

두 번째 문장에, "The #1 activity of Internet users is using e-mail service, and Nifty is the premier e-mail application" 라고 언급되어 있다.

148 Nifty에 광고해서 얻는 혜택이 아닌 것은?

(A) 광고 시간 보장
(B) 오프라인 사용자들에게도 광고가 보인다.
(C) 마우스를 움직이지 않아도 광고가 계속해서 보인다.
(D) 독점 광고

EXP. [개별 사실 > what > 부정 질문] Nifty에 광고해서 얻는 혜택이 아닌 것을 묻고 있다.

중간 부분 "Dependability"에서, "Each advertisement showed for at least a full 100 seconds, guaranteed"가 (A)와, "Advertisements show up even when the Nifty user is using e-mail offline"이 (B)와, "No competitive environment"가 (D)와 일치한다. (C)는 언급되지 않았다.

149-150

Todd Mir 10:08	Shawn 씨, 제가 이번 금요일 오후 2시에 Red Hot Vacation 사람들을 위해서 프레젠테이션을 하기로 했었는데요, 저 대신 좀 해줄 수 있어요?
Shawn Green 10:09	물론이지요. 어떤 건데요? 보통은 당신이 고객들에게 아이디어를 주었잖아요.
Todd Mir 10:11	Mandy Chemicals에서 연락 왔었어요. 금요일 미팅이 11시 30분이 아니라 오후 2시 30분이어야 해요.
Shawn Green 10:13	알겠어요. 제가 Red Hot Vacation 사람들이 어떻게 반응하는지 알아볼게요.
Todd Mir 10:15	그렇게 해주세요. Red Hot Vacation의 Howard Nelson 씨는 피드백을 주는 것에 대해서 부끄러워하지 않을 겁니다.
Shawn Green 10:17	그가 Karen Mandy 씨보다 훨씬 낫습니다. 그녀는 프레젠테이션할 때는 아무 말 없다가 다음 날에 여러 가지 불평들을 쏟아 내지요.

VOCA cover for 대신하다, 보호하다 ┃ react 반응하다
Story Line 회사에서 대신 프레젠테이션을 부탁하는 문자 메시지

149 Todd Mir와 Shawn Green이 어느 회사에서 일할 것 같은가?

(A) 광고 회사
(B) 화학약품 회사
(C) 리조트
(D) 호텔

EXP. [개별 사실 > what] Todd Mir와 Shawn Green이 일하는 회사를 묻고 있다.

Todd Mir의 10시 08분 메시지에, "Shawn, I'm supposed to present the advertisement for the Red Hot Vacation people on Friday at 2:00 P.M., but can you cover for me?"라고 언급되어 있다.

150 오전 10시 15분에 Todd Mir 씨가 "Please do"라고 말한 의미는?

(A) 그는 소비자들이 영향을 받지 않을 것을 바란다.
(B) 그는 고객들의 긍정적인 반응에 관심이 있다.
(C) 그는 고객들이 그에게 피드백을 주기를 원한다.
(D) 그는 Mr. Green의 제안을 승낙하고 있다.

EXP. [Intention] "Please do"라고 말한 의미를 묻고 있다.

"Please do"는 "그렇게 해 주세요"의 의미이다. 바로 앞에서 언급된 "I'll let you know how Red Hot Vacation people react"의 내용을 하라는 뜻이다.

151-152

발신: trademarket@freetrade.com
보낸 날: 2015년 7월 3일
수신: mrnorman@english.com
제목: 우리와 함께 비즈니스에 성공하세요!

Norman 씨께,

Freetrade.com은 수출입업자들, 수출입대행업자들과 소매점 업주들, 도매상들 그리고 수출입 서비스 제공자들에게 해당되는 중소형 수출입 무역에 쉽고 안전하고 신속하게 전 세계 네트워크에 연결하는 서비스를 제공합니다.

여러분 회사의 이름을 전 세계에 알리십시오. 세계에 이름을 알리는 것은 오늘날과 같이 경쟁적인 수출입 시장에서 필수적입니다. 여러분 회사의 이름을 Freetrade.com 목록에 올리시고 무역 서비스의 혜택을 누리십시오. 오늘 여러분 회사의 리스팅을 위해서 http://www.freetrade.com으로 연락하십시오. 우리의 회원 자격은 당신이 항상 무료로 이용 가능하게 합니다.

Dallas, Texas
전화: 34-553-3571-664~6,
팩스: 44-5352-332-644

감사드리며,
Russel L. Stevens

VOCA immediate 즉각적인 | exposure 노출, 드러남 | terribly 심하게, 엄청나게

Story Line 인터넷 광고 대행사가 가입을 권유하는 편지

151 Russel L. Stevens 씨가 이 이메일을 보낸 이유는?

(A) Freetrade.com의 정관과 가격을 제공하기 위해서
(B) 전 세계의 이슈를 설명하기 위해서
(C) 회사가 Freetrade.com에 가입하도록 하기 위해서
(D) 예약을 취소하기 위해서

> **EXP.** [개별 사실 > why] Russel L. Stevens 씨가 이 이메일 보낸 이유를 묻고 있다.
>
> 둘째 단락 마지막 문장에, "You can join our membership at no cost all the time"이라고 언급되어 있다.

152 다음 중 Freetrade.com이 상업 광고를 제공하지 않는 곳은?

(A) 제조업자
(B) 소매업자
(C) 도매업자
(D) 수입업자

> **EXP.** [개별 사실 > which > 부정 질문] Freetrade.co.kr가 상업 광고를 제공하지 않는 곳을 묻고 있다.
>
> 첫째 단락에, "Freetrade.com offers immediate worldwide exposure and easy and safe access to importers and exporters, import/export sales agents, retail dealers, wholesalers, and import-export service providers"라고 언급되어 있다.

153-154

발신 : Raymond Murphy
수신 : Melvin Cransey
제목 : 최종 임대 계약서

Cransey 씨께,
귀하의 최근 개업을 축하드립니다!
귀하가 우리 회사시설과 장비를 임대해 준 것을 기쁘게 생각하며 귀하의 사업이 번창할 것을 기원합니다.
요구하신 대로, 임대 계약서를 이메일에 첨부해드립니다. 이 사본이 원래 임대 계약서보다 추가로 5개월 임대 연장을 해드릴 것입니다. 사본에 날짜와 함께 서명해주셔서 제게 다시 보내주십시오. 더 자세한 사항이나 궁금한 사항 또는 첨부된 임대 계약서에 대한 염려가 있으시면 지체하지 마시고 전화 주십시오. (533) 494-9439 번호로 전화하시거나 사무실에 방문해주십시오.
저희가 지금 또는 미래에 추가로 제공해야 할 것이 있다면 언제든 전화 주십시오. 우리 회사가 귀하와 장래에 다시 거래할 수 있기를 바랍니다. Murphy Cat Furniture사의 모든 직원들이 귀하와 귀하의 팀과 함께 일할 수 있어서 즐거웠습니다.
새로운 사업에 행운을 기원합니다!
감사합니다.

Raymond Murphy
Murphy Cat Furniture사 부회장

VOCA select 선택하다, 고르다 | facility 시설, 설비 | enclose 동봉하다, 첨부하다 | extend 늘리다, 연장하다 | attention 관심, 주목, 집중 | hesitate 주저하다, 머뭇거리다

Story Line 갱신된 장비 임대 계약서를 첨부 파일로 보내는 이메일

153 이 이메일에 무엇이 첨부되었나?

(A) 동업
(B) 설비 임대 계약서
(C) 회사 취득
(D) 토지 임대 계약서

> **EXP.** [개별 사실 > what] 이 이메일에 첨부된 것을 묻고 있다.
>
> 둘째 단락 첫 문장에, "We are pleased that you selected our company to lease facilities and equipment and we hope that your venture will go well"이라고, 셋째 단락 첫 문장에, "As requested, a signed copy of a lease agreement has been enclosed in this mail"이라고 언급되어 있다.

154 Mr. Raymond Murphy가 이메일을 쓴 이유는?

(A) Cransey 씨에게 흡족한 설비 상태에 대해서 감사하려고
(B) 임대 계약 위반 사항에 대해 항의하려고
(C) 계약서에 적힌 전화번호를 확인하려고
(D) 개정된 임대 계약서를 보내려고

> **EXP.** [개별 사실 > why] Mr. Raymond Murphy가 이메일을 쓴 이유를 묻고 있다.
>
> 둘째 단락 첫 문장에, "As requested, a signed copy of a lease agreement has been enclosed in this mail"이라고 언급되어 있다.

155-157

소비자들에게 알림!

마지막 업데이트된 날짜: 2014년 12월 22일

Bookstore.com은 여러분의 정보가 어떻게 사용되고 나누어지는 것을 중요하게 여긴다는 것을 알고 있습니다. 그리고 우리는 여러분에게 우리 회사가 여러분들의 소중한 정보를 주의 깊게 그리고 지혜롭게 다루고 있다고 신뢰해 주시는 것에 대해 감사를 드립니다. 당신은 Bookstore.com을 방문으로 개인 정보 보호 정책에 나타난 약관에 동의하는 것입니다.

Bookstore.com은 고객의 어떤 개인 정보를 수집하는 것입니까?

우리가 고객으로부터 수집한 정보는 우리가 개인 정보화하고 계속해서 소비자들의 Bookstore.com에서의 쇼핑 경험을 개선시키고자 하기 위함입니다. 아래는 우리가 수집하는 개인 정보의 유형입니다.

여러분들이 본사에 제공하는 정보:

여러분들이 온라인상에서 입력한 모든 정보나 데이터를 다른 방법으로 제공한 정보를 보관합니다. 우리가 모으는 정보 견본을 확인해 보시기 바랍니다. 여러분은 정보 제공에 대해서 동의하지 않을 수도 있지만 그럴 경우에 정보 제공으로 인한 여러 가지 혜택을 누리지 못하실 수 있습니다. 여러분들이 제공해 주신 정보는 여러분들의 질문에 응답하고 미래에 여러분들의 쇼핑을 최적화하기 하는 것과 구매 환경 개선 등과 같이 여러분들과 소통하는 데 사용합니다.

이메일 소통:

이메일을 더욱더 재미있고 효과적으로 만들기 위해서 여러분들이 Bookstore.com에서 보낸 이메일을 여실 때, 우리는 종종 확인을 받습니다(여러분의 컴퓨터가 이런 기능을 지원하는 경우에만). 또한 우리 고객에게 불필요한 정보와 메시지를 보내는 것을 방지하고자 본사 고객 리스트를 다른 회사로부터 입수한 리스트와 비교합니다. 만약 당신이 우리 회사로부터 이메일이나 우편을 받는 것을 원치 않으시면 여러분의 고객 소통 선호 방식을 변경해 주십시오. 여러분이 고객 소통 선호 방식을 변경하지 않으시면 우리 회사 시스템상 계속해서 이메일이나 우편을 보내게 됩니다.

기타 출처로부터 온 정보:

우리는 다른 출처로부터 온 귀하의 정보를 입수하고 우리 고객 계정 정보에 추가할 수 있습니다.

VOCA continually 계속적으로, 연속해서 | numerous 수많은 | capability (수용) 능력 | compare 비교하다 | needless 필요 없는

Story Line 인터넷 사이트에서 개인 정보에 대한 약관을 알리는 공지

155 공고는 무엇에 관한 것인가?

(A) Bookstore.com의 개인 정보에 대한 약관
(B) 새롭게 개정된 반납 정책
(C) 일대일 고객 서비스
(D) 재고가 없는 제품에 대한 특별 주문

> **EXP.** [전체 추론 > 주제] 주제를 묻고 있다.
>
> 첫째 단락 두 번째 문장에, "This notice states our privacy regulation"라고 언급되어 있다.

156 이 공고에 대하여 사실이 아닌 것은?

(A) Bookstore.com은 일정 기간 동안 고객의 개인 정보를 보관할 것이다.
(B) 소비자들은 특정 정보 제공을 거부할 수 있다.
(C) Bookstore.com은 다양한 방법으로 고객 정보를 수집하고 있다.
(D) Bookstore.com은 타사로부터 입수한 고객 목록을 비교한다.

> **EXP.** [개별 사실 > what > 부정 질문] 공고에 대하여 사실이 아닌 것을 묻고 있다.
>
> 넷째 단락 세 번째 문장의 "You can choose not to give certain data and information"이 (B)와 일치한다. 넷째 단락 첫 문장의 "We obtain and store any data and information you enter on our web page or give us in any other way"가 (C)와 일치한다. 다섯째 단락 두 번째 문장 "we compare our client list to lists gained from other firms"가 (D)와 일치한다. (A)는 언급되지 않았다.

157 이 공고에 따르면 Bookstore.com이 소비자 개인 정보를 수집하는 목적은 무엇인가?

(A) 연간 보고서 작성을 위한 판매량 파악
(B) 중단 없이 고객 쇼핑 경험을 개선하고 특화하는 것
(C) 하청업자를 위해 정보를 체계화하는 것
(D) Bookstore.com에 반대하는 자료로서 소비자들을 유인하기 위해서

> **EXP.** [개별 사실 > what] 공고에 근거해, Bookstore.com이 소비자 개인 정보를 수집하는 목적을 묻고 있다.
>
> 셋째 단락 첫 문장에, "The information we learn from clients helps us personalize and continually improve your shopping experience at Bookstore.com"라고 언급되어 있다.

158-160

소중한 직원 여러분께,

올 한 해는 FLK사에겐 정말 힘든 해였습니다. 여러분도 아시다시피 국방비 감축으로 인하여 프랑스 공군과의 네 건의 계약 취소는 우리에게 상당한 타격이었습니다.

¹⁶⁰ 8월에 우리는 중대한 결정을 내렸습니다. 우리가 당면한 문제의 핵심은 우리 중 누군가를 해고하느냐 아니면 모든 사람들의 일자리를 지키기 위해 경비 절감을 위한 가능한 다른 방법을 찾는 것이냐입니다. 우리는 후자를 선택했습니다. 불행히도 우리가 회사 정관 중의 하나를 개정해야 하는데 이것은 연말에 전 직원에게 지급하기로 되어있던 보너스에 대한 것입니다. 왜냐하면, 올해 수입이 작년보다 많이 감소했기 때문입니다.

1980년 이후로 우리가 여러분들의 노고와 뛰어난 업무 수행과 충실함에 대해 특별한 방법으로 감사를 표할 수 없는 두 번째 해가 될 것입니다. 우리는 2015년은 성공적인 한 해가 되어서 여러분들에게 연말 보너스를 다시 회복시켜 드리게 될 것을 소망합니다.

VOCA precious 귀중한, 소중한 | cancellation 취소 | considerably 상당히, 심하게 | faithfulness 충실함

Story Line 회사에서 직원들에게 회사의 현재 상황을 알리는 메모

158 메모는 어디에서 찾아볼 수 있을 것 같은가?

(A) 신문
(B) 부회장 사무실
(C) 회사 게시판
(D) 연간 보고서

> **EXP.** [전체 추론 > 출전] 메모는 볼 수 있는 곳을 묻고 있다. 주제를 간접적으로 묻는 문제이다.
>
> 첫 단락 첫 문장에, "Dear all our precious employees"라고 언급되어 있다. 회사에서 직원들에게 보내는 메모이다.

159 금년에 이 회사가 재정적으로 어려움에 처한 이유는?

(A) 계약 취소
(B) 직원들에게 보너스를 초과 지급했기 때문에
(C) 회사 주식 가격의 감소
(D) 불합리한 직원 해고

> **EXP.** [개별 사실 > why] 금년에 이 회사가 재정적으로 어려움에 처한 이유를 묻고 있다.
>
> 첫째 단락 두 번째 문장에, "Everybody knows that the cancellation of our four contracts with the France Air Force because of the reduction in expenses for defence, hurt us considerably"라고 언급되어 있다.

160 다음 문장은 [1], [2], [3], [4] 중에서 어디가 가장 적당한가?

"8월에 우리는 중대한 결정을 내렸습니다."

(A) [1]
(B) [2]
(C) [3]
(D) [4]

> **EXP.** [문장 위치] 문장의 위치를 묻는 말이다.
>
> 각 단락의 첫 문장은 일반적으로 주제 문장이다. 그래서, 나머지 문장의 내용을 포괄할 수 있어야 한다. "In August, we made a serious decision."의 문장은 둘째 단락의 주제 문장이 적절하다.

161-163

개인 서핑 레슨 1인당 100달러부터 시작함
강의 시간 : 2시간 20분, 장소 : San Francisco, California

소개
San Francisco는 아름다운 해안선, 하얀 백사장, 그리고 서핑을 즐기는 공동체들로 유명한데요. 그중에서도 파도타기에 더 나은 장소가 어디일까요? 서핑 경험이 없는 당신을 위해서 서핑의 기초를 가르쳐 줄 수 있는 전문가를 만나서 지체 없이 보드에 서 있을 수 있게 될 것입니다!
안전과 재미는 모든 레슨에 아주 중요합니다만 수강생들은 다음 단계에 이르게 되면 수강생들이 서핑에 자신감을 갖게 하고 안전하게 서핑할 수 있도록 수강생들은 서퍼의 눈으로 바다를 이해하는 것을 배우게 됩니다.

출발과 도착 시간표
  – 출발일 : 매일 출발 2014년 6월 11일 ~ 2014년 6월 30일
  – 실내 강연 장소 : 강의는 San Francisco 해변 Queen Avenue 에서 개최됩니다.
  – 출발 시간 : 출발 시간은 바다의 상황에 따라 다르지만 대개 오전 10시에 출발합니다. 정확한 출발 시간은 강의 시작 48시간 전에 확정됩니다.
  – 호텔 픽업 : 우리는 픽업 서비스를 제공하지 않습니다.

추가 포함 사항들:
  – 서핑보드 대여
  – 젖는 옷 대여
  – 개인 서핑 교습
  – 점심 식사비

제외 사항들:
  – 주차비
  – 사례금 (선택)

VOCA fundamental 기초적인, 기본적인 | confidence 자신감
Story Line 파도타기 강습을 광고하는 글이다.

161 이 광고에 가장 관심 있을 것 같은 사람은 누구인가?

(A) San Francisco시 거주자
(B) San Francisco에 있는 전문 서핑 단체 회원
(C) 초보자를 지도하는 서핑 강사
(D) 한 번도 서핑을 해보지 않은 사람들

> **EXP.** [전체 추론 > who] 이 광고에 가장 관심 있을 것 같은 사람을 묻고 있다. 주제를 간접적으로 묻는 말이다.
>
> 첫째 단락 두 번째 문장에, "For people who aren't experienced surfers, you can have expert instructors to teach you the fundamental steps of surfing, so you'll be standing on the board in no time"라고 언급되어 있다.

162 수강생들이 강의 듣는 것이 언제 가능한가?

(A) 2014년 7월 20일 11시 30분
(B) 2014년 6월 22일 오전 5시
(C) 2014년 7월 1일 오전 11시
(D) 2014년 6월 15일 오전 11시

> **EXP.** [개별 추론 > when > 시점] 수강생들이 강의 듣는 것이 언제 가능한지를 묻고 있다.
>
> 둘째 단락에, "Departure Dates : Daily – June 11, 2014 to June 30, 2014"과 "Departure Time : Departure time is reliant on ocean and tide conditions, but is normally around 10:00 A.M."라고 언급되어 있다.

163 다음 서핑 개인 레슨에 대한 것 중에서 사실인 것은?

(A) 수강생들은 30분 이내에 강사의 도움 없이 스스로 서핑할 수 있다.
(B) UDS는 California에서 가장 유명한 서핑 강습소이다.
(C) 학생들은 젖는 옷을 준비할 필요가 없다.
(D) 이 레슨은 최소한 72시간 전에 예약해야 한다.

> **EXP.** [개별 사실 > which] 다음 서핑 개인 레슨에 대한 것 중에서 사실인 것을 묻고 있다.
>
> 후반부에 "Additional Inclusions: - Surfboard Rental - Wetsuit Rental - Private Surfing Lesson - Lunch costs"라고 언급되어 있다.

164-167

Olivia Eastern	1:30 P.M.

안녕 Kevin. 고객 중의 하나인 Zen사가 어제 전화했어. MKC 프로젝트에 대해서 논의하기 위해서 만날 수 있을까?

Kevin Hill	1:32 P.M.

뭐라고? 우리가 만날 수 있는 날짜가 아직 일주일이나 남았어. 우리는 아직 준비할 충분한 시간이 있는 것 같은데, 무슨 일인데?

Olivia Eastern	1:35 P.M.

그들이 우리와 긴급회의를 갖기 위해 우리 최근 판매량에 관해서 말이야. 우리 판매량 감소에 대해서 우려하고 있어. 이러한 상황 때문에 그들이 우리랑 계속 거래할지 말지를 결정할 것 같아. 그들이 가장 큰 전국 소매점들 중 하나이기 때문에 만약에 우리가 그들을 잃게 되면 우리에게 큰 충격이 미칠 거야.

Ricky Watson	1:37 P.M.

이런 그 일 우리 부서에 속한 건데. 내가 지금 당장 판매량을 준비해서 그것을 홍보부에 전달할게. 괜찮은 생각이지?

Kevin Hill	1:39 P.M.

좋은 생각이네! 그 정보에 따라서 내가 최근 비즈니스 경향을 참조해서 조치 방안을 만들게. 이것이 Olivia 네가 하려던 것이지? 그럼 내가 오늘까지 모든 서류를 준비할 수 있을 것 같아.

Olivia Eastern	1:41 P.M.

아주 완벽해! 우리가 내일 아침에 그 모든 서류를 먼저 검토하고 그 후에 이 문제에 대해서 회의를 하면 될 듯해. 그렇게 할 수 있겠어?

Kevin Hill	1:43 P.M.

그렇게 할 수 있어. 내가 시장 흐름을 맡고 있는 직원과 이야기해서 최신 정보를 얻어 올게. 그럼 나중에 봐!

Ricky Watson	1:44 P.M.

알았어. 나도 너희 둘에게 가능한 한 빨리 그 통계표를 보낼게 그래서 Kevin이 모임에 맞춰 제안을 할 수 있도록.

Olivia Eastern	1:45 P.M.

고마워 내가 Zen사에 연락해서 약속을 잡을게.

VOCA pardon 뭐라고요(상대방의 말을 알아듣지 못했을 때 다시 말해 달라는 뜻으로 하는 말) | urgent 긴급한 | impact 영향, 충격 | pertain 적용되다, 관련되다 | corrective 바로 잡는, 수정의, 교정의

Story Line 회사에서 회의 준비에 대해 논하는 online chat discussion

164 Zen사가 걱정하는 것은 무엇인가?

(A) Ms. Olivia Eastern과 Mr. Kevin Hill이 만날 수 없다.
(B) Olivia 회사의 판매 실적이 저조하다.
(C) Mr. Kevin Hill이 시간이 부족하다.
(D) 긴급회의가 열리지 않을 것이다.

> **EXP.** [개별 사실 > what] Zen사가 걱정하는 것을 묻고 있다.
>
> Olivia Eastern의 1시 35분 P.M. 메시지에서 "It concerns that our sales are declining"라고 언급되어 있다.

165 Mr. Ricky Watson에 대해서 지시되는 것은 무엇인가?

(A) 그는 판매 부서에서 근무한다.
(B) 그는 소매점 관리에 익숙하다.
(C) 그는 최근 월간 보고서를 작성했다.
(D) 그는 최근에 그의 서류를 분실했다.

> **EXP.** [개별 사실 > what] Mr. Ricky Watson에 대해서 지시된 것을 묻고 있다.
>
> Ricky Watson의 1시 37분 P.M. 메시지에서 "Hey, it pertains mainly to our department"라고 언급되어 있다.

166 1시 43분에 Mr. Kevin Hill이 작성한 "I'll be sure to do that"의 의미는?

(A) 그가 Ms. Olivia Eastern에게 연락할 것이다.
(B) 그가 그의 컴퓨터에 정보를 입력할 것이다.
(C) 그가 필요한 정보를 모을 것이다.
(D) 그가 Mr. Ricky Watson을 만날 것이다.

> **EXP.** [Intention] "I'll be sure to do that"의 문맥상의 의미를 묻고 있다.
>
> "I'll be sure to do that"은 "그렇게 할 수 있어"의 의미이다. 바로 앞의 문장인 "We could get together first thing tomorrow morning to check the documents"의 내용을 한다는 의미이다.

167 Ms. Olivia Eastern은 다음에 무엇을 할 것인가?

(A) Mr. Kevin Hill에게 그녀의 생각을 제안할 것이다.
(B) 최대한 빨리 판매 실적을 보낼 것이다.
(C) Mr. Ricky Watson에게 데이터를 확인을 권할 것이다.
(D) Zen사에 연락을 취할 것이다.

> **EXP.** [개별 추론 > what] Ms. Olivia Eastern은 다음에 무엇을 할 것인지를 묻고 있다.
>
> Olivia Eastern의 1시 45분 P.M. 메시지에, "Thanks, I'll call Zen Co. to make an appointment"라고 언급되어 있다.

168-171

하이킹은 거의 모든 사람들이 참여할 수 있는 훌륭한 운동이다. 야외 활동을 즐겨하는 사람은 누구나 할 수 있다. 숙련된 사람들은 산을 오를 수도 있고 초보자는 평지를 계속해서 걸을 수 있다. 주정부의 대부분 공원이 초보자에서 상급자 레벨의 트레일 코스를 가지고 있으며 약간의 비용이나 무료로 이용 가능하다.

시작하기

공원이나 자연보호 구역을 찾아라. 만약 당신의 친구나 가족이 있다면 그들과 함께하라. 하이킹은 훌륭한 단체 운동이지만 많은 사람들이 개별적으로 하이킹하길 즐긴다. 만약 당신이 혼자서 하이킹을 간다면 어디로 가며 언제 돌아올지를 주변 누군가에게 알리는 것을 명심하라. 당신이 부상을 당하거나 길을 잃을 경우를 대비해서 꼭 필요한 것이다.

목표 지역

이것은 인내심을 길러주는 유산소 운동이며 칼로리를 태우는 최고의 방법이다. 당신은 그저 일정한 페이스를 유지하기만 하면 된다. 또한, 이것은 근육의 힘을 증대하는 데 이바지할 것이다. 특별히 당신의 햄스트링, 장딴지, 대둔근과 사두근을. 이것은 체중 부하 운동이기 때문에 당신의 뼈를 튼튼하게 만들어주는 데 도움을 준다. 만약 당신이 배낭을 메고 간다면, 배낭의 추가 무게는 당신의 칼로리를 더 많이 태워주고 체중을 더 감소시키는 데 도움이 될 것이다. 만약 당신이 감당할 수 없다면 더 많은 칼로리를 소비하기 위해서 무거운 배낭을 짊어질 필요는 없다. 감당할 수 있을 만큼만 하시라.

쿨 다운과 워밍업

느린 페이스로 시작하라. 만약 트레일 코스가 어려운 곳에서 시작한다면 당신은 좀 더 쉬운 지형에서 처음 몇 분간 걸을 필요가 있다. 당신의 근육을 워밍업하고 여러분의 심장 박동수를 올리고 땀 흘리는데(당신이 나아갈 준비가 되었다는 표시이다) 10분에서 15분 정도 걸린다.

여러분의 운동을 마치기 전에 10분에서 15분 정도 천천히 걸음으로 심장 박동수를 점진적으로 가라앉히며 쿨 다운하라.

당신이 워밍업 후 부상을 방지하고, 운동 후 근육통을 방지하고 유연성을 증대하기 위해서 주요 근육을 스트레칭해 주는 것을 명심하라.

VOCA take part in 참여하다, 참석하다 | outdoors 외부, 옥외, 실외 | flat 평평한, 평지의 | intend 의도하다, 목적으로 하다 | soreness 쓰림, 아픔

Story Line 하이킹에 대한 올바른 정보를 주는 글

168 정보는 무엇에 관한 것인가?

(A) 사이클링
(B) 달리기
(C) 하이킹
(D) 다이빙

> **EXP.** [전체 사실 > what] 어떤 정보를 다루고 있는지를 묻고 있다.
>
> 첫째 단락 첫 문장에, "Hiking is a great form of exercise that almost anybody can take part in"라고 언급되어 있다.

169 초보자에게 추천되는 것은 무엇인가?

(A) 산을 곧바로 올라가기
(B) 평지 코스를 도보하는 것부터 시작하기
(C) 다른 사람에게 당신이 얼마나 오래 운동할 수 있는지 말하기
(D) 근육 키우기

> **EXP.** [개별 사실 > what] 초보자에게 추천되는 것을 묻고 있다.
>
> 첫째 단락 세 번째 문장에, "While the more experienced people can go straight up a mountain, beginners can continue easy flat walking exercise"라고 언급되어 있다.

170 운동 후에 당신이 반드시 해야 하는 것은 무엇인가?

(A) 심호흡을 하라.
(B) 너의 몸을 스트레칭하라.
(C) 한 컵의 물을 마시라.
(D) 심장 박동수를 측정하라.

> **EXP.** [개별 사실> what] 운동 후에 당신이 반드시 해야 하는 것을 묻고 있다.
>
> 마지막 문장에, "Be sure to stretch the major muscle groups after you warm up to prevent your body from getting injured and again after exercising to promote flexibility and prevent soreness"라고 언급되어 있다.

171 다음 중 하이킹을 위해서 좋은 방법이 아닌 것은?

(A) 하이킹하는 동안 배낭을 짊어지고 하라.
(B) 점점 빠르게 걸어라.
(C) 어느 공원에서나 걷기를 연습하라.
(D) 하이킹 시작 전에 몇 분간 도보 후에 심장박동수를 측정하라.

> **EXP.** [개별 사실 > which > 부정 질문] 하이킹을 위해서 좋은 방법이 아닌 것을 묻고 있다.
>
> 셋째 단락 다섯 번째 문장 "And if you carry a backpack, the extra weight of the backpack will help you to burn even more calories and lose weight"가 (A)와 일치한다. 넷째 단락 첫 문장 "Begin at a slow pace. If the trail begins toughly, you may first need to take a few minutes to walk around on easy terrain"이 (B)와 일치한다. 둘째 단락 첫 문장 "Find a nature preserve or a park"이 (C)와 일치한다.
> (D)는 언급되지 않았다. 하이킹을 끝내기 전에 심장의 박동수를 내리라고 언급되어 있다.

172-175

2014 복지 혜택 공고

의료/치과 보험
직원들은 개인의 치과 보험을 등록할 수 있으며 PPO(선호하는 진료선택) 또는 EPO(독점 진료선택)에서 의료 보험을 선택할 수 있다. [175] 그/그녀는 그/그녀의 가족을 단체 보험으로 등록시킬 수도 있다.
생명 보험: 직원은 단체 생명 보험 프로그램에 가입할 수도 있다. 보험 보장액은 개인 연봉의 1.5배이며 시가 보험료의 75%를 부담한다.
자발적 단체 생명 보험: 직원들과 그들의 배우자들도 추가로 생명 보험을 단체 할인 가격으로 가입할 수 있다. 직원의 자녀들도 또한 그 보험에 포함시킬 수 있다.
장기 상해 보험: 시는 장기상해 보험료 전액을 지불한다. 직원들은 이 혜택을 받기 위해서는 최소한 70%의 근로 시간이 필수이다.
직원 보조 프로그램: 직원 보조 프로그램은 비밀이 보장되는 무료 상담과 위탁 서비스 프로그램을 직원들과 그들의 가족들의 개인적인 문제 해결을 위하여 직원들에게 제공된다.
세금이 포함된 혜택 프로그램: 이 프로그램은 여러분들이 세금을 제하기 전 소득으로 시 치과/의료 보험료와 특정한 진료비를 납부하는 것을 허용한다.
신용 조합: 모든 시청 직원들은 Toronto Employees Federal 신용 조합에 가입할 수 있다.

혜택에 대해서 궁금한 사항은 Toronto County 인사부 394-530-4022로 연락 주십시오.
전화: 일반 문의 394-530-4063
　　　긴급하지 않을 경우 394-530-4032
　　　긴급전화 119

> **VOCA** register 등록하다 | voluntary 자발적인 | devise 고안하다, 생각하다 | issues 문제, 쟁점, 논점, 발행, (잡지의) 한 호
> **Story Line** 직원들에게 복지 혜택을 소개하는 공지이다.

172 무엇에 관한 공고인가?

(A) 시 인사처를 소개하기 위해서
(B) 직원 연봉 지급에 대해서 소개하기 위해서
(C) 의약품 남용의 부정적인 영향을 소개하기 위해서
(D) 복지 혜택을 소개하기 위해서

> **EXP.** [전체 추론 > 주제] 주제를 묻는 말이다.
>
> 제목에, "2014 Benefit Package Notice"라고 언급되어 있다.

173 Voluntary Group Life Insurance에 가입할 수 있는 사람은 누구인가?

(A) 친구
(B) 배우자
(C) 사촌
(D) 동료

> **EXP.** [개별 사실 > who] Voluntary Group Life Insurance에 가입할 수 있는 사람을 묻고 있다.
>
> 셋째 단락 첫 문장에, "Employees and their life partners can purchase additional life insurance at group prices"라고 언급되어 있다.

174 공고에 대해서 사실이 아닌 것은?

    (A) 직원들은 PPO 또는 EPO에 가입할 수 있다.
    (B) 시는 장기 상해 보험료를 납부한다.
    (C) 시는 생명 보험료의 75%를 납부한다.
    (D) 직원 보조 프로그램은 상담료를 부과한다.

EXP. [개별 사실 > what > 부정 질문] 공고에 대해서 사실이 아닌 것을 묻고 있다.

첫째 단락 첫 문장 "Employees have the opportunity to register a dental insurance plan and either a PPO (Preferred Provider Option) or an EPO (Exclusive Provider Option) medical plan"이 (A)와 일치한다. 넷째 단락 첫 문장 "The County pays the whole premium for long-term disability insurance"가 (B)와 일치한다. 둘째 단락 두 번째 문장 "The insurance coverage is equal to one and one half times the annual wage of employees and the County pays for 75% of the premium"이 (C)와 일치한다.
다섯째 단락 두 번째 문장에 "complimentary"가 언급되어 있다. 상담료는 무료이다.

175 다음 문장이 들어가기에 가장 적절한 곳은 [1], [2], [3], [4] 중에 어디인가?

    "그/그녀는 그/그녀의 가족을 단체 보험으로 등록시킬 수도 있다."

    (A) [1]
    (B) [2]
    (C) [3]
    (D) [4]

EXP. [문장 위치] 문장의 위치를 정하는 문제이다.

첫 단락이 보험 가입에 대한 내용이다. 주어진 문장의 의미가 "그/그녀는 그/그녀의 가족을 단체 보험으로 등록시킬 수도 있다"로 가입에 대한 내용이다. 그러므로, 첫 단락의 마지막 문장이 적절하다.

176-180

수신 : Joshua Morris
발신 : 인사부 Dwain Anderson

Morris 씨께,
빠른 답변에 감사합니다. 당신이 근무하기로 표시한 그 날짜는 우리 필요에 충족됩니다. 신규 채용된 분들 중의 한 명으로서 당신은 이메일에 첨부되어 있는 예정된 조별 오리엔테이션에 참석해야 할 것입니다. 이것은 4일 훈련 중의 첫날에 있을 것입니다. 당신은 A 조에 편성되었습니다.
당신은 최고 경영자의 오리엔테이션 연설 후에 선임 훈련 감독관에 의해 직원 지침 책자를 받게 될 것입니다. 마지막 날에 시험이 있을 예정이니 3일 차 끝날 때까지 회사의 규정과 익숙해지십시오. 그 안내 책자에 관련된 질문은 여러분들의 조장에게 문의하시기 바랍니다. 우리가 논의한 대로, 한 달간의 급여가 지급되는 수습 기간이 있을 것이며, 그 후에 여러분은 일주일 판매 할당량을 채워야 하고 급여는 판매 수수료만 받고 근무하게 될 것입니다. 그동안에 여러분들의 직위에 대해서 분명히 할 필요가 있다면 제게 알려주십시오.

그럼 이만
Dwain Anderson

	Victoria사
오리엔테이션 계획표	
9:00 am	Kory Gonzales - 오리엔테이션 연설 : Victoria 사의 과거, 현재와 미래 그리고 회사 사훈 개요
11:00 am	Michael Collins - 회사 정관 및 직원 안내 책자 발제. - 각 조 훈련 조장 소개
12:00 pm	점심시간
1:00 pm-6:00 pm	조별 훈련

* Victoria사 훈련 조별 리더들
  A조: Frank Williams, 판매 및 광고 훈련 감독관
  B조: Lionel Blackstone, 정보 입력 훈련 감독관
  C조: Hannah Evans, 보안 책임자 및 보안 훈련 감독관

VOCA indicate 나타내다, 보여주다 | issue 발행하다, 출간하다 | familiarize 익숙하게 하다, 친숙해지다 | probationary 시험 중인, 가채용의 | commission 수수료

Story Line 채용이 확정된 지원자에게 오리엔테이션에 대한 간단한 내용을 전달하고, 오리엔테이션 일정표가 첨부 파일로 보내진다.

176 다음 중 그 이메일에 대해서 가장 잘 표현한 것은?

    (A) 채용 광고에 대한 답신
    (B) 구직자들에게 채용 제안
    (C) 회사 세미나 초대
    (D) 회사 기본 정관의 개요

EXP. [전체 사실 > which] 이메일과 일치하는 것을 묻고 있다.

첫째 지문 전반부에, "As one of our new recruits, you will be required to attend a group orientation schedule which is attached to this e-mail"라고 언급되어 있다.

177 Kory Gonzales는 누구인가?

    (A) 인사부장
    (B) Victoria 사의 최고 경영자
    (C) 선임 훈련 감독관
    (D) 회사의 창시자

EXP. [개별 사실 > who] Kory Gonzales의 직책을 묻고 있다.

첫째 지문 중간에, "You will be issued an employee manual by our senior training supervisor following the orientation speech by the CEO"라고 언급되어 있다. 또한, 둘째 지문에 "9:00 am: Kory Gonzales - Orientation address"라고 언급되어 있다. 이를 근거로 Kory Gonzales가 Victoria사의 최고 경영자임을 알 수 있다.

178 Morris 씨는 그 안내 책자의 내용에 대해서 누구에게 문의해야 하는가?

    (A) Frank Williams
    (B) Michael Collins
    (C) Dwain Anderson
    (D) Lionel Blackstone

EXP. [개별 사실 > who] Morris 씨는 안내 책자의 내용에 대해서 누구에게 문의해야 하는지를 묻고 있다.

첫째 지문 전반부에, "You have been placed into Group A"라고 언급되어 있다. 첫째 지문 중간에, "Questions regarding the handbook should be addressed to your group leader"라고 언급되어 있다. 둘째 지문에, "Victoria Corporation Training- Group Leaders Group A: Frank Williams"라고 언급되어 있다. 이를 근거로 Group A의 Leader인 Frank Williams에게 문의해야 함을 알 수 있다.

179 이메일 수신자에 대해서 무엇을 추측할 수 있는가?

(A) 그는 다음 달까지 일을 시작하지 못할 것이다.
(B) 그는 판매 사원으로 채용될 것이다.
(C) 그는 일반 부서에서 근무하게 될 것이다.
(D) 그는 보안 신분증을 받게 될 것이다.

> **EXP.** [개별 추론 > what] 이메일 수신자에 대해서 추측할 수 있는 것을 묻고 있다.
>
> 첫째 지문 후반부에, "As we discussed, there will be a paid probationary period of one month, after which you will be working solely on commission and will be required to meet a weekly sales quota"라고 언급되어 있다.

180 오리엔테이션의 마지막 날에 무슨 일이 생깁니까?

(A) Morris 씨가 판매 수수료를 받을 수 있게 될 것이다.
(B) 훈련생들이 회사 정관 시험을 치러야만 할 것이다.
(C) Kory Gonzales 씨가 연설을 할 것이다.
(D) 회사 지침이 개정될 것이다.

> **EXP.** [개별 추론 > what] 오리엔테이션의 마지막 날에 어떤 일이 있을지를 묻고 있다.
>
> 첫째 지문 중간에, "there will be a test on the final day"라고 언급되어 있다.

181-185

수신 : Food & Meal World
발신 : Linda Turner
제목 : 조리법

Patricia Spencer 씨께,

저는 지난번 파티 때 당신이 한 것에 대해 감사 편지를 보내는 것을 정말 영광스럽게 여깁니다. 준비하신 음식은 파티에 정말 잘 어울렸고 당신의 회사가 한 모든 것은 정말 완벽 그 자체였습니다. 음식 코너, 모양이며 타이밍이 정말 환상적이었습니다. 신부인 제 딸은 당신들이 만들었던 시금치에 대해서 극찬을 했습니다. 제 딸에게 줄 수 있도록 시금치 조리법을 제게 주실 수 있는지요? 결혼 선물로 말입니다.

진심으로 감사드리며,
Linda Turner

수신 : Linda Turner
발신 : Bianca Hamilton
제목 : 회신 : recipe

Linda Turner 씨께,

저는 일주일 휴가를 떠난 Patricia Spencer를 대신해서 귀하의 이메일에 답을 보냅니다. 그렇게 멋진 리셉션을 돕게 된 것은 저희의 기쁨이었습니다. 다양한 카레 요리와 함께 제공되는 시금치 요리의 조리법은 다음과 같습니다.

매콤한 시금치 요리법
신선한 시금치 1kg을 다듬고 깨끗이 세척하십시오. 잘게 썬 양파, 다진 마늘 한쪽, 약간의 버터나 식용유에 강황 가루 한 스푼과 쿠민씨 두 숟가락을 섞어서 요리하세요.
그리고 시금치를 추가해 넣고 팬을 꼭 덮으시고 10분간 더 요리하세요. 핵심은 마지막 5분은 팬 뚜껑을 열고 가끔씩 흔들어주면서 요리하는 것입니다. 물기가 다 사라지면 요리가 완성된 것입니다! 당신의 요리를 즐기세요!
다시 한 번 따님의 결혼을 축하드립니다.

Food & Meal World Catering Service의 Bianca Hamilton과 직원 일동 드림

VOCA perfect 완전한, 완벽한 | selection 선택 | praise 칭찬하다, 격찬하다 | on behalf of ~을 대신하여

Story Line 결혼식 피로연에서 출장 음식 서비스에 대한 감사 편지와 이에 대한 응답의 편지

181 Linda Turner 씨의 이메일의 주된 목적은 무엇인가?

(A) 출장 음식 서비스에 대한 불만
(B) 음식 서비스에 대한 칭찬
(C) 파티에 대해서 문의하는 것
(D) 결혼식에 누군가를 초대하는 것

> **EXP.** [전체 추론 > 목적] 첫째 지문의 목적을 묻고 있다.
>
> 첫째 지문의 첫 문장에, "I was eager to send you a thank-you note for everything you did for the party"라고 언급되어 있다.

182 누가 결혼했는가?

(A) Linda Turner 씨
(B) Linda Turner 씨의 아들
(C) Linda Turner 씨의 딸
(D) Patricia Spencer 씨의 딸

> **EXP.** [개별 사실 > who] 누가 결혼했는지를 묻고 있다.
>
> 첫째 지문 후반부에, "My daughter (the bride) has been praising about the spinach that you served"라고 언급되어 있다.

183 그 음식 중에서 신부가 가장 좋아했던 것은 무엇인가?

(A) 음식 모양
(B) 시금치
(C) 타이밍
(D) 카레 요리

> **EXP.** [개별 사실 > what] 음식 중에서 신부가 가장 좋아했던 것을 묻고 있다.
>
> 첫째 지문 후반부에, "My daughter (the bride) has been praising about the spinach that you served"라고 언급되어 있다.

184 Bianca Hamilton 씨가 Linda Turner 씨의 이메일에 대답한 이유는?

(A) Patricia Spencer 씨가 사무실에 없어서
(B) 그녀는 Linda Turner 씨의 친구여서
(C) 그녀는 수석 요리사라서
(D) 그녀는 조리법을 알았기 때문에

> **EXP.** [개별 사실 > why] Bianca Hamilton 씨가 Linda Turner 씨의 이메일에 대답한 이유를 묻고 있다.
>
> 둘째 지문 첫 문장에, "I am writing back to your e-mail on behalf of Patricia Spencer, who has taken a week-long vacation"라고 언급되어 있다.

185 요리 과정에서 가장 중요한 것은 무엇인가?

(A) 팬을 열어놓는 것
(B) 마늘을 빻는 것
(C) 1kg의 시금치를 사용하는 것
(D) 쿠민씨를 첨가하는 것

> **EXP.** [개별 사실 > what] 요리 과정에서 가장 중요한 것을 묻고 있다.
>
> 둘째 지문 후반부에, "The key is to uncover the pan for the final five minutes and shake often"라고 언급되어 있다.

186-190

수신 : Hilton Arnold ⟨hiltonaaa@ringusa.net⟩
발신 : Donovan Oliver ⟨doliver100@ringusa.net⟩
날짜 : 2015 8월 10일
제목 : 답신 : 경쟁사의 새로운 요금체계

Hilton Arnold 씨께,
이미 알고 있는 것처럼 TeleGS사가 가격을 할인할 거라고 합니다.
여기 그들이 제안하려는 가격표가 있으니 보십시오. 우리는 항상
그들보다 더 낮은 가격을 고수했습니다. 만약 우리가 가격 체계를
바꾸지 않으면 우리는 처음으로 가격 경쟁에서 불리하게 될 것입니다.
우리는 우리 방식으로 가격 할인으로 응수해야 합니다. 단지 가격을
맞추는 것으로는 효과 없을 것입니다. 그들은 전통적인 시간과 거리를
비례하여 그들이 제시할 수 있는 최저가를 실행했습니다.

우리는 새로운 비즈니스 모델이 필요합니다. 저는 아이디어를 모을
것을 요청받았습니다. 우리가 고정된 월간 요금제로 가야 할까요?
개인 통화는 시간이나 거리 관계없이 동일 요금 부과 방식으로 가야
할까요? 신기술이 전통적인 시간과 거리 시스템을 구식으로 만들어
버리고 있습니다만 앞으로의 방향성도 여전히 불확실합니다. 저에게
연락해주십시오. 제가 받은 모든 의견을 제시하겠습니다.

Donovan Oliver
Ring USA사 일반관리자

TeleGS사의 요금표

	시간	거리	요금
일반	09:00 A.M. ~ 18:00 P.M. 월요일 ~ 금요일	100km 미만	$0.40
		100km ~ 500km	$0.55
		500km ~ 1,000km	$0.70
		1,000km 이상	$0.80
할인	06:00 A.M. ~ 09:00 A.M. & 18:00 P.M. ~ 21:00 P.M. 월요일 ~ 금요일	100km 미만	$0.35
		100km ~ 500km	$0.40
	06:00 A.M. ~ 21:00 P.M. 토요일과 일요일만 해당	500km ~ 1,000km	$0.50
		1,000km 이상	$0.60
특급 할인	21:00 P.M. ~ 06:00 A.M. 매일	100km 미만	$0.25
		100km ~ 500km	$0.30
		500 km ~ 1,000km	$0.35
		1,000km 이상	$0.40

매 3분

수신 : Donovan Oliver

제 의견은 두 가지 의견과 모두 다릅니다. 자주 사용하는 전화번호에
한해서 무제한 통화를 제안합니다. 우리는 처음에는 첫 번째 번호에는
매월 5달러를 제안합니다. 그리고 우리는 두 번째, 세 번째, 네 번째
번호에 대해서 추가로 할인을 해 주는 것입니다. 핸드폰이든, 집
전화든, 와이파이든 말입니다. 먼 지역에 사는 친구와 가족들과 통화를
많이 하는 대다수가 절약할 수 있을 것입니다. 저는 여러 가지 다른
의견들이 많이 있다는 것을 압니다만 저는 이것이 우리 고객들이
원하고 납득할만한 것이라고 생각합니다.

발신 : Hilton Arnold

VOCA undercut 저가로 팔다, 저가로 공급하다, 약화시키다 |
regardless of ~ 상관없이, 관계없이
Story Line 경쟁사의 요금 정책을 알리는 이메일, 자사의 요금표, 새로운
아이디어를 찾는 문자 메시지

---

186 Mr. Donovan Oliver는 Ms. Hilton Arnold이 무엇을 하도록
요청하는가?

(A) 목표 고객을 설정하는 것
(B) 경쟁력을 유지할 수 있는 방법을 발견하는 것
(C) 경쟁사의 가격을 조사하는 것
(D) 우리 가격에 대한 의견을 수렴하는 것

EXP. [개별 사실 > what] Mr. Donovan Oliver가 Ms. Hilton Arnold
에게 요청한 것이 무엇인지 묻고 있다.

첫째 지문 둘째 단락에, "We need a new business model! I
have been asked to gather ideas"와 "Get back to me, and
I'll lay out all the ideas I receive"라고 언급되어 있다. 이메일의
발신자인 Mr. Donovan Oliver가 수신자인 Ms. Hilton Arnold
에게 경쟁력을 유지할 수 있는 방법을 제안해 달라고 부탁하고
있다.

187 이메일 두 번째 단락, 3번째 줄에 있는 단어 "obsolete"와 의미상
가까운 것은?

(A) 구식의
(B) 갱신된
(C) 긴
(D) 간단한

EXP. [동의어] "obsolete"의 동의어를 묻고 있다.

하나의 문장에서 "New"가 "obsolete"와 대조된다.

188 토요일과 일요일 할인은 얼마나 오래 지속하는가?

(A) 15시간
(B) 24시간
(C) 30시간
(D) 48시간

EXP. [개별 사실 > how long] 토요일과 일요일의 할인 시간을 묻고
있다.

둘째 지문 표에, "06:00 A.M. ~ 21:00 P.M. Only Saturday and
Sunday"라고 언급되어 있다. 오전 6시부터 저녁 9시까지 하루 15
시간씩 토요일, 일요일 할인된다.

189 Hilton Arnold에 대해서 무엇을 추론할 수 있는가?

(A) 그녀는 무료 시내 전화를 제안할 것이다.
(B) 그녀는 고객들에게 무료 전화기를 줄 것이다.
(C) 그녀는 가장 저렴한 요금으로 전화할 것을 장려한다.
(D) 그녀는 무제한 장거리 전화를 제안할 것이다.

EXP. [개별 추론 > what] Hilton Arnold의 견해에 근거해 무엇을
추론할 수 있는지를 묻고 있다.

셋째 지문 전반부에, "Let's offer unlimited nationwide calling to
pre-determined frequent contacts"라고 언급되어 있다.

190 TeleGS사의 서비스에 포함되지 않는 것은 어느 것인가?

(A) 휴대폰
(B) 육상 전화
(C) 와이파이
(D) 유선 인터넷

EXP. [개별 사실 > which > 부정 질문] TeleGS사의 서비스에
포함되지 않는 것을 묻고 있다.

셋째 지문 중간에, "These could be cell phones, land lines and
Wi-fi"라고 언급되어 있다. 유선 인터넷은 서비스되지 않는다.

191-195

로마 관광 일정표

첫째 날	2016년 3월 6일	로마에 오신 것을 환영합니다. 우리는 오후 4시에 호텔에 집합해서 오리엔테이션을 위한 간단한 모임을 가질 것입니다. 그 후 우리는 서로 "로마 환영" 만찬을 함께 하며 서로 친숙할 기회를 가질 것입니다.
둘째 날	2016년 3월 7일	역사의 중심 로마 당신의 여행 가이드가 세계에서 가장 유명한 교회 Piazza San Pietro를 포함한 도보 여행을 안내할 것입니다. 그 후에 Vatican 박물관으로 걸어 이동해서 각자 점심을 위해 자유 시간을 갖게 됩니다. 우리의 오후 일정은 Colosseum 에서 마치는데, 간단한 소개 후에 여러분들은 각자가 역사유적지 개인 관광을 자유롭게 즐기시면 됩니다.
셋째 날	2016년 3월 8일	Piazza Navona 오전에 우리는 Metro에 탑승한 후에 화려한 주변 경관을 지나서 Piazza Navona까지 걸어갑니다. 도보 여행은 로마의 장관인 세 곳의 호수인 Fiumi, Nettuno, Moro를 보면서 마치게 됩니다. 오후에는 자유롭게 점심을 드시면서 자유 여행을 하실 기회를 가질 것입니다. 오늘 저녁에 다시 모임을 통해 Tevere River cruise 여행을 떠나기에 앞서 와인과 만찬을 함께 하실 것입니다.
넷째 날	2016년 3월 9일	아침 식사 후 여행 종료 아침 식사가 제공될 것이지만 별도의 단체 활동은 없습니다. 우리는 셔틀을 타고 Leonardo Da Vinch 국제공항으로 이동할 것입니다.

* 일정은 변경될 수 있습니다.

E & F 여행사
여행자 설문 조사지

우리는 여행사에 대한 여러분들의 의견과 제안에 많은 관심을 기울입니다. 잠시만 다음의 질문에 응해주시기 바랍니다. 설문 조사 결과는 다음 여행을 개선하는 데 사용됩니다. 다음 항목들이 여러분들의 기대에 부응했습니까?

	아주 나쁨	나쁨	보통	좋음	아주 좋음
이동수단	○	○	●	○	○
호텔	○	○	○	○	●
활동	○	○	●	○	○
가이드	○	○	○	●	○
식사	○	●	○	○	○
전체 서비스	○	○	○	●	○

운이 없게도 제가 아파서 환영 만찬에 참석할 수 없었고 호텔에 머물러 있었습니다. 제가 만찬에 참여해서 다른 참석자들을 알 수 있었더라면 여행이 좀 더 재미있었을 텐데. 저는 가이드가 지들 다른 사람들에게 소개해줄 시간을 만들어 주길 바랐습니다. 하지만 전체적으로 여행에 아주 만족합니다. 특별히 우리가 머물렀던 호텔은 기대 이상이었습니다.

Gerry Benning

VOCA　acquaint 익히다, 숙지하다 | explore 답사하다, 여행하다, 탐구하다 | specifics 세부 사항, 세부 내용 | evaluation 평가, 사정 | improve 향상시키다, 증진하다 | expectation 기대, 예상 | arrange 약속하다, 정렬하다

Story Line　여행 일정, 여행 후 여행사의 설문 조사, 여행 후 고객의 평가

---

191 여행 일정에 대해서 무엇을 추론할 수 있는가?

(A) 모든 여행객들은 지하철을 이용할 기회가 없다.
(B) 일정이 변경될 가능성이 있다.
(C) 모든 식사가 여행 일정에 포함되어 있다.
(D) 여행 4일 차에는 특별한 일정이 없다.

> **EXP.**　[개별 추론 > what] 여행 일정에 대해서 무엇을 추론할 수 있는 것을 묻고 있다.
>
> 첫째 지문 맨 마지막 부분에, "Schedule specifics subject to change"라고 언급되어 있다.

192 여행의 마지막 일정은 무엇인가?

(A) 교회 방문
(B) 박물관 방문
(C) 와인 시음과 만찬
(D) 해상 크루즈

> **EXP.**　[개별 사실 > what] 여행의 마지막 일정을 묻고 있다.
>
> 둘째 지문 표에서, 3일 차 일정으로 "We'll group again in the evening to enjoy a wine tasting and dinner together before going on a romantic Tevere River cruise"라고 언급되어 있다.

193 E & F 여행사가 여행자들에게 설문 조사를 실시하는 이유는?

(A) 여행 관련 정보를 제공하기 위해서
(B) 소비자들의 질문에 대답해주기 위해서
(C) 여행객들의 요구를 들어주기 위해서
(D) 추후 여행의 질을 높이기 위해서

> **EXP.**　[개별 사실 > why] E & F 여행사가 여행자들에게 설문 조사를 실시하는 이유를 묻고 있다.
>
> 둘째 지문 전반부에, "The results of this evaluation will be used to improve our future tours"라고 언급되어 있다.

194 Mr. Gerry Benning이 가장 불만족스러웠던 것은 다음 중 어느 것인가?

(A) 이동 수단
(B) 숙박
(C) 가이드
(D) 식사

> **EXP.**　[개별 사실 > which] Mr. Gerry Benning이 가장 불만족스러웠던 것을 묻고 있다.
>
> 둘째 지문 표에서, 식사에 대한 평가가 Bad에 표시되어 있다.

195 Mr. Gerry Benning이 참여하지 않았던 것은 다음 중 어느 것인가?

(A) 오리엔테이션
(B) 역사의 중심 로마
(C) Piazza Navona 도보여행
(D) 와인 시음과 만찬 즐기기

> **EXP.**　[개별 사실 > which] Mr. Gerry Benning이 참여하지 않았던 것을 묻고 있다.
>
> 셋째 지문 첫 문장에, "I was very unlucky I wasn't able to attend the reception dinner because I got sick and had to stay in bed"라고 언급되어 있다.

196-200

2015년도 인기 게임 목록

순위	제목	개발자	장르
1	Minecraft Pocket Edition	Mojang	샌드박스, 생존
2	Words with Friends	Zynga	교육
3	Solitaire	Silver Games	보드 게임과 카드
4	Geometry Dash	RobTop Games	아케이드
5	Massed NFL Mobile	EA SPORTS	스포츠
6	Temple Run 2	Imangi Studios	아케이드

수신 : Danford Forest
발신 : Jeniffer Hart
날짜 : 2월 12일 금요일
제목 : 회신 : 게임 목록

Danford Forest 씨께,

저는 방금 지난해 최고 판매량을 올린 다섯 가지 게임 목록을
입수했습니다. 판매량 순서에 따라 Minecraft: Pocket Edition,
Words with Friends, Solitaire, Geometry Dash, and Temple Run 2
순서입니다.
당신과 당신의 팀이 할 일은 각 게임의 장르와 소프트웨어 개발
회사를 확인하고 소비자 보고서 결과에 따라 순위를 매기는 것입니다.
지금 내가 필요로 하는 것은 여러분이 중요하다고 여기는 포인트와
순위입니다. 당신은 우리가 게임 컨트롤을 위한 위원회에 보고서를
작성할 때 상세 정보를 제게 주시면 됩니다.

당신의 보고서를 기대합니다.

감사합니다.
Jeniffer Hart

Jeniffer Hart 씨께,

당신의 인내심에 감사를 드립니다. 제가 좀 더 일찍 이것을 하기를
원했지만, 우리가 게임을 연구하는 동안 몇 가지 예상치 못한 일을
만났습니다. 먼저 당신은 특별한 상품을 주목하게 될 것입니다. 우리가
EA SPORTS를 연구하는 동안 우리는 Imangi Studios사의 게임보다
더 나은 평가를 가진 새로운 게임을 개발했다는 것을 발견했습니다.
이것은 스포츠 게임으로서 이와 같은 좋은 평가를 받는 것은 보기 드문
일입니다.
우리는 이 목록에 관한 당신의 의견을 듣기 원합니다. 다섯 개의
아이템으로 충분한가요? 아니면 더 필요할까요?

당신의 답변을 기다립니다.

Danford Forest

VOCA depending on ~ 에 따라, ~ 에 근거하여 │ detail 세부 사항 │
patience 인내심

Story Line 게임 목록, 게임에 대한 보고서 요청, 보고서 요청에 대한 답변

---

196 다음 중 게임 장르가 같은 것은?

(A) Temple Run 2와 Minecraft: Pocket Edition
(B) Geometry Dash와 Word with Friend
(C) Solitaire와 Massed NFL Mobile
(D) Geometry Dash와 Temple Run 2

> **EXP.** [개별 사실 > which] 게임 장르가 같은 것을 묻고 있다.
>
> 첫째 지문 표에서 "Geometry Dash"와 "Temple Run 2"의
> 장르가 Arcade로 동일하다.

197 Mr. Danford Forest와 Ms. Jeniffer Hart는 어디에서 일하나?

(A) 컴퓨터 가게
(B) 소프트웨어 마케팅 회사
(C) 교육 기관
(D) 문방구

> **EXP.** [개별 사실 > where > 장소] Mr. Danford Forest와 Ms. Jeniffer
> Hart가 일하는 회사를 묻고 있다.
>
> 둘째 지문 둘째 단락 첫 문장에 "What I need you and your
> team to do is to check the software developer company and
> genre for each game"라고, 셋째 지문 첫째 단락 세 번째 문장에
> "While we were researching EA SPORTS"라고 언급되어 있다.

198 표에서 Minecraft의 Pocket Edition에 대해 무엇을 말하는가?

(A) 빠르게 순위에 올랐다.
(B) 회의에서 논의되었다.
(C) 소비자 보고서에 있는 것 같다.
(D) 이것은 작년도 최고의 게임이었다.

> **EXP.** [개별 사실 > what] 표에 근거하여 Minecraft의 Pocket Edition
> 에 대해 알 수 있는 것을 묻고 있다.
>
> 첫째 지문 표에서 "Minecraft: Pocket Edition"은 2015년 1위의
> 게임이다.

199 Mr. Danford Forest가 Ms. Jeniffer Hart에게 요청하는 것은
무엇인가?

(A) 리스트에 5개 이상의 목록이 들어갈 수 있는지
(B) 게임 개발
(C) 몇 대의 컴퓨터를 시험하는 것
(D) 몇몇 소비자들에게 순위를 보고하는 것

> **EXP.** [개별 사실 > what] Mr. Danford Forest가 Ms. Jeniffer Hart
> 에게 요청한 것을 묻고 있다.
>
> 셋째 지문 둘째 단락에, "We'd like your opinion on what to
> do with the list. does it need to be five items, or can it be
> more?"라고 언급되어 있다.

200 Mr. Danford Forest가 목록에 어떤 게임을 추가했나?

(A) Words with Friends
(B) Solitaire
(C) Geometry Dash
(D) Massed NFL Mobile

> **EXP.** [개별 사실 > what] Mr. Danford Forest가 목록에 추가한 게임을
> 묻고 있다.
>
> 첫째 지문 표에는 6개의 게임이 목록에 있다. 둘째 지문 첫째 단락
> 두 번째 문장에 "According to the sales, in order, there are
> : Minecraft: Pocket Edition, Words with Friends, Solitaire,
> Geometry Dash, and Temple Run 2"라고 언급되어 있다.
> 그러므로, "Massed NFL Mobile"이 추가되었음을 알 수 있다.

토익
실전모의고사
SET #3

* 환산 점수는 23page를 참조하세요.

	응시일	TEST 소요시간	맞은 개수	환산 점수
LC	___월 ___일	_____분	_____개	_____점
RC		_____분	_____개	_____점

PART 1	PART 2	PART 3		PART 4	PART 5	PART 6	PART 7		
1 (D)	7 (B)	32 (D)	62 (C)	71 (C)	101 (B)	131 (D)	147 (B)	176 (D)	186 (D)
2 (A)	8 (C)	33 (B)	63 (B)	72 (A)	102 (C)	132 (A)	148 (C)	177 (C)	187 (D)
3 (A)	9 (A)	34 (A)	64 (C)	73 (D)	103 (C)	133 (B)	149 (D)	178 (B)	188 (A)
4 (B)	10 (A)	35 (D)	65 (B)	74 (A)	104 (D)	134 (B)	150 (A)	179 (A)	189 (C)
5 (C)	11 (C)	36 (A)	66 (C)	75 (D)	105 (B)	135 (C)	151 (B)	180 (D)	190 (C)
6 (A)	12 (C)	37 (B)	67 (A)	76 (C)	106 (D)	136 (C)	152 (D)	181 (B)	191 (A)
	13 (C)	38 (C)	68 (D)	77 (B)	107 (A)	137 (D)	153 (A)	182 (C)	192 (C)
	14 (B)	39 (A)	69 (B)	78 (C)	108 (B)	138 (A)	154 (C)	183 (A)	193 (D)
	15 (C)	40 (C)	70 (D)	79 (D)	109 (B)	139 (C)	155 (B)	184 (C)	194 (C)
	16 (A)	41 (D)		80 (D)	110 (A)	140 (D)	156 (A)	185 (A)	195 (A)
	17 (C)	42 (B)		81 (D)	111 (D)	141 (B)	157 (D)		196 (B)
	18 (C)	43 (D)		82 (B)	112 (C)	142 (D)	158 (A)		197 (C)
	19 (B)	44 (D)		83 (C)	113 (C)	143 (C)	159 (B)		198 (A)
	20 (C)	45 (C)		84 (B)	114 (C)	144 (C)	160 (C)		199 (C)
	21 (B)	46 (C)		85 (A)	115 (C)	145 (D)	161 (C)		200 (D)
	22 (A)	47 (D)		86 (B)	116 (D)	146 (D)	162 (D)		
	23 (B)	48 (B)		87 (A)	117 (C)		163 (B)		
	24 (C)	49 (D)		88 (D)	118 (B)		164 (C)		
	25 (A)	50 (C)		89 (D)	119 (A)		165 (C)		
	26 (B)	51 (A)		90 (C)	120 (D)		166 (A)		
	27 (C)	52 (A)		91 (C)	121 (D)		167 (B)		
	28 (A)	53 (B)		92 (D)	122 (C)		168 (C)		
	29 (A)	54 (D)		93 (B)	123 (A)		169 (B)		
	30 (B)	55 (A)		94 (A)	124 (B)		170 (B)		
	31 (A)	56 (C)		95 (C)	125 (C)		171 (C)		
		57 (A)		96 (B)	126 (D)		172 (B)		
		58 (D)		97 (D)	127 (C)		173 (C)		
		59 (A)		98 (A)	128 (A)		174 (B)		
		60 (D)		99 (B)	129 (D)		175 (D)		
		61 (A)		100 (A)	130 (B)				

PART 1

1
(A) A man is putting his glasses on.
(B) They are facing one another.
(C) A woman is removing her a book from the shelf.
(D) They are looking at the reading materials.

(A) 한 남자가 안경을 착용하고 있다.
(B) 그들은 서로 마주 보고 있다.
(C) 한 여자가 책장에서 책을 꺼내고 있다.
(D) 그들은 읽을거리를 보고 있다.

> *EXP.* (B) 의미 혼동 : looking → facing
> (C) 의미 혼동 : reading materials → book
> *TIP!* ~ looking at the reading materials의 형태로 출제될 수 있다.

2
(A) They are walking by the railing.
(B) They are holding their sticks.
(C) They are going upstairs.
(D) They are installing the guardrail on the staircase.

(A) 그들은 레일을 따라 걷고 있다.
(B) 그들은 지팡이를 잡고 있다.
(C) 그들은 위층으로 올라가고 있다.
(D) 그들은 계단에 가드레일을 설치하고 있다.

> *EXP.* (B) 의미 혼동 : railing → sticks
> (C) 의미 혼동 : walking → going upstairs
> (D) 소리 혼동 : railing → rail
> *TIP!* ~ walking by the railing의 형태로 출제될 수 있다.

3
(A) She is reading a newspaper.
(B) She is pouring coffee into a cup.
(C) She is opening a handbag.
(D) She is standing near a bench.

(A) 그녀는 신문을 읽고 있다.
(B) 그녀가 컵에 커피를 따르고 있다.
(C) 그녀는 핸드백을 열고 있다.
(D) 그녀는 벤치 옆에 서 있다.

> *EXP.* (B) 의미 혼동 : reading → pouring
> (C) 의미 혼동 : reading → opening
> (D) 의미 혼동 : reading → standing
> *TIP!* ~ reading a newspaper의 형태로 출제될 수 있다.

4
(A) A woman is waiting in a seated position.
(B) Some men are greeting each other.
(C) Some people are clearing off the floor.
(D) One of the men is raising his hand.

(A) 한 여자가 자리에 앉아서 기다리고 있다.
(B) 몇몇 남자들이 서로 인사하고 있다.
(C) 몇몇 사람들이 바닥을 청소하고 있다.
(D) 남성들 중의 한 명이 손을 올리고 있다.

> *EXP.* (A) 의미 혼동 : greeting → waiting
> (D) 의미 혼동 : greeting → raising
> *TIP!* ~ greeting each other의 형태로 출제될 수 있다.

5
(A) They're attending a performance.
(B) They're running along a street.
(C) They're stretching on a lawn.
(D) They are cleaning the ground.

(A) 그들은 공연에 참가하고 있다.
(B) 그들은 거리를 따라 달리는 중이다.
(C) 그들은 잔디 위에서 스트레칭 중이다.
(D) 그들은 운동장을 청소하고 있다.

> *EXP.* (A) 의미 혼동 : stretching → performance
> (B) 의미 혼동 : stretching → running
> (D) 의미 혼동 : lawn → ground
> *TIP!* ~ stretching on a lawn의 형태로 출제될 수 있다.

6
(A) One of them is rowing a boat.
(B) All the people have their paddles.
(C) A ship is tied to the dock.
(D) A tree is floating on the water.

(A) 그들 중 한 명이 배를 노 젓고 있다.
(B) 모든 사람들이 노를 가지고 있다.
(C) 한 척의 배가 선착장에 묶여 있다.
(D) 나무 막대기 하나가 물 위에 떠 있다.

> *EXP.* (B) 의미 혼동 : rowing → paddles
> (C) 의미 혼동 : boat → ship
> (D) 의미 혼동 : rowing → floating
> *TIP!* ~ rowing a boat의 형태로 출제될 수 있다.

PART 2

7 Isn't the city hall open until 8 P.M.?
(A) It's the second building on your right.
(B) Yes, but not on Friday.
(C) An extra fee is charged.

시청은 오후 8시까지 문 열지 않나?
(A) 오른쪽에서 두 번째 건물이야.
(B) 예, 그러나 금요일은 아냐.
(C) 추가 요금이 청구돼.

> *EXP.* [기타 > 부정] 부정의문문은 긍정의문문의 강조일 뿐이다.
> (B) "Yes, but"은 대부분 정답이다.
> *TIP!* 부정의문문에 not on + 요일이 정답으로 출제될 수 있다.

234

8 We could hand out the copier after it's repaired.

(A) 50 sheets of paper
(B) I wish I could copy.
(C) It took a while, didn't it?

수리 후에 우리가 복사기를 줄 수 있다.

(A) 종이 50장
(B) 내가 복사했으면 좋았을 것.
(C) 시간이 좀 걸렸지, 그렇지?

9 Why don't we continue to negotiate this issue at our
next meeting?

(A) Will you have enough time then?
(B) That's the subject of the next conference.
(C) Both of the partners

다음번 모임 때 계속해서 이 문제를 논의합시다?

(A) 그때는 충분히 논의할 시간이 있겠지?
(B) 저것은 다음 회의 주제이다.
(C) 두 파트너 모두

10 Should we introduce Ms. Carter at the beginning of
the conference or the end?

(A) It's up to you.
(B) That's not your fault.
(C) Once a month

우리가 Carter 씨를 회의 시작할 때 소개해야 하나요, 아니면
마지막에 해야 하나요?

(A) 당신에게 달려 있습니다.
(B) 당신 잘못이 아니죠.
(C) 한 달에 한 번

11 Which store had the highest sales figures last year?

(A) Nearly every year
(B) No, that is not my favorite store.
(C) I'll check and let you know.

어느 상점이 지난해 최고 판매량을 올렸죠?

(A) 거의 매년
(B) 아니오, 제가 선호하는 상점이 아니에요.
(C) 제가 확인해서 알려드릴게요.

12 Why was the local business seminar postponed?

(A) My business is up and coming.
(B) Post it on the bulletin board
(C) The convention hall wasn't available.

왜 지역 사업 세미나가 연기되었습니까?

(A) 내 사업은 잘되어가고 있어.
(B) 그것을 게시판에 붙여놓으세요.
(C) 회의실을 사용이 불가했습니다.

13 Hasn't the building director contacted you to update
your annual lease?

(A) He renewed the contact directories.
(B) What a great contract!
(C) Yes, I signed a new one this morning.

건물 책임자가 연간 임대를 갱신하기 위해서 연락하지 않았나요?

(A) 그가 연락 전화번호를 갱신했다.
(B) 정말 위대한 계약 아닌가!
(C) 예, 제가 오늘 오전에 서명했어요.

Test 01
Test 02
Test 03
Answer 01
Answer 02
Answer 03

14 The elevator is out of order this afternoon.

(A) She was out today.

(B) That's the fifth time this week!

(C) It should be ordered by this Friday.

엘리베이터가 오후에 고장이 났다.

(A) 그녀는 오늘 휴무이다.
(B) 이번 주에 벌써 5번째다!
(C) 그것은 금요일까지 주문되어야 한다.

15 How did you complete the customer's survey so quickly?

(A) In the third quarter
(B) Perhaps too many times
(C) With my colleague's help

어떻게 소비자 설문조사를 그렇게 빨리 끝마쳤죠?

(A) 3분기
(B) 아마도 너무 많은 횟수
(C) 나의 동료들의 도움으로

16 Where can I change my tires?

(A) There's a car repair shop in county.
(B) There's a car dealership around the corner.
(C) It will be finished sooner or later.

타이어를 어디에서 교체하지?

(A) 마을에 타이어 수리 가게가 있어.
(B) 모퉁이 돌아가면 차 대리점이 있어.
(C) 그것은 곧 끝날 거야.

17 I heard that Washington Mutual Bank went bankrupt last year.

(A) The competition has come.
(B) We'll need to share some information.
(C) Yes, I read about it in the magazine.

Washington Mutual 은행이 작년에 파산했다고 들었어.

(A) 대회가 다가온다.
(B) 우리는 몇몇의 정보를 공유할 필요가 있다.
(C) 예, 잡지에서 그것에 대한 것을 읽었어.

18 Where is the nearest postal office?

(A) The postal service is very good.
(B) My reservation was nearly filled.
(C) Right side at the end of this road.

가까운 곳의 우체국이 어디지?

(A) 우편 서비스는 정말 좋았어.
(B) 내 예약은 거의 찼어.
(C) 이 길 끝의 오른쪽이야.

19 When is the due date for the picture?

(A) The window on the right
(B) One month from today
(C) Due to high quality watercolors

그 사진의 마감 날짜는 언제지?

(A) 오른쪽 창문이야.
(B) 오늘부터 한 달 간이야.
(C) 고품질의 수채물감 때문에

20 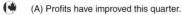 You got confirmation for the big changes we made, right?

 (A) Profits have improved this quarter.
(B) This magazine is issued every week.
(C) No, I haven't talked with him yet.

우리가 크게 변경한 것에 대한 확답을 들었지, 그렇지?

(A) 이번 분기에 이익이 증가하였다.
(B) 이 잡지는 매주 발행된다.
(C) 아니오, 아직 그와 논의하지 못했다.

21 How did you learn to use this application?

(A) A new tablet computer
(B) By reading the brochure
(C) By using the memory stick

너는 어떻게 이 애플리케이션 사용법을 배웠니?

(A) 새로운 태블릿 컴퓨터
(B) 설명서를 읽음으로
(C) 메모리 스틱을 사용함으로

22 Are you looking for a house near downtown or far from it?

(A) I would like to stay downtown.
(B) A one year lease
(C) I want a beautiful nighttime view.

당신은 시내 근처의 집을 찾고 있나요, 아니면 시외 지역의 집을 찾고 있나요?

(A) 저는 시내에 머물길 원해요.
(B) 일 년 임대
(C) 저는 좋은 야경을 원해요.

23 Didn't Ms. Raymond have an office here?

 (A) I have the equipment.
(B) She moved a while ago.
(C) Maybe, there's more in the building.

Raymond 씨가 이곳에 사무실을 가지고 있지 않았는지?

(A) 나는 집기를 가지고 있어.
(B) 그녀가 얼마 전에 이사했어.
(C) 아마, 건물 안에 더 있을 거야.

24 Who's in charge of washing the uniform tonight?

(A) Please, reply today.
(B) I'm buying the detergent.
(C) Mr. Steve is on schedule.

누가 오늘 밤 유니폼 세탁 책임자이지요?

(A) 오늘 답변해주세요.
(B) 제가 세제를 구입할게요.
(C) Steve 씨가 예정되어 있어요.

25 How long should we display the fish?

(A) For half a day
 (B) You can't eat the fish raw.
(C) It's shorter than ten centimeters.

그 물고기를 얼마나 오랫동안 전시해야 합니까?

(A) 반나절 동안
(B) 당신을 생선을 날로 먹어서는 안 된다.
(C) 이것은 10cm 이하다.

Test 01
Test 02
Test 03
Answer 01
Answer 02
Answer 03

26 When will the copy machine arrive?

(A) With the loading deck

(B) By Tuesday morning

(C) Mr. Brandon will bring it with the warranty.

언제 복사기가 도착하나?

(A) 로딩 데크와 함께
(B) 화요일 오전까지
(C) Brandon 씨가 보증서와 함께 가져올 거야.

EXP. [의문사 > when > 시간] 의문사 when으로 시간을 묻고 있다.
(B) when → by

TIP! 의문사 when으로 의문문에 <u>By + 시점</u>이 정답으로 출제될 수 있다.

27   Where are the large offices located?

(A) An old president retired recently.

(B) 200 workers

(C) On Pine street in Sydney

큰 사무실들은 어디에 있지?

(A) 나이 많은 대표자가 최근에 은퇴했다.
(B) 200명의 직원들
(C) Sydney에 있는 Pine 거리에

EXP. [의문사 > where > 장소] 의문사 where로 장소를 묻고 있다.
(C) where → on

TIP! 의문사 where로 시작하는 의문문에 <u>On ~ in ~</u>이 정답으로 출제될 수 있다.

28  Who will write this invoice?

(A) Bill and I will do it.

(B) My voice is too loud.

(C) The writing assignment is not finished yet.

누가 이 송장을 작성할까?

(A) Bill과 내가 그것을 할 거야.
(B) 내 목소리가 너무 컸어.
(C) 작문 시험은 아직 안 끝났어.

EXP. [의문사 > who] 의문사 who로 송장을 쓴 사람이 누구인지 묻고 있다.
(A) who → Bill and I
(B) 소리 혼동 : invoice → voice
(C) 소리 혼동 : write → writing

TIP! 의문사 who로 시작하는 의문문에 <u>~ will do it</u>이 정답으로 출제될 수 있다.

29 Should I make a reservation for the reception party tonight?

(A) We probably don't need to do so.

(B) Yes, we ordered tonight's special menu.

(C) No, they shouldn't be too short.

내가 오늘 밤 환영 파티를 위해 예약을 해야 하나?

(A) 아마도 우리가 그렇게 필요가 없어.
(B) 예, 우리가 오늘 밤 특별 메뉴를 주문했어.
(C) 아니오, 너무 짧을 필요는 없어.

EXP. [일반 > 조동사 > should] 조동사 should로 시작하는 일반 의문문이다.
(A) "yes"가 생략되었다.
(B) 의미 혼동 : party → menu
(C) 소리 혼동 : Should → shouldn't

TIP! "Should"로 시작하는 일반 의문문에 <u>We probably don't need to do ~</u>가 정답으로 출제될 수 있다.

30 Will this program be installed by the technician or by users themselves?

(A) She decides to learn the technique.

(B) I was able to do it on my own.

(C) To reduce the cost of repair

이 프로그램은 기술자에 의해서 설치되어야 하나 아니면 사용자 스스로에 의해서 할 수 있나?

(A) 그녀가 그 기술을 배우기로 결심한다.
(B) 예, 내가 직접 할 수 있다.
(C) 수리 비용을 절감하기 위해서

EXP. [기타 > 선택의문문 > 일부] 대등접속사 or에 의해 문장 일부가 연결된 선택의문문이다.
(A) 소리 혼동 : technician → technique
(B) 자신이 직접 한다고 선택했다. users → I
(C) 의미 혼동 : technician → repair

TIP! 문장 일부가 연결된 선택의문문에 <u>I was able to do it on my own</u>이 정답으로 출제될 수 있다.

31  Who will go the station to meet Ms. Victoria Han?

(A) We will send a driver.

(B) She will be here before 6 o'clock.

(C) Mr. Weisman will guide her.

누가 Victoria Han 씨를 만나기 위해 역에 갈 거지?

(A) 우리는 운전사를 보낼 것이다.
(B) 그녀는 6시 이전에 이곳에 올 것이다.
(C) Weisman 씨가 그녀를 안내할 것이다.

EXP. [의문사 > who] 의문사 who를 이용해 누가 갈 것인가를 묻고 있다.
(A) who → We

TIP! 의문사 who로 시작하는 의문문에 <u>~ will send a driver</u>가 정답으로 출제될 수 있다.

PART 3

32-34

W: Hello, Mr. Callison, this is Ivory Polak. [32] You are expected at headquarters by 5 P.M. There will be a meeting regarding the advertising campaign.

M: I'm terribly sorry. I completely forgot about it. I've been working all day at the 25th Street branch of Ruckman's store. [33] How about I participate in the meeting through voice chat? I can use my phone.

W: Okay, that will be fine, but [34] please e-mail me a copy of the department's annual budget. I have to print out 10 copies before the meeting.

여: Calliso 씨 안녕하세요. 저는 Ivory Polak입니다. 홍보 캠페인에 대한 회의가 있을 예정이므로 귀하는 오후 5시까지 본부로 오셔야 합니다.

남: 정말 미안합니다. 제가 그 회의를 완전히 잊고 있었습니다. 제가 Ruckman 씨 가게가 위치한 25번가에서 하루 종일 일하는 중입니다. 제가 음성 대화창을 통해서 참가하는 것은 어떻습니까? 제가 저의 전화기를 사용할 수 있습니다.

여: 알겠습니다. 그것 괜찮을 것 같습니다. 그리고 부서 연간 예산 사본을 제게 이메일 하시기 바랍니다. 제가 회의 전에 10부를 복사해야만 합니다.

VOCA   headquarters 본사, 본부 | terribly 대단히, 엄청나게 | completely 완전히 | participate in 참석하다, 출석하다

Story Line   회의가 있음을 상기하기 위해 전화를 한다. 회의에 전화로 참석하려 하니, 서류를 보내줄 것을 요청한다.

32   여자가 남자에게 전화한 이유는?

(A) 홍보 캠페인에 대해 발표하기 위해
(B) 안건의 교체에 대해서 통보하기 위해
(C) 25가 지점에서 일하기 위해
(D) 그에게 모임을 상기시키기 위해

EXP.   [개별 사실 > why > 이유] **여자가 남자에게 전화한 이유를 묻고 있다.**

33   남자는 무엇 하기를 제안하나?

(A) 그녀의 태블릿 컴퓨터를 사용할 것을
(B) 전화로 참석할 것을
(C) 회의 결과를 받을 것을
(D) 이후에 참가자를 만날 것을

EXP.   [개별 사실 > what] **남자가 하기로 제안한 것이 무엇인지를 묻고 있다.**

34   여자는 무엇할 것을 남자에게 요구하나?

(A) 서류를 보낼 것을
(B) 보고서를 출력할 것을
(C) 그의 자리를 찾을 것을
(D) 회사에 그의 예산을 요청할 것을

EXP.   [개별 사실 > what] **여자가 남자에게 하도록 요청한 것이 무엇인지를 묻고 있다.**

35-37

M: Amy, [35] I just had a discussion with the McDonald's company about the design for their new office. They like our plan to include energy saving features. They definitely want to include insulation panels in the design.

W: Insulation panels are very good, but they can also be very expensive to install in an office like this. So, before we begin to include insulation panels in the design, [36] we should probably confirm all of the costs.

M: [37] I'll ask Mr. Kurt for help with the pricing. He just designed an office building with insulation panels for one of our other clients. He should have a good idea for costs.

남: Amy, 제가 방금 McDonald사와 새 사무실에 대한 설계에 대해서 논의했습니다. 그들이 에너지 절약 기능을 포함한 우리 계획을 좋아합니다. 확실히 그들이 디자인에 절연 패널을 포함하기를 원합니다.

여: 절연 패널은 아주 좋지만, 그와 같은 사무실에 설치하기에는 너무 가격이 비쌉니다. 그래서 설계도면에는 절연 패널을 포함했지만, 우리는 총비용을 확인해야만 할 것입니다.

남: 제가 비용에 대해 Kurt 씨에게 문의할 것입니다. 그가 우리 고객 중의 한 사람의 사무실 건물을 절연 패널을 사용해서 설계했어요. 그는 비용에 대해서 좋은 의견을 가지고 있을 것입니다.

VOCA   include 포함하다 | definitely 확실히, 분명히 | insulation 절연 | expensive 비싼, 값이 많이 드는

Story Line   건축 회사에서 예산 내에서 공사를 할 수 있는지를 걱정하고 있다. 제3자에게 도움을 부탁한다.

35   화자들이 일할 것 같은 회사는 어디인가?

(A) 에너지 회사
(B) 건물 관리 회사
(C) 발전소
(D) 건설 회사

EXP.   [개별 추론 > what] **화자들의 직장이 어디인지 묻고 있다.**

36   여자가 무엇을 염려하는가?

(A) 그들이 예산 범위에서 건축 비용을 유지할 수 있는지 여부
(B) 그들이 절연 패널을 만들 수 있는지 여부
(C) 그들인 에너지 절약 기능을 포함할 수 있는지 여부
(D) 그들이 절연 패널을 적절하게 설치할 수 있는지 여부

EXP.   [개별 사실 > what] **여자가 가지고 있는 걱정이 무엇인지 묻고 있다.**

37   이 남자가 무엇을 할 것이라고 말하는가?

(A) 사무실 건물을 설계하다
(B) Kurt 씨에게 도움을 요청하다
(C) 누가 McDonald사와 논의했는지 확인하다
(D) 설계 상에 절연 패널을 포함하는 것을 시작하다

EXP.   [개별 추론 > what] **남자가 무엇을 할 것이라고 말했는지를 묻고 있다.**

M: ³⁸ Ms. Lynwood, thank you for compiling the comments from our fitness center members. You found some very interesting trends and feedback that I'd like to share with all of our staff members.

W: Yes, I'm happy to have helped. ³⁹ I agree that it should be shared with all the staff members. I think this feedback will really benefit the fitness center. Many people asked for more times for yoga classes. Will it be ok to add more class times?

M: Sure. It wouldn't cost much more to offer additional class times, but ⁴⁰ I'll have to talk to the instructors to see if they can increase their weekday hours.

남: Lynwood 씨 헬스클럽 회원들의 의견을 정리해주셔서 감사드립니다. 제가 우리 모든 직원들과 함께 나누고 싶은 아주 흥미 있는 경향과 의견을 당신이 발견했습니다.

여: 예, 저도 도움이 된 것을 기쁘게 생각합니다. 저는 그것을 모든 직원들과 나눠야 된다고 여깁니다. 저는 고객의 의견이 헬스클럽에도 유익이 될 거라 생각합니다. 많은 사람들이 요가 강좌를 더 개설할 것을 요청했습니다. 강의를 늘리는 것이 가능하겠습니까?

남: 물론입니다. 추가 강의를 제공하는데 비용이 아주 많이 드는 것도 아닙니다만 저는 강사들에게 그들의 주중 근무 시간을 늘리는 것이 가능한지 여부를 문의해야 합니다.

VOCA compile 모으다, 수집하다 | add 추가하다, 더하다

Story Line fitness center에서의 대화. 고객들에게 받은 feedback을 직원들과 공유하고, 새로운 class 개설하기 위해 직원들에게 업무 시간을 늘리는 것을 확인해야 함.

38 화자들은 어디에서 일할 것 같은가?

(A) 병원
(B) 문화 센터
(C) 헬스클럽
(D) 학교

EXP. [개별 추론 > where > 장소] 화자들이 일하고 있는 직장을 묻고 있다.

39 여자가 동의하는 것은 무엇인가?

(A) 그의 모든 직원들과 의견을 나누는 것
(B) 의견을 아는 것
(C) 고객들의 의견을 정리하는 것
(D) 더 많은 혜택을 요구하는 것

EXP. [개별 사실 > what] 여자가 무엇을 하는 것에 동의했는지를 묻고 있다.

40 남자가 강사들에 대해 언급하는 것은 무엇인가?

(A) 고객들의 경향과 반응을 이해할 것
(B) 추가 요금을 제안할 것
(C) 그들의 주중 근무 시간을 늘릴 것
(D) 회원들에게 요가반을 가르칠 것

EXP. [개별 사실 > what] 남자가 instructors에 대해 말한 것을 묻고 있다.

M: Did you hear the announcement from city hall? ⁴¹ They said they'll be putting new plumbing pipes on Third Street next month. There will be construction in front of our shop.

W: Yeah, I heard about it yesterday. ⁴² I'm concerned that the construction may hurt the amount of customers we could have. The construction will block the parking lot, making it harder for customers to come to our shop.

M: You're right! ⁴³ Let's post a notification on our homepage. We have to inform customers that there are other places to park.

W: Great idea. I'll upload the map on our web-site. The map will direct people to the new parking area close to our store.

남: 당신은 시청 발표를 들었습니까? 그들이 다음 달에 3가에 새로운 배수관 공사를 할 것이라고 발표했어요. 우리 가게 앞이에요.

여: 예, 저도 어제 들었습니다. 저는 그 공사가 우리 가게에 오는 손님 숫자에 영향을 줄까 봐 걱정이 됩니다. 공사가 주차장을 폐쇄해서 우리 가게에 손님이 방문하는 것을 어렵게 할 것입니다.

남: 당신 말이 옳아요. 우리 홈페이지에 광고를 올립시다. 고객들에게 다른 주차장이 있다는 것을 알려야 합니다.

여: 좋은 생각입니다. 저도 인터넷에 지도를 올리겠습니다. 그 지도가 사람들에게 가게와 가까운 지역의 주차장을 안내해 줄 것입니다.

VOCA plumb 배관 | block 막다, 방해하다 | notification 알림, 공고

Story Line 공사로 인해 가게의 손님 줄 것을 걱정하고 있다. online상에 정보를 update 할 것을 제안한다.

41 화자들이 무엇을 논하는가?

(A) 가게 개업
(B) 주차장 수리
(C) 거리 간판 설치
(D) 새로운 배수관 설치

EXP. [전체 추론 > 주제] 화자들이 말하고 있는 것을 묻고 있다. 주제를 간접적으로 묻는다.

42 여자가 걱정된다고 말하는 이유는?

(A) 공사 기간 중 주차장이 폐쇄될까 봐
(B) 가게에 오는 손님이 줄까 봐
(C) 쇼핑센터에 수도 공급이 중단될까 봐
(D) 발표가 손님들에게 배부될까 봐

EXP. [개별 사실 > why > 이유] 여자가 걱정한다고 말한 이유를 묻고 있다.

43 남자는 무엇을 제안하는가?

(A) 임대 계약을 갱신할 것
(B) 가게 주인들에게 일정표를 알릴 것
(C) 지도를 다운로드할 것
(D) 인터넷으로 정보를 알려줄 것

EXP. [개별 사실 > what] 남자가 무엇을 제안했는지 묻고 있다.

Test 01

Test 02

Test 03

Answer 01

Answer 02

Answer 03

44-46

W: Good morning. A week ago, ⁴⁴ I registered for the bike race and I got my registration packet in the mail this morning. I know my number – the one that I will be attaching to my shirt, but ⁴⁵ I can't find it on the registration list. Shouldn't it be included?

M: Of course. It should have been included on the list. Can you give me your name so I can look you up in the system?

W: Yes, it is Kimberly.

M: We found your number. I'll make sure the correct list will be waiting for you in the information booth. When you arrive at the bike race on Sunday, ⁴⁶ just visit the booth and show them your ID card to pick up your participant number.

여: 안녕하세요. 1주일 전에 자전거 경주 대회에 등록했고, 오늘 아침에 우편으로 등록 패킷을 받았습니다. 제가 티셔츠에 부착할 번호는 아는데, 등록자 명단에서 제 번호가 없습니다. 제가 포함되어 있습니까?

남: 물론입니다. 등록 명단에 있으셔야 합니다. 제게 이름을 알려 주시면 제가 시스템에서 찾아보겠습니다.

여: 예, Kimberly입니다.

남: 제가 귀하의 등록 번호를 찾았습니다. 제가 안내 창구에 정확한 목록이 준비되어 있는지 확인하겠습니다. 일요일에 자전거 경주 대회장에 도착하시면 안내 창구에 들러셔서 귀하의 신분증만 보여주시고 참가 번호를 가져가시면 됩니다.

VOCA register for 등록하다, 접수하다 | attach 첨부하다, 부착하다 | correct 바른, 정확한 | participant 참가자, 참석자

Story Line 자전거 대회를 문의하는 전화. 등록을 확인하고, 대회 당일 접수처로 신분증을 가지고 오길 부탁한다.

44 화자들이 논의하고 있는 것은 무엇인가?

(A) 등록 과정
(B) 첨부 파일
(C) 이메일 번호
(D) 자전거 경주 대회

EXP. [전체 추론 > 주제] 화자들이 논하고 있는 것을 묻고 있다. 주제를 간접적으로 묻는 것이다.

45 전화를 한 목적은 무엇인가?

(A) 참가 번호를 등록하기 위해서
(B) 시로부터 티셔츠를 얻기 위해
(C) 그녀의 이름이 등록자 명단에 포함되어 있는지 여부를 확인하기 위해
(D) 우편 시스템을 이해하기 위해

EXP. [개별 사실 > what] 전화를 건 목적을 묻고 있다.

46 남자는 여자에게 안내 창구로 무엇을 가져갈 것을 요구하는가?

(A) 그녀의 참가 목록
(B) 그녀의 등록 날짜
(C) 그녀의 신분증
(D) 그녀의 휴대전화 번호

EXP. [개별 사실 > what] 남자가 여자에게 접수처를 가져오라고 부탁한 것이 무엇인지 묻고 있다.

47-49

M: ⁴⁷ Marcel, your resume shows you are an ideal applicant for the head manager of our company. Can you tell us more about your previous career?

W: Of course. At my previous company, ⁴⁸ I provided general customer service to many businesses in the maintenance field. One of our clients was the biggest leasing firm in town. I was in charge of keeping and fixing the building for our customers.

M: That sounds good. I see that you have included one of our partners as a reference.

W: Yes, his name is Elias Railey. In fact, ⁴⁹ he became the successor of my former position at my last company.

남: Marcel 씨 귀하의 이력서는 우리 회사 수석 관리자로서 아주 적합한 사람임을 보여줍니다. 당신의 이전 경력에 대해서 좀 더 말해주겠습니까?

여: 물론입니다. 이전 회사에서 저는 관리 직종에 있는 많은 사업장에 일반 고객 서비스를 제공하였습니다. 제 고객 중 하나는 시내에서 가장 큰 임대 회사였습니다. 저는 우리 고객들을 위해서 건물 유지와 보수를 담당했습니다.

남: 아주 좋습니다. 당신의 추천서에 우리 회사 파트너 중 한 사람도 포함된 것으로 알고 있습니다.

여: 예, 그의 성함은 Elias Railey입니다. 사실 그는 제가 이전에 일했던 직장의 후임자가 되었습니다.

VOCA resume 이력서 | ideal 이상적인, 가장 좋은 | applicant 지원자, 응시자 | maintenance 유지, 보존 | mend 고치다, 수리하다 | reference 참고, 언급 | successor 후임자, 후계자

Story Line 구직자가 면접하는 내용의 대화. 전 직장에서의 업무와 전 직장에서 알게 된 동료를 언급하고 있다.

47 여자는 어떤 일자리를 얻기 위한 인터뷰를 하고 있는가?

(A) 소비자 센터 책임자
(B) 건축가
(C) 경력 회계사
(D) 수석 관리자

EXP. [개별 사실 > what] 여자가 어떤 직업으로 면접을 하고 있는지를 묻고 있다.

48 여자에 따르면, 그녀의 이전 직장에서의 무엇을 담당했는가?

(A) 그녀는 세입자들에 관련된 정보를 제공했다.
(B) 그녀는 건물을 유지하고 보수했다.
(C) 그녀는 임대 회사를 관리했다.
(D) 그녀는 가장 큰 회계 회사의 사장이었다.

EXP. [개별 사실 > what] 여자가 전 직장에서의 업무가 무엇인지 묻고 있다.

49 여자는 어떻게 Elias Railey를 아는가?

(A) 그녀는 파트너로 Elias Railey와 일했다.
(B) 그녀와 Elias Railey를 임대 회사에서 만났다.
(C) 그녀는 교수님에게 Elias Railey를 소개했다.
(D) 그녀는 Elias Railey의 전임자였다.

EXP. [개별 사실 > how > 방법] 여자가 Elias Railey를 어떻게 아는지를 묻고 있다.

241

W: Hello, this is Jean Brigman in room 2176. I wanted to take a shower this morning, but the pipes are clogged. ⁵⁰ The water is not draining.

M: I am very sorry to hear that, Ms. Brigman. I'll send up a repairman to your room right away.

W: My family is meeting friends in town soon, so I'm afraid ⁵¹ it won't be fixed quickly enough.

M: I see. ⁵¹ In that case, ⁵² why don't I move you to a new room? The room next to yours is available. I'll bring a room key up to you immediately.

W: ⁵² Yes, we will get ready and wait.

여: 안녕하세요. 2176호실의 Jean Brigman입니다. 제가 오늘 아침에 샤워하려고 했는데 배수관이 고장입니다. 물이 안 내려갑니다.

남: Brigman 씨, 정말 미안합니다. 제가 그 방으로 바로 수리 기사를 보내겠습니다.

여: 제 가족이 잠시 후에 시내에서 모임이 있어서 그 시간 안에 빨리 수리할 수 있을 것 같지 않을까까 걱정입니다.

남: 알겠습니다. 그런 경우에, 제가 새로운 방으로 바꿔드리면 어떨까요? 바로 옆 방이 이용 가능합니다. 제가 즉시 그 객실 열쇠를 가져다 드리겠습니다.

여: 예, 준비하고 기다리겠습니다.

VOCA clog 막히다 | drain 배수되다, (물이) 빠지다 | immediately 즉시, 바로

Story Line 호텔에서 물이 빠지지 않아 다른 방을 이용하려 한다.

50 여자는 어떤 문제를 보고하는가?

(A) 배수관이 새고 있다.
(B) 객실 전등이 켜지지 않는다.
(C) 샤워 배수가 안 된다.
(D) 물이 넘쳐흐른다.

EXP. [개별 사실 > what] 여자가 보고한 문제가 무엇인지 묻고 있다.

51 남자가 말하는 "그런 경우에"가 의미하는 것은 무엇인가?

(A) 만약 당신이 수리되는 것을 기다릴 시간이 없다면
(B) 만약 당신이 친구를 만난다면
(C) 만약 우리가 당신의 방으로 수리기사를 보낸다면
(D) 만약 우리가 당신의 문제를 듣는다면

EXP. [Intention] 남자가 "그런 경우에"라고 말한 의미를 묻고 있다. "In that case"는 앞의 내용을 받는 조건 의미의 부사구이다. 문맥상 "it won't be fixed quickly enough"를 받는다.

52 여자는 다음에 무엇을 할 것 같은가?

(A) 다른 방으로 이동한다.
(B) 호텔에서 체크아웃한다.
(C) 수리 기사를 만난다.
(D) 환불을 받는다.

EXP. [개별 추론 > what] 여자가 다음에 무엇을 할지 묻고 있다. 남자가 제안한 것을 긍정했다.

M: Hello, Ms. Sydney Fairman. This is Lorenzo Hollaway from Pink Dolphin Outdoors. We are supposed to meet today at 10:00, but something urgent has just come up. ⁵³ Could we possibly meet at 12:00 instead?

W: I wish I could. ⁵⁴ How about the day after tomorrow?

M: Let me check my schedule. That should work for me, too. So, want to meet around 10:00 or 10:30?

W: Let's make it 10:30. ⁵⁵ I'll call and make a reservation at that cafe we went to last time.

M: Thank you very much. I'll see you then.

남: Sydney Fairman 씨 안녕하세요. 저는 Pink Dolphin Outdoors의 Lorenzo Hollaway입니다. 우리가 오늘 오전 10시에 만나기로 했는데 급한 용무가 생겼습니다. 대신에 12시에 만나는 것이 가능할까요?

여: 저도 그러고 싶은데. 내일모레 만나는 것은 어떻습니까?

남: 제 일정표를 확인해 보겠습니다. 내일모레 괜찮습니다. 10시나 10시 30분에 만날까요?

여: 10시 30분에 만납시다. 제가 지난번 갔던 카페에 전화해서 예약해 놓겠습니다.

남: 대단히 고맙습니다. 그때 만납시다.

VOCA urgent 긴급한, 위급한 | instead 대신에

Story Line 약속을 변경하기 위한 내용의 대화.

53 남자가 전화한 이유는?

(A) 그의 고객으로부터 의견을 듣기 위해서
(B) 약속을 다시 정하기 위해서
(C) 클럽에 가입하기 위해서
(D) 주물을 받기 위해서

EXP. [개별 사실 > why > 이유] 남자가 전화를 건 이유를 묻고 있다.

54 여자가 "저도 그러고 싶은데"라고 말했을 때 의미하는 것은 무엇인가?

(A) 그녀는 지금 일정을 확인할 수 없다.
(B) 그녀는 다음 약속을 취소하기를 바란다.
(C) 그녀는 그가 그녀의 사무실로 오길 원한다.
(D) 그녀는 12시에 그를 만날 수 없다.

EXP. [Intention] 여자가 "저도 그러고 싶은데"라고 말한 의미를 묻고 있다. "I wish I could"는 내용 상 could 이하의 것을 할 수 없어 아쉬움을 나타내는 표현이다. 바로 앞의 문장 "Could ~ instead?"를 부정하는 표현이다.

55 그자는 다음에 무엇을 할 것 같은가?

(A) 카페에 전화할 것이다.
(B) 운전하러 갈 것이다.
(C) 약속을 연기할 것이다.
(D) Lorenzo Hollaway에게 서류를 보낼 것이다.

EXP. [개별 추론 > what] 여자가 다음에 무엇을 할지 묻고 있다.

56-58

W: [56] This report is filled with spelling errors. In addition, the summary I asked for has been left out, Mr. Thompson.

M1: Let me see. That isn't the newest version of the report. Chadwick, you revised it too, right?

M2: Yes, I revised the marks you made and added a fifth page with a summary.

W: [56] Then, print the current version right now so I can look it over. [57] I need it for the meeting with the client this morning.

M2: Ms. Dunbar, I am sure I printed the new version yesterday and placed it on your desk.

W: Let's see. I can't believe it. Here it is. [58] It was between the files. I'll read it through, and let you know if there are any need of corrections.

여: 이 보고서는 맞춤법이 엉망입니다. Thompson 씨 게다가 제가 요구한 요약이 빠져 있습니다.

남1: 어디 보자, 이것은 업데이트된 보고서가 아니네요. Chadwick 씨, 당신이 이것을 수정했습니까? 맞지요?

남2: 예, 당신이 표시한 곳을 수정했고 5페이지에 요약을 첨가했습니다.

여: 그럼 제가 지금 살펴볼 수 있도록 현재 버전을 지금 당장 출력해주세요. 제가 오늘 오전에 고객 미팅을 위해서 필요합니다.

남2: Dunbar 씨, 제가 확실히 어제 새로운 버전을 출력해서 당신의 책상 위에 올려놓았습니다.

여: 가만있자. 믿을 수가 없네요. 여기 있네요. 그 서류가 파일 사이에 있었습니다. 제가 지금 서류를 읽어 보고 혹시 수정할 곳이 있으면 알려드리겠습니다.

VOCA fill 채우다 │ revise 고치다, 수정하다 │ correction 수정

Story Line 사무실에서 문서에 대한 대화. 문서가 어디 있는지, 수정이 되었는지를 확인하고 있다.

---

56 여자는 Thompson 씨에게 무엇하기를 요청했는가?

(A) 그녀의 컴퓨터를 수리할 것을
(B) 그의 서류를 수집할 것을
(C) 그의 문서를 수정할 것을
(D) Chadwick 씨와 함께 일할 것을

> **EXP.** [개별 사실 > what] 여자가 Mr. Thompson에게 하도록 요청한 것을 묻고 있다.

---

57 여자에 따르면, 오늘 오전에 무슨 일이 있을 예정인가?

(A) Dunbar 씨가 고객을 만날 것이다.
(B) Thompson 씨가 문서를 수정할 것이다.
(C) Chadwick 씨가 회의에 참석할 것이다.
(D) Dunbar 씨가 Thompson 씨의 서류를 읽을 것이다.

> **EXP.** [개별 추론 > what] 여자에 따르면, 오늘 아침 어떤 일이 일어날까를 묻고 있다.

---

58 Thompson 씨의 수정된 보고서는 어디에 있는가?

(A) Thompson 씨의 책상 위에
(B) Chadwick의 파일 보관함에
(C) 다른 사무실에
(D) Dunbar 씨 파일 사이에

> **EXP.** [개별 사실 > where > 장소] Mr. Thompson의 가장 최근 보고서가 어디 있는지를 묻고 있다.

59-61

W: How is everything going, Mr. Eugene?

M1: So far, [59] we've received much more donations than expected. [60] Actually, much more than we have ever received.

W: That's really good to hear.

M2: [60] I can check that we've already exceeded the goal for this year as well as the goals of all the previous years combined.

W: Impressive. What is causing this increase in donations?

M1: [61] We've done a lot more requests for donations online this year including social media, instead of by phone.

W: Wow, you've made the most out of technology.

M2: We're trying. And we've still got two more days left of the event.

여: Eugene 씨, 일이 어떻게 진행되고 있습니까?

남1: 현재까지 예상했던 것보다 훨씬 더 많은 기부금을 받았습니다. 사실 우리가 받았던 기존의 기부액보다 훨씬 더 많습니다.

여: 정말 좋은 소식입니다.

남2: 올해 목표한 금액을 이미 초과했고 전년도 모든 금액을 합친 액수도 초과했음을 확인할 수 있습니다.

여: 놀랍습니다. 기부액의 증가하게 된 이유는 무엇입니까?

남1: 올해 우리가 전화보다는 소셜 미디어를 포함한 온라인 기부를 많이 요청했습니다.

여: 대단합니다. 당신은 기술로 이 모든 것을 이루었군요.

남2: 우리는 계속 시도 중이지요. 아직 행사가 끝나려면 두 달 더 남았습니다.

VOCA donation 기부, 기증 │ combine 결합하다, 묶다 │ impressive 인상적인

Story Line 기부 행사에 대한 대회이다. 지난해보다 많은 기부가 있었으면 social media가 유용한 광고 매체였다.

---

59 화자들은 무엇을 논하는가?

(A) 모금 행사
(B) 판매 캠페인
(C) 홍보 전략
(D) 환불 정책

> **EXP.** [전체 추론 > 주제] 화자들이 논하고 있는 것을 묻고 있다. 간접적으로 주제를 묻는 질문이다.

---

60 남성들은 이 사업에 대해서 무엇을 암시하는가?

(A) 사업은 더 많은 기부를 받을 수 있다.
(B) 사업이 사업 비용을 절감했다.
(C) 사업이 더 많은 전화 통화에 의지한다.
(D) 사업이 기록을 세웠다.

> **EXP.** [개별 추론 > what] 남자 2명이 공통적으로 실행에 대한 무엇을 의미했는지 묻고 있다.

---

61 기금 행사를 위해서 가장 효과적인 매체는 무엇인가?

(A) 온라인
(B) 전화
(C) 광고 우편물
(D) 휴대전화

> **EXP.** [개별 사실 > what] 기증에 어떤 매체가 가장 유용한 지를 묻고 있다.

62-64

M: Hi, this is Floyd Woodruff. [62] I want to have the advertising leaflet printed. Can you tell me how long it will take? If possible, I'd like to pick it up today by 6 P.M. because I can't pick it up any other day this week.

W: [62] Of course, we can do it. However, there is an additional fee for a rush order.

M: Well. We don't have enough room in our budget to cover the extra cost. I also will have to take part in the conference tomorrow and this week is going to be an extremely busy week. I won't have time to make an order other than today.

W: If so, [63] it is good to use our 7 day service. If you order 7 days in advance, we will have the order delivered to your office at the end of this week. It is cheaper than the rush order.

M: Great. [64] I will send you the order form right now.

남: 안녕하세요, 저는 Floyd Woodruff입니다. 제가 광고 전단지 인쇄를 원합니다. 얼마나 오래 걸립니까? 만약 가능하다면 제가 주중에 다른 날에는 시간이 없기 때문에 오늘 오후 6시에 가져가길 원합니다.

여: 물론입니다. 우리가 할 수 있습니다. 하지만 급행 주문에는 추가 비용이 있습니다.

남: 글쎄요. 우리는 추가 비용을 감당할 수 있는 충분한 예산이 없습니다. 또한, 제가 내일 회의에 참석해야 하고, 이번 주는 정말 아주 바쁜 주간이에요. 제가 오늘 말고는 주문할 시간이 없습니다.

여: 만약 그러시다면, 7일 서비스를 사용하시는 것이 좋습니다. 당신이 7일 미리 주문해주시면 이번 주말에 당신의 사무실로 주문한 것을 배달해드릴 것입니다. 이것이 급행 주문보다는 저렴합니다.

남: 좋습니다. 제가 지금 당장 주문서를 보내겠습니다.

추가비용	
당일 처리 서비스	$200
익일 처리 서비스	$100
[63] 일주일 처리 서비스	$50
한 달 처리 서비스	$30

VOCA leaflet 전단지 | additional 추가의, 더하는 | extremely 극단적으로

Story Line 인쇄소에 비용을 문의하는 전화. 빠른 이용을 위한 추가 비용을 언급. 주문을 한다.

62 여자는 무슨 회사에서 일할 것 같은가?

(A) 광고 회사
(B) 운송 회사
(C) 인쇄소
(D) 호텔

EXP. [개별 추론 > what] 여자의 직장이 어디인지를 묻고 있다.

63 그래프를 보시오. 남자는 얼마를 지불할 것인가?

(A) $30
(B) $50
(C) $100
(D) $200

EXP. [Graphic > 개별 사실 > how much] 남자가 추가 비용을 얼마를 지불할지 묻고 있다.

64 남자는 다음에 무엇을 할 것인가?

(A) 그는 광고 회사에 전화할 것이다.
(B) 그는 다른 회사에 연락할 것이다.
(C) 그는 주문서를 이메일로 보낼 것이다.
(D) 그는 그의 서류를 끝마칠 것이다.

EXP. [개별 추론 > what] 남자가 다음에 무엇을 할지를 묻고 있다.

65-67

W: Mr. Milton, you will be performing last, won't you?

M: No, there's a mistake in the printed program. Gilbert's playing after me.

W: Why?

M: The first performer is Ms. Elder. [65] We won't be able to finish on time since she is playing two pieces.

W: [66] If you are to go before Gilbert plays, is it possible to end at 21:00?

M: Sure, it is. [67] I can perform the Beatles' song quickly. If so, Gilbert will have enough time to finish his piece.

여: Milton 씨, 당신이 마지막에 연주할 거지요, 그렇지요?

남: 아니오, 인쇄된 순서지가 잘못되었어요. Gilbert 씨가 제 다음입니다.

여: 왜요?

남: 첫 번째 연주자는 Elder이고요. 그녀가 두 곡을 연주해서 정해진 시간에 끝마치지 못할 것 같아요.

여: 만약에 당신이 Gilbert보다 먼저 연주하면 9시에 마치는 것이 가능합니까?

남: 물론입니다. 저는 Beatles의 노래를 빨리 연주할 수 있습니다. 그렇게 하면 Gilbert 씨가 그의 곡을 마칠 수 있는 충분한 시간을 갖게 될 겁니다.

프로그램

연주자	시간
Elder	19:00 ~ 19:30
Hartley	19:30 ~ 20:00
Gilbert	20:00 ~ 20:30
Milton	20:30 ~ 21:00

VOCA perform 실행하다, 공연하다 | quickly 빨리, 급하게

Story Line 공연의 순서에 대한 대화. 끝나는 시간을 맞추기 위해 인쇄된 프로그램에서 변경된 것이 있다.

65 그 프로그램이 변화된 이유는?

(A) Hartley가 두 곡을 연주하기 때문에
(B) Elder가 너무 오래 연주하기 때문에
(C) Milton이 그의 순서에 연주할 수 없기 때문에
(D) Hartley가 너무 늦게 시작하기 때문에

EXP. [개별 사실 > why > 이유] 프로그램이 변경된 이유를 묻고 있다.

66 그래프를 보시오. 누가 맨 마지막에 연주할 것인가?

(A) Elder
(B) Hartley
(C) Gilbert
(D) Milton

EXP. [Graphic > 개별 사실 > who] 마지막 공연을 누가 하는지를 묻고 있다.

67 Milton은 무엇을 공연할 것인가?

(A) 음악
(B) 춤
(C) 드라마
(D) 오페라

> EXP. [개별 추론 > what] Mr. Milton이 어떤 공연을 할지를 묻고 있다.

69 여자가 언급한 문제는 무엇인가?

(A) 그녀의 배송이 아직 도착하지 않았다.
(B) 그녀의 주문이 실행되지 않았다.
(C) 그녀의 모임이 취소되었다.
(D) 그녀의 약속이 이루어지지 않았다.

> EXP. [개별 사실 > what] 여자가 언급한 문제가 무엇인지를 묻고 있다.

70 그래프를 보시오. 그녀가 선택한 것에 얼마를 지불해야 할 것인가?

(A) 50달러
(B) 60달러
(C) 70달러
(D) 75달러

> EXP. [Graphic > 개별 사실 > how much] 여자가 선택한 것을 사기 위해 얼마를 지불해야 하는 지를 묻고 있다.

68-70

M: Hello, Ms. Wilmer. This is Judson Cranford from Brown Kid Apparel. **68** Have you read my e-mail?

W: Yes, but can you explain the situation further?

M: Well, I'm sorry to tell you this, but **69** we can't complete your order as requested.

W: That's what you told me in your e-mail. What exactly is the problem?

M: As you see in the list I sent you, No. ME633 has been discontinued and the stock of YO723 is very limited. Also, No, HI897 has not arrived yet. **70** I recommend you to choose SA249.

W: Yes, there is no alternative. We need a huge amount of children's clothes right now.

남: Wilmer 씨 안녕하세요. 저는 Brown Kid 의류의 Judson Cranford 입니다. 제 이메일을 읽어 보셨습니까?

여: 예, 당신이 그 상황에 대해서 좀 더 심도 있게 설명해주시겠습니까?

남: 글쎄요. 이렇게 말씀드려서 죄송합니다만, 제가 당신이 요청하신 주문대로 처리할 수가 없습니다.

여: 그것이 당신이 이메일에서 말한 것이고요. 정확히 문제가 무엇입니까?

남: 제가 보낸 목록에서 보시다시피, 일련번호 ME633은 생산이 중단되었고, YO723은 아주 제한된 수량을 가지고 있습니다. 또한 HI897은 아직 도착하지 않았습니다. 나는 당신이 SA249를 선택할 것을 추천합니다.

여: 예, 대안이 없군요. 우리는 당장 엄청난 양의 아동복이 필요합니다.

가격표

제품번호	개당 가격
ME633	$199.00
JR956	$55.00
YO723	$60.00
IT512	$65.00
HI897	$70.00
70 SA249	$75.00

VOCA apparel 옷, 의류

Story Line 의류 주문을 확인하는 대화. 여러 가지 이유로 주문한 대로 처리할 수 없어 추천을 하고 추천을 받아들인다.

68 Judson Cranford 씨가 Wilmer에게 보낸 것은 무엇인가?

(A) 재고 목록
(B) 재무 보고서
(C) 판매 계약서
(D) 이메일

> EXP. [개별 사실 > what] Mr. Judson Cranford가 Ms. Wilmer에게 무엇을 보냈는지를 묻고 있다.

PART 4

71-73

Good afternoon, everyone. Welcome to this month's medical fair. ⁷¹ My name is Kraig Adams, president of Richardson health association and the organizer of this fair. It's a great joy to see many dedicated hospital officials attempt to improve health care. ⁷² Dr. Woolley will speak about innovative ways to use technology in general hospitals. There are some announcements I will address before handing over the microphone to our main speaker. There will be post-fair workshops after the presentation. ⁷³ If you plan to stay in Austin for a few more days, I suggest you come to the workshop.

여러분, 안녕하세요. 이번 달 의료 박람회에 오신 것을 환영합니다. 저는 Richardson 건강 협회 의장이며 이 박람회의 주관자인 Kraig Adams입니다. 많은 헌신된 병원 관계자들의 건강 관리를 개선하려는 노력을 목격하는 것은 큰 기쁨입니다. Woolley 박사가 일반 병원에서 기술을 사용하는 혁신적인 방법에 대해 이야기할 것입니다. 담당 강사에게 마이크를 넘기기 전에 제가 언급해야 할 광고가 있습니다. 발제 후에 박람회 이후 워크숍이 있습니다. 만약 여러분들이 Austin 에 며칠 더 머무를 수 있다면 저는 여러분들이 워크숍에 오시길 제안합니다.

VOCA medical 의료의, 의학의 | association 협회, 연대, 유대, 제휴 | dedicate 헌신하다, 공헌하다 | innovative 혁신적인

Story Line 의료기기 박람회에서의 개회 연설. 어떤 의사가 의료 기술을 이용하는 법에 대해 연설하고, 연설 후 워크숍에 참석할 것을 권유하고 있다.

71 화자는 어떤 분야에서 일할 것 같은가?

(A) 스포츠 오락
(B) 박람회 장소 임대
(C) 건강 관리 산업
(D) 병원 설립

EXP. [개별 추론 > what] 화자의 직업을 묻고 있다.

72 Woolley박사가 그녀의 연설에서 무엇을 언급할 것인가?

(A) 의료 기술을 사용하는 방법
(B) 좋은 장소를 발견하는 방법
(C) 환자를 상담하는 방법
(D) 관람객들을 즐겁게 하는 방법

EXP. [개별 추론 > what] Dr. Woolley의 연설 주제를 묻고 있다.

73 청자들에게 발표 후에 머무를 것을 권장하는 이유는?

(A) 병원 관계자들에게 연락하기 위해
(B) Austin에 머무를 것을
(C) Woolley 박사에게 말하기 위해
(D) 그들이 워크숍에 갈 수 있도록

EXP. [개별 사실 > why > 이유] 발표 후 청자들이 머무르도록 요청받은 이유를 묻고 있다.

74-76

Hello. This is Nolan Kumar from the marketing department of Jury Tribune. Before we start today's meeting, ⁷⁴ I would like to say sorry for delaying our meeting till now. We were supposed to have this meeting last week, but we had a power outage that day. All the lights were out, so we had no choice but to reschedule. I'm glad that it was fixed quickly, so that our meeting could be held today. Anyways, we are interested in redesigning our newspaper to make it look more modern and simple. We'll print out some samples for possible designs. ⁷⁵ After today's meeting, we will hand them out so that we can receive feedback from attendees. Your opinions are important to us. ⁷⁶ To express our gratitude, the company will give each of you 50 Euros at the end of today's meeting to compensate for your time.

안녕하세요. 저는 Jury Tribune사의 광고 담당 Nolan Kumar입니다. 제가 오늘 모임을 시작하기에 앞서 모임이 지금까지 연기된 것을 죄송하다고 말하고 싶습니다. 우리는 지난주에 이 모임을 갖기로 했으나 그 날 정전이 있었습니다. 모든 전등이 소등되어서 모임을 재조정하는 것 말고는 다른 선택의 여지가 없었습니다. 저는 정전이 빨리 수리되어서 오늘 우리 모임을 할 수 있게 된 것을 기쁘게 생각합니다. 어쨌든, 우리는 우리의 신문을 좀 더 현대적이고 간결하게 보일 수 있도록 새롭게 디자인하려는데 관심이 있습니다. 오늘 모임 이후에, 참석자들의 의견을 들을 수 있도록 우리는 새로운 디자인을 나눠드릴 것입니다. 여러분의 의견이 우리에게 중요합니다. 감사의 표시로, 여러분의 시간에 보상하는 감사의 표시로 회사는 오늘 모임이 끝마칠 때에 각각의 사람들에게 50유로를 드릴 것입니다.

VOCA delay 연기하다, 미루다 | power outage 정전 | attendee 참석자, 참여자, 출석자 | express 표현하다, 나타내다 | gratitude 감사함, 고마워함 | compensate 보상하다

Story Line 회의가 취소되어 사과하고 있다. 피드백을 받기를 원하고, 피드백을 주면 금전적인 보상을 준다.

74 화자는 왜 사과하는가?

(A) 그가 회의를 연기했기 때문에
(B) 그가 오늘 홍보 책임자를 만났기 때문에
(C) 그가 다른 계획을 가졌기 때문에
(D) 그가 전등을 소등했기 때문에

EXP. [개별 사실 > why > 이유] 화자가 사과를 한 이유를 묻고 있다.

75 청자들은 무엇을 요청받는가?

(A) 그들의 감사를 표시하는 것
(B) 기금을 보상하는 것
(C) 참석자들의 요구를 충족하는 것
(D) 그 신문에 대한 솔직한 의견을 주는 것

EXP. [개별 사실 > what] 청자들이 하도록 요청받은 것을 묻고 있다.

76 오늘 청자들이 후에 무엇을 받을 것인가?

(A) 선물
(B) 입장권
(C) 보상
(D) 상품

EXP. [개별 추론 > what] 청자들이 받게 될 것이 무엇인지 묻고 있다.

77-79

I'm Hunter Stockman with local news. The residents of Fordham city brought the petition to town hall today. [77] The people of Fordham city are interested in some aspects of the bicycle program. People are able to rent a bicycle at a designated bike rack, and are able to return it to any other bike racks around the city. Large bike racks are being constructed near sidewalks and several busy streets through Fordham city. [78] There is a petition against the construction of these bike racks because many residents think it will get in peoples' way. [79] The mayor of Fordham city will address these concerns this evening at 5 o'clock at the residential meeting.

저는 지역 뉴스의 Hunter Stockman입니다. Fordham시 주민들이 오늘 시청으로 탄원서를 가져왔습니다. Fordham 시민들은 자전거 프로그램에 관심이 있습니다. 사람들은 할당된 자전거 보관대에서 자전거를 대여할 수 있고, 시내 주변에 다른 자전거 보관대에 반납할 수 있습니다. 대형 자전거 보관대가 Fordham 시내를 관통하는 몇몇 분주한 거리와 보도에 설치되고 있습니다. 탄원서는 이 자전거 보관대 설치에 반대하는 것입니다. 왜냐하면, 많은 주민들이 자전거 보관대가 보도를 침범한다고 생각하기 때문입니다. Fordham 시장은 오늘 저녁 5시에 주민 회의에서 이 관심사들에 대해 연설할 것입니다.

VOCA petition 진정, 청원, 탄원 | designate 지정하다, 지명하다 | address 말하다, 연설하다 | residential 거주민의, 주민의
Story Line 어느 도시의 자전거 대여 프로그램. 보도를 막는다. 시장이 회의 참석해 이에 대해 연설한다.

77 보고서의 주제는 무엇인가?

(A) 교통 신호
(B) 자전거 대여 프로그램
(C) 주택 정책
(D) 거리 건설

EXP. [전체 추론 > 주제] 주제를 묻고 있다.

78 몇몇 Fordham 주민들이 걱정하는 것은 무엇인가?

(A) 대형 자전거가 증가할 것이다.
(B) 사람들이 다른 도시로 이주할 것이다.
(C) 보도가 막힐 것이다.
(D) 차량이 잘 팔릴 것이다.

EXP. [개별 사실 > what] 걱정거리가 무엇인지 묻고 있다.

79 화자에 의하면, 오늘 시장은 무엇을 할 것인가?

(A) 거리를 건축한다.
(B) 그에게 주의를 기울이게 한다.
(C) 주소를 기록한다.
(D) 모임에 참석한다.

EXP. [개별 추론 > what] 시장이 오늘 저녁 무엇을 할지를 묻고 있다.

80-82

Hello, this is Patricia Elwood. [80] I'm calling you back to discuss the services included in the business cleaning package you suggested for my company. Triton agency guarantees the lowest pricing in town for cleaning offices. However, I got another local cleaning company's offer that includes much more cleaning services than Triton's. The price is also much more expensive. In fact, we don't need too many services. [81/82] So just like famous Boykins agency, [81] if your company will include services such as vacuuming, dusting, and interior window washing, [80] would you be able to match Triton's price? I prefer to make a contract with your company because your company has had excellent customers' feedback. Please contact me, if you want to discuss this offer. My number is 775-9210.

안녕하세요. 저는 Patricia Elwood입니다. 저는 당신이 우리 회사에 제안했던 사업장 청소 패키지를 포함한 서비스에 대해서 논의하려고 다시 전화를 드립니다. Triton사는 가장 저렴한 사무실 청소를 보장합니다. 그런데 저는 다른 지역 청소 회사로부터 Triton사 것보다 더 많은 청소 서비스를 포함한 제안을 받았습니다. 가격은 훨씬 더 비쌉니다. 사실 우리는 그렇게 많은 서비스가 필요 없습니다. 그래서 유명한 Boykins사답게, 당신의 회사가 진공청소, 먼지 털기, 실내 유리창 청소를 포함하여 Triton사의 가격을 맞추어 줄 수 있습니까? 저는 당신네 회사와 계약하기를 선호합니다. 왜냐하면, 당신의 회사가 가장 뛰어난 고객 평가를 받았기 때문입니다. 저의 제안에 대해서 상의하기 원하시면 저에게 연락 주십시오. 제 전화번호는 775-9210입니다.

VOCA guarantee 보증하다, 보장하다 | vacuum 진공청소기로 청소하다
Story Line 사무실 청소 회사가 가격을 협상하기 위해 전화를 하고 있다. 명성이 높은 어떤 대행사를 이용한다.

80 화자가 시도하고 있는 것은 무엇인가?

(A) 고객 평가를 논의하기 위해서
(B) 서비스의 품질을 보장하기 위해서
(C) 뛰어난 실내 유리창을 제안하기 위해서
(D) 가격을 협상하기 위해서

EXP. [개별 사실 > what] 화자가 하려고 하는 것이 무엇인지를 묻고 있다.

81 Boykins사가 제안하는 서비스는 무엇인가?

(A) 우편
(B) 피드백
(C) 예약
(D) 사무실 청소

EXP. [개별 사실 > what] Boykins가 어떤 서비스를 제공하는지를 묻고 있다.

82 왜 화자는 Boykins사를 고용하고 싶다고 말하는가?

(A) Boykins사가 오랜 역사를 가졌기 때문에
(B) Boykins사가 고객 평가가 뛰어나기 때문에
(C) Boykins사가 가격이 싸기 때문에
(D) Boykins사가 모든 서비스를 포함하기 때문에

EXP. [개별 사실 > why > 이유] 화자가 Boykins를 고용하고 싶은 이유를 묻고 있다.

[83] I know that you are looking for the most effective method to advertise your company. You should check out Good Voice Marketing. It is the No. 1 marketing company in Brisbane, but it serves customers from all over the world. [84] Our company's specialized and creative packaging design will contribute to your products' success. Our packaging designs surpass the other designs on the market. We guarantee that your sales will increase greatly. [85] If you want to see our portfolio or recent work, please visit www. goodvoicemarketing.au.co. Be a partner of Good Voice Marketing for your promised success.

저는 당신이 당신의 회사를 광고할 가장 효과적인 방법을 찾고 있다는 것을 압니다. 당신은 Good Voice Marketing사를 확인해보셔야 합니다. Good Voice Marketing가 Brisbane에서 최고의 회사이면서 전 세계의 고객들을 돕고 있습니다. 우리 회사의 전문화되고 창조적인 포장 디자인은 귀하의 제품 성공에 기여할 것입니다. 우리의 포장 디자인은 시장의 다른 디자인을 압도합니다. 우리는 여러분의 판매량이 엄청나게 증가할 것을 보장합니다. 여러분이 최근의 성과나 우리 회사의 포트폴리오를 보기를 원하신다면 홈페이지 www. goodvoicemarketing.au.co를 방문해 주십시오. 여러분의 보장된 성공을 위해서 Good Good Voice Marketing를 파트너로 삼으십시오.

VOCA effective 효율적인, 효력을 발생하는 | specialize 전문으로 하다, 특화하다 | contribute 공헌하다, 헌신하다 | surpass 압도하다, 능가하다

Story Line 상품 광고 비즈니스를 하는 회사의 광고. 포장 디자인에 특화되어 있다. 최근 작품을 보기 위해 회사의 웹사이트를 방문하길 권하고 있다.

83 어떤 형태의 사업이 광고되는가?

(A) 음성 편집
(B) 특별 주문 제작 로고
(C) 상품 광고
(D) 기업 정보 분석

EXP. [전체 추론 > 주제] 간접적으로 주제를 묻고 있다.

84 이 사업이 특화된 것은 무엇인가?

(A) 시각 파일의 인코딩
(B) 포장 디자인
(C) 고객 서비스
(D) 상품 포장

EXP. [개별 사실 > what] 회사가 무엇에 특화되어 있는지를 묻고 있다.

85 청자들은 이 회사의 홈페이지를 방문해야 하는 이유는?

(A) 최근의 성과나 포트폴리오를 보기 위해
(B) 시장 점유율을 보장하기 위해
(C) 최근의 경향을 확인하기 위해
(D) 판매 회의에 참여하기 위해

EXP. [개별 사실 > why > 이유] 청자들이 회사의 웹사이트를 방문해야 하는 이유를 묻고 있다.

Hello, ladies and gentlemen. [86] I inform you that you can't park at the front of the building when you come to work next week. [87] The parking lot has to be kept clear the whole day because a truck will come to unload new machines. I apologize for the trouble that this has caused, but the equipment will help all of us in the long run. [88] Again, the parking lot in front of the factory has to be kept clear the whole day to ensure the space for the new machines. Thank you for your cooperation.

신사 숙녀 여러분, 안녕하세요. 다음 주일에 여러분들이 오실 때 건물 정면에 주차하실 수 없음을 공지합니다. 주차장은 다음 주 내내 비어있어야 합니다. 왜냐하면, 트럭이 새 기계를 하차하러 오기 때문입니다. 이것이 야기할 문제에 대해서 사과드립니다. 하지만 장기적으로는 이 기계가 우리 모두를 도울 것입니다. 다시 한 번 말씀드립니다. 공장 정면에 있는 주차장은 새 기계를 위한 공간을 위해서 온종일 비어져 있어야 합니다. 여러분들의 협조에 감사드립니다.

VOCA unload (짐을) 내리다 | equipment 기구, 기계 | in the long run 결국, 마침내 | ensure 보증하다, 보장하다 | cooperation 협조, 협력

Story Line 공장 직원들에게로의 발표. 새 기계가 배달되어 지정된 주차장을 사용할 것을 부탁하고 있다.

86 발표는 누구를 위한 것인가?

(A) 방문자들
(B) 공장 직원들
(C) 배달원들
(D) 주차장 관리인들

EXP. [전체 추론 > who > 청자] 발표가 대상으로 하는 청자들이 누구인지 묻고 있다.

87 화자에 의하면, 다음 주에 무슨 일이 생기는가?

(A) 새 기계가 배달될 것이다.
(B) 주차장이 리모델링 공사가 있을 것이다.
(C) 사무실 건물이 폐쇄될 것이다.
(D) 기구들이 수리될 것이다.

EXP. [개별 추론 > what] 다음 주에 어떤 일이 일어날지 묻고 있다.

88 청자들은 무엇을 하도록 요청받는가?

(A) 기계를 깨끗이 관리하는 것
(B) 협조에 감사하는 것
(C) 박스를 내리는 것을 돕는 것
(D) 지정된 곳에 주차하는 것

EXP. [개별 사실 > what] 청자들이 하도록 요청받은 것이 무엇인지 묻고 있다.

89-91

We are so grateful to you all for attending this conference. During the conference, we will discuss next year's building project that's on Encinitas Street. It is especially important that we make a deal with our investor, George Investment for this project. [89] The investment firm asked us to lower the project's total cost by about twenty percent. [90] The plan of next year's building project is almost completed. There's just one problem. Usually, we don't cut down the budget during this time but George Investment is one of our biggest investors, which means that they have a power to shut down operation. This might cause many residents to lose their jobs in the future. [91] Please take some time to look at the documents regarding the budget change of the project.

이번 회의에 참석한 여러분 모두에게 깊은 감사를 드립니다. 회의 기간 동안, 우리는 내년도 Encinitas 가에 있는 건물 프로젝트에 대해서 논의할 것입니다. 우리는 이 프로젝트의 투자자인 Geoge Investment사와 거래하는 것이 특히 중요합니다. 투자 회사는 건축 비용을 20% 정도 줄여달라고 요청했습니다. 내년도 건물 프로젝트는 거의 완공되었습니다. 문제는 한 가지입니다. 대개 우리는 이 시점에 예산을 삭감하지 않습니다만 George Investment는 우리의 가장 큰 투자자이기 때문에, 즉 그들이 이 공사를 중지시킬 수 있는 힘이 있다는 것입니다. 공사의 중단은 장래에 많은 주민들이 일자리를 잃게 될지도 모릅니다. 이 프로젝트의 예산 변경에 대한 서류들을 검토하는 시간을 갖기 바랍니다.

VOCA　grateful 감사하는, 고마워하는　|　regarding ~ 에 관하여, ~ 에 대하여　|　investment 투자

Story Line　비용을 낮추려는 투자사의 요구를 받아들이기 위해 세부 사항을 면밀히 검토할 것을 부탁하고 있다.

89　화자는 George Investment에 대해 무슨 문제가 있다고 언급하는가?

(A) 회의 시간
(B) 참석자들의 인원수
(C) 건물 프로젝트의 위치
(D) George Investment사의 비용을 낮추려는 요구

EXP.　[개별 사실 > what] 화자가 George Investment에 대해 언급한 문제가 무엇인지 묻고 있다.

90　화자가 "문제는 한 가지입니다"라고 말한 이유는 무엇인가?

(A) 계획이 완료됐음을 알리기 위해
(B) 문제를 다시 언급하기 위해
(C) 다른 문제를 소개하기 위해
(D) George Investment의 요구를 받아들이기 위해

EXP.　[Intention] 화자가 "문제는 한 가지입니다"라고 말한 목적을 묻고 있다. 바로 앞의 문장 "The plan of next year's building project is almost completed"과 대조되고 있다.

91　청자들은 무엇을 할 것을 요청받는가?

(A) 그들의 미래 직업을 확정할 것을
(B) 그들의 직업을 위해서 그 기계를 작동할 것을
(C) 일의 세부 사항을 검토할 것을
(D) 프로젝트 형식을 완성할 것을

EXP.　[개별 사실 > what] 화자들이 하도록 요청받은 것이 무엇인지 묻고 있다.

92-94

[92] This Friday, June 25th, the Cordova High School Band will host a car wash fundraiser at the parking lot next to Target. The fundraiser will start from 9 am and end at 6 pm. Our band won a local championship this year so they will be going to the national band competition in Miami. [94] All profits from the car wash will be used for the travel costs for the national band competition. Why not help us? [93/94] Support your local students by bringing your dirty cars. In addition, while your car is washing, you can enjoy some snacks. Donations of snacks and sponges for cleaning cars are welcome. If you are interested in donating, please contact Tracy Lee at 234-5694.

이번 금요일 6월 25일에 Cordova 고등학교 밴드부는 Target 옆 주차장에서 세차 모금 행사를 주관합니다. 모금은 오전 9시에 시작해서 오후 6시에 마칠 것입니다. 우리 밴드부가 올해 지역 챔피언이 되었기 때문에 밴드부가 Miami에서 열리는 전국 밴드 경연 대회에 참가하게 되었습니다. 자동차 세차의 모든 수익금은 전국 대회 참가를 위한 비용으로 사용될 것입니다. 우리를 돕지 않을 이유가 있나요? 여러분들의 지저분한 차를 가져오는 것이 지역 고등학생들을 후원하실 수 있는 것입니다. 추가로 여러분의 차가 세차되는 동안, 여러분들은 스낵을 즐기실 수 있습니다. 스낵과 세차를 위한 스펀지 기부도 환영합니다. 만약에 기부하시는 것에 관심 있으신 분은 전화 234-5694 Tracy Lee 에게 연락 주십시오.

VOCA　fundraiser 기금 모금 (행사)　|　competition 경쟁, 시합　|　donation 기부, 기증

Story Line　학교의 밴드부가 전국 참가 비용을 마련하기 위해 세차 이벤트를 한다. 모두 도와주길 권하고 있다.

92　발표는 주로 무엇에 관한 것인가?

(A) Target 쇼핑센터
(B) Cordova 고등학교
(C) Miami 해변
(D) 모금 행사

EXP.　[전체 추론 > 주제] 주제를 묻고 있다.

93　청자들은 무엇을 하도록 요청받는가?

(A) 주차장 표지판을 청소하는 것
(B) 행사를 위해서 그들의 차를 가져올 것
(C) 소비자 모임을 주최하는 것
(D) Tracy에게 돈을 기부할 것

EXP.　[개별 사실 > what] 화자들이 하도록 요청받은 것이 무엇인지 묻고 있다.

94　여자가 말하는 "우리를 돕지 않을 이유가 있나요?"는 무엇을 의미하는가?

(A) 누구나 도울 수 있다.
(B) 그들은 우리를 도울 필요가 있다.
(C) 오직 너만이 이것을 할 수 있다.
(D) 그들이 그들 힘으로 그것을 해야 할지도 모른다.

EXP.　[Intention] 여자가 "우리를 돕지 않을 이유가 있나요?"라고 말한 의미를 묻고 있다. 바로 앞의 문장 "All profit from the car wash will be used for the travel costs for the national band competition."과 바로 뒤의 문장 "Support your local students by bringing your dirty cars."를 통해 "모든 사람이 도울 수 있다" 라는 의미임을 유추 가능하다.

95-97

I want to say thanks to you all for making it to the meeting this evening. ⁹⁵ Today, we want to honor the awesome donors of our local community. Local government officers, nonprofit organization leaders, and a special guest have come to honor our donors. Before we start tonight's event, ⁹⁶ I would like to ask you to turn off or silence your cellphones. We wouldn't want to have unpleasant noises interrupting this event, would we? As you know, we will have a reception after the main event, but ⁹⁷ the reception will start 30 minutes later than scheduled, due to the catering service company's unexpected delay. Thank you for understanding!

저는 오늘 저녁 모임을 만들 수 있도록 해주신 모든 여러분들에게 감사의 말씀을 드리길 원합니다. 오늘 우리의 지역 공동체를 위한 훌륭한 기부자들을 기리고자 합니다. 지방 관청 공무원들과 비영리 단체 지도자들과 그리고 특별 초대 손님이 기부자들을 기리고자 오셨습니다. 오늘 행사를 시작하기 전에 저는 여러분들의 휴대전화를 꺼주시거나 진동 모드로 해주시길 부탁드립니다. 우리는 행사에 끼어드는 불쾌한 소음을 갖고 싶지 않습니다. 그렇지요? 여러분들이 아시다시피, 메인 행사 후에 리셉션이 있을 예정입니다만 음식 조달 업자의 예상치 못한 지체로 리셉션이 예정보다 30분 늦게 시작될 예정입니다. 이해해 주셔서 감사드립니다.

일정	
시간	**프로그램**
6:00 P.M.	Keynote Speech
6:30 P.M.	Panel Discussion
7:00 P.M.	Closing Remarks
7:30 P.M.	Reception

VOCA awesome 경탄할만한, 어마어마한 | nonprofit 비영리의 | unpleasant 불쾌한, 기분 나쁜 | interrupt 방해하다, 훼방하다 | cater 출장 요리를 제공하다

Story Line 비영리 단체의 기부자들에게 대한 시상식. 휴대전화를 끌 것을 부탁하고, 출장 음식 서비스가 늦어져 환영회가 지연된다.

95 화자는 어디에서 이야기하고 있을 것인가?

(A) 자원봉사자 모임에서
(B) 저녁 음악 축제에서
(C) 시상식에서
(D) 휴대전화 시연회에서

EXP. [개별 추론 > where > 장소] 화자가 있을 것 같은 장소를 묻고 있다.

96 청자들은 무엇을 하도록 요청받는가?

(A) 회사 환영회에 음식을 제공할 것을
(B) 그들의 휴대전화를 끄거나 진동 모드로 바꿀 것을
(C) 저녁 계획을 재조정할 것을
(D) 지방 관청 공무원들에게 감사할 것을

EXP. [개별 사실 > what] 청자들이 하도록 요청받은 것이 무엇인지 묻고 있다.

97 그래프를 보시오. 환영회는 언제 시작 예정인가?

(A) 대략 오후 6시 30분
(B) 대략 오후 7시
(C) 대략 오후 7시 30분
(D) 대략 오후 8시

EXP. [Graphic > 개별 추론 > when > 시간] 환영회 시작 시간을 묻고 있다.

98-100

Hello. My name is Harrison Claycomb, and welcome to Weekly Business News. **98** The Texas Printing Company and Eleanor Printer have recently confirmed that they will reach a partnership by the end of the year. T & E will be their new brand name. In terms of market share, Texas Printing Company and Eleanor Printer are ranked second and third respectively as of now. **99 / 100** The main reason why the two companies came together was to rival against Paper Dragon Printer, **99** currently the largest domestic printing company and the top ranked in market share. Also, this strong alliance will definitely help the two companies noticeably reduce their costs by closing down extra, unneeded factories in overlapping areas.

안녕하세요. 제 이름은 Harrison Claycomb이며 Weekly Business News에 오신 것을 환영합니다. Texas Printing사와 Eleanor Printer사는 그들이 올 연말에 합병할 것이라는 것을 최근에 확정하였습니다. T & E가 그들의 새로운 상표가 될 것입니다. 시장 점유율을 볼 때, 현재 Texas Printing사와 Eleanor Printer사는 각각 2위와 3위를 차지하고 있습니다. 두 회사가 합병하게 된 주요 원인은 현재 시장 점유율 1위이며 국내에서 가장 큰 인쇄 회사인 Paper Dragon Printer사에 대항하기 위해서였습니다. 또한, 이러한 강력한 합병은 확실하게 두 회사의 사업이 겹치는 필요치 않은 여분의 공장을 폐쇄함으로 비용을 상당히 줄이는 데 이바지할 것입니다.

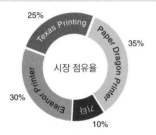

VOCA confirm 확인하다 | rank (순위에) 오르다, (순위를) 차지하다
| respectively 개별적으로, 각각 | alliance 연합, 동맹 |
noticeably 주목할만하게 | overlap 겹치다, 중복하다
Story Line 업계 2위, 3위인 회사가 경쟁을 극복하기 위해 합병.

---

98 보도의 목적은 무엇인가?

(A) 두 대형 회사의 합병
(B) Weekly Business News의 발행
(C) Eleanor Printer사의 시작
(D) Paper Dragon Printer사의 폐쇄 비용

EXP. [전체 추론 > 목적] 간접적으로 주제를 묻고 있다.

---

99 그래프를 보시오. 내년 초의 Paper Dragon Printer사의 순위는 어떻게 될 것인가?

(A) 1위
(B) 2위
(C) 3위
(D) 4위

EXP. [Graphic > 개별 추론 > what] 내년 초에 **Paper Dragon Printer** 은 어떻게 될지를 묻고 있다.

---

100 보도에 따르면, T & E사가 형성된 이유는?

(A) 시장 경쟁에서 이기려고
(B) Paper Dragon Printer사의 업무를 감소시키려고
(C) 시장 점유율을 높이기 위해
(D) 국내 인쇄 시장에 집중하기 위해

EXP. [개별 추론 > why > 이유] T & E가 형성된 이유를 묻고 있다.

101 The new security system enables us to protect our facilities as *efficiently* as possible.

새 보안 시스템은 우리의 설비를 최대한 효율적으로 보호하는 것을 가능하게 한다.

> **EXP.** [문법 > 품사 > 부사 > 수식어] 품사의 구별을 묻는 문법 문제이다. "as ~ as"는 원급 비교 표현으로 형용사 또는 부사가 위치할 수 있다. protect가 3형식 동사이므로 부사가 적절하다.
> (A) 형용사 - 효과적인
> *(B) 부사 – 효과적으로*
> (C) 명사 - 효율
> (D) 형용사 > 최상급 - 가장 효과적인
>
> **TIP!** "efficiently"가 문법 문제로 또는 어휘 문제로 출제될 수 있다. "부사"임을, 의미가 "효과적으로"임을 기억하자.

102 Mr. Corner Thompson was entertaining, funny, *engaging* and passionate, even if not a gentleman.

비록 그가 신사는 아닐지라도, Corner Thompson 씨는 재미있고, 쾌활하며 매력적이며 정열적이다.

> **EXP.** [문법 > 동사의 형태] 동사의 형태를 묻는 문법 문제이다. 대등접속사 and에 의해 주어 보어로 형용사 4개가 연결된다. 주어가 사람이므로 능동적인 의미인 현재분사가 적절하다.
> (A) 동사 > 원형 - 관여하다
> (B) 동사 > -(e)형 - 바쁜
> *(C) 동사 〉 –ing형 – 매력 있는*
> (D) 동사 > -(e)s형
>
> **TIP!** "engaging" 자체가 출제될 수 있다.

103 Modern design, which is much more sympathetic to the surroundings, lends *itself* to the renovation of the countryside.

주변 환경에 더욱더 호의적인 현대 디자인은 시골의 재단장을 위해 전력을 다한다.

> **EXP.** [문법 > 대명사 > 인칭대명사 > 격] 인칭대명사 격의 구별을 묻는 문법 문제이다. 목적어로 목적격을 사용하나, 예외적으로 주어와 일치하면 재귀대명사를 사용한다. 주어가 "Modern design"으로 "3인칭 > 단수 > 중성"이다. 재귀대명사가 적절하다.
> (A) 대명사 > 인칭대명사 > 3인칭 > 단수 > 중성 > 주격 / 목적격 - 그것
> (B) 대명사 > 인칭대명사 > 3인칭 > 단수 > 중성 > 소유격 - 그것의
> *(C) 대명사 〉 인칭대명사 〉 3인칭 〉 단수 〉 중성 〉 재귀대명사 – 그것 스스로*
> (D) 대명사 > 인칭대명사 > 3인칭 > 복수 > 목적격 - 그들을, 그들에게
>
> **TIP!** "lend itself to" 자체가 출제될 수 있다.

104 If you have recently *placed* an order with us, but you have not yet received it, you must first check with us to see whether or not it has been sent.

만약 당신이 최근에 우리에게 주문했는데 아직 물건을 받지 못한 경우, 당신은 물건이 언제 발송되었는지 알아보기 위하여 우리에게 먼저 확인해야 한다.

> **EXP.** [어휘 > 동사] 동사 어휘 문제이다. 목적어로 "order"를 취할 수 있는 3형식 동사를 묻고 있다. "place an order"가 적절하다. "주문을 하다"의 의미이다.
> (A) 받다, 잡다, 쥐다, 떠맡다
> (B) 가지다, 소유하다
> (C) (소송을) 제기하다.
> *(D) 놓다, 두다, 신청하다*
>
> **TIP!** "placed an order" 자체가 출제될 수 있다.

105 Each year, Dupont Co. *donates* some money to the starving children around the world.

매년, Dupont 사는 전 세계에 굶주리고 있는 아이들에게 얼마간의 돈을 기부한다.

> **EXP.** [어휘 > 동사] 동사 어휘 문제이다. "A to B"의 구조를 가지며 의미가 알맞은 동사를 묻고 있다. "아이들에게 돈을 기부하다"의 의미가 적절하다.
> (A) 제공하다
> *(B) 기부하다*
> (C) 할당하다, 할애하다
> (D) 승진하다, 판매촉진 활동을 하다
>
> **TIP!** "donate A to B"의 구조를 기억하자.

106 IF NATURE is the name of our competitor, located in Australia, always has the advantage of *familiarity* with the cosmetic market.

호주에 위치한, 우리의 경쟁업체인 IF NATURE는 화장품 시장에서 항상 친숙한 장점을 가지고 있다.

> **EXP.** [어휘 > 명사] 명사 어휘 문제이다. 앞의 명사 "advantage"를 전치사 "of"와 결합해 형용사구로 수식하는 동시에 뒤의 전치사 "with"와 호응되어야 한다. "친숙한 장점"의 의미가 적절하다.
> (A) 초점, 집중
> (B) 준수, 지킴
> (C) 순응
> *(D) 친숙함*
>
> **TIP!** "familiarity with" 자체가 출제될 수 있다.

107 The salary of the permanent positions will rise but *that* of the temporary positions will be reduced.

영구직의 월급은 인상될 것이지만 임시직의 월급은 감소될 것입니다.

> **EXP.** [문법 > 대명사 > 지시대명사] 지시대명사를 묻는 문법 문제이다. 앞의 명사 "salary"를 지시하며, 뒤의 "of" 이하 형용사구의 수식을 받아야 한다. 단수이므로 "that"이 적절하다.
> *(A) 대명사 〉 지시대명사 〉 단수 - 저것*
> (B) 대명사 > 지시대명사 > 단수 - 이것
> (C) 대명사 > 인칭대명사 > 3인칭 > 단수 > 중성 > 주격 / 목적격 - 그것
> (D) 대명사 > 지시대명사 > 복수 - 저것들
>
> **TIP!** 앞의 명사를 받는 지시대명사로 단수일 때 사용하는 "that" 자체가 출제될 수 있다.

108 Your blunt words have broken their *confidence* in you, but warning them in advance will strengthen their trust.

너의 퉁명스러운 말이 당신에 대한 신뢰를 무너뜨렸지만, 그들에 대한 사전 경고는 그들의 자신감을 강화할 것이다.

> **EXP.** [품사 > 명사] 품사의 구별을 묻는 문법 문제이다. 목적어 자리이므로 명사가 적절하다.
> (A) 동사 - 신뢰하다
> *(B) 명사 - 자신감, 신뢰*
> (C) 형용사 - 확신하는, 자신 있는
> (D) 부사 - 확신 있게, 자신 있게
>
> **TIP!** "confidence"는 문법 문제로도, 어휘 문제로도 출제 가능하다.

109 My colleagues and I would like to sincerely express ***our*** appreciation for your frequent purchases.

나의 동료와 나는 당신의 잦은 구매에 대해서 진심으로 감사드립니다.

> ***EXP.*** [문법 > 대명사 > 지칭 구별] 대명사의 지칭 구별을 묻는 문법 문제이다. 나가 포함된 복수이므로 "1인칭 > 복수 > 소유격"이 적절하다.
> (A) 대명사 > 인칭대명사 > 1인칭 > 단수 > 소유격 - 나의
> *(B) 대명사 〉 인칭대명사 〉 1인칭 〉 복수 〉 소유격 - 우리들의*
> (C) 대명사 > 인칭대명사 > 2인칭 > 단수 / 복수 > 소유격 - 너의, 너희들의
> (D) 대명사 > 인칭대명사 > 3인칭 > 복수 > 소유격 - 그들의
>
> ***TIP!*** "our" 자체가 출제될 수 있다.

110 Negotiations to relocate the restaurant to the downtown area is underway, ***amid*** the difficulty caused by the lack of parking space.

주차 공간의 부족으로 야기된 어려움 가운데, 그 식당을 중심지로 이전하려는 협상이 진행 중입니다.

> ***EXP.*** [문법 > 전치사] 전치사의 구별을 묻는 문법 문제이다. "어려움 가운데"의 의미가 적절하다.
> *(A) 전치사 – 가운데*
> (B) 전치사 - (셋 이상) 사이에, ~ 간에
> (C) 전치사 - 가로질러서
> (D) 전치사 - (둘이서) 사이에, ~ 간에
>
> ***TIP!*** "amid the difficulty" 자체가 출제될 수 있다.

111 Mr. Eric Schmidt had brought special ***insight*** into Google's history and corporate's spirit before he recently retired.

Eric Schmidt 씨는 최근에 은퇴하기 전에, 그는 Google 역사와 회사의 정신에 특별한 통찰력을 가져왔습니다.

> ***EXP.*** [어휘 > 명사] 명사 어휘 문제이다. 문맥상 "bring insight into"로 "통찰력을 가져오다"의 의미가 적절하다.
> (A) 협동
> (B) 위임
> (C) 권리
> *(D) 통찰력*
>
> ***TIP!*** "bring insight into" 자체가 출제될 수 있다.

112 If you want to print out the required documents for the entire project, you should first enroll ***in*** this web-site.

만약 당신이 전체 프로젝트를 위해 필요한 모든 문서를 출력하기 원한다면 당신은 먼저 이 홈페이지에 등록하여야만 한다.

> ***EXP.*** [문법 > 전치사] 1형식 동사와 결합하는 전치사를 묻는 문법 문제이다. "enroll in"이 적절하다.
> (A) 전치사 - ~ 위하여
> (B) 전치사 - ~ 에서
> *(C) 전치사 – ~의 안에*
> (D) 전치사 - ~ 의 위에
>
> ***TIP!*** "enroll in" 자체가 출제될 수 있다.

113 The national bank's international payments network ***stretches*** to many countries around the world.

국내 은행의 국제 지불 네트워크는 세계 곳곳의 많은 나라로 이어져 있다.

> ***EXP.*** [어휘 > 동사] 동사 어휘 문제이다. 문맥상 "~로 이어져 있다"가 적절하다.
> (A) 초래하다
> (B) 발생하다
> *(C) 이어지다*
> (D) 수용하다
>
> ***TIP!*** "stretch"는 명사 또는 동사일 수 있다. 어휘 문제로 출제될 수 있다.

114 If you have a special meal ***request***, why not ask our friendly staff, and we will do our best to accommodate your needs.

만약 당신이 특별 식사 요청이 있다면, 우리 친절한 직원들에게 요구하십시오, 그러면 우리가 당신의 요구를 만족시키기 위해 최선을 다할 것입니다.

> ***EXP.*** [어휘 > 명사] 명사 어휘 문제이다. 주절의 명사 "needs"에 호응된다. 문맥상 "특별 식사 요청"의 의미가 적절하다.
> (A) 개념
> (B) 메뉴
> *(C) 요구 사항*
> (D) 생각
>
> ***TIP!*** "request"는 명사 또는 동사로 사용된다. 문법 또는 어휘 문제로 출제될 수 있다.

115 Since we ***at*** Pine Apply Ltd. guarantee the quality of our items, all of our merchandise is completely reliable.

Pine Apply사에서 일하는 우리가 우리 제품의 품질을 보증하기 때문에, 우리 제품의 모든 것들은 완벽하게 믿을 수 있다.

> ***EXP.*** [문법 > 전치사] 전치사의 어법을 묻는 문법 문제이다. 장소의 의미로 작은 장소와 결합하는 전치사 "at"이다.
> *(A) 전치사 - (0차원, 점, 작은 장소) ~ 에, ~ 에서*
> (B) 전치사 - (1차원 또는 2차원, 선 또는 면) ~ 에, ~에서, ~ 위에
> (C) 전치사 – (3차원, 공간 또는 입체, 큰 장소) ~ 에, ~ 에서
> (D) 전치사 - (방향) ~ 으로
>
> ***TIP!*** "at + 장소"를 기억하자

116 All small business owners should know what their rivals are doing before they establish ***themselves***.

모든 소규모 사업자들은 그들의 사업을 시작하기 전에 그들의 경쟁자들이 무엇을 하고 있는지 알아야 한다.

> ***EXP.*** [문법 > 대명사 > 지칭 일치] 재귀대명사를 이용하여 지칭의 일치를 묻는 문법 문제이다. 목적어는 주어와 일치할 때 재귀대명사를 사용한다. 주어가 "they"이므로 "themselves"가 적절하다.
> (A) 대명사 > 인칭대명사 > 3인칭 > 단수 > 여성 > 재귀대명사 - 그녀 자신
> (B) 대명사 > 인칭대명사 > 3인칭 > 단수 > 남성 > 재귀대명사 - 그 자신
> (C) 대명사 > 인칭대명사 > 3인칭 > 단수 > 중성 > 재귀대명사 - 그것 자신
> *(D) 대명사 〉 인칭대명사 〉 3인칭 〉 복수 〉 재귀대명사 – 그들 자신*
>
> ***TIP!*** "themselves" 자체가 출제될 수 있다.

117 **_Now that_** the vehicle was under the warranty, GM agreed to replace the defective part with a new one at no cost.

그 차량은 품질 보증 기간에 해당되기 때문에, GM사는 결함이 있는 부품을 무상으로 교체하는 데 동의했다.

> **EXP.** [문법 > 접속사 > 종속접속사 > 부사절 > 의미] 부사절을 유도하는 종속접속사의 의미 구별을 묻는 문법 문제이다. 부사절이 원인이고, 주절이 결과이자 사건이다. 원인/이유의 부사절을 유도하는 "now that"이 적절하다.
> (A) 전치사 + 명사 + 접속사 > 종속접속사 > 부사절 > 목적 - ~ 할 목적으로
> (B) 부사 + 접속사 > 종속접속사 > 부사절 > 목적 - ~ 하기 위해서
> (C) 부사 + 접속사 > 종속접속사 > 부사절 > 원인 / 이유 ~ 이기 때문에
> (D) 접속사 > 종속접속사 > 부사절 > 양보 - ~ 임에도 불구하고
> **TIP!** "now that"은 "부사+접속사"로 "원인/이유"의 부사절을 유도한다.

118 Beginning next month, drivers have to present at least two forms of their identification **_provided that_** they want to renew their outdated driver's licence.

다음 달부터 만일 운전자들이 유효 기간이 지난 운전 면허증을 갱신하길 원한다면 그들은 최소한 두 개의 신분증을 제출해야만 한다.

> **EXP.** [문법] 빈칸 뒤에 "주어 + 서술어"의 완전한 문장이다. 부사절이 되어야 한다. "provided"는 분사구문으로 부사구를 유도할 수 있다. 4형식 동사이므로 직접목적어로 "that"의 명사절을 취할 수 있다. 현상학적으로 조건의 부사절을 유도하는 "provided that"이 적절하다.
> (A) 접속사 > 양보 - ~ 임에 비하여
> (B) 과거분사 + 접속사 > 조건 - 만일 ~ 이라면
> (C) 부사 + 전치사 > 원인 / 이유 - ~ 때문에
> (D) 동사 > -ing형
> **TIP!** "provided that" 자체가 출제될 수 있다.

119 An e-mail will be automatically forwarded to you **_as soon as_** the item you ordered becomes available.

당신이 주문했던 상품이 이용 가능하자마자 곧바로 이메일이 당신에게 자동적으로 보내질 것이다.

> **EXP.** [문법 > 접속사 > 종속접속사 > 부사절 > 의미] 부사절을 유도하는 종속접속사의 의미 구별을 묻는 문법 문제이다. 부사절과 주절이 동시에 일어난 사건이다. 시간의 부사절로 동시 동작을 의미하는 "as soon as"가 적절하다.
> (A) 부사 + 부사 + 부사 > 접속사 > 종속접속사 > 부사절 > 시간 > 동시 - 하자마자
> (B) 접속사 > 종속접속사 > 부사절 > 시간 - ~ 할 때
> (C) 접속사 > 종속접속사 > 부사절 > 시간 / 양보 - ~동안 / ~반면에
> (D) 접속사 > 종속접속사 > 부사절 > 시간 - ~ 후에
> **TIP!** "as soon as" 자체가 출제될 수 있다.

120 Not long after I purchased a G3 phone in May 2015, the screen died, so I contacted LS mobile about receiving a **_replacement_**.

내가 G3 전화기를 2015년 5월에 구입한 지 얼마 안 된 후에, 전화기 화면이 고장 나서 나는 LS 휴대전화사에 교체품을 받는 것에 대해서 연락했다.

> **EXP.** [문법 > 품사] 품사의 구별을 묻는 문법 문제이다. 동명사도 동사이므로 타동사면 목적어가 필요하다. 명사가 적절하다.
> (A) 동사 > 원형
> (B) 동사 > -ing형
> (C) 동사 > -(e)d형
> (D) 명사
> **TIP!** "replacement" 자체가 출제될 수 있다.

121 Thunder Supply Co., known as a leading manufacturing company, may hire the **_interviewing_** candidates, most of whom majored marketing or related fields.

제조업의 선도적인 기업으로 알려진 Thunder Supply사는 거의 대부분이 광고 홍보나 그와 관련된 과목을 전공한, 면접하고 있는 지원자들을 채용할 것입니다.

> **EXP.** [문법 > 동사의 형태] 동사의 형태를 묻는 문법 문제이다. 명사가 뒤에 있다. 명사를 수식하는 것은 형용사도. 능동적인 의미의 현재분사가 적절하다.
> (A) 동사 > 원형
> (B) 동사 > -(e)s형
> (C) 동사 > -(e)d형
> (D) 동사 > -ing형
> **TIP!** "interviewing candidates" 자체가 출제될 수 있다.

122 Faculty members are expected to attend the annual seminar **_unless_** they obtain their dean's written permission to be absent.

교직원들은 결석을 위해 학장의 서면 허가를 획득하지 않는다면, 모든 교직원들은 연간 세미나에 당연히 참석해야만 한다.

> **EXP.** [문법 > 접속사 > 종속접속사 > 부사절 > 의미] 부사절을 유도하는 종속접속사의 의미 구별을 묻는 문법 문제이다. 문맥상 부사절이 부정의 조건이어야 한다. 부정의 조건 부사절을 유도하는 "unless"가 적절하다.
> (A) 접속사 > 종속접속사 > 부사절 > 조건 - 만약 ~ 라면
> (B) 접속사 > 종속접속사 > 부사절 > 조건 - 일단~하면
> (C) 접속사 > 종속접속사 > 부사절 > 조건 - ~ 하지 않는다면
> (D) 접속사 > 종속접속사 > 부사절 > 시간 / 원인 / 양태 - ~ 일 때, ~ 이기 때문에, ~ 과 마찬가지로
> **TIP!** "unless" 자체가 출제될 수 있다.

123 A recent inter-company's survey reports that **_nearly_** 50% of clients are dissatisfied with the quality of service they have in local shops.

최근의 회사 간 통계는 거의 50%의 고객들이 그들의 지역 상점의 서비스 품질에 대해서 불만족한다고 보고한다.

> **EXP.** [문법 > 개별 어법 > 부사] 부사의 개별 어법을 묻는 문법 문제이다. 숫자를 수식하는 알맞은 의미의 부사를 묻고 있다. "거의"의 의미로 숫자를 수식하는 "nearly"가 적절하다.
> (A) 거의
> (B) 더 많은
> (C) 적게
> (D) 보다 소수의
> **TIP!** "nearly" 자체가 출제될 수 있다.

124 Sales of the new products are expected to increase as summer **_season_** approaches.

신상품의 판매량은 여름이 다가오면서 늘어갈 것으로 예상된다.

> **EXP.** [어휘 > 명사] 명사 어휘 문제이다. summer와 결합하는 복합명사를 묻고 있다. 문맥상 "여름 시기"가 적절하다.
> (A) 휴가
> (B) 시기
> (C) 시간
> (D) 기간
> **TIP!** "summer season" 자체가 출제될 수 있다.

125 The most popular mobile game on the market features some *innovative* ideas, easy functioning and fancy visual effects.

시장에서 가장 인기 있는 모바일 게임은 혁신적인 생각과 쉬운 작동, 그리고 근사한 시각 효과를 특징으로 한다.

> **EXP.** [문법 > 품사 > 형용사 > 수식어] 품사의 구별을 묻는 문법 문제이다. 명사 앞이므로 명사를 수식하는 형용사가 적절하다.
> (A) 동사 - 혁신하다
> (B) 명사 - 혁신
> *(C) 형용사 – 혁신적인*
> (D) 부사 - 혁신적으로
>
> **TIP!** "innovative ideas" 자체가 출제될 수 있다.

126 Common people were not even allowed to own gold, but it may *have been owned* by a powerful person.

평민들에게는 금을 소유하는 것이 허락되지 않았으나 권력자는 금소유가 가능하였다.

> **EXP.** [문법 > 동사의 형태] 동사의 형태를 묻는 문법 문제이다. 조동사 "may" 다음에 과거에 일어난 사건을 의미해야 하므로 "have + 과거분사"가 결합되어야 한다. 또한, 목적어가 없으므로 수동태가 되어야 한다.
> (A) 동사 > 원형
> (B) be + -ing형 - 진행
> (C) have + -(e)d형 - 완료
> *(D) have been + -(e)d형 – 완료 〉 수동*
>
> **TIP!** "조동사 + have been owned" 자체가 출제될 수 있다.

127 Heavy pollution from fatal chemicals resulted in the disruption of the mating behavior of snakes, leading to an *extreme* decline in their population.

치명적인 화학 물질로 인한 심각한 오염은 뱀의 교미 행동을 붕괴하는 결과를 초래했고, 그들의 개체 수를 극단적으로 감소시키는 결과를 이끌었다.

> **EXP.** [어휘 > 형용사 > 수식어] 형용사 어휘 문제이다. 수식어로 "decline"을 수식한다. 문맥상 "극단적인 감소"의 의미가 적절하다.
>
> (A) 충분한
> (B) 재미있는
> *(C) 극단적인*
> (D) 흥미 있는
>
> **TIP!** "extreme" 자체가 출제될 수 있다.

128 It is very dangerous to operate the machine *without* a technician's assistance in such a construction site.

공사 현장에서 기술자의 도움이 없이 그 기계를 작동하는 것은 아주 위험한 것이다.

> **EXP.** [문법 > 전치사 > 의미] 전치사의 의미 구별을 묻는 문법 문제이다. 문맥상 "기술자의 도움이 없이"의 의미가 적절하다.
> *(A) ~없이*
> (B) ~통하여
> (C) ~을 포함하여
> (D) ~와 함께
>
> **TIP!** "without ~ assistance" 자체가 출제될 수 있다.

129 Even frequent flyers may have to pay *double* charges for flying during peak seasons.

우수 고객일지라도 성수기 비행을 위해서는 두 배의 요금을 지불해야만 할지도 모릅니다.

> **EXP.** [어휘 > 형용사] 형용사 어휘 문제이다. 문맥상 "두 배의 요금을 지불하다"의 의미가 적절하다.
> (A) 중복된
> (B) 평상시의
> (C) 단일의
> *(D) 2배의*
>
> **TIP!** "double"은 동사 / 형용사 / 부사로 사용됨을 기억하자.

130 Ms. Freemont, the chairperson of the planning committee, prefers that directors attend *either* the conference in July or the workshop in August.

기획 위원회의 위원장인 Freemont 씨는 관리자들이 7월의 회의나 8월의 워크숍 중 하나에 참석하는 것을 바란다.

> **EXP.** [문법 > 접속사 > 대등접속사 > 상관형] 대등접속사 상관형의 앞의 짝을 묻는 문법 문제이다. 뒤에 "or"가 있다. "either"가 적절하다. "whether"는 동사가 있을 때 사용한다.
> (A) ~이든 아니든
> *(B) (둘 중) 어느 하나의*
> (C) 어느 쪽
> (D) ~도 또한 ...아니다
>
> **TIP!** "either A or B" 자체가 출제될 수 있다.

PART 6

131-134

McMaster University is a first-class institution **_whose_** students from over many provinces in Canada boast their scholastic achievements. McMaster University **_depends_** more heavily on private contributions than on public money.

The proposed center was first suggested by students and faculty, who thought that the center should have a swimming pool and an exercise facility.

We hope to build the center in order to attract international students. To remain **_competitive_**, it is important that we avoid raising tuition to pay for the construction of the facility. **_The total funding amount needed is $8.6 million_**.

Donors' names will be inscribed on a marble tablet which will be set into the walls for the front entranceway of the center, and which will be uncovered at a public dedication ceremony.

McMaster 대학은 캐나다에 있는 많은 주에서 온 학생들이 그들의 학문적 성취를 자랑하는 최고의 대학입니다. McMaster 대학은 국가의 자금보다는 개인의 기부에 더 많이 의존합니다.

계획된 센터는 그 센터가 반드시 수영장과 운동시설을 갖추어야 한다고 생각하는 학생들과 교직원에 의해 처음 제안되었습니다.

우리는 유학생들을 유치하기 위해서 이 센터를 건립하기를 바랍니다. 경쟁력 있는 학교로 남기 위해 이 시설을 건축하기 위한 비용을 지불하기 위해 수업료를 인상하지 않는 것이 중요합니다. ¹³⁴ 총공사비는 860만 달러가 필요합니다.

기부자의 성명은 대리석판에 새겨서 그 센터의 입구 정면 벽면에 만들어질 것이고, 이것은 센터 헌정식 때에 공개될 것입니다.

VOCA institution (교육) 기관 | province 지역, 지방 | scholastic 학문적인 | inscribe 새기다

131
(A) 관계사 〉 관계대명사 〉 사물 〉 주격 / 목적격
(B) 관계사 〉 관계대명사 〉 사람 〉 주격
(C) 관계사 〉 관계내명사 〉 사람 〉 복석격
(D) 관계사 〉 관계대명사 〉 사람 / 사물 〉 소유격

EXP. [문법 〉 관계사 〉 관계대명사 〉 격] 관계대명사 격의 구별을 묻는 문법 문제이다. 서술어와 서술어를 연결하는 동시에 명사와 명사를 연결할 때는 관계대명사의 소유격을 사용한다.

TIP! 서술어와 서술어를 연결하는 동시에 명사와 명사를 연결할 때는 관계대명사의 소유격 "whose"를 사용한다. "whose"는 선행사를 구별하지 않는다. 즉, "whose"의 선행사는 사람 / 사물 모두 가능하다.

132
(A) 의존하다
(B) 집중하다
(C) 속하다
(D) 초래하다

EXP. [어휘 〉 동사] 동사 어휘 문제이다. "1형식 동사 + 전치사"로 전치사 "on"과 결합하는 1형식 동사가 적절하다. "more heavily"는 부사이다.

TIP! "depend on"의 의미를 기억하자. "믿다, 의존하다"

133
(A) 동사 – 경쟁하다
(B) 형용사 – 경쟁력을 지닌
(C) 부사 – 경쟁적으로
(D) 명사 – 경쟁

EXP. [문법 〉 품사] 품사의 구별을 묻는 문법 문제이다. 2형식 동사 뒤에 주격보어로 형용사가 적절하다.

TIP! "competitive"의 품사와 의미를 기억하자.

134
(A) 우리는 더 많은 학생들을 유치하기 위해 수업료를 인상해야만 한다.
(B) 총공사비는 860만 달러가 필요하다.
(C) 우리는 기부자의 성명이 새겨질 센터를 건립하기를 소망한다.
(D) 우리는 McMaster 대학이 학생들에게 장학금을 주어야 한다고 우리의 의사를 표현했다.

EXP. [문장 선택] 단락의 마지막 문장이다. 앞의 문장 내용의 다음 단계이어야 한다. 총공사비에 대한 언급이 적절하다.

TIP! 귀납적 논리 추론 빙식일 때 마지막 문장이 주제 문장이다.

135-138

How to Remove Clutter From a Hard Drive

It can be hard to find what you're looking for if your hard disk is full of unneeded files. Just like with your paper filing cabinet. Do ***yourself*** a favor sometime and weed out unnecessary stuff.

Applications and Documents

Steps:
» First) Open your document and applications folders.
» Second) Drag the icons for unneeded documents to the Recycle Bin
» Third) Back up documents you want to keep
» Fourth) Move ***these*** documents to the Recycle Bin after you've backed them up.
» Fifth) Empty your Recycle Bin after completing the above steps.
» Sixth) Remove ***unwanted*** application programs by using an installer program. In Windows, use the Add/Remove in control panel. On the Mac, many installer program include a Remove option.

Tips:
Application programs typically put files in your Windows or System folders in addition to what you see in the application folder itself; that's why uninstaller programs are helpful.
Text files don't take up much space on a disk.
Sound, graphics and especially video files take up much more.

하드 드라이브에서 잡동사니를 제거하는 법
만약 당신의 하드디스크가 필요 없는 파일로 가득 차 있다면 당신이 찾으려는 파일을 발견하는 것이 어려울 수도 있습니다. 마치 종이 파일이 가득 찬 캐비닛처럼 당신이 직접 편한 시간에 필요하지 않은 것을 추려내십시오.
애플리케이션과 문서들
단계들:
» 1단계) 문서와 애플리케이션 폴더를 여시오.
» 2단계) 필요하지 않은 문서들을 휴지통으로 아이콘을 드래그하시오.
» 3단계) 보관하고 싶은 문서를 백업하시오.
» 4단계) 문서들을 백업한 후에 이 문서들을 휴지통으로 옮기시오.
» 5단계) 위의 단계를 다 실행한 후에 휴지통을 비우시오.
» 6단계) 원하지 않는 애플리케이션 프로그램을 인스톨러 프로그램을 사용하여 지우시오. 윈도우에서는 제어판에 있는 추가/삭제 메뉴를 사용하시오. 맥 컴퓨터에서는 대다수의 인스톨러 프로그램이 삭제 기능을 포함합니다.
힌트:
애플리케이션 프로그램은 일반적으로 당신이 애플리케이션 폴더 그 자체에 보이는 것에 추가해서 당신의 윈도우나 시스템 폴더에 설치됩니다.; 이것이 바로 삭제 프로그램이 유용한 이유입니다.
[138] 텍스트 파일은 디스크의 많은 공간을 차지하지 않습니다. 음향, 그래픽, 그리고 특히 비디오 파일이 공간을 많이 차지합니다.

VOCA remove 제거하다, 없애다 | unneeded 불필요한 | empty 비우다 | typically 전형적으로

---

135 (A) 대명사 〉인칭대명사 〉1인칭 〉단수 〉재귀대명사 – 나 스스로
(B) 대명사 〉인칭대명사 〉1인칭 〉복수 〉재귀대명사 우리 스스로
(C) 대명사 〉인칭대명사 〉2인칭 〉단수 / 복수 〉재귀대명사 – 당신 스스로 / 당신들 스스로
(D) 대명사 〉인칭대명사 〉3인칭 〉복수 〉재귀대명사 – 그들 스스로

EXP. [문법 > 대명사 > 지칭 일치] 인칭대명사의 지칭 일치를 묻는 문법 문제이다. 목적어가 주어와 일치할 때 재귀대명사를 사용한다. 명령문의 주어는 일반 총칭 "you"가 생략된 것이다. 그러므로, "yourself"가 적절하다.

TIP! 목적어가 주어와 일치할 때 재귀대명사를 사용한다.

136 (A) 형용사 〉한정사 〉지시형용사 〉단수 〉가까운 것 – 이것
(B) 형용사 〉한정사 〉지시형용사 〉단수 〉먼 것 – 저것
(C) 형용사 〉한정사 〉지시형용사 〉복수 〉가까운 것 – 이것들
(D) 형용사 〉한정사 〉지시형용사 〉복수 〉먼 것 – 저것들

EXP. [문법 > 형용사 > 한정사 > 지시형용사] 명사를 수식하는 형용사인 한정사 중 지시형용사의 구별을 묻는 문법 문제이다. 복수를 수식하며, 가까운 것을 지칭하므로 "these"가 적절하다.

TIP! 지시대명사와 지시형용사로 쓰이는 "this/that/these/those"의 용법을 구별하여 기억하자.

137 (A) 구입된
(B) 복사된
(C) 허가받지 않은
(D) 원하지 않는, 불필요한

EXP. [어휘 > 동사] 과거분사로 명사를 수식하는 동사의 의미를 묻는 어휘 문제이다. 과거분사는 사물 명사를 수동적인 의미로 수식한다. 문맥상 "원하지 않는 애플리케이션 프로그램"의 의미가 적절하다.

TIP! "unwanted" 자체가 정답으로 출제될 수 있다.

138 *(A) 텍스트 파일은 디스크의 많은 공간을 차지하지 않는다.*
(B) 텍스트 파일은 메모리스틱에 많은 용량을 차지하지 않아야 한다.
(C) 텍스트 파일은 하드 디스크에 위치해 있어야 한다.
(D) 텍스트 파일은 안전한 사용을 위해 검사 되어야 한다.

EXP. [문장 선택] 단락의 첫 문장이다. 뒤의 문장과 대조적인 의미가 적절하다.

TIP! 연역적 논리 추론 방식일 때 단락의 첫 문장이 주제 문장이다.

139-142

CONSERVATION PROGRAM for ECO-HUMANE by National Zoo

The National Zoo plays an active role in conservation programs nationally and internationally. ECO-HUMANE, the conservation branch of the Zoo, works around the world to conserve animal species and the habitats in which they live. *For example*, over the past several years, the ECO-HUMANE program has supported conservationists in their efforts to maintain Surabaya Zoo, Jawa Timur, Indonesia.

In May, ECO-HUMANE staff went to Jawa Timur to conduct a conservation assessment. The findings of the trip led to the zoo to organize a humanitarian aid campaign to benefit those people living around Surabaya. Through December 31, we are collecting donations of clothing and equipment to send to the people of Surabaya and to conservation organizations *dedicated* to the care of Surabaya's wildlife. *For* more information or to donate cloths, tools, camping equipment or to make a cash donation, please call (031) 567-4708.

국립 동물원의 ECO-HUMANE 자연 보존 프로그램

139 국립 동물원은 국내외적인 자연 보존 프로그램에 있어서 활발한 활동을 한다. ECO-HUMANE은 이 동물원의 보존 부서로서 동물 종류와 그들이 살고 있는 서식지를 보존하기 위해서 전 세계에서 일하고 있다. 예를 들어, 지난 수년 동안 ECO-HUMANE 프로그램은 인도네시아 Jawa Timur에 있는 Surabaya 동물원을 유지하기 위한 그들의 노력으로 환경 보호론자들을 지원하였다. 5월에는 ECO-HUMANE 직원이 보존 평가를 실행하기 위해서 Jawa Timur를 방문했다. 이번 방문의 성과는 그 동물원이 Surabaya주변에 거주하는 사람들의 복리 후생을 위한 인도주의적 지원 캠페인을 개최하도록 이끌었다는 것입니다. 12월 31일까지 우리는 Surabaya에 있는 사람들과 Surabaya의 야생동물 보호에 헌신하는 보호 기관들에 보내기 위해서 의류와 장비 기증 물품을 모으고 있습니다. 더 많은 정보나 의류나, 도구, 캠핑장비 또는 성금을 기부하기 위해서는 (031) 567-4708로 전화 문의해 주시기 바랍니다.

VOCA conservation 보존, 유지 | habitat 서식지, 거주지 | maintain 유지하다, 보존하다 | assessment 측정, 접근

---

139 (A) 국립 동물원은 해외에 보존 프로그램을 발표하기 위해 중요한 역할을 한다.
(B) 국립 동물원은 동물들이 살고 있는 시식치와 동물 종류를 증가시키기 위해 일한다.
(C) 국립 동물원은 국내외적인 자연 보존 프로그램에 있어서 활발한 활동을 한다.
(D) 국립 동물원은 인도네시아 Jawa Timur에 있는 Surabaya 동물원을 확장시키기 위해서 환경 보호론자들을 지원한다.

> **EXP.** [문장 선택] 전체 지문의 첫 문장이다. 전체 지문의 내용 포괄하는 주제 문장이 적절하다.
>
> **TIP!** 전체 지문의 첫 문장은 전체 내용을 포괄하는 주제 문장이어야 한다.

140 (A) 첨가 – 추가로
(B) 일반화 – 일반적으로
(C) 전환 – 그런데
(D) 예시 – 예를 들면

> **EXP.** [어휘 > 접속부사(구)] "전치사 + 명사"의 접속 부사구의 의미를 묻는 어휘 문제이다. 앞의 문장이 큰 뜻이고, 뒤의 문장이 작은 뜻이다. 예시의 의미가 적절하다.
>
> **TIP!** "For example"은 문장과 문장을 연결하며, 앞의 문장은 대전제, 뒤의 문장은 그의 예시일 때 사용한다.

141 (A) 관계된
(B) 헌신된
(C) 악화된
(D) 전도된

> **EXP.** [어휘 > 동사] 동사는 과거분사가 되어 형용사로 사용된다. 형용사로 사용된 동사의 의미를 묻는 어휘 문제이다. 과거분사가 명사를 수동적인 의미로 후치 수식한다. "야생동식물 보호에 헌신된 보호 기관들"의 의미가 적절하다.
>
> **TIP!** "dedicated"의 의미를 기억하자.

142 (A) ~안에
(B) ~위에
(C) ~에 대하여
(D) ~를 위하여

> **EXP.** [문법 > 전치사] "전치사 + 명사"의 결합을 묻는 문법 문제이다. "information" 앞의 전치사를 묻고 있다.
>
> **TIP!** "for information on"을 기억하자

143-146

Welcome!

Thailand travels is a tour and trekking company based in Bangkok. We have been providing high quality tours and trekking for visitors to Bangkok since 2010. We specialize in organizing tours and treks for private groups, providing either standard or customized itineraries. Our standard itineraries take you to see and experience – temples, handicraft centers, elephant camps, traditional native villages, bamboo rafting, fantastic scenery and much more. Our customized itineraries will take you _**wherever**_ you would like to go in Bangkok.

If you book a tour or trek with us, you will travel in your own private air conditioned vehicle, with your own guide and driver. Our goal is to give service that provides people with more than the normal package tour. _**The tours are for private groups, so once reserved, departure and itinerary are guaranteed**_.

We make it possible for our clients to _**not only**_ enjoy their time with us but also learn more about Bangkok and its culture. We are continually looking for places to add to our itineraries that focus on different aspects of Thai culture. With our wide variety of programs _**available**_, there is something for everyone. Book your adventure today through our website

환영합니다.

Thailand travels는 방콕에 기반을 둔 투어 및 트레킹 여행사입니다. 우리는 2010년도부터 방콕에 오는 관광객들에게 고품격의 투어와 트레킹을 제공해왔습니다. 우리는 표준 일정 또는 맞춤 일정을 제공함으로 개별 그룹의 여행 코스와 도보 여행을 계획하는데 특화되어 있습니다. 우리의 표준 일정은 당신이 사원, 수공예품 센터, 코끼리 캠프, 대나무 리프팅, 멋진 경치 등 많은 것들을 보고 경험할 수 있도록 안내합니다. 우리의 맞춤 일정은 당신이 방콕에서 가기 원하는 곳 어디든지 안내해 드릴 것입니다.

만약 당신이 우리 여행사에 투어나 트레킹을 예약한다면, 당신은 에어컨디션이 장착된 개인 차량으로 담당 가이드와 운전기사와 함께 여행하게 될 것입니다. 우리의 목표는 일반 패키지여행보다 더 많은 서비스를 손님들에게 제공하는 것입니다. ¹⁴⁴ 여행은 개인 그룹을 위한 것이며 일단 예약이 되면 출발일과 일정이 보장됩니다.

우리는 우리의 고객들이 우리와 함께 시간을 즐길 뿐만 아니라 또한 방콕과 이곳의 문화에 대해서 배우는 것이 가능케 해드립니다. 우리는 태국의 문화의 다양한 측면에 집중할 수 있는 여정을 위해서 추가할 장소를 계속해서 물색하고 있습니다. 우리 회사에서 이용 가능한 다양하고 폭넓은 프로그램에는 모두를 위한 특별한 것이 있습니다. 여러분의 모험을 위해 온라인으로 오늘 온라인으로 예약하십시오.

VOCA specialize in 특화되다, 전문화하다 | itinerary (여행) 일정

---

143 (A) 무엇을 하든지
(B) 언제든지
(C) **어디든지**
(D) 하지만

EXP. [문법 > 관계사 > 관계부사 > 복합관계부사] 복합관계부사의 구별을 묻는 문법 문제이다. 빈칸 뒤에 완전한 문장이므로 부사가 필요하며, 의미 상 장소의 의미가 적절하다.

TIP! 복합관계사 "whatever/ whenever/ wherever/ however"의 문법적 기능의 차이를 기억하자.

144 (A) 그 투어는 패키지여행이라 일단 당신이 투어를 예약하면 취소는 불가하다.
(B) 당신이 투어를 예약하지 않으면 당신은 에어 컨디션이 장착된 버스가 주어지지 않을 것이다.
(C) **여행은 개인 그룹을 위한 것이며 일단 예약이 되면 출발일과 일정이 보장된다.**
(D) 장소는 방콕 문화의 다양한 측면에 집중될 것이다.

EXP. [문장 선택] 단락의 마지막 문장이다. 앞의 문장과 내용 상 순접으로 연결된다.

TIP! 연결어로 특별한 접속부사가 없는 경우, 앞 문장과 순접으로 연결된다.

145 (A) not A but B – A가 아니라 B (A 부정 B 강조)
(B) neither A nor B – A도 아니고 B도 아니고 (양자 부정)
(C) both A and B – A와 B 둘 다 (양자 긍정)
(D) **not only A but also B – A뿐만 아니라 B도 (첨가)**

EXP. [문법 > 접속사 > 대등접속사 > 상관접속사] 대등접속사 상관형의 짝짓기를 묻는 문법 문제이다. 뒤에 "but also"가 있다. "not only"가 적절하다.

TIP! "not only A but also B"를 기억하자.

146 (A) 가시적인
(B) 고려할만한
(C) 상상할 수 있는
(D) **이용 가능한**

EXP. [어휘 > 형용사] 형용사 어휘 문제이다. 문맥상 "우리 회사에서 이용 가능한 다양하고 폭넓은 프로그램"의 의미가 적절하다.

TIP! "available"의 품사와 의미를 기억하자.

PART 7

147-148

발신: Tom Crown
수신: Utah Yamaguchi
날짜: 2014년 5월 12일
제목: 언급된 구직자 면접 거절

Yamaguchi 씨께,

지난 며칠 동안 제가 출장 중인 관계로 제가 오늘까지 당신의 이메일을 읽지 못했습니다.

당신이 추천한 청년은 뛰어나지만 제 생각에 그 사람이 그 직위에 어울릴 만큼 완벽하게 빼어나지 않다고 생각합니다. 저는 또한 이 시점에 그를 면접하는 것도 공평하지 않다고 생각합니다.

우리는 32명의 직원을 해고해야만 하는데, 제가 이런 상황에서 다른 누군가를 새로 채용하는 것을 정당화할 도리가 없습니다. 우리는 시간이 좀 지난 후에 새 직원들을 채용할 수 있기를 바랍니다만 지금은 적절한 시기가 아닙니다.

당신을 실망시켜 드려서 미안합니다. 당신도 알다시피 좋은 상황 가운데서는 우리는 장래가 촉망되는 젊고 똑똑한 청년들을 찾습니다만 이번에 새로운 직원들을 채용하는 것은 적절한 시기가 아닙니다.

당신의 이해를 구합니다.

감사합니다.
인사책임자 Tom Crown

VOCA rejection 거절, 배제, 폐기 | refer 언급하다, 참고하다 | deserve 가치가 있다 | exceptional 예외적인 | dismiss 해고하다

Story Line 추천된 구직자의 면접을 거절하는 편지

147 Yamaguchi 씨는 누구일 것 같은가?

(A) 구직자
(B) 추천인
(C) 32명 해고자들 중의 한 명
(D) 인사 책임자

EXP. [개별 추론 > who] Yamaguchi 씨는 누구일지를 묻고 있다.

둘째 단락 첫 문장에, "While I am sure the young man you recommended is great, in my opinion he doesn't deserve the position unless he is truly exceptional and perfect for it" 라고 언급되어 있다.

148 왜 Crown 씨는 구직자의 인터뷰를 취소했는가?

(A) 그의 출장 때문에 시간을 낼 수 없었다.
(B) 그 지원자가 채용할 만큼 뛰어나지 않았다.
(C) 32명의 직원을 해고하는 상황에서 신규 채용하는 것은 적절치 않았다.
(D) 회사가 재정난으로 월급을 줄 수 없었다.

EXP. [개별 사실 > why] Crown 씨는 구직자의 인터뷰를 취소한 이유를 묻고 있다.

셋째 단락 첫 문장에, "We would have to dismiss thirty two employees, and there is no way that I could justify hiring someone new under those circumstances"라고 언급되어 있다.

149-150

Drew Sanders 10:54 A.M.	오늘 내가 그 식당을 방문했어, 그런데 식당 관계자들이 말하길 우리가 예약한 기록이 없어서 식당을 사용할 수 없을 것이라고 말했어.
Malik Simmons 10:56 A.M.	말도 안 돼. 어제 아침에 내가 전화해서 확인했었어. 네가 다시 한 번 예약을 확인해봐.
Drew Sanders 10:59 A.M.	내가 벌써 여러 번 확인했어. 어쨌든 그들이 우리가 만찬을 위해서 다른 식당을 찾아야 한다고 말했어.
Malik Simmons 11:00 A.M.	손님들이 벌써 도착했어?
Drew Sanders 11:01 A.M.	아니, 하지만 곧 그들이 도착할 것 같아. 다른 레스토랑에 전화해서 자리가 있는지 확인해 줄래?
Malik Simmons 11:03 A.M.	알았어. 내가 갈 때까지 손님들을 즐겁게 해 드려. 나는 30분 정도면 도착해.
Drew Sanders 11:05 A.M.	최선을 다해볼게. 그러나, 서둘러 와.
Malik Simmons 11:08 A.M.	알았어. 미안하지만 조금 늦을 것 같아. 잠시 후에 보자!

VOCA confirmation 확인 | double-check 재확인하다

Story Line 회사 동료끼리 식당 예약을 확인하는 내용의 문자 메시지

149 Mr. Drew Sanders에 대해서 사실인 것은?

(A) 그는 Ms. Malik Simmons의 동료이다.
(B) 그는 예약을 확인하지 않았다.
(C) 그는 그의 고객에게 말하지 않았다.
(D) 그는 식당에서 일하고 있다.

EXP. [개별 사실 > what] Mr. Drew Sanders에 대해서 사실인 것을 묻고 있다.

Drew Sanders의 10시 54분 A.M. 메시지에 "Today I visited to the restaurant, and they said we wouldn't use the restaurant because there was no record of our reservation"이라고 언급되어 있다.

150 오전 10시 56분에 Malik Simmons 씨가 쓴 "No way"의 의미는?

(A) 그녀는 그 레스토랑이 그녀의 예약을 잃어버렸다고 확신하지 못한다.
(B) 그녀는 그 식당에 전화하는 것을 잊어버렸다.
(C) 그녀는 최종 결정 때문에 예약을 혼동했다.
(D) 그녀는 예약이 취소된 것을 몰랐다.

EXP. [Intention] "No way"의 문맥상 의미를 묻고 있다.

"No way"는 "말도 안 돼"의 뜻으로 앞의 내용을 부정한다. 바로 앞의 "there was no record of our reservation"을 부정하는 의미이다.

151-152

바이러스 경고

AntiVirusProtect는 AVP WEBSITE로부터 당신을 보호해 드립니다.

웜 바이러스 같은 바이러스는 Visual Basic Scripting language 를 사용합니다. 이것은 Outlook과 Outlook Express에서 확인되지 않는 강력한 언어입니다. AlphaBase AntiVirusProtect는 AVPScript 가 실행되기 전에 사용자가 인지할 수 있도록 보장합니다. AntiVirusProtect 프로그램을 설치한 후에 사용자는 잠재적인 위험이 발생되기 전에 스크립트를 실행할 것인지 실행하지 않을 것에 대한 선택권을 갖게 됩니다. 우리는 AntiVirusProtect를 부수적인 안티바이러스 프로그램으로써 사용할 것을 제안합니다. 이것은 기존의 바이러스에 특징에 의존하는 것이 아니라, 이것은 모든 Visual Basic Script가 실행되기 전에 허가를 내릴 것을 촉구합니다.

주의: 윈도우 스크립트 호스트(WSH)가 Visual Basic Scripts를 구성합니다. WSH을 사용하지 않는 사용자들은 이 소프트웨어를 사용하실 필요가 없습니다. 인터넷 익스플로러 버전 6, 윈도우 비스타, 윈도우 XP에 반드시 설치됩니다. 윈도우 NT와 윈도우 2000에는 WSH 가 옵션으로 제공됩니다. AntiVirusProtect는 사용자들이 그들의 컴퓨터에 스크립트를 실행 가능하게 해줍니다. AntiVirusProtect는 무료 프로그램입니다.

VOCA guarantee 보증하다, 보장하다 | execute 실행하다, 수행하다 | enable 가능하게 하다

Story Line 컴퓨터 바이러스를 방지하는 프로그램의 정보를 알려 주는 글이다.

151 AntiVirusProtect를 설치한 후에 무엇이 제공되는가?

(A) Visual Basic Scripting language의 설치
(B) 스크립트의 실행 또는 중단할 수 있는 선택
(C) Visual Basic Scripting language의 사용
(D) 더 이상 바이러스에 대한 염려가 없다.

EXP. [개별 사실 > what] AntiVirusProtect를 설치한 후에 무엇이 제공되는가를 묻는다.

첫째 단락 네 번째 문장에 "After installing AntiVirusProtect Program, the user is provided the choice to execute the script or to stop before any potential damage occurs"라고 언급되어 있다.

152 이 정보에 대해서 사실이 아닌 것은?

(A) Visual Basic Scripting language를 사용하지 않는 바이러스들이 있다.
(B) AntiVirusProtect는 지문 인식 없이 기존의 바이러스를 찾아내는 방법을 가지고 있다.
(C) AntiVirusProtect는 사용자들에게 어떠한 Visual Basic Script도 실행하지 못하게 또는 실행하게 할 수 있는 선택권을 준다.
(D) WSH는 Windows NT와 Windows 2000에 반드시 설치되어야 한다.

EXP. [개별 사실 > what > 부정 질문] 이 정보에 대해서 사실이 아닌 것을 묻고 있다.

첫째 단락 첫 번째와 두 번째 문장 "Viruses such as the "Worm" virus use the Visual Basic Scripting language. This is a strong language with unchecked abilities in Outlook and Outlook Express."이 (A)와 일치. 첫째 단락 마지막 문장 "It doesn't depend on a fingerprint of an existing virus, it prompts you for permission before any Visual Basic Script is executed"이 (B)와 일치. 첫째 단락 네 번째 문장 "After installing AntiVirusProtect Program, the user is provided the choice to execute the script or to stop before any potential damage occurs"이 (C)와 일치.

둘째 단락 네 번째 문장에 "In Windows NT and Windows 2000, WSH is provided as an option"라고 언급되어 있다. 필수가 아니라 선택이다.

153-154

Elwood Weisman
Super 신용카드사
253 King Street, Chicago, IL 10412
전화 : 323-422-6844
팩스 : 323-422-5933

Lozano 씨께,

우리 회사가 귀하에게 신용 거래 계좌를 승인하게 된 것을 통보하게 되어 기쁩니다. 우리는 당신을 새 고객으로 맞게 된 것을 환영하며 신용 계좌의 편리함을 누리기를 바랍니다.

신용 한도는 10,000달러입니다. 만약 당신이 신용 한도를 상향하고 싶으면 전화를 주시거나 신용 거래 사무실을 방문해 주십시오. 그때 우리가 귀하의 요청을 신속하게 처리할 것입니다.

귀하의 카드와 대금 납부 과정에 대한 설명과 신용 카드를 어떻게 사용하는지, 또 귀하가 유용하게 사용할 것이라 믿는 추가 정보가 담긴 안내 책자가 우편에 첨부되어 있습니다. 더 자세한 사항을 알고 싶으시면 우리 회사 홈페이지 www.supercard.com을 방문해 주십시오.

우리 회사를 선택해 주셔서 다시 한 번 감사의 말씀을 드립니다.

Elwood Weisman

VOCA notify 알리다, 통보하다 | convenience 편리함, 편안함 | expedite 신속히 처리하다

Story Line 신용 카드 회사가 신용 카드 발급 후 고객에게 보내는 안내 편지

153 이 편지의 목적은 무엇인가?

(A) 그들이 신용 카드를 보냈다는 것을 통보하기 위해
(B) 그들의 제안이 거절되었음을 통보하기 위해
(C) 그녀가 신용 카드를 등록할 필요가 있음을 보여주기 위해
(D) 신용 한도가 없음을 알리기 위해

EXP. [전체 추론 > 목적] 편지의 목적을 묻고 있다. 주제를 간접적으로 묻는 말이다.

첫째 단락 첫 문장에 "I am happy to notify you that our company has approved a charge account in your name" 이라고 언급되어 있다.

154 회사가 첨부한 것은 무엇인가?

(A) 고객 전화번호 목록
(B) 노트
(C) 안내 책자
(D) 명함

EXP. [개별 사실 > what] 회사가 첨부한 것을 묻고 있다.

셋째 단락 첫 문장에, "Your card and our pamphlet has been enclosed in the mail"이라고 언급되어 있다.

155-157

당신이 항상 투자하기를 원해왔지만 어디서부터 시작해야 할지 모르십니까?

오늘 여기에서 우리는 당신의 미래를 위해 현명하게 투자하는 가장 기초적인 3가지 지침을 제공합니다. 첫 번째 단계는 분명한 목적을 갖는 것입니다. 당신이 얼마 동안 투자할 것인지, 당신의 미래에 무엇을 필요로 할 것인지를 결정하십시오. 두 번째 단계는 가능성의 범위를 아는 것입니다. 당신은 다양한 포트폴리오를 원할 것입니다. 주식과 연계된 상품, 뮤추얼 펀드, 채권, 그리고 현금 등. 각각의 항목들은 서로 다른 위험부담과 다양한 잠재적 수입을 가지고 있습니다. 당신이 구매하기 전에 이것들을 잘 파악해야 후에 어떤 위험에 부딪히지 않게 하십시오. 마지막으로 세 번째 단계는 현실적인 기대감을 갖는 것입니다. 제 친구 Leonardo da Vinci가 1500년 전에 이런 말을 했습니다. "단 하루 만에 부자가 되기를 소망하는 사람은 1년 안에 죽을 것이다." 지난 수년간 New York 주식은 평균 25% 수익을 올렸지만, 당신은 이 수익이 계속될 것이라고 기대해서는 안 됩니다. 2000년 이후로 주식은 연평균 13%의 수익을 주었고 이것은 매우 불확실하며 또 많은 적자를 기록하기도 했습니다. ¹⁵⁷ 그러므로 당신은 섣불리 투자해서는 안 됩니다. 상황이 나쁠 때 너무 욕심을 부리지 말고 장기 투자를 해야 합니다.

VOCA invest 투자하다 | fundamental 기본적인, 기초적인 | combine 묶다, 결합하다 | diversify 다양화하다 | potential 잠재적인

Story Line 올바른 투자에 대한 기사문이다.

155 6번째 줄에 있는 "objectives"와 의미가 가장 가까운 것은?

(A) 방법, 길, 수단
(B) 목적
(C) 노력
(D) 선택

EXP. [동의어] "objectives"의 동의어를 묻고 있다.

"objectives"는 "목적"의 의미이다.

156 사람들이 장기 투자를 해야 하는 이유는?

(A) 시장은 항상 좋을 때와 나쁠 때가 있다.
(B) 당신에게 더 큰 이윤이 보장될 수 있다.
(C) 건전한 주식 투자로 30% 이윤을 얻을 수 있다.
(D) 계약이 그런 방식으로 쓰여 있다.

EXP. [개별 사실 > why] 장기 투자를 해야 하는 이유를 묻고 있다.

후반부에 "For the past several years, New York stocks have averaged 25% in annual returns, but you shouldn't expect this return to continue. Since the year 2000, stocks have averaged in a 13% annual return, it's unpredictable and there are also many minus years"라고 언급되어 있다.

157 다음 문장이 가장 잘 어울릴 곳은 [1], [2], [3], [4] 중에 어디인가?

"그러므로 당신은 섣불리 투자해서는 안 됩니다."

(A) [1]
(B) [2]
(C) [3]
(D) [4]

EXP. [문장 위치] 문장의 위치를 정하는 문제이다.

주어진 문장에 접속부사 "Therefore"가 있다. 앞의 문장이 원인이어야 한다.

158-160

어머니께 장미를

45.50달러 (원래 가격 50.00달러)
원하시는 날에 배달해드립니다!

일요일 & 어머니의 날 배달료:
  일요일 추가 배달료 $10.50
  어머니의 날 추가 배달료 $5.50

당신이 이 서비스를 주문하시면, 유리 꽃병을 무료로 증정받게 됩니다. 당신이 꽃병 색깔을 정할 수 있습니다. 주문 요약서에 색상 선택 목록이 있습니다. 아름답고, 강렬하고 싱싱한 장미가 당신의 어머니가 얼마나 특별한지를 보여줄 것입니다. 이 아름다운 장미가 오래 지속될 수 있도록 주문 시에 신선하고 만개 직전에 포장됩니다.

장미 20송이가 포함되며 꽃들은 손으로 직접 따서 묶어서 산지에서 개인 메시지와 함께 직접 배송됩니다.

VOCA gorgeous 아름다운, 예쁜 | vibrant 강렬한 | assortment 분류 모음, 종합

Story Line 어머니 날을 기념하는 꽃 배달 광고이다.

158 누구를 대상으로 한 광고인가?

(A) 파티를 위해 유리 꽃병을 구입하고자 하는 사람들
(B) 꽃꽂이 강좌를 들으려는 사람들
(C) 튤립 정원을 소유한 사람들
(D) 어머니의 날에 어머니를 기쁘게 해드리기 원하는 사람들

EXP. [전체 추론 > 독자] 광고의 대상을 묻고 있다. 주제를 간접적으로 묻는 말이다.

제목에 "Roses for Mom"라고 언급되어 있다.

159 어머니의 날에 꽃을 구입하고자 하는 사람은 얼마를 지불해야 하는가?

(A) $45.50
(B) $51.00
(C) $55.50
(D) $56.00

EXP. [개별 사실 > how much] 어머니의 날에 꽃을 구입하고자 하는 사람은 얼마를 지불해야 하는가를 묻고 있다.

꽃값 45.50달러, 어머니 날 추가 5.50달러. 그러므로 총 51달러

160 광고에 의하면 장미의 싱싱함을 위해 상점은 무엇을 하는가?

(A) 장미가 택배로 배달된다.
(B) 상점 직원이 장미를 직접 재배한다.
(C) 직원들이 항상 꽃이 만개하지 전에 발송한다.
(D) 싱싱하고 아름다운 장미만 고객들에게 전달된다.

EXP. [개별 사실 > what] 광고에 의하면 장미의 싱싱함을 위해 상점은 무엇을 하는지를 묻고 있다.

첫째 단락 마지막 문장에, "These beautiful flowers are shipped fresh, budding, and ready to bloom in order for them to last much longer"라고 언급되어 있다.

161-163

VOCA   money order 우편환 | payable 지급할 수 있는 | applicable 적용할 수 있는

Story Line   우편 주문 시 대금 결제 방법을 소개하는 글이다.

161   이 회사는 어떤 형태의 대금을 받지 않는가?

(A) 우편환
(B) 개인 수표
(C) 현금
(D) 회사 수표

> **EXP.** [개별 사실 > what > 부정 질문] 이 회사는 어떤 형태의 대금을 받지 않는가를 묻고 있다.
>
> 첫째 단락 첫 문장에, "We appreciate you for your interest in purchasing SiGe HBT items through mail with a business, personal check, or by money order"라고 언급되어 있다. 현금을 받지 않는다.

162   상품을 주문할 때 반드시 포함하여야 하는 것은?

(A) 전화번호
(B) 상품명
(C) SiGe HBT 구입을 위한 현금
(D) 배송료

> **EXP.** [개별 사실 > what] 상품을 주문할 때 반드시 포함하여야 하는 것을 묻고 있다.
>
> 중간 부분 "Make sure you include" 두 번째 "2. Include the shipping charges stated (if applicable)"라고 언급되어 있다.

163   언제 소비자가 주문한 상품을 수령하는가?

(A) CD를 다운로드한 후에
(B) 대금을 보낸 후에
(C) 3~5일 후에
(D) 30달러를 보낸 후에

> **EXP.** [개별 추론 > when] 소비자가 주문한 상품을 언제 수령하는지를 묻고 있다.
>
> 마지막 단락 첫 문장에, "All orders are processed promptly after the money or check order is received"라고 언급되어 있다.

164-167

VOCA   narrow 좁히다 | publicity 대중성 | combination 조합, 결합

Story Line   식당에서 직원들 간에 봄맞이 신메뉴에 대한 의견을 나누는 online chat discussion

164 신제품이 팔릴 것 같은 장소는 어디인가?

(A) 철물점
(B) 할인 매장
(C) 식당
(D) 전자 상점

> **EXP.** [개별 추론 > where] 신제품이 팔릴 것 같은 장소를 묻고 있다.
>
> Jessie Terrel의 11시 32분 A.M. 메시지에, "Sure, but the flavors aren't popular among the diners who've sampled them"라고 언급되어 있다.

165 11:40에 Mr. Berg가 "That sounds good"이라고 말한 이유는?

(A) Mr. Whitney의 아이디어를 고려하기 위해서
(B) 고객의 요구를 확인하기 위해서
(C) 그 생각에 동의한다는 것을 표현하기 위해서
(D) 선택 목록에서 한 물건을 선택하기 위해서

> **EXP.** [Intention] Mr. Berg가 "That sounds good"이라고 말한 이유를 묻고 있다.
>
> "That sounds good"는 "그것 좋은 생각이야"라는 뜻으로, 앞의 내용에 동의를 나타내는 표현이다.

166 Mr. Kory Petty가 무엇을 염려하는가?

(A) 회사의 명성을 유지하는 것
(B) 마감일을 맞추지 못하는 것
(C) 프로젝트 예산을 따내는 것
(D) 판매 목표를 달성하는 것

> **EXP.** [개별 사실 > what] Mr. Kory Petty가 염려하는 것을 묻고 있다.
>
> Kory Petty의 11시 35분 A.M. 메시지에 "Yes, but we don't want negative publicity because of products that taste bad, right?" 라고 언급되어 있다.

167 Mr. Martin Berg에 따르면 가장 중요한 고려 사항은 무엇인가?

(A) 흥미로운 캠페인 구호를 만드는 것
(B) 이 회사의 상품에 대한 대화를 이끌어내는 것
(C) 좀 더 건강한 재료로 제품의 성분을 교체하는 것
(D) 이윤이 적은 상품의 비용을 절감하는 것

> **EXP.** [개별 사실 > what] Mr. Martin Berg가 가장 중요하게 고려한 사항이 무엇인지를 묻고 있다.
>
> Martin Ber의 11시 49분 A.M. "Sounds perfect! People will talk about it all the more"라고 언급되어 있다.

168-171

ABC International Chinese 어학원

ABC International Chinese 어학원에 오신 것을 환영합니다. ABC는 높은 학문 수준을 가진 세계적으로 좋은 평판을 가지고 있으며 다양한 활동을 제공합니다. ABC 학원은 중국인 소유 기업입니다. 우리는 공휴일에도 업무를 계속합니다. 우리 어학원은 Beijing과 Shanghai 시내에 위치해 있습니다. 학생들은 두 도시에 위치한 학원을 옮겨 다닐 수 있습니다.

각 학교당 최대 200명의 학생이 있습니다. 10개의 레벨의 중국어 교실이 있습니다. 작은 규모의 반으로 학생들이 서로 친밀하게 공부할 수 있습니다. 10세부터 18세 학생들을 위한 주니어 어학 코스와 19세 이상의 학생들을 위한 시니어 어학 코스가 3월, 6월, 9월, 12월에 있습니다. **171** 60세 이상인 학생을 위한 연장자 중국어 프로그램이 있습니다.

ABC 학원에서 학생들이 간단한 식사(무료 커피와 차가 항상 준비되어 있습니다)를 할 수 있는 부엌, 중국어를 공부할 수 있는 도서관과 자습실, 당구대와 피아노가 있는 휴게실, 무료로 인터넷 사용을 할 수 있는 멀티미디어 센터가 있습니다. 또한, 건물 내에 세미나실도 있습니다. ABC사는 Private Training Program Establishment로서 정부 등록 기관입니다. 우리는 국제 학생들의 취업과 복지를 지원하기 위한 Ministry of Education Code of Practice에 가맹한 기관입니다.

VOCA reputation 명성, 유명세 | transfer 전환하다, 갈아타다 | signatory 등록, 서명

Story Line 학원 안내 소책자, 학원의 위치, 학원의 프로그램, 학원 편의 시설 등을 소개한다.

168 이 안내 책자에 관심이 가장 많은 이는 누구인가?

(A) 무료로 차를 마시고 싶은 사람들
(B) 직업으로 요리하는 법을 배우길 희망하는 18세 이상의 사람들
(C) 중국어 학원을 찾는 국제 학생들
(D) 외국어를 배우길 희망하는 호주 학생들

> **EXP.** [전체 추론 > 독자] 독자를 묻는 말이다. 주제를 간접적으로 묻고 있다.
>
> 첫째 단락 첫 문장에, "Welcome to ABC International Chinese Language Schools"라고 언급되어 있다.

169 ABC 학원이 세계적으로 알려지게 된 이유가 아닌 것은?

(A) 높은 학문적인 수준
(B) 편리한 위치에 자리함
(C) 다양한 활동들
(D) 편안한 환경

> **EXP.** [개별 사실 > what > 부정 질문] ABC 학원이 세계적으로 알려지게 된 이유가 아닌 것을 묻고 있다.
>
> 첫째 단락 두 번째 문장 "ABC has a good reputation for high academic standards world-wide and they offer many activity programs"에서 (A)와 (C)가 일치한다.
>
> 셋째 단락 첫 번째, 두 번째 문장 "At ABC Schools there is a kitchen where students are able to make simple meals (free coffee / tea is always available); a library and quiet area for studying Chinese; a recreational space with billiard tables and a piano; a multimedia center; and free access to internet. Also, there is a seminar room in the facility"가 (D)와 일치한다.

170 안내 책자에 의하면 다음 중에서 사실인 것은?

(A) 호주 전 지역에 ABC 학교의 분교가 8개 있다.
(B) 1년 중 4개월 동안 10세부터 18세까지 학생들에게 특별 코스를 제공한다.
(C) ABC의 프로그램은 18세 이상자들만을 위한 것이다.
(D) 학생들은 합리적인 비용으로 원하는 만큼 컴퓨터를 사용할 수 있다.

EXP. [개별 사실 > what] 안내 책자에 근거해, 사실인 것을 묻고 있다.

둘째 단락 두 번째 문장에, "There are Junior Language Schools in March, June, September, and December for students 10 to 18 years of age"라고 언급되어 있다.

171 다음 문장이 가장 잘 어울리는 장소는 [1], [2], [3], [4] 중에 어디인가?

"60세 이상인 학생을 위한 연장자 중국어 프로그램이 있습니다."

(A) [1]
(B) [2]
(C) [3]
(D) [4]

EXP. [문장 위치] 문장의 위치를 정하는 문제이다.

나이를 언급했다. 앞의 문장도 나이가 언급되어야 한다.

172-175

수신: 직원들
발신: [편집 관리자] Sandra Farcon
날짜: 2014년 3월 30일
회신: 새로운 대책

월요일자 신문에, 우리가 얼마 전부터 발행하기 원했던 모든 것을 두 기사로 게재하였지만, 우리의 의도가 아직까지 사라지지 않았다. 그 문제들은 모두 "Something Under Fire" 시리즈에서 발생한 오류에 관한 것이다. 이야기들은 우리 문제의 원인에 대해서 상세하게 들어가서 우리가 어떻게 그 문제들을 개선할 수 있을지를 대해서 말한다. 요약하면 우리가 더 이상 잃을 것이 없다는 것이다. 이제 앞으로 나아갈 때이다. 우리는 이 특정한 문제들이 재발하지 않도록 해야 한다. 언론인으로서 우리는 이 경험으로부터 배운 것을 가지고 최선을 다할 것이다. 그리고 우리는 우리 신문을 더 나은 신문으로 개선시킬 방법을 강구해야만 한다. 이것을 기억하고 어떻게 더 개선 해나갈지에 대해서 검토할 것이다.

여기 우리가 취할 대책 기준이 있다:

우리는 효과적인 여론 조사 수행을 위한 갱신된 교육 방법을 포함하여 추가적인 배경 조사 그리고 편집과 보도에 착수할 때 누가 그것을 실행하고 그것을 어디까지 진행할지에 대해서 더 활발한 논의를 하는 것에 초점을 맞출 것이다. 프로젝트가 시작하기 전에 선임 편집자가 프로젝트가 특정 분야에 전문적인 지식을 가진 기자들에 의해서 진행되어야 하는지 아니면 여러 명의 기자에 의해 진행되어야 하는지에 대해서도 논의하고 판단할 것이다.

우리는 기자와 전담 편집자와 의견 불일치를 포함한, 여러 이슈들, 전환점, 중대 발전에 관한 정확한 정보가 제때에 편집장에게 전달하는 책무를 맡은 전담 편집자에게 맡겨야 한다. 우리는 가장 중요한 프로젝트 대표자와 같은, 법률적인 것들도 포함한 모든 고차원적인 논의도 전담 편집자가 관여할 것을 주장할 것이다.

우리는 주요 프로젝트나 특별히 민감한 이야기에 대한 독자들의 반응, 내부 반응과 정보의 제공자를 그 이야기에 밀접하게 관계된 편집자들과 기자들뿐만 아니라 일반 편집자들에게 가도록 확인해야 할 것이다. 모든 프로젝트에 관련된 것은 정당하고 적절한 속도로 이행할 것이다.

위의 사실을 항상 상기해 주시기 바랍니다. Anika Merlin, Chales Lee 와 저는 다음 주에 위와 같은 것들 각각에 대한 특별한 다음 대책을 발표하기 위해 함께 일할 것입니다. 만약 당신이 관심 있거나 다른 의견이 있으면 우리에게 알려주시기 바랍니다. 우리에게 전화: 1-539-684-3023으로 연락해주시거나 Casey 건물 5층에 위치한 편집자 사무소를 방문하실 수 있습니다.

VOCA specify 특화되다, 특정화하다 | effective 효과적인, 효율적인 | endorse 지지하다, 홍보하다, 보증하다 | disagreement 불일치 | legal 법적인 | representative 대표(단) | sensitive 예민한, 민감한

Story Line 신문사에서 신문의 개선에 대해 알리는 메모

172 이 메모의 목적은 무엇인가?

(A) 잘못을 저지른 게으른 편집자들을 비난하기 위해
(B) 신문을 개선이 의도된 수정에 대한 충고를 위해
(C) 각 부서에 새로운 감독관을 할당하기 위해
(D) 그들이 저지른 실수의 부정적인 효과를 상쇄하기 위해

EXP. [전체 추론 > 목적] 주제를 간접적으로 묻는 말이다.

첫 부분에 "Re: New measures"가 언급되어 있다. 첫째 단락 마지막 2개의 문장에 "And we must find how to improve our newspaper even better. Through this memorandum, I will go over how we can improve further"라고 언급되어 있다.

173 다음 중 수석 편집장이 지금부터 해야만 하는 것은 무엇인가?

    (A) 득지와 기지 간의 생긴 문제를 해결하는 것
    (B) 신문이 발행될 때까지 모든 과정을 관리하는 것
    (C) 누가 프로젝트를 담당할지 결정하는 것
    (D) 각 부서의 기자들과 사진기자들을 감독하는 것

> ***EXP.*** [개별 사실 > what] 수석 편집장이 지금부터 해야만 하는 것을 묻고 있다.
>
> 넷째 단락 첫 문장에, "We will have to make sure that reader, information source and internal reaction to main projects or especially sensitive stories goes not only to the editors and reporters most closely involved in the story but also to the public editor"라고 언급되어 있다.

174 다음 중 이 메모에 대해서 사실이 아닌 것은?

    (A) 잘못에 대한 기사와 칼럼은 월요일자 신문에 게재되었다.
    (B) 회사의 사장이 분개하여 신문을 개선하고자 특별한 조치를 지시했다.
    (C) 다음 주에 특별한 조치를 취하기 위해서 3명이 협력할 것이다.
    (D) 주제에 대한 아이디어를 가진 누군가가 개인적으로 사무실을 방문할 수 있다.

> ***EXP.*** [개별 사실 > which > 부정 질문] 메모에 대해서 사실이 아닌 것을 묻고 있다.
>
> 첫째 단락 첫 문장과 둘째 문장 "In Monday's paper, we published two issues that all of us wanted to publish a while ago, but the idea didn't take off until now. The issues are both stories regarding our errors in the "Something Under Fire" series"가 (A)와 일치한다. 다섯째 단락 두 번째 문장 "Anika Merlin, Chales Lee, and I will work together to announce specific next measures on each of these points in the following week"가 (C)와 일치한다. 다섯째 단락 세 번째 네 번째 문장 "If you have any ideas or specific interest, please let us know them. Call and contact with us: 1-539-684-3023. Or you can visit our editor office located on 5th floor in the Casey Building"이 (D)와 일치한다. (B)는 언급되지 않았다.

175 세 번째 단락 둘째 줄에 있는 "key"와 의미상 가장 가까운 것은?

    (A) 혁신적인
    (B) 거대한
    (C) 생산적인
    (D) 중요한

> ***EXP.*** [동의어] "key"의 동의어를 묻고 있다.
>
> "key"는 형용사로 "중요한"의 의미이다.

176-180

> 회사 모임을 위한 새로운 장소를 찾고 있습니까? 성인들을 위한 멋진 놀이 공간을 찾고 있습니까? 회사 파티, 팀워크, 소모임을 위해 Secret Garden에서 모임을 가져 보세요.
>
> Secret Garden은 50명까지 수용할 수 있는 소모임 공간을 제공합니다. 우리는 또한 파티, 행사, 대규모 모임을 위한 연회장도 있습니다. 이 장소에는 최신형 프로젝터, 고품질의 음향 시스템과 특별한 조명을 갖추고 있습니다.
>
> 당신의 회사 모임 후에는 신선한 간식과 함께 미니 골프를 즐기십시오. 우리는 아래층에 흥미 있는 18홀을 윗 층에 연습장을 제공합니다. 특별 기업 패키지와 10명 이상 단체 할인이 이용 가능합니다. 더 많은 정보가 필요하시면 348-5763으로 전화 주시거나 info@secretgarden.com으로 이메일 주십시오.

> 발신: Audrey Murphy 〈audrey@gmail.com〉
> 수신: info@secretgarden.com
> 제목: 예약
>
> 담당자 여러분께,
>
> 안녕하세요. 저는 Audrey Murphy입니다. 가능하다면 저는 11월 15일 토요일 오후 3시~6시까지 연회장을 예약하려고 합니다. 예약은 Highways Inc사를 위한 것이고 제 이름으로 예약해 주십시오.
>
> 300명이 참석할 예정입니다. 그리고 출장 음식 서비스에 대한 정보를 얻기 원합니다. Secret Garden에 식당이 있다는 것을 알고 있지만, 우리가 외부 출장 음식 서비스를 이용해도 될까요? 또한, 귀사의 출장 음식 서비스는 어떤 음식을 제공합니까?
>
> 가능한 한 빨리 회신해 주시기 바랍니다. 11월은 아직 두 달이나 남았지만 제가 이 파티를 계획할 필요가 있습니다.
>
> 미리 감사드립니다.
> Audrey Murphy
> 인사부장
>
> 인사부
> 046-348-2064
> Highways 사
> www.highways.com

VOCA complete 완전한, 완벽한

Story Line 모임 공간 대여하는 광고와 연회장의 예약을 문의하는 내용의 이메일

176 모든 공간에 포함되어 있지 않은 것은?

    (A) 음향 시스템
    (B) 프로젝터
    (C) 특별 조명
    (D) 무료 간식

> ***EXP.*** [개별 사실 > what > 부정 질문] 모든 공간에 포함되어 있지 않은 것을 묻고 있다.
>
> 첫째 지문 둘째 단락에, "Rooms are complete with the newest projector, a high quality speaker system, and special lighting"라고 언급되어 있다. 또한, 첫째 지문 셋째 단락에, "After your business meeting, enjoy a day of mini-golf with fresh refreshments"라고 언급되어 있다.

177 Secret Garden의 위 층에 있는 것은 무엇인가?

    (A) 카페
    (B) 연회장
    (C) 골프 연습장
    (D) 회의실

> ***EXP.*** [개별 사실 > what] Secret Garden의 위 층에 있는 것을 묻고 있다.
>
> 첫째 지문 셋째 단락에, "We offer a driving range upstairs and 18 holes of fun downstairs"라고 언급되어 있다.

178 Murphy 씨가 어떤 공간을 예약하는가?

    (A) 댄스장
    (B) 연회장
    (C) 소회의실
    (D) 대회의실

> ***EXP.*** [개별 사실 > what] Murphy 씨가 어떤 공간을 예약하는지를 묻고 있다.
>
> 둘째 지문 첫 단락에, "I would like to make a reservation for your banquet room"라고 언급되어 있다.

179 Murphy 씨가 문의하는 것은 무엇인가?

(A) 출장 음식 서비스
(B) 방의 크기
(C) 간식
(D) 골프 코스

180 Murphy 씨의 Highways사에서의 직위는 무엇인가?

(A) 비서실장
(B) 행사 기획자
(C) 개인 비서
(D) 인사부장

181-185

수신 : New Age Software 사의 모든 각 부서 책임자들
발신 : Kenny Logan, CEO
제목 : 필수 모임

일정 변경 공지

공휴일로 인해 12월 15일, 수요일에 열리기로 했던 우리의 반년마다
열리는 신제품 개발팀 회의가 취소되었음을 인지하시기 바랍니다.
대신 이전 월요일로 재조정하였습니다. 이 모임에 모두가 필수적으로
참석해야 하므로 따라서 모두들 일정을 확인해주시기 바랍니다.
Courtney Ross 씨가 내년 초에 우리 경쟁사가 출시할 신제품에 대한
발제를 할 것입니다.

수신: Kenny Logan
발신: Jack Arnold, 판매부장
답신: 회의 일정 조정

Kenny Logan 씨께,

그 모임에 대한 갑작스러운 일정 변경으로 인하여 저는 아주
놀랐습니다. 저는 이런 모임들에 참석하는 것이 필수라는 것을 알지만,
수요일에 제 아들이 허리 수술이 예약되어 있습니다. 저는 2주 전에
휴가를 승인받았습니다. 하지만 저는 벌써 Courtney 씨에게 연락을
취해놓았고 그녀가 제게 발제 요약을 이메일 할 것입니다. 저는 발표
당일을 위해서는 Bill Hanks 씨에게 부탁해 놓았습니다.

Jack Arnold

VOCA biannual 1년에 두 번하는 │ cancel 취소하다 │ instead 대신에
│ adjust 조정하다 │ accordingly 따라서, 이에 근거하여 │
unveil (덮개를) 벗기다, (제품 도는 계획을) 발표하다 │ surgery
수술

Story Line 회의 일정 변경을 알리는 이메일, 이에 대한 반응

181 왜 미팅이 앞으로 변경되었는가?

(A) 행사
(B) 국경일
(C) 경쟁사의 활동에 대응하기 위해
(D) 날씨 때문에

182 모임들은 얼마나 자주 열리는가?

(A) 연 1회
(B) 월 1회
(C) 연 2회
(D) 연 3회

183 누가 모임에 참석해야 하는가?

(A) 부서장들
(B) 주 대표들
(C) 모든 직원들
(D) 소프트웨어 구매자들

184 Jack Arnold 씨가 모임에 참석할 수 없는 이유는?

(A) 그가 병원에 입원할 것이다.
(B) 그는 2주 휴가를 갈 것이다.
(C) 그의 아들이 허리 수술을 받을 것이다.
(D) Bill Hanks 씨가 그를 대체할 것이다.

185 Jack Arnold 씨가 Courtney Ross에 관하여 무엇을 했는가?

(A) 그가 그녀에게 직접 연락을 취했다.
(B) 그는 그녀에게 전화하도록 Bill Hanks 씨에게 부탁했다.
(C) 그는 그녀에게 그의 명함을 주었다.
(D) 그는 발제를 위하여 그녀와 계약했다.

186-190

Oahu Lands와 함께 Honolulu Beachside에서 새로운 시작을 하십시오.

재능 있는 연예인 Bruno Khans의 멋진 공연

주말 공연의 날짜와 시간:
#1. 7월 15일 금요일 오후 7:30
#2. 7월 16일 토요일 오후 2:30
#3. 7월 16일 토요일 오후 7:30
#4. 7월 17일 일요일 오후 1:00

시사회 공연(#0)은 7월 13일 수요일 오후 7:00에 공연합니다. 공연 좌석은 Honolulu Beachside 회원들과 지역 미디어 언론인들에게 한정됩니다.

* 회원카드나 기자증이 필수입니다.

입장권 가격 :

성인	$50
12세 이하 어린이	$40
5명 이상 단체	$45
고등학생	$42

* Honolulu Beachside 회원은 30% 할인 적용합니다.

온라인 주문이나 정보가 더 필요하실 때는 홈페이지 www.HonoluluBeachside.org를 방문하세요.

Honolulu Beachside

Oahu Lands 주문서

성명	Jackson Anderson
회원 번호	NQ8653126
공연 번호	#0
가격	$150
입장권 수	5
주소	903 Keeaumoku St. Honolulu Hawaii 96815
이메일	jacksonan@ocr.us.com

발신: customerservice@HonoluluBeachside.org
수신 : Jackson Anderson 〈jacksonan@ocr.us.com〉
날짜 : 5월 29일
하위 : 입장권

Jackson Anderson 씨께,

저는 5월 28일 world premiere of Oahu Lands 공연 입장권 구매하기 원한다는 당신의 온라인 주문서를 수령했습니다. 그러나 공연 입장권이 매진되어 이용이 불가합니다.
만약 귀하가 다른 날짜 입장권 구매를 원한다면 입장권 수량이 제한적이오니 최대한 빨리 808-777-2123으로 연락 주십시오. 특정한 날에는 할인을 못 받으실 수도 있습니다.
또한, 귀하의 회원권이 만료된 것 같으니, 회원권 갱신을 원하시면 홈페이지를 방문하셔서 회원권을 갱신해주시기 바랍니다.

감사합니다.
Silvia Machado
Honolulu Beachside 책임자

* 만약 당신이 기부하기를 원하신다면 액수와 상관없이 항상 환영합니다.

VOCA awesome 놀라운, 멋진 │ applicable 적용될 수 있는 │
premiere 개봉, 초연 │ expire 해지하다, 만기가 되다
Story Line 공연 광고, 공연 입장권 예매 양식, 예매 후 예매 불가를 안내하는 이메일

---

186 Mr. Bruno Khans에 대해서 추론할 수 있는 것은?

(A) 그는 많은 노래를 작곡했다.
(B) 그는 수요일 공연에 참석할 것이다.
(C) 그는 예전에 Ms. Silvia Machado와 함께 일한 적이 있다.
(D) 그의 노래는 칭송받았다.

> **EXP.** [개별 추론 > what] Mr. Bruno Khans에 대해서 추론할 수 있는 것을 묻고 있다.
>
> 첫째 지문 전반부에, "The awesome performance by talented entertainer Bruno Khans"라고 언급되어 있다.

187 광고에 의하면 10세 어린이의 입장권은 얼마인가?

(A) $50
(B) $45
(C) $42
(D) $40

> **EXP.** [개별 사실 > how much] 광고에 근거해, 10세 어린이의 입장권 가격을 묻고 있다.
>
> 첫째 지문에 "Children (age 12 and under) $ 40"라고 언급되어 있다.

188 Mr. Jackson Anderson은 언제 공연을 보기를 원했는가?

(A) 7월 13일
(B) 7월 15일
(C) 7월 16일
(D) 7월 17일

> **EXP.** [개별 사실 > when] Mr. Jackson Anderson은 언제 공연을 보기를 원하는지를 묻고 있다.
>
> 첫째 지문 중간에, "A preview performance (#0) will be held Wednesday, July 13 at 7:00 P.M."라고 언급되어 있다. 둘째 지문 표에서 "Performance number #0"이라고 언급되어 있다.

189 Honolulu Beachside에 대해서 언급되지 않은 것은?

(A) 회원들에게 입장권 할인을 제공한다.
(B) 지역 사람들로부터 기부를 받는다.
(C) 방문객들에게 인식표를 제공한다.
(D) 언론사를 위한 특별 공연을 주관한다.

> **EXP.** [개별 사실 > what > 부정 질문] Honolulu Beachside에 대해서 언급되지 않은 것을 묻고 있다.
>
> 첫째 지문 후반부에 "A 30% discount is applicable to Honolulu Beachside members"가 (A)와 일치한다. 셋째 지문 마지막에 "If you think you can make a contribution, no matter how small or great, you are always welcome"이 (B)와 일치한다. 첫째 지문 후반부에 "A preview performance (#0) will be held Wednesday, July 13 at 7:00 P.M."이 (D)와 일치한다. (C)는 언급되지 않았다.

190 Mr. Jackson Anderson에 대해서 언급된 것은?

(A) 그는 수요일에 공연을 관람할 것이다.
(B) 그는 환불을 위해 Honolulu Beachside에 보고하여야 한다.
(C) 그는 할인을 못 받을 수 있다.
(D) 그의 휴대폰이 고장이 나 있다.

> **EXP.** [개별 사실 > what] Mr. Jackson Anderson에 대해서 언급된 것을 묻고 있다.
>
> 셋째 지문 전반부에 "However, tickets for the event are not available"이라고 언급되어 있다.

191-195

Innovative Cards사는 완벽한 명함을 만드는 것으로 많은 소비자들에게 정평이 나 있다. 당신은 우리 회사 홈페이지 www. innovtivecardsltd.net에서 아주 다양한 디자인을 찾아볼 수 있다. 여러분이 좋아하는 스타일을 선택하시면, 배송비 없이 당신의 사무실로 직접 20장짜리 세트를 배달해 드릴 것이다. 우리의 최고급 종이는 인쇄소에서 사용하는 일반적인 명함 종이보다 3배나 두껍고, 마테, 글로시 마감 두 가지로 생산되며, 여러분이 별 어려움 없이 좋은 인상을 주고 대화를 시작하게 해주는 데 기여할 것이다. 당신에게 어울릴만한 카드를 선택하고, 선호하는 디자인과 종이를 온라인으로 주문하시면, 우리가 수일 내로 당신께 배달해 드리거나, 추가 요금을 지불하시면 빠른우편으로 바로 다음 날 배달해드립니다.

---

www.innovtivecards.net/placeorder

주문번호 : #56101
고객명 : Jenna Blackstone

디자인	코드	마감	수량	가격	기타
Minimal	DD019	glossy	20	무료	
Bold Arcs	DD199	glossy	20	무료	
Vintage	DD160	matte	20	무료	
Brushstroke	DD046	matte	100	$49.99	재주문
부가세					5%
빠른 배달					
합계					

Confirm and proceed to payment

수신: 소비자 만족센터 〈cs@innovtivecards.net〉
발신: Jenna Blackstone 〈jennablackstone@msn.com〉
날짜: 5월 6일
제목: 답신: 주문번호 #56101

소비자 만족센터 담당자 앞,

안녕하세요. 우리는 주문번호#56101 제품을 빨리 배송해 주신 것에 대해서 감사드립니다. 어제 받았습니다. 불행하게도 제가 주문했던 것 중 한 샘플이 보이지 않습니다. 제가 DD160을 주문했는데 봉투에 이것이 없었습니다. DD019, DD199, 그리고 DD046은 다 포함되어 있었는데, DD160은 누락하신 것 같습니다. 제게 원래 주문했던 디자인을 보내 주시겠습니까? 그리고 비교할만한 다른 추가 샘플도 보내주실 수 있습니까? 하나는 우리 회사의 새로운 로고에 잘 어울리는데, 다른 하나는 사용하기에 너무 밝습니다.

미리 감사드립니다.

Jenna Blackstone

VOCA innovative 혁신적인 | unique 독특한 | matte 무광의, 광택이 안 나는 | glossy 광이 나는, 화려한 | effortlessly 소극적으로, 노력하지 않고 | expedite 신속히 처리하다 | overnight 하룻밤 사이에, 밤 동안에 | grateful 감사하는, 고마워하는 | overlook 간과하다, 못 보고 넘어가다 | comparable 비교할 수 있는
Story Line 명함 광고, 주문, 주문 후 오류를 지적하는 이메일

---

191 광고에 누가 관심을 가질 것인가?

(A) 적절한 명함을 찾고 있는 사람들
(B) 홈페이지를 독특한 디자인으로 만들기 원하는 사람들
(C) 좋아하는 디자인을 찾는 사람들
(D) 그들의 고객들에게 좋은 인상을 주길 원하는 사람들

> **EXP.** [전체 추론 > who] 광고에 관심을 가질 사람들을 묻고 있다. 주제를 간접적으로 묻고 있다. 주제에 관심을 가질만한 사람들이 정답이다.
>
> 첫째 지문 첫 문장에, "Innovative Cards, Ltd. is well known to many customers for making perfect business cards"라고 언급되어 있다.

---

192 광고에 의하면 소비자들은 무엇을 하기를 제안받는가?

(A) 디자인을 비교하기 위해 인쇄소를 방문하라.
(B) 종이 재고가 만 요청하라.
(C) 여러 가지 다양한 것을 주문하라.
(D) 독창적인 디자인을 만들어라.

> **EXP.** [개별 사실 > what] 광고에 근거해, 광고주가 소비자에게 제안하는 것을 묻고 있다.
>
> 첫째 지문 전반부에 "You can find hundreds of unique designs on our web-site, www.innovtivecardsltd.net. Choose your preferred styles, and we will deliver 20-card sets directly to your office without shipping fees"라고 언급되어 있다.

---

193 주문 번호 #56101 상품에 대해서 무엇을 추론할 수 있는가?

(A) 이것은 세 개의 샘플이 들어 있다.
(B) 이것은 5월 6일에 배송되었다.
(C) Ms. Jenna Blackstone이 구입한 20장짜리 세트이다.
(D) 이것은 하루 만에 도착했다.

> **EXP.** [개별 추론 > what] 주문 번호 #56101 상품에 대해서 무엇을 추론할 수 있는 것을 묻고 있다.
>
> 둘째 지문 표에 "Expedited Shipping"이라고 언급되어 있다. 셋째 지문 전반부에 "Hi. We are so grateful for your rapid delivery of my order #56101. It arrived yesterday"라고 언급되어 있다.

---

194 Ms. Jenna Blackstone은 다음 중 어떤 것을 좋아할 것 같은가?

(A) Minimal
(B) Bold Arcs
(C) Vintage
(D) Brushstroke

> **EXP.** [개별 추론 > which] Ms. Jenna Blackstone은 어느 것을 좋아할지를 묻고 있다.
>
> 둘째 지문 표에 "Vintage DD160"이라고 언급되어 있다. 셋째 지문 전반부에 "I had requested DD160"이라고, 셋째 지문 후반부에 "That one seems to match our company's new logo well"이라고 언급되어 있다.

---

195 Ms. Jenna Blackstone이 그녀의 주문에 관련해서 어떤 문제를 언급했나?

(A) 그녀가 아이템 하나를 받지 못했다.
(B) 품질이 형편없었다.
(C) 주문을 실행하는데 너무 오랜 시간이 소비되었다.
(D) 그녀가 너무 많이 지불했다.

> **EXP.** [개별 사실 > what] Ms. Jenna Blackstone이 그녀의 주문에 관해 언급한 문제점을 묻고 있다.
>
> 셋째 지문 전반부에, "Unfortunately, one sample was missing from those I had ordered"라고 언급되어 있다.

196-200

VOCA compensate 보상하다 | allowance 허용, 허용치 | ground
staff 지상직 직원 | mislabel 인식표를 잘 못 붙이다

Story Line 항공사의 수하물 분실에 대한 공지, 분실된 수하물의 위치와
경위를 고객에게 알리는 이메일, 찾은 수하물을 보낼 곳을 알리는
이메일

---

196 공지에 따르면, Ms. Shion Cooper는 어떻게 해서 Jetblue Air에
연락할 수 있는가?

(A) 안내창구에 전화해서
(B) Jetblue Air 홈페이지를 방문해서
(C) 이메일을 보냄으로
(D) 항공사 사무실로 직접 찾아감으로

> **EXP.** [개별 사실 > how] 공지에 근거해, Ms. Shion Cooper가
> Jetblue Air에 연락을 취한 방법을 묻고 있다.
>
> 첫째 지문 후반부에, "please contact the support service using
> the web-site at jetblue.net"라고 언급되어 있다.

197 Mr. Mr. Todd Hamilton이 Ms. Shion Cooper에게 이메일을 발송한
이유는?

(A) 그녀에게 단계를 밟아가라고 알려주기 위해
(B) 비싼 항공권에 대해서 사과하려고
(C) 가방의 행방을 알려주기 위해서
(D) 그녀의 소지품 확인을 문의하기 위해서

> **EXP.** [개별 사실 > why] Mr. Mr. Todd Hamilton이 Ms. Shion
> Cooper에게 이메일을 발송한 이유를 묻고 있다.
>
> 둘째 지문 첫 단락 첫 문장에, "I am so glad to notice you
> that finally we have found your luggage (Luggage ID :
> HCT923904)"라고 언급되어 있다.

198 Ms. Shion Cooper에 대해서 추론할 수 있는 것은 무엇인가?

(A) 그녀는 가방 한 개를 분실했다.
(B) 그녀가 예전에 Jetblue Air에서 근무했다.
(C) 그녀가 Chicago 공항에서 그녀의 여권을 분실했다.
(D) 그녀는 이미 Mr. Todd Hamilton을 만났다.

> **EXP.** [개별 추론 > what] Ms. Shion Cooper에 대해서 추론할 수 있는
> 것을 묻고 있다.
>
> 셋째 지문 두 번째 문장 "Without one of my suitcases, I spent
> about a month in London"라고 언급되어 있다.

199 왜 Ms. Shion Cooper의 가방은 Paris로 보내졌는가?

(A) Mr. Hamilton은 Ms. Cooper가 어디로 가방을 보내는 것을
선호하는지 몰랐기 때문에
(B) JetBlue Air는 Ms. Cooperrk 30일 동안 그녀의 가방 없이
지냈다는 것을 계산할 수 없었기 때문에
**(C) JetBlue Air의 직원이 Ms. Cooper의 가방에 잘못된 태그를
부착했기 때문에**
(D) Mr. Hamilton은 JetBlue air의 제한된 목적지를 알지 못했기
때문에

> **EXP.** [개별 사실 > why] Ms. Shion Cooper의 가방은 Paris로 보내진
> 이유를 묻고 있다.
>
> 둘째 지문 첫 단락 둘째 문장에, "It happened by the ground
> staff who had accidently mislabelled your luggage, and it
> was sent to Paris instead of the original destination"라고
> 언급되어 있다.

200 Ms. Cooper는 그녀의 수하물을 어디로 보내길 원하는가?

(A) Chicago
(B) London
(C) Brighton
(D) Port Clinton

> **EXP.** [개별 사실 > where] Ms. Cooper는 그녀의 수하물을 어디로
> 보내길 원하는지를 묻고 있다.
>
> 셋째 지문 세 번째 문장에, "If I pay for shipping, would you
> have my suitcase delivered from Chicago Airport to my
> hometown of Port Clinton?"라고 언급되어 있다.

ANSWER SHEET

토익 Actual Test

수험번호

응시일자 :   년   월   일

성 명   한글 / 한자 / 영자

좌석번호

Ⓐ Ⓑ Ⓒ Ⓓ Ⓔ
① ② ③ ④ ⑤ ⑥ ⑦

LISTENING (Part I~IV)

NO.	ANSWER	NO.	ANSWER	NO.	ANSWER	NO.	ANSWER	NO.	ANSWER
	A B C D		A B C D		A B C D		A B C D		A B C D
1	Ⓐ Ⓑ Ⓒ Ⓓ	21	Ⓐ Ⓑ Ⓒ	41	Ⓐ Ⓑ Ⓒ Ⓓ	61	Ⓐ Ⓑ Ⓒ Ⓓ	81	Ⓐ Ⓑ Ⓒ Ⓓ
2	Ⓐ Ⓑ Ⓒ Ⓓ	22	Ⓐ Ⓑ Ⓒ	42	Ⓐ Ⓑ Ⓒ Ⓓ	62	Ⓐ Ⓑ Ⓒ Ⓓ	82	Ⓐ Ⓑ Ⓒ Ⓓ
3	Ⓐ Ⓑ Ⓒ Ⓓ	23	Ⓐ Ⓑ Ⓒ	43	Ⓐ Ⓑ Ⓒ Ⓓ	63	Ⓐ Ⓑ Ⓒ Ⓓ	83	Ⓐ Ⓑ Ⓒ Ⓓ
4	Ⓐ Ⓑ Ⓒ Ⓓ	24	Ⓐ Ⓑ Ⓒ	44	Ⓐ Ⓑ Ⓒ Ⓓ	64	Ⓐ Ⓑ Ⓒ Ⓓ	84	Ⓐ Ⓑ Ⓒ Ⓓ
5	Ⓐ Ⓑ Ⓒ Ⓓ	25	Ⓐ Ⓑ Ⓒ	45	Ⓐ Ⓑ Ⓒ Ⓓ	65	Ⓐ Ⓑ Ⓒ Ⓓ	85	Ⓐ Ⓑ Ⓒ Ⓓ
6	Ⓐ Ⓑ Ⓒ Ⓓ	26	Ⓐ Ⓑ Ⓒ	46	Ⓐ Ⓑ Ⓒ Ⓓ	66	Ⓐ Ⓑ Ⓒ Ⓓ	86	Ⓐ Ⓑ Ⓒ Ⓓ
7	Ⓐ Ⓑ Ⓒ	27	Ⓐ Ⓑ Ⓒ	47	Ⓐ Ⓑ Ⓒ Ⓓ	67	Ⓐ Ⓑ Ⓒ Ⓓ	87	Ⓐ Ⓑ Ⓒ Ⓓ
8	Ⓐ Ⓑ Ⓒ	28	Ⓐ Ⓑ Ⓒ	48	Ⓐ Ⓑ Ⓒ Ⓓ	68	Ⓐ Ⓑ Ⓒ Ⓓ	88	Ⓐ Ⓑ Ⓒ Ⓓ
9	Ⓐ Ⓑ Ⓒ	29	Ⓐ Ⓑ Ⓒ	49	Ⓐ Ⓑ Ⓒ Ⓓ	69	Ⓐ Ⓑ Ⓒ Ⓓ	89	Ⓐ Ⓑ Ⓒ Ⓓ
10	Ⓐ Ⓑ Ⓒ	30	Ⓐ Ⓑ Ⓒ	50	Ⓐ Ⓑ Ⓒ Ⓓ	70	Ⓐ Ⓑ Ⓒ Ⓓ	90	Ⓐ Ⓑ Ⓒ Ⓓ
11	Ⓐ Ⓑ Ⓒ	31	Ⓐ Ⓑ Ⓒ	51	Ⓐ Ⓑ Ⓒ Ⓓ	71	Ⓐ Ⓑ Ⓒ Ⓓ	91	Ⓐ Ⓑ Ⓒ Ⓓ
12	Ⓐ Ⓑ Ⓒ	32	Ⓐ Ⓑ Ⓒ Ⓓ	52	Ⓐ Ⓑ Ⓒ Ⓓ	72	Ⓐ Ⓑ Ⓒ Ⓓ	92	Ⓐ Ⓑ Ⓒ Ⓓ
13	Ⓐ Ⓑ Ⓒ	33	Ⓐ Ⓑ Ⓒ Ⓓ	53	Ⓐ Ⓑ Ⓒ Ⓓ	73	Ⓐ Ⓑ Ⓒ Ⓓ	93	Ⓐ Ⓑ Ⓒ Ⓓ
14	Ⓐ Ⓑ Ⓒ	34	Ⓐ Ⓑ Ⓒ Ⓓ	54	Ⓐ Ⓑ Ⓒ Ⓓ	74	Ⓐ Ⓑ Ⓒ Ⓓ	94	Ⓐ Ⓑ Ⓒ Ⓓ
15	Ⓐ Ⓑ Ⓒ	35	Ⓐ Ⓑ Ⓒ Ⓓ	55	Ⓐ Ⓑ Ⓒ Ⓓ	75	Ⓐ Ⓑ Ⓒ Ⓓ	95	Ⓐ Ⓑ Ⓒ Ⓓ
16	Ⓐ Ⓑ Ⓒ	36	Ⓐ Ⓑ Ⓒ Ⓓ	56	Ⓐ Ⓑ Ⓒ Ⓓ	76	Ⓐ Ⓑ Ⓒ Ⓓ	96	Ⓐ Ⓑ Ⓒ Ⓓ
17	Ⓐ Ⓑ Ⓒ	37	Ⓐ Ⓑ Ⓒ Ⓓ	57	Ⓐ Ⓑ Ⓒ Ⓓ	77	Ⓐ Ⓑ Ⓒ Ⓓ	97	Ⓐ Ⓑ Ⓒ Ⓓ
18	Ⓐ Ⓑ Ⓒ	38	Ⓐ Ⓑ Ⓒ Ⓓ	58	Ⓐ Ⓑ Ⓒ Ⓓ	78	Ⓐ Ⓑ Ⓒ Ⓓ	98	Ⓐ Ⓑ Ⓒ Ⓓ
19	Ⓐ Ⓑ Ⓒ	39	Ⓐ Ⓑ Ⓒ Ⓓ	59	Ⓐ Ⓑ Ⓒ Ⓓ	79	Ⓐ Ⓑ Ⓒ Ⓓ	99	Ⓐ Ⓑ Ⓒ Ⓓ
20	Ⓐ Ⓑ Ⓒ	40	Ⓐ Ⓑ Ⓒ Ⓓ	60	Ⓐ Ⓑ Ⓒ Ⓓ	80	Ⓐ Ⓑ Ⓒ Ⓓ	100	Ⓐ Ⓑ Ⓒ Ⓓ

READING (Part V~VII)

NO.	ANSWER	NO.	ANSWER	NO.	ANSWER	NO.	ANSWER	NO.	ANSWER
	A B C D		A B C D		A B C D		A B C D		A B C D
101	Ⓐ Ⓑ Ⓒ Ⓓ	121	Ⓐ Ⓑ Ⓒ Ⓓ	141	Ⓐ Ⓑ Ⓒ Ⓓ	161	Ⓐ Ⓑ Ⓒ Ⓓ	181	Ⓐ Ⓑ Ⓒ Ⓓ
102	Ⓐ Ⓑ Ⓒ Ⓓ	122	Ⓐ Ⓑ Ⓒ Ⓓ	142	Ⓐ Ⓑ Ⓒ Ⓓ	162	Ⓐ Ⓑ Ⓒ Ⓓ	182	Ⓐ Ⓑ Ⓒ Ⓓ
103	Ⓐ Ⓑ Ⓒ Ⓓ	123	Ⓐ Ⓑ Ⓒ Ⓓ	143	Ⓐ Ⓑ Ⓒ Ⓓ	163	Ⓐ Ⓑ Ⓒ Ⓓ	183	Ⓐ Ⓑ Ⓒ Ⓓ
104	Ⓐ Ⓑ Ⓒ Ⓓ	124	Ⓐ Ⓑ Ⓒ Ⓓ	144	Ⓐ Ⓑ Ⓒ Ⓓ	164	Ⓐ Ⓑ Ⓒ Ⓓ	184	Ⓐ Ⓑ Ⓒ Ⓓ
105	Ⓐ Ⓑ Ⓒ Ⓓ	125	Ⓐ Ⓑ Ⓒ Ⓓ	145	Ⓐ Ⓑ Ⓒ Ⓓ	165	Ⓐ Ⓑ Ⓒ Ⓓ	185	Ⓐ Ⓑ Ⓒ Ⓓ
106	Ⓐ Ⓑ Ⓒ Ⓓ	126	Ⓐ Ⓑ Ⓒ Ⓓ	146	Ⓐ Ⓑ Ⓒ Ⓓ	166	Ⓐ Ⓑ Ⓒ Ⓓ	186	Ⓐ Ⓑ Ⓒ Ⓓ
107	Ⓐ Ⓑ Ⓒ Ⓓ	127	Ⓐ Ⓑ Ⓒ Ⓓ	147	Ⓐ Ⓑ Ⓒ Ⓓ	167	Ⓐ Ⓑ Ⓒ Ⓓ	187	Ⓐ Ⓑ Ⓒ Ⓓ
108	Ⓐ Ⓑ Ⓒ Ⓓ	128	Ⓐ Ⓑ Ⓒ Ⓓ	148	Ⓐ Ⓑ Ⓒ Ⓓ	168	Ⓐ Ⓑ Ⓒ Ⓓ	188	Ⓐ Ⓑ Ⓒ Ⓓ
109	Ⓐ Ⓑ Ⓒ Ⓓ	129	Ⓐ Ⓑ Ⓒ Ⓓ	149	Ⓐ Ⓑ Ⓒ Ⓓ	169	Ⓐ Ⓑ Ⓒ Ⓓ	189	Ⓐ Ⓑ Ⓒ Ⓓ
110	Ⓐ Ⓑ Ⓒ Ⓓ	130	Ⓐ Ⓑ Ⓒ Ⓓ	150	Ⓐ Ⓑ Ⓒ Ⓓ	170	Ⓐ Ⓑ Ⓒ Ⓓ	190	Ⓐ Ⓑ Ⓒ Ⓓ
111	Ⓐ Ⓑ Ⓒ Ⓓ	131	Ⓐ Ⓑ Ⓒ Ⓓ	151	Ⓐ Ⓑ Ⓒ Ⓓ	171	Ⓐ Ⓑ Ⓒ Ⓓ	191	Ⓐ Ⓑ Ⓒ Ⓓ
112	Ⓐ Ⓑ Ⓒ Ⓓ	132	Ⓐ Ⓑ Ⓒ Ⓓ	152	Ⓐ Ⓑ Ⓒ Ⓓ	172	Ⓐ Ⓑ Ⓒ Ⓓ	192	Ⓐ Ⓑ Ⓒ Ⓓ
113	Ⓐ Ⓑ Ⓒ Ⓓ	133	Ⓐ Ⓑ Ⓒ Ⓓ	153	Ⓐ Ⓑ Ⓒ Ⓓ	173	Ⓐ Ⓑ Ⓒ Ⓓ	193	Ⓐ Ⓑ Ⓒ Ⓓ
114	Ⓐ Ⓑ Ⓒ Ⓓ	134	Ⓐ Ⓑ Ⓒ Ⓓ	154	Ⓐ Ⓑ Ⓒ Ⓓ	174	Ⓐ Ⓑ Ⓒ Ⓓ	194	Ⓐ Ⓑ Ⓒ Ⓓ
115	Ⓐ Ⓑ Ⓒ Ⓓ	135	Ⓐ Ⓑ Ⓒ Ⓓ	155	Ⓐ Ⓑ Ⓒ Ⓓ	175	Ⓐ Ⓑ Ⓒ Ⓓ	195	Ⓐ Ⓑ Ⓒ Ⓓ
116	Ⓐ Ⓑ Ⓒ Ⓓ	136	Ⓐ Ⓑ Ⓒ Ⓓ	156	Ⓐ Ⓑ Ⓒ Ⓓ	176	Ⓐ Ⓑ Ⓒ Ⓓ	196	Ⓐ Ⓑ Ⓒ Ⓓ
117	Ⓐ Ⓑ Ⓒ Ⓓ	137	Ⓐ Ⓑ Ⓒ Ⓓ	157	Ⓐ Ⓑ Ⓒ Ⓓ	177	Ⓐ Ⓑ Ⓒ Ⓓ	197	Ⓐ Ⓑ Ⓒ Ⓓ
118	Ⓐ Ⓑ Ⓒ Ⓓ	138	Ⓐ Ⓑ Ⓒ Ⓓ	158	Ⓐ Ⓑ Ⓒ Ⓓ	178	Ⓐ Ⓑ Ⓒ Ⓓ	198	Ⓐ Ⓑ Ⓒ Ⓓ
119	Ⓐ Ⓑ Ⓒ Ⓓ	139	Ⓐ Ⓑ Ⓒ Ⓓ	159	Ⓐ Ⓑ Ⓒ Ⓓ	179	Ⓐ Ⓑ Ⓒ Ⓓ	199	Ⓐ Ⓑ Ⓒ Ⓓ
120	Ⓐ Ⓑ Ⓒ Ⓓ	140	Ⓐ Ⓑ Ⓒ Ⓓ	160	Ⓐ Ⓑ Ⓒ Ⓓ	180	Ⓐ Ⓑ Ⓒ Ⓓ	200	Ⓐ Ⓑ Ⓒ Ⓓ

1. 사용 필기구 : 컴퓨터용 연필(연필류을 제외한 사인펜, 볼펜 등은 사용 절대 불가)

2. 잘못된 필기구 사용과 〈보기〉의 올바른 표기 이외의 잘못된 표기로 한 경우에는 당 위원회의 OMR기기가 판독한 결과에 따르며 그 결과는 본인 책임입니다. 1개의 정답만 골라 아래의 올바른 표기대로 정확히 표기하여야 합니다.
〈보기〉 올바른 표기 : ●   잘못된 표기 : ⊘ ⊗ ◑

3. 답안지는 컴퓨터로 처리되므로 훼손하시면 안 되며, 상단의 타이밍마크(▮▮▮)드 부분을 찢거나, 낙서 등을 하면 본인에게 불이익이 발생할 수 있습니다.

4. 감독관의 확인이 없거나 시험 종료 후에 답안 작성을 계속할 경우 시험 무효 처리됩니다.

* 서약 내용을 읽으시고 확인란에 반드시 서명하십시오.

서 약
본인은 TOEIC 시험 문제의 일부 또는 전부를 유출하거나 이에 관한 웹페이지 타이핑에 누설 공개하지 않을 것이며 인터넷 또는 인쇄물 등을 이용한 유포하거나 참고 자료로 활용하지 않을 것입니다. 또한 TOEIC 시험 부정 행위 처리 규정을 준수할 것을 서약합니다.

확 인

ANSWER SHEET

응시일자 : 년 월 일 시 분 ~ 시 분

테스트명 :

퀵토익 Actual Test

수험번호							—

성명	한글	
	한자	
	영자	

LISTENING SECTION

Part 1		Part 2						Part 3						Part 4					
No.	ANSWER	No.	ANSWER	No.	ANSWER	No.	ANSWER	No.	ANSWER	No.	ANSWER	No.	ANSWER	No.	ANSWER	No.	ANSWER	No.	ANSWER
1	A B C D	11	A B C	21	A B C	31	A B C	41	A B C D	51	A B C D	61	A B C D	71	A B C D	81	A B C D	91	A B C D
2	A B C D	12	A B C	22	A B C	32	A B C D	42	A B C D	52	A B C D	62	A B C D	72	A B C D	82	A B C D	92	A B C D
3	A B C D	13	A B C	23	A B C	33	A B C D	43	A B C D	53	A B C D	63	A B C D	73	A B C D	83	A B C D	93	A B C D
4	A B C D	14	A B C	24	A B C	34	A B C D	44	A B C D	54	A B C D	64	A B C D	74	A B C D	84	A B C D	94	A B C D
5	A B C D	15	A B C	25	A B C	35	A B C D	45	A B C D	55	A B C D	65	A B C D	75	A B C D	85	A B C D	95	A B C D
6	A B C D	16	A B C	26	A B C	36	A B C D	46	A B C D	56	A B C D	66	A B C D	76	A B C D	86	A B C D	96	A B C D
7	A B C	17	A B C	27	A B C	37	A B C D	47	A B C D	57	A B C D	67	A B C D	77	A B C D	87	A B C D	97	A B C D
8	A B C	18	A B C	28	A B C	38	A B C D	48	A B C D	58	A B C D	68	A B C D	78	A B C D	88	A B C D	98	A B C D
9	A B C	19	A B C	29	A B C	39	A B C D	49	A B C D	59	A B C D	69	A B C D	79	A B C D	89	A B C D	99	A B C D
10	A B C	20	A B C	30	A B C	40	A B C D	50	A B C D	60	A B C D	70	A B C D	80	A B C D	90	A B C D	100	A B C D

READING SECTION

Part 5								Part 6				Part 7							
No.	ANSWER	No.	ANSWER	No.	ANSWER	No.	ANSWER	No.	ANSWER	No.	ANSWER	No.	ANSWER	No.	ANSWER	No.	ANSWER	No.	ANSWER
101	A B C D	111	A B C D	121	A B C D	131	A B C D	141	A B C D	151	A B C D	161	A B C D	171	A B C D	181	A B C D	191	A B C D
102	A B C D	112	A B C D	122	A B C D	132	A B C D	142	A B C D	152	A B C D	162	A B C D	172	A B C D	182	A B C D	192	A B C D
103	A B C D	113	A B C D	123	A B C D	133	A B C D	143	A B C D	153	A B C D	163	A B C D	173	A B C D	183	A B C D	193	A B C D
104	A B C D	114	A B C D	124	A B C D	134	A B C D	144	A B C D	154	A B C D	164	A B C D	174	A B C D	184	A B C D	194	A B C D
105	A B C D	115	A B C D	125	A B C D	135	A B C D	145	A B C D	155	A B C D	165	A B C D	175	A B C D	185	A B C D	195	A B C D
106	A B C D	116	A B C D	126	A B C D	136	A B C D	146	A B C D	156	A B C D	166	A B C D	176	A B C D	186	A B C D	196	A B C D
107	A B C D	117	A B C D	127	A B C D	137	A B C D	147	A B C D	157	A B C D	167	A B C D	177	A B C D	187	A B C D	197	A B C D
108	A B C D	118	A B C D	128	A B C D	138	A B C D	148	A B C D	158	A B C D	168	A B C D	178	A B C D	188	A B C D	198	A B C D
109	A B C D	119	A B C D	129	A B C D	139	A B C D	149	A B C D	159	A B C D	169	A B C D	179	A B C D	189	A B C D	199	A B C D
110	A B C D	120	A B C D	130	A B C D	140	A B C D	150	A B C D	160	A B C D	170	A B C D	180	A B C D	190	A B C D	200	A B C D

ANSWER SHEET

킹 Actual Test

수험번호

성 명 한글 / 한자 / 영자

응시일자 :   년   월   일

좌석번호
Ⓐ Ⓑ Ⓒ Ⓓ Ⓔ
① ② ③ ④ ⑤ ⑥ ⑦

LISTENING (Part I~IV)

NO.	ANSWER	NO.	ANSWER	NO.	ANSWER	NO.	ANSWER	NO.	ANSWER
1	Ⓐ Ⓑ Ⓒ Ⓓ	21	Ⓐ Ⓑ Ⓒ Ⓓ	41	Ⓐ Ⓑ Ⓒ Ⓓ	61	Ⓐ Ⓑ Ⓒ Ⓓ	81	Ⓐ Ⓑ Ⓒ Ⓓ
2	Ⓐ Ⓑ Ⓒ Ⓓ	22	Ⓐ Ⓑ Ⓒ Ⓓ	42	Ⓐ Ⓑ Ⓒ Ⓓ	62	Ⓐ Ⓑ Ⓒ Ⓓ	82	Ⓐ Ⓑ Ⓒ Ⓓ
3	Ⓐ Ⓑ Ⓒ Ⓓ	23	Ⓐ Ⓑ Ⓒ Ⓓ	43	Ⓐ Ⓑ Ⓒ Ⓓ	63	Ⓐ Ⓑ Ⓒ Ⓓ	83	Ⓐ Ⓑ Ⓒ Ⓓ
4	Ⓐ Ⓑ Ⓒ Ⓓ	24	Ⓐ Ⓑ Ⓒ Ⓓ	44	Ⓐ Ⓑ Ⓒ Ⓓ	64	Ⓐ Ⓑ Ⓒ Ⓓ	84	Ⓐ Ⓑ Ⓒ Ⓓ
5	Ⓐ Ⓑ Ⓒ Ⓓ	25	Ⓐ Ⓑ Ⓒ Ⓓ	45	Ⓐ Ⓑ Ⓒ Ⓓ	65	Ⓐ Ⓑ Ⓒ Ⓓ	85	Ⓐ Ⓑ Ⓒ Ⓓ
6	Ⓐ Ⓑ Ⓒ Ⓓ	26	Ⓐ Ⓑ Ⓒ Ⓓ	46	Ⓐ Ⓑ Ⓒ Ⓓ	66	Ⓐ Ⓑ Ⓒ Ⓓ	86	Ⓐ Ⓑ Ⓒ Ⓓ
7	Ⓐ Ⓑ Ⓒ Ⓓ	27	Ⓐ Ⓑ Ⓒ Ⓓ	47	Ⓐ Ⓑ Ⓒ Ⓓ	67	Ⓐ Ⓑ Ⓒ Ⓓ	87	Ⓐ Ⓑ Ⓒ Ⓓ
8	Ⓐ Ⓑ Ⓒ Ⓓ	28	Ⓐ Ⓑ Ⓒ Ⓓ	48	Ⓐ Ⓑ Ⓒ Ⓓ	68	Ⓐ Ⓑ Ⓒ Ⓓ	88	Ⓐ Ⓑ Ⓒ Ⓓ
9	Ⓐ Ⓑ Ⓒ Ⓓ	29	Ⓐ Ⓑ Ⓒ Ⓓ	49	Ⓐ Ⓑ Ⓒ Ⓓ	69	Ⓐ Ⓑ Ⓒ Ⓓ	89	Ⓐ Ⓑ Ⓒ Ⓓ
10	Ⓐ Ⓑ Ⓒ Ⓓ	30	Ⓐ Ⓑ Ⓒ Ⓓ	50	Ⓐ Ⓑ Ⓒ Ⓓ	70	Ⓐ Ⓑ Ⓒ Ⓓ	90	Ⓐ Ⓑ Ⓒ Ⓓ
11	Ⓐ Ⓑ Ⓒ Ⓓ	31	Ⓐ Ⓑ Ⓒ Ⓓ	51	Ⓐ Ⓑ Ⓒ Ⓓ	71	Ⓐ Ⓑ Ⓒ Ⓓ	91	Ⓐ Ⓑ Ⓒ Ⓓ
12	Ⓐ Ⓑ Ⓒ Ⓓ	32	Ⓐ Ⓑ Ⓒ Ⓓ	52	Ⓐ Ⓑ Ⓒ Ⓓ	72	Ⓐ Ⓑ Ⓒ Ⓓ	92	Ⓐ Ⓑ Ⓒ Ⓓ
13	Ⓐ Ⓑ Ⓒ Ⓓ	33	Ⓐ Ⓑ Ⓒ Ⓓ	53	Ⓐ Ⓑ Ⓒ Ⓓ	73	Ⓐ Ⓑ Ⓒ Ⓓ	93	Ⓐ Ⓑ Ⓒ Ⓓ
14	Ⓐ Ⓑ Ⓒ Ⓓ	34	Ⓐ Ⓑ Ⓒ Ⓓ	54	Ⓐ Ⓑ Ⓒ Ⓓ	74	Ⓐ Ⓑ Ⓒ Ⓓ	94	Ⓐ Ⓑ Ⓒ Ⓓ
15	Ⓐ Ⓑ Ⓒ Ⓓ	35	Ⓐ Ⓑ Ⓒ Ⓓ	55	Ⓐ Ⓑ Ⓒ Ⓓ	75	Ⓐ Ⓑ Ⓒ Ⓓ	95	Ⓐ Ⓑ Ⓒ Ⓓ
16	Ⓐ Ⓑ Ⓒ Ⓓ	36	Ⓐ Ⓑ Ⓒ Ⓓ	56	Ⓐ Ⓑ Ⓒ Ⓓ	76	Ⓐ Ⓑ Ⓒ Ⓓ	96	Ⓐ Ⓑ Ⓒ Ⓓ
17	Ⓐ Ⓑ Ⓒ Ⓓ	37	Ⓐ Ⓑ Ⓒ Ⓓ	57	Ⓐ Ⓑ Ⓒ Ⓓ	77	Ⓐ Ⓑ Ⓒ Ⓓ	97	Ⓐ Ⓑ Ⓒ Ⓓ
18	Ⓐ Ⓑ Ⓒ Ⓓ	38	Ⓐ Ⓑ Ⓒ Ⓓ	58	Ⓐ Ⓑ Ⓒ Ⓓ	78	Ⓐ Ⓑ Ⓒ Ⓓ	98	Ⓐ Ⓑ Ⓒ Ⓓ
19	Ⓐ Ⓑ Ⓒ Ⓓ	39	Ⓐ Ⓑ Ⓒ Ⓓ	59	Ⓐ Ⓑ Ⓒ Ⓓ	79	Ⓐ Ⓑ Ⓒ Ⓓ	99	Ⓐ Ⓑ Ⓒ Ⓓ
20	Ⓐ Ⓑ Ⓒ Ⓓ	40	Ⓐ Ⓑ Ⓒ Ⓓ	60	Ⓐ Ⓑ Ⓒ Ⓓ	80	Ⓐ Ⓑ Ⓒ Ⓓ	100	Ⓐ Ⓑ Ⓒ Ⓓ

READING (Part V~VII)

NO.	ANSWER	NO.	ANSWER	NO.	ANSWER	NO.	ANSWER	NO.	ANSWER
101	Ⓐ Ⓑ Ⓒ Ⓓ	121	Ⓐ Ⓑ Ⓒ Ⓓ	141	Ⓐ Ⓑ Ⓒ Ⓓ	161	Ⓐ Ⓑ Ⓒ Ⓓ	181	Ⓐ Ⓑ Ⓒ Ⓓ
102	Ⓐ Ⓑ Ⓒ Ⓓ	122	Ⓐ Ⓑ Ⓒ Ⓓ	142	Ⓐ Ⓑ Ⓒ Ⓓ	162	Ⓐ Ⓑ Ⓒ Ⓓ	182	Ⓐ Ⓑ Ⓒ Ⓓ
103	Ⓐ Ⓑ Ⓒ Ⓓ	123	Ⓐ Ⓑ Ⓒ Ⓓ	143	Ⓐ Ⓑ Ⓒ Ⓓ	163	Ⓐ Ⓑ Ⓒ Ⓓ	183	Ⓐ Ⓑ Ⓒ Ⓓ
104	Ⓐ Ⓑ Ⓒ Ⓓ	124	Ⓐ Ⓑ Ⓒ Ⓓ	144	Ⓐ Ⓑ Ⓒ Ⓓ	164	Ⓐ Ⓑ Ⓒ Ⓓ	184	Ⓐ Ⓑ Ⓒ Ⓓ
105	Ⓐ Ⓑ Ⓒ Ⓓ	125	Ⓐ Ⓑ Ⓒ Ⓓ	145	Ⓐ Ⓑ Ⓒ Ⓓ	165	Ⓐ Ⓑ Ⓒ Ⓓ	185	Ⓐ Ⓑ Ⓒ Ⓓ
106	Ⓐ Ⓑ Ⓒ Ⓓ	126	Ⓐ Ⓑ Ⓒ Ⓓ	146	Ⓐ Ⓑ Ⓒ Ⓓ	166	Ⓐ Ⓑ Ⓒ Ⓓ	186	Ⓐ Ⓑ Ⓒ Ⓓ
107	Ⓐ Ⓑ Ⓒ Ⓓ	127	Ⓐ Ⓑ Ⓒ Ⓓ	147	Ⓐ Ⓑ Ⓒ Ⓓ	167	Ⓐ Ⓑ Ⓒ Ⓓ	187	Ⓐ Ⓑ Ⓒ Ⓓ
108	Ⓐ Ⓑ Ⓒ Ⓓ	128	Ⓐ Ⓑ Ⓒ Ⓓ	148	Ⓐ Ⓑ Ⓒ Ⓓ	168	Ⓐ Ⓑ Ⓒ Ⓓ	188	Ⓐ Ⓑ Ⓒ Ⓓ
109	Ⓐ Ⓑ Ⓒ Ⓓ	129	Ⓐ Ⓑ Ⓒ Ⓓ	149	Ⓐ Ⓑ Ⓒ Ⓓ	169	Ⓐ Ⓑ Ⓒ Ⓓ	189	Ⓐ Ⓑ Ⓒ Ⓓ
110	Ⓐ Ⓑ Ⓒ Ⓓ	130	Ⓐ Ⓑ Ⓒ Ⓓ	150	Ⓐ Ⓑ Ⓒ Ⓓ	170	Ⓐ Ⓑ Ⓒ Ⓓ	190	Ⓐ Ⓑ Ⓒ Ⓓ
111	Ⓐ Ⓑ Ⓒ Ⓓ	131	Ⓐ Ⓑ Ⓒ Ⓓ	151	Ⓐ Ⓑ Ⓒ Ⓓ	171	Ⓐ Ⓑ Ⓒ Ⓓ	191	Ⓐ Ⓑ Ⓒ Ⓓ
112	Ⓐ Ⓑ Ⓒ Ⓓ	132	Ⓐ Ⓑ Ⓒ Ⓓ	152	Ⓐ Ⓑ Ⓒ Ⓓ	172	Ⓐ Ⓑ Ⓒ Ⓓ	192	Ⓐ Ⓑ Ⓒ Ⓓ
113	Ⓐ Ⓑ Ⓒ Ⓓ	133	Ⓐ Ⓑ Ⓒ Ⓓ	153	Ⓐ Ⓑ Ⓒ Ⓓ	173	Ⓐ Ⓑ Ⓒ Ⓓ	193	Ⓐ Ⓑ Ⓒ Ⓓ
114	Ⓐ Ⓑ Ⓒ Ⓓ	134	Ⓐ Ⓑ Ⓒ Ⓓ	154	Ⓐ Ⓑ Ⓒ Ⓓ	174	Ⓐ Ⓑ Ⓒ Ⓓ	194	Ⓐ Ⓑ Ⓒ Ⓓ
115	Ⓐ Ⓑ Ⓒ Ⓓ	135	Ⓐ Ⓑ Ⓒ Ⓓ	155	Ⓐ Ⓑ Ⓒ Ⓓ	175	Ⓐ Ⓑ Ⓒ Ⓓ	195	Ⓐ Ⓑ Ⓒ Ⓓ
116	Ⓐ Ⓑ Ⓒ Ⓓ	136	Ⓐ Ⓑ Ⓒ Ⓓ	156	Ⓐ Ⓑ Ⓒ Ⓓ	176	Ⓐ Ⓑ Ⓒ Ⓓ	196	Ⓐ Ⓑ Ⓒ Ⓓ
117	Ⓐ Ⓑ Ⓒ Ⓓ	137	Ⓐ Ⓑ Ⓒ Ⓓ	157	Ⓐ Ⓑ Ⓒ Ⓓ	177	Ⓐ Ⓑ Ⓒ Ⓓ	197	Ⓐ Ⓑ Ⓒ Ⓓ
118	Ⓐ Ⓑ Ⓒ Ⓓ	138	Ⓐ Ⓑ Ⓒ Ⓓ	158	Ⓐ Ⓑ Ⓒ Ⓓ	178	Ⓐ Ⓑ Ⓒ Ⓓ	198	Ⓐ Ⓑ Ⓒ Ⓓ
119	Ⓐ Ⓑ Ⓒ Ⓓ	139	Ⓐ Ⓑ Ⓒ Ⓓ	159	Ⓐ Ⓑ Ⓒ Ⓓ	179	Ⓐ Ⓑ Ⓒ Ⓓ	199	Ⓐ Ⓑ Ⓒ Ⓓ
120	Ⓐ Ⓑ Ⓒ Ⓓ	140	Ⓐ Ⓑ Ⓒ Ⓓ	160	Ⓐ Ⓑ Ⓒ Ⓓ	180	Ⓐ Ⓑ Ⓒ Ⓓ	200	Ⓐ Ⓑ Ⓒ Ⓓ

ANSWER SHEET

托익 Actual Test

수 험 번 호

응시일자 : 년 월 일 시 분 ~ 시 분

테스트명 :

성 명	한글
	한자
	영자

LISTENING SECTION

Part 1
No.	ANSWER A B C D
1	A B C D
2	A B C D
3	A B C D
4	A B C D
5	A B C D
6	A B C D
7	A B C D
8	A B C D
9	A B C D
10	A B C D

Part 2
No.	ANSWER A B C D	No.	ANSWER A B C D	No.	ANSWER A B C D
11	A B C D	21	A B C D	31	A B C D
12	A B C D	22	A B C D	32	A B C D
13	A B C D	23	A B C D	33	A B C D
14	A B C D	24	A B C D	34	A B C D
15	A B C D	25	A B C D	35	A B C D
16	A B C D	26	A B C D	36	A B C D
17	A B C D	27	A B C D	37	A B C D
18	A B C D	28	A B C D	38	A B C D
19	A B C D	29	A B C D	39	A B C D
20	A B C D	30	A B C D	40	A B C D

Part 3
No.	ANSWER A B C D	No.	ANSWER A B C D	No.	ANSWER A B C D
41	A B C D	51	A B C D	61	A B C D
42	A B C D	52	A B C D	62	A B C D
43	A B C D	53	A B C D	63	A B C D
44	A B C D	54	A B C D	64	A B C D
45	A B C D	55	A B C D	65	A B C D
46	A B C D	56	A B C D	66	A B C D
47	A B C D	57	A B C D	67	A B C D
48	A B C D	58	A B C D	68	A B C D
49	A B C D	59	A B C D	69	A B C D
50	A B C D	60	A B C D	70	A B C D

Part 4
No.	ANSWER A B C D	No.	ANSWER A B C D	No.	ANSWER A B C D
71	A B C D	81	A B C D	91	A B C D
72	A B C D	82	A B C D	92	A B C D
73	A B C D	83	A B C D	93	A B C D
74	A B C D	84	A B C D	94	A B C D
75	A B C D	85	A B C D	95	A B C D
76	A B C D	86	A B C D	96	A B C D
77	A B C D	87	A B C D	97	A B C D
78	A B C D	88	A B C D	98	A B C D
79	A B C D	89	A B C D	99	A B C D
80	A B C D	90	A B C D	100	A B C D

READING SECTION

Part 5
No.	ANSWER A B C D
101	A B C D
102	A B C D
103	A B C D
104	A B C D
105	A B C D
106	A B C D
107	A B C D
108	A B C D
109	A B C D
110	A B C D

Part 6
No.	ANSWER A B C D	No.	ANSWER A B C D
111	A B C D	121	A B C D
112	A B C D	122	A B C D
113	A B C D	123	A B C D
114	A B C D	124	A B C D
115	A B C D	125	A B C D
116	A B C D	126	A B C D
117	A B C D	127	A B C D
118	A B C D	128	A B C D
119	A B C D	129	A B C D
120	A B C D	130	A B C D

Part 7
No.	ANSWER A B C D	No.	ANSWER A B C D	No.	ANSWER A B C D
131	A B C D	141	A B C D	151	A B C D
132	A B C D	142	A B C D	152	A B C D
133	A B C D	143	A B C D	153	A B C D
134	A B C D	144	A B C D	154	A B C D
135	A B C D	145	A B C D	155	A B C D
136	A B C D	146	A B C D	156	A B C D
137	A B C D	147	A B C D	157	A B C D
138	A B C D	148	A B C D	158	A B C D
139	A B C D	149	A B C D	159	A B C D
140	A B C D	150	A B C D	160	A B C D

No.	ANSWER A B C D	No.	ANSWER A B C D
161	A B C D	191	A B C D
162	A B C D	192	A B C D
163	A B C D	193	A B C D
164	A B C D	194	A B C D
165	A B C D	195	A B C D
166	A B C D	196	A B C D
167	A B C D	197	A B C D
168	A B C D	198	A B C D
169	A B C D	199	A B C D
170	A B C D	200	A B C D

No.	ANSWER A B C D
171	A B C D
172	A B C D
173	A B C D
174	A B C D
175	A B C D
176	A B C D
177	A B C D
178	A B C D
179	A B C D
180	A B C D

No.	ANSWER A B C D
181	A B C D
182	A B C D
183	A B C D
184	A B C D
185	A B C D
186	A B C D
187	A B C D
188	A B C D
189	A B C D
190	A B C D

ANSWER SHEET

31 토익 Actual Test

수험번호

응시일자 :　　　년　　　월　　　일

성명	한글
	한자
	영자

좌석번호

Ⓐ Ⓑ Ⓒ Ⓓ Ⓔ ⑥ ⑦
① ② ③ ④ ⑤ ⑥ ⑦

LISTENING (Part I~IV)

NO.	ANSWER	NO.	ANSWER	NO.	ANSWER	NO.	ANSWER	NO.	ANSWER
	A B C D		A B C D		A B C D		A B C D		A B C D
1	Ⓐ Ⓑ Ⓒ Ⓓ	21	Ⓐ Ⓑ Ⓒ Ⓓ	41	Ⓐ Ⓑ Ⓒ Ⓓ	61	Ⓐ Ⓑ Ⓒ Ⓓ	81	Ⓐ Ⓑ Ⓒ Ⓓ
2	Ⓐ Ⓑ Ⓒ Ⓓ	22	Ⓐ Ⓑ Ⓒ Ⓓ	42	Ⓐ Ⓑ Ⓒ Ⓓ	62	Ⓐ Ⓑ Ⓒ Ⓓ	82	Ⓐ Ⓑ Ⓒ Ⓓ
3	Ⓐ Ⓑ Ⓒ Ⓓ	23	Ⓐ Ⓑ Ⓒ Ⓓ	43	Ⓐ Ⓑ Ⓒ Ⓓ	63	Ⓐ Ⓑ Ⓒ Ⓓ	83	Ⓐ Ⓑ Ⓒ Ⓓ
4	Ⓐ Ⓑ Ⓒ Ⓓ	24	Ⓐ Ⓑ Ⓒ Ⓓ	44	Ⓐ Ⓑ Ⓒ Ⓓ	64	Ⓐ Ⓑ Ⓒ Ⓓ	84	Ⓐ Ⓑ Ⓒ Ⓓ
5	Ⓐ Ⓑ Ⓒ Ⓓ	25	Ⓐ Ⓑ Ⓒ Ⓓ	45	Ⓐ Ⓑ Ⓒ Ⓓ	65	Ⓐ Ⓑ Ⓒ Ⓓ	85	Ⓐ Ⓑ Ⓒ Ⓓ
6	Ⓐ Ⓑ Ⓒ Ⓓ	26	Ⓐ Ⓑ Ⓒ Ⓓ	46	Ⓐ Ⓑ Ⓒ Ⓓ	66	Ⓐ Ⓑ Ⓒ Ⓓ	86	Ⓐ Ⓑ Ⓒ Ⓓ
7	Ⓐ Ⓑ Ⓒ Ⓓ	27	Ⓐ Ⓑ Ⓒ Ⓓ	47	Ⓐ Ⓑ Ⓒ Ⓓ	67	Ⓐ Ⓑ Ⓒ Ⓓ	87	Ⓐ Ⓑ Ⓒ Ⓓ
8	Ⓐ Ⓑ Ⓒ Ⓓ	28	Ⓐ Ⓑ Ⓒ Ⓓ	48	Ⓐ Ⓑ Ⓒ Ⓓ	68	Ⓐ Ⓑ Ⓒ Ⓓ	88	Ⓐ Ⓑ Ⓒ Ⓓ
9	Ⓐ Ⓑ Ⓒ Ⓓ	29	Ⓐ Ⓑ Ⓒ Ⓓ	49	Ⓐ Ⓑ Ⓒ Ⓓ	69	Ⓐ Ⓑ Ⓒ Ⓓ	89	Ⓐ Ⓑ Ⓒ Ⓓ
10	Ⓐ Ⓑ Ⓒ Ⓓ	30	Ⓐ Ⓑ Ⓒ Ⓓ	50	Ⓐ Ⓑ Ⓒ Ⓓ	70	Ⓐ Ⓑ Ⓒ Ⓓ	90	Ⓐ Ⓑ Ⓒ Ⓓ
11	Ⓐ Ⓑ Ⓒ Ⓓ	31	Ⓐ Ⓑ Ⓒ Ⓓ	51	Ⓐ Ⓑ Ⓒ Ⓓ	71	Ⓐ Ⓑ Ⓒ Ⓓ	91	Ⓐ Ⓑ Ⓒ Ⓓ
12	Ⓐ Ⓑ Ⓒ Ⓓ	32	Ⓐ Ⓑ Ⓒ Ⓓ	52	Ⓐ Ⓑ Ⓒ Ⓓ	72	Ⓐ Ⓑ Ⓒ Ⓓ	92	Ⓐ Ⓑ Ⓒ Ⓓ
13	Ⓐ Ⓑ Ⓒ Ⓓ	33	Ⓐ Ⓑ Ⓒ Ⓓ	53	Ⓐ Ⓑ Ⓒ Ⓓ	73	Ⓐ Ⓑ Ⓒ Ⓓ	93	Ⓐ Ⓑ Ⓒ Ⓓ
14	Ⓐ Ⓑ Ⓒ Ⓓ	34	Ⓐ Ⓑ Ⓒ Ⓓ	54	Ⓐ Ⓑ Ⓒ Ⓓ	74	Ⓐ Ⓑ Ⓒ Ⓓ	94	Ⓐ Ⓑ Ⓒ Ⓓ
15	Ⓐ Ⓑ Ⓒ Ⓓ	35	Ⓐ Ⓑ Ⓒ Ⓓ	55	Ⓐ Ⓑ Ⓒ Ⓓ	75	Ⓐ Ⓑ Ⓒ Ⓓ	95	Ⓐ Ⓑ Ⓒ Ⓓ
16	Ⓐ Ⓑ Ⓒ Ⓓ	36	Ⓐ Ⓑ Ⓒ Ⓓ	56	Ⓐ Ⓑ Ⓒ Ⓓ	76	Ⓐ Ⓑ Ⓒ Ⓓ	96	Ⓐ Ⓑ Ⓒ Ⓓ
17	Ⓐ Ⓑ Ⓒ Ⓓ	37	Ⓐ Ⓑ Ⓒ Ⓓ	57	Ⓐ Ⓑ Ⓒ Ⓓ	77	Ⓐ Ⓑ Ⓒ Ⓓ	97	Ⓐ Ⓑ Ⓒ Ⓓ
18	Ⓐ Ⓑ Ⓒ Ⓓ	38	Ⓐ Ⓑ Ⓒ Ⓓ	58	Ⓐ Ⓑ Ⓒ Ⓓ	78	Ⓐ Ⓑ Ⓒ Ⓓ	98	Ⓐ Ⓑ Ⓒ Ⓓ
19	Ⓐ Ⓑ Ⓒ Ⓓ	39	Ⓐ Ⓑ Ⓒ Ⓓ	59	Ⓐ Ⓑ Ⓒ Ⓓ	79	Ⓐ Ⓑ Ⓒ Ⓓ	99	Ⓐ Ⓑ Ⓒ Ⓓ
20	Ⓐ Ⓑ Ⓒ Ⓓ	40	Ⓐ Ⓑ Ⓒ Ⓓ	60	Ⓐ Ⓑ Ⓒ Ⓓ	80	Ⓐ Ⓑ Ⓒ Ⓓ	100	Ⓐ Ⓑ Ⓒ Ⓓ

READING (Part V~VII)

NO.	ANSWER	NO.	ANSWER	NO.	ANSWER	NO.	ANSWER	NO.	ANSWER
	A B C D		A B C D		A B C D		A B C D		A B C D
101	Ⓐ Ⓑ Ⓒ Ⓓ	121	Ⓐ Ⓑ Ⓒ Ⓓ	141	Ⓐ Ⓑ Ⓒ Ⓓ	161	Ⓐ Ⓑ Ⓒ Ⓓ	181	Ⓐ Ⓑ Ⓒ Ⓓ
102	Ⓐ Ⓑ Ⓒ Ⓓ	122	Ⓐ Ⓑ Ⓒ Ⓓ	142	Ⓐ Ⓑ Ⓒ Ⓓ	162	Ⓐ Ⓑ Ⓒ Ⓓ	182	Ⓐ Ⓑ Ⓒ Ⓓ
103	Ⓐ Ⓑ Ⓒ Ⓓ	123	Ⓐ Ⓑ Ⓒ Ⓓ	143	Ⓐ Ⓑ Ⓒ Ⓓ	163	Ⓐ Ⓑ Ⓒ Ⓓ	183	Ⓐ Ⓑ Ⓒ Ⓓ
104	Ⓐ Ⓑ Ⓒ Ⓓ	124	Ⓐ Ⓑ Ⓒ Ⓓ	144	Ⓐ Ⓑ Ⓒ Ⓓ	164	Ⓐ Ⓑ Ⓒ Ⓓ	184	Ⓐ Ⓑ Ⓒ Ⓓ
105	Ⓐ Ⓑ Ⓒ Ⓓ	125	Ⓐ Ⓑ Ⓒ Ⓓ	145	Ⓐ Ⓑ Ⓒ Ⓓ	165	Ⓐ Ⓑ Ⓒ Ⓓ	185	Ⓐ Ⓑ Ⓒ Ⓓ
106	Ⓐ Ⓑ Ⓒ Ⓓ	126	Ⓐ Ⓑ Ⓒ Ⓓ	146	Ⓐ Ⓑ Ⓒ Ⓓ	166	Ⓐ Ⓑ Ⓒ Ⓓ	186	Ⓐ Ⓑ Ⓒ Ⓓ
107	Ⓐ Ⓑ Ⓒ Ⓓ	127	Ⓐ Ⓑ Ⓒ Ⓓ	147	Ⓐ Ⓑ Ⓒ Ⓓ	167	Ⓐ Ⓑ Ⓒ Ⓓ	187	Ⓐ Ⓑ Ⓒ Ⓓ
108	Ⓐ Ⓑ Ⓒ Ⓓ	128	Ⓐ Ⓑ Ⓒ Ⓓ	148	Ⓐ Ⓑ Ⓒ Ⓓ	168	Ⓐ Ⓑ Ⓒ Ⓓ	188	Ⓐ Ⓑ Ⓒ Ⓓ
109	Ⓐ Ⓑ Ⓒ Ⓓ	129	Ⓐ Ⓑ Ⓒ Ⓓ	149	Ⓐ Ⓑ Ⓒ Ⓓ	169	Ⓐ Ⓑ Ⓒ Ⓓ	189	Ⓐ Ⓑ Ⓒ Ⓓ
110	Ⓐ Ⓑ Ⓒ Ⓓ	130	Ⓐ Ⓑ Ⓒ Ⓓ	150	Ⓐ Ⓑ Ⓒ Ⓓ	170	Ⓐ Ⓑ Ⓒ Ⓓ	190	Ⓐ Ⓑ Ⓒ Ⓓ
111	Ⓐ Ⓑ Ⓒ Ⓓ	131	Ⓐ Ⓑ Ⓒ Ⓓ	151	Ⓐ Ⓑ Ⓒ Ⓓ	171	Ⓐ Ⓑ Ⓒ Ⓓ	191	Ⓐ Ⓑ Ⓒ Ⓓ
112	Ⓐ Ⓑ Ⓒ Ⓓ	132	Ⓐ Ⓑ Ⓒ Ⓓ	152	Ⓐ Ⓑ Ⓒ Ⓓ	172	Ⓐ Ⓑ Ⓒ Ⓓ	192	Ⓐ Ⓑ Ⓒ Ⓓ
113	Ⓐ Ⓑ Ⓒ Ⓓ	133	Ⓐ Ⓑ Ⓒ Ⓓ	153	Ⓐ Ⓑ Ⓒ Ⓓ	173	Ⓐ Ⓑ Ⓒ Ⓓ	193	Ⓐ Ⓑ Ⓒ Ⓓ
114	Ⓐ Ⓑ Ⓒ Ⓓ	134	Ⓐ Ⓑ Ⓒ Ⓓ	154	Ⓐ Ⓑ Ⓒ Ⓓ	174	Ⓐ Ⓑ Ⓒ Ⓓ	194	Ⓐ Ⓑ Ⓒ Ⓓ
115	Ⓐ Ⓑ Ⓒ Ⓓ	135	Ⓐ Ⓑ Ⓒ Ⓓ	155	Ⓐ Ⓑ Ⓒ Ⓓ	175	Ⓐ Ⓑ Ⓒ Ⓓ	195	Ⓐ Ⓑ Ⓒ Ⓓ
116	Ⓐ Ⓑ Ⓒ Ⓓ	136	Ⓐ Ⓑ Ⓒ Ⓓ	156	Ⓐ Ⓑ Ⓒ Ⓓ	176	Ⓐ Ⓑ Ⓒ Ⓓ	196	Ⓐ Ⓑ Ⓒ Ⓓ
117	Ⓐ Ⓑ Ⓒ Ⓓ	137	Ⓐ Ⓑ Ⓒ Ⓓ	157	Ⓐ Ⓑ Ⓒ Ⓓ	177	Ⓐ Ⓑ Ⓒ Ⓓ	197	Ⓐ Ⓑ Ⓒ Ⓓ
118	Ⓐ Ⓑ Ⓒ Ⓓ	138	Ⓐ Ⓑ Ⓒ Ⓓ	158	Ⓐ Ⓑ Ⓒ Ⓓ	178	Ⓐ Ⓑ Ⓒ Ⓓ	198	Ⓐ Ⓑ Ⓒ Ⓓ
119	Ⓐ Ⓑ Ⓒ Ⓓ	139	Ⓐ Ⓑ Ⓒ Ⓓ	159	Ⓐ Ⓑ Ⓒ Ⓓ	179	Ⓐ Ⓑ Ⓒ Ⓓ	199	Ⓐ Ⓑ Ⓒ Ⓓ
120	Ⓐ Ⓑ Ⓒ Ⓓ	140	Ⓐ Ⓑ Ⓒ Ⓓ	160	Ⓐ Ⓑ Ⓒ Ⓓ	180	Ⓐ Ⓑ Ⓒ Ⓓ	200	Ⓐ Ⓑ Ⓒ Ⓓ

1. 사용 필기구 : 컴퓨터용 연필(연필을 제외한 사인펜, 볼펜 등은 사용 절대 불가)

2. 잘못된 필기구 사용과 〈보기〉의 올바른 표기 이외의 잘못된 표기로 한 경우에는 당 위원회의 OMR기기가 판독한 결과에
따르며 그 결과는 본인 책임입니다. 1개의 정답만 골라 아래의 올바른 표기대로 정확히 표기하여야 합니다.
〈보기〉 올바른 표기 : ●   잘못된 표기 : ⊙ Ⓧ ◐

3. 답안지는 컴퓨터로 처리되므로 훼손하시면 안 되며, 상단의 타이밍마크(∥∥∥) 부분을 찢거나, 낙서 등을 하면 본인에게
불이익이 발생할 수 있습니다.

4. 감독관의 확인이 없거나 시험 종료 후에 답란 작성을 계속할 경우 시험 무효 처리됩니다.

* 서약 내용을 읽으시고 확인란에 반드시 서명하십시오.

본인은 TOEIC 시험 문제의 일부 또는 전부를 유출하거나 어떠한 형태로도 타인에게 누설 공개하지 않을 것이며
인터넷 또는 인쇄물 등에 이용을 유포하거나 참고 자료로 활용하지 않을 것입니다. 또한 TOEIC 시험 부정 행위
처리 규정을 준수할 것을 서약합니다.

서 약

확 인

ANSWER SHEET

응시일자 : 년 월 일 시 분 ~ 시 분

테스트명 :

수 험 번 호

성 명	한글
	한자
	영자

31 Actual Test

LISTENING SECTION

Part 1

No.	ANSWER (A B C D)
1	Ⓐ Ⓑ Ⓒ Ⓓ
2	Ⓐ Ⓑ Ⓒ Ⓓ
3	Ⓐ Ⓑ Ⓒ Ⓓ
4	Ⓐ Ⓑ Ⓒ Ⓓ
5	Ⓐ Ⓑ Ⓒ Ⓓ
6	Ⓐ Ⓑ Ⓒ Ⓓ
7	Ⓐ Ⓑ Ⓒ Ⓓ
8	Ⓐ Ⓑ Ⓒ Ⓓ
9	Ⓐ Ⓑ Ⓒ Ⓓ
10	Ⓐ Ⓑ Ⓒ Ⓓ

Part 2

No.	ANSWER (A B C D)
11	Ⓐ Ⓑ Ⓒ Ⓓ
12	Ⓐ Ⓑ Ⓒ Ⓓ
13	Ⓐ Ⓑ Ⓒ Ⓓ
14	Ⓐ Ⓑ Ⓒ Ⓓ
15	Ⓐ Ⓑ Ⓒ Ⓓ
16	Ⓐ Ⓑ Ⓒ Ⓓ
17	Ⓐ Ⓑ Ⓒ Ⓓ
18	Ⓐ Ⓑ Ⓒ Ⓓ
19	Ⓐ Ⓑ Ⓒ Ⓓ
20	Ⓐ Ⓑ Ⓒ Ⓓ
21	Ⓐ Ⓑ Ⓒ Ⓓ
22	Ⓐ Ⓑ Ⓒ Ⓓ
23	Ⓐ Ⓑ Ⓒ Ⓓ
24	Ⓐ Ⓑ Ⓒ Ⓓ
25	Ⓐ Ⓑ Ⓒ Ⓓ
26	Ⓐ Ⓑ Ⓒ Ⓓ
27	Ⓐ Ⓑ Ⓒ Ⓓ
28	Ⓐ Ⓑ Ⓒ Ⓓ
29	Ⓐ Ⓑ Ⓒ Ⓓ
30	Ⓐ Ⓑ Ⓒ Ⓓ

Part 3

No.	ANSWER (A B C D)
31	Ⓐ Ⓑ Ⓒ Ⓓ
32	Ⓐ Ⓑ Ⓒ Ⓓ
33	Ⓐ Ⓑ Ⓒ Ⓓ
34	Ⓐ Ⓑ Ⓒ Ⓓ
35	Ⓐ Ⓑ Ⓒ Ⓓ
36	Ⓐ Ⓑ Ⓒ Ⓓ
37	Ⓐ Ⓑ Ⓒ Ⓓ
38	Ⓐ Ⓑ Ⓒ Ⓓ
39	Ⓐ Ⓑ Ⓒ Ⓓ
40	Ⓐ Ⓑ Ⓒ Ⓓ
41	Ⓐ Ⓑ Ⓒ Ⓓ
42	Ⓐ Ⓑ Ⓒ Ⓓ
43	Ⓐ Ⓑ Ⓒ Ⓓ
44	Ⓐ Ⓑ Ⓒ Ⓓ
45	Ⓐ Ⓑ Ⓒ Ⓓ
46	Ⓐ Ⓑ Ⓒ Ⓓ
47	Ⓐ Ⓑ Ⓒ Ⓓ
48	Ⓐ Ⓑ Ⓒ Ⓓ
49	Ⓐ Ⓑ Ⓒ Ⓓ
50	Ⓐ Ⓑ Ⓒ Ⓓ
51	Ⓐ Ⓑ Ⓒ Ⓓ
52	Ⓐ Ⓑ Ⓒ Ⓓ
53	Ⓐ Ⓑ Ⓒ Ⓓ
54	Ⓐ Ⓑ Ⓒ Ⓓ
55	Ⓐ Ⓑ Ⓒ Ⓓ
56	Ⓐ Ⓑ Ⓒ Ⓓ
57	Ⓐ Ⓑ Ⓒ Ⓓ
58	Ⓐ Ⓑ Ⓒ Ⓓ
59	Ⓐ Ⓑ Ⓒ Ⓓ
60	Ⓐ Ⓑ Ⓒ Ⓓ
61	Ⓐ Ⓑ Ⓒ Ⓓ
62	Ⓐ Ⓑ Ⓒ Ⓓ
63	Ⓐ Ⓑ Ⓒ Ⓓ
64	Ⓐ Ⓑ Ⓒ Ⓓ
65	Ⓐ Ⓑ Ⓒ Ⓓ
66	Ⓐ Ⓑ Ⓒ Ⓓ
67	Ⓐ Ⓑ Ⓒ Ⓓ
68	Ⓐ Ⓑ Ⓒ Ⓓ
69	Ⓐ Ⓑ Ⓒ Ⓓ
70	Ⓐ Ⓑ Ⓒ Ⓓ

Part 4

No.	ANSWER (A B C D)
71	Ⓐ Ⓑ Ⓒ Ⓓ
72	Ⓐ Ⓑ Ⓒ Ⓓ
73	Ⓐ Ⓑ Ⓒ Ⓓ
74	Ⓐ Ⓑ Ⓒ Ⓓ
75	Ⓐ Ⓑ Ⓒ Ⓓ
76	Ⓐ Ⓑ Ⓒ Ⓓ
77	Ⓐ Ⓑ Ⓒ Ⓓ
78	Ⓐ Ⓑ Ⓒ Ⓓ
79	Ⓐ Ⓑ Ⓒ Ⓓ
80	Ⓐ Ⓑ Ⓒ Ⓓ
81	Ⓐ Ⓑ Ⓒ Ⓓ
82	Ⓐ Ⓑ Ⓒ Ⓓ
83	Ⓐ Ⓑ Ⓒ Ⓓ
84	Ⓐ Ⓑ Ⓒ Ⓓ
85	Ⓐ Ⓑ Ⓒ Ⓓ
86	Ⓐ Ⓑ Ⓒ Ⓓ
87	Ⓐ Ⓑ Ⓒ Ⓓ
88	Ⓐ Ⓑ Ⓒ Ⓓ
89	Ⓐ Ⓑ Ⓒ Ⓓ
90	Ⓐ Ⓑ Ⓒ Ⓓ
91	Ⓐ Ⓑ Ⓒ Ⓓ
92	Ⓐ Ⓑ Ⓒ Ⓓ
93	Ⓐ Ⓑ Ⓒ Ⓓ
94	Ⓐ Ⓑ Ⓒ Ⓓ
95	Ⓐ Ⓑ Ⓒ Ⓓ
96	Ⓐ Ⓑ Ⓒ Ⓓ
97	Ⓐ Ⓑ Ⓒ Ⓓ
98	Ⓐ Ⓑ Ⓒ Ⓓ
99	Ⓐ Ⓑ Ⓒ Ⓓ
100	Ⓐ Ⓑ Ⓒ Ⓓ

READING SECTION

Part 5

No.	ANSWER (A B C D)
101	Ⓐ Ⓑ Ⓒ Ⓓ
102	Ⓐ Ⓑ Ⓒ Ⓓ
103	Ⓐ Ⓑ Ⓒ Ⓓ
104	Ⓐ Ⓑ Ⓒ Ⓓ
105	Ⓐ Ⓑ Ⓒ Ⓓ
106	Ⓐ Ⓑ Ⓒ Ⓓ
107	Ⓐ Ⓑ Ⓒ Ⓓ
108	Ⓐ Ⓑ Ⓒ Ⓓ
109	Ⓐ Ⓑ Ⓒ Ⓓ
110	Ⓐ Ⓑ Ⓒ Ⓓ
111	Ⓐ Ⓑ Ⓒ Ⓓ
112	Ⓐ Ⓑ Ⓒ Ⓓ
113	Ⓐ Ⓑ Ⓒ Ⓓ
114	Ⓐ Ⓑ Ⓒ Ⓓ
115	Ⓐ Ⓑ Ⓒ Ⓓ
116	Ⓐ Ⓑ Ⓒ Ⓓ
117	Ⓐ Ⓑ Ⓒ Ⓓ
118	Ⓐ Ⓑ Ⓒ Ⓓ
119	Ⓐ Ⓑ Ⓒ Ⓓ
120	Ⓐ Ⓑ Ⓒ Ⓓ

Part 6

No.	ANSWER (A B C D)
121	Ⓐ Ⓑ Ⓒ Ⓓ
122	Ⓐ Ⓑ Ⓒ Ⓓ
123	Ⓐ Ⓑ Ⓒ Ⓓ
124	Ⓐ Ⓑ Ⓒ Ⓓ
125	Ⓐ Ⓑ Ⓒ Ⓓ
126	Ⓐ Ⓑ Ⓒ Ⓓ
127	Ⓐ Ⓑ Ⓒ Ⓓ
128	Ⓐ Ⓑ Ⓒ Ⓓ
129	Ⓐ Ⓑ Ⓒ Ⓓ
130	Ⓐ Ⓑ Ⓒ Ⓓ
131	Ⓐ Ⓑ Ⓒ Ⓓ
132	Ⓐ Ⓑ Ⓒ Ⓓ
133	Ⓐ Ⓑ Ⓒ Ⓓ
134	Ⓐ Ⓑ Ⓒ Ⓓ
135	Ⓐ Ⓑ Ⓒ Ⓓ
136	Ⓐ Ⓑ Ⓒ Ⓓ
137	Ⓐ Ⓑ Ⓒ Ⓓ
138	Ⓐ Ⓑ Ⓒ Ⓓ
139	Ⓐ Ⓑ Ⓒ Ⓓ
140	Ⓐ Ⓑ Ⓒ Ⓓ

Part 7

No.	ANSWER (A B C D)
141	Ⓐ Ⓑ Ⓒ Ⓓ
142	Ⓐ Ⓑ Ⓒ Ⓓ
143	Ⓐ Ⓑ Ⓒ Ⓓ
144	Ⓐ Ⓑ Ⓒ Ⓓ
145	Ⓐ Ⓑ Ⓒ Ⓓ
146	Ⓐ Ⓑ Ⓒ Ⓓ
147	Ⓐ Ⓑ Ⓒ Ⓓ
148	Ⓐ Ⓑ Ⓒ Ⓓ
149	Ⓐ Ⓑ Ⓒ Ⓓ
150	Ⓐ Ⓑ Ⓒ Ⓓ
151	Ⓐ Ⓑ Ⓒ Ⓓ
152	Ⓐ Ⓑ Ⓒ Ⓓ
153	Ⓐ Ⓑ Ⓒ Ⓓ
154	Ⓐ Ⓑ Ⓒ Ⓓ
155	Ⓐ Ⓑ Ⓒ Ⓓ
156	Ⓐ Ⓑ Ⓒ Ⓓ
157	Ⓐ Ⓑ Ⓒ Ⓓ
158	Ⓐ Ⓑ Ⓒ Ⓓ
159	Ⓐ Ⓑ Ⓒ Ⓓ
160	Ⓐ Ⓑ Ⓒ Ⓓ
161	Ⓐ Ⓑ Ⓒ Ⓓ
162	Ⓐ Ⓑ Ⓒ Ⓓ
163	Ⓐ Ⓑ Ⓒ Ⓓ
164	Ⓐ Ⓑ Ⓒ Ⓓ
165	Ⓐ Ⓑ Ⓒ Ⓓ
166	Ⓐ Ⓑ Ⓒ Ⓓ
167	Ⓐ Ⓑ Ⓒ Ⓓ
168	Ⓐ Ⓑ Ⓒ Ⓓ
169	Ⓐ Ⓑ Ⓒ Ⓓ
170	Ⓐ Ⓑ Ⓒ Ⓓ
171	Ⓐ Ⓑ Ⓒ Ⓓ
172	Ⓐ Ⓑ Ⓒ Ⓓ
173	Ⓐ Ⓑ Ⓒ Ⓓ
174	Ⓐ Ⓑ Ⓒ Ⓓ
175	Ⓐ Ⓑ Ⓒ Ⓓ
176	Ⓐ Ⓑ Ⓒ Ⓓ
177	Ⓐ Ⓑ Ⓒ Ⓓ
178	Ⓐ Ⓑ Ⓒ Ⓓ
179	Ⓐ Ⓑ Ⓒ Ⓓ
180	Ⓐ Ⓑ Ⓒ Ⓓ
181	Ⓐ Ⓑ Ⓒ Ⓓ
182	Ⓐ Ⓑ Ⓒ Ⓓ
183	Ⓐ Ⓑ Ⓒ Ⓓ
184	Ⓐ Ⓑ Ⓒ Ⓓ
185	Ⓐ Ⓑ Ⓒ Ⓓ
186	Ⓐ Ⓑ Ⓒ Ⓓ
187	Ⓐ Ⓑ Ⓒ Ⓓ
188	Ⓐ Ⓑ Ⓒ Ⓓ
189	Ⓐ Ⓑ Ⓒ Ⓓ
190	Ⓐ Ⓑ Ⓒ Ⓓ
191	Ⓐ Ⓑ Ⓒ Ⓓ
192	Ⓐ Ⓑ Ⓒ Ⓓ
193	Ⓐ Ⓑ Ⓒ Ⓓ
194	Ⓐ Ⓑ Ⓒ Ⓓ
195	Ⓐ Ⓑ Ⓒ Ⓓ
196	Ⓐ Ⓑ Ⓒ Ⓓ
197	Ⓐ Ⓑ Ⓒ Ⓓ
198	Ⓐ Ⓑ Ⓒ Ⓓ
199	Ⓐ Ⓑ Ⓒ Ⓓ
200	Ⓐ Ⓑ Ⓒ Ⓓ